民国通志馆与近代方志转型

Tongzhi Bureaus of the Republic of China and
the Transformation of Modern Local Chronicles

曾　荣　著

社会科学文献出版社
SOCIAL SCIENCES ACADEMIC PRESS (CHINA)

图书在版编目（CIP）数据

民国通志馆与近代方志转型／曾荣著. －－北京：

社会科学文献出版社，2018.11

（中国社会科学博士后文库）

ISBN 978 - 7 - 5201 - 3485 - 9

Ⅰ.①民… Ⅱ.①曾… Ⅲ.①地方志 - 编辑工作 - 历

史 - 研究 - 中国 Ⅳ.①K290

中国版本图书馆 CIP 数据核字（2018）第 215629 号

·中国社会科学博士后文库·

民国通志馆与近代方志转型

著　　者／曾　荣

出 版 人／谢寿光

项目统筹／李期耀

责任编辑／李期耀　徐成志

出　　版／社会科学文献出版社·近代史编辑室（010）59367256

　　　　　地址：北京市北三环中路甲29号院华龙大厦　邮编：100029

　　　　　网址：www.ssap.com.cn

发　　行／市场营销中心（010）59367081　59367018

印　　装／三河市龙林印务有限公司

规　　格／开　本：787mm×1092mm　1/16

　　　　　印　张：21.25　字　数：357千字

版　　次／2018 年 11 月第 1 版　2018 年 11 月第 1 次印刷

书　　号／ISBN 978 - 7 - 5201 - 3485 - 9

定　　价／98.00 元

第七批《中国社会科学博士后文库》编委会及编辑部成员名单

（一）编委会

主　任：王京清

副主任：马　援　张冠梓　高京斋　俞家栋　夏文峰

秘书长：邱春雷　张国春

成　员（按姓氏笔画排序）：

卜宪群	王建朗	方　勇	邓纯东	史　丹
朱恒鹏	刘丹青	刘玉宏	刘跃进	孙壮志
孙海泉	李　平	李向阳	李国强	李新烽
杨世伟	吴白乙	何德旭	汪朝光	张　翼
张车伟	张宇燕	张星星	陈　甦	陈众议
陈星灿	卓新平	房　宁	赵天晓	赵剑英
胡　滨	袁东振	黄　平	朝戈金	谢寿光
潘家华	冀祥德	穆林霞	魏后凯	

（二）编辑部（按姓氏笔画排序）：

主　任：高京斋

副主任：曲建君　李晓琳　陈　颖　薛万里

成　员：	王　芳	王　琪	刘　杰	孙大伟	宋　娜
	陈　效	苑淑娅	姚冬梅	梅　玫	黎　元

序　言

　　博士后制度在我国落地生根已逾30年，已经成为国家人才体系建设中的重要一环。30多年来，博士后制度对推动我国人事人才体制机制改革、促进科技创新和经济社会发展发挥了重要的作用，也培养了一批国家急需的高层次创新型人才。

　　自1986年1月开始招收第一名博士后研究人员起，截至目前，国家已累计招收14万余名博士后研究人员，已经出站的博士后大多成为各领域的科研骨干和学术带头人。这其中，已有50余位博士后当选两院院士；众多博士后入选各类人才计划，其中，国家百千万人才工程年入选率达34.36%，国家杰出青年科学基金入选率平均达21.04%，教育部"长江学者"入选率平均达10%左右。

　　2015年底，国务院办公厅出台《关于改革完善博士后制度的意见》，要求各地各部门各设站单位按照党中央、国务院决策部署，牢固树立并切实贯彻创新、协调、绿色、开放、共享的发展理念，深入实施创新驱动发展战略和人才优先发展战略，完善体制机制，健全服务体系，推动博士后事业科学发展。这为我国博士后事业的进一步发展指明了方向，也为哲学社会科学领域博士后工作提出了新的研究方向。

　　习近平总书记在2016年5月17日全国哲学社会科学工作座谈会上发表重要讲话指出：一个国家的发展水平，既取决于自然科学发展水平，也取决于哲学社会科学发展水平。一个没有发达的自然科学的国家不可能走在世界前列，一个没有繁荣的哲学社会科学的国家也不可能走在世界前列。坚持和发展中国特色社会主义，需要不断在实践和理论上进行探索、用发展着的理论指导发展着的实践。在这个过程中，哲学社会科学具有不可替代的重要地位，哲学社会科学工作者具有不可替代的重要作用。这是党和国家领导人对包括哲学社会科学博士后在内的所有哲学社会科学领域的研究者、工作者提出的殷切希望！

中国社会科学院是中央直属的国家哲学社会科学研究机构，在哲学社会科学博士后工作领域处于领军地位。为充分调动哲学社会科学博士后研究人员科研创新积极性，展示哲学社会科学领域博士后优秀成果，提高我国哲学社会科学发展整体水平，中国社会科学院和全国博士后管理委员会于2012年联合推出了《中国社会科学博士后文库》（以下简称《文库》），每年在全国范围内择优出版博士后成果。经过多年的发展，《文库》已经成为集中、系统、全面反映我国哲学社会科学博士后优秀成果的高端学术平台，学术影响力和社会影响力逐年提高。

下一步，做好哲学社会科学博士后工作，做好《文库》工作，要认真学习领会习近平总书记系列重要讲话精神，自觉肩负起新的时代使命，锐意创新、发奋进取。为此，需做到：

第一，始终坚持马克思主义的指导地位。哲学社会科学研究离不开正确的世界观、方法论的指导。习近平总书记深刻指出：坚持以马克思主义为指导，是当代中国哲学社会科学区别于其他哲学社会科学的根本标志，必须旗帜鲜明加以坚持。马克思主义揭示了事物的本质、内在联系及发展规律，是"伟大的认识工具"，是人们观察世界、分析问题的有力思想武器。马克思主义尽管诞生在一个半多世纪之前，但在当今时代，马克思主义与新的时代实践结合起来，愈来愈显示出更加强大的生命力。哲学社会科学博士后研究人员应该更加自觉坚持马克思主义在科研工作中的指导地位，继续推进马克思主义中国化、时代化、大众化，继续发展 21 世纪马克思主义、当代中国马克思主义。要继续把《文库》建设成为马克思主义中国化最新理论成果的宣传、展示、交流的平台，为中国特色社会主义建设提供强有力的理论支撑。

第二，逐步树立智库意识和品牌意识。哲学社会科学肩负着回答时代命题、规划未来道路的使命。当前中央对哲学社会科学愈发重视，尤其是提出要发挥哲学社会科学在治国理政、提高改革决策水平、推进国家治理体系和治理能力现代化中的作用。从 2015 年开始，中央已启动了国家高端智库的建设，这对哲学社会科学博士后工作提出了更高的针对性要求，也为哲学社会科学博士后研究提供了更为广阔的应用空间。《文库》依托中国社会科学院，面向全国哲学社会科学领域博士后科研流动站、工作站的博士后征集优秀成果，入选出版的著作也代表了哲学社会科学博士后最高的学术研究水平。因此，要善于把中国社会科学院服务党和国家决策的大智库功能与《文库》的小智库功能结合起来，进而以智库意识推动品牌意识建设，最终树立《文库》的智库意识和品牌意识。

第三，积极推动中国特色哲学社会科学学术体系和话语体系建设。改革开放 30 多年来，我国在经济建设、政治建设、文化建设、社会建设、生态文明建设和党的建设各个领域都取得了举世瞩目的成就，比历史上任何时期都更接近中华民族伟大复兴的目标。但正如习近平总书记所指出的那样：在解读中国实践、构建中国理论上，我们应该最有发言权，但实际上我国哲学社会科学在国际上的声音还比较小，还处于有理说不出、说了传不开的境地。这里问题的实质，就是中国特色、中国特质的哲学社会科学学术体系和话语体系的缺失和建设问题。具有中国特色、中国特质的学术体系和话语体系必然是由具有中国特色、中国特质的概念、范畴和学科等组成。这一切不是凭空想象得来的，而是在中国化的马克思主义指导下，在参考我们民族特质、历史智慧的基础上再创造出来的。在这一过程中，积极吸纳儒、释、道、墨、名、法、农、杂、兵等各家学说的精髓，无疑是保持中国特色、中国特质的重要保证。换言之，不能站在历史、文化虚无主义立场搞研究。要通过《文库》积极引导哲学社会科学博士后研究人员：一方面，要积极吸收古今中外各种学术资源，坚持古为今用、洋为中用。另一方面，要以中国自己的实践为研究定位，围绕中国自己的问题，坚持问题导向，努力探索具备中国特色、中国特质的概念、范畴与理论体系，在体现继承性和民族性，体现原创性和时代性，体现系统性和专业性方面，不断加强和深化中国特色学术体系和话语体系建设。

新形势下，我国哲学社会科学地位更加重要、任务更加繁重。衷心希望广大哲学社会科学博士后工作者和博士后们，以《文库》系列著作的出版为契机，以习近平总书记在全国哲学社会科学座谈会上的讲话为根本遵循，将自身的研究工作与时代的需求结合起来，将自身的研究工作与国家和人民的召唤结合起来，以深厚的学识修养赢得尊重，以高尚的人格魅力引领风气，在为祖国、为人民立德立功立言中，在实现中华民族伟大复兴中国梦征程中，成就自我、实现价值。

是为序。

王京清

中国社会科学院副院长

中国社会科学院博士后管理委员会主任

2016 年 12 月 1 日

摘　要

　　地方志自先秦萌芽，经过汉魏隋唐的编修实践，至宋代其体例基本确定。元以后，地方志的种类日渐丰富，并且表现出鲜明的时代特征与地域特色。而在地方志发展的历史长河中，近代方志既传承古代方志，又促成现代方志的基本定型，实现了方志的重大转型。

　　民国通志馆的大规模创办，肇始于南京国民政府内政部《修志事例概要》的行政推动。而通过对奉天、山东、安徽、云南、河南、绥远、陕西、河北、甘肃、热河、上海、广东、新疆、察哈尔、湖北等省市通志馆创办的历史背景、经过与运作样态的考察，系统勾勒民国通志馆兴办的历史概况，探索各省市通志馆同人创新编修模式、形成方志学理论与革新志书体例的历史面相，可为窥探民国通志馆大规模创办背景下近代方志转型发展的历史提供重要支撑。

　　南京国民政府形式上统一全国的局面，为民国通志馆的大规模创办提供了客观条件；内政部《修志事例概要》的颁布，则为各省市通志馆的创办提供了政策依据与体制保障；而从这一时期各省市通志馆创办与运作的过程可以看出，修志基本上形成了政府主导、学者主持、社会人士广泛参与的格局。

　　上述修志格局的形成，深刻地影响着各省市通志的编修。加之各地修志因种种主客观因素，在编修模式的选取、修志理念的形成与志书体例的制定方面，存在较大差异，由此使得近代方志转型的历史过程与影响因子更趋多元，折射出近代方志转型的复杂历史场景。需要指出的是，由于这段历史属于南京国民政府成立后、侵华日军到来前的相对稳定时期，故堪称民国修志的黄金时期，也无疑是近代方志转型发展的关键时期，而循着民国通志馆兴办与方志编修开展的历史脉络，探索修志格局形成、编修模式选取、方志理论演化以及志书体例因革的历史样态，无疑是揭示近代方志转型发展内在理路的重要环节。

民国通志馆大规模创办以及各省市通志兴修的局面，因侵华日军的到来而被打破，导致民国通志馆发展进程的中辍。随着九一八事变的爆发，在日军侵华战略的演进下，奉天、热河、河北、察哈尔、安徽、上海、广东、湖北等省市相继沦陷，其通志馆业务也被迫中断，而绥远、甘肃、河南等省志稿编竣后，也因战火侵袭未能印行。可以说，日军侵华造成的社会动荡局势给民国通志馆的运作带来严重干扰和打击，使得近代方志转型的进程历经曲折，民国修志被打上"乱世修志"沉重烙印的同时，近代方志转型的历程也更趋复杂化，由此表现出日军侵华政策的演进与民国通志馆运作的动态调整、伪政权下通志馆的曲折发展、文化抗争背景下方志体例的"似因实创"、"抗战建国"背景下"方志文化"理念的提出与阐扬等历史面相。

近代方志转型的延续，是伴随着民国通志馆的恢复与重建而出现的。从 1941 年江西通志馆成立起，包括四川、广西、云南、浙江、宁夏、上海、南京、台湾等省市通志馆相继恢复或成立。应当指出的是，这些通志馆大多恢复或成立于中国抗日战争战略相持阶段，战时修志是其主要的特点，而民国通志馆恢复重建的历史逻辑与后人关于抗战历史的界定并不一致，其背后所体现的不仅仅是通志馆同人对赓续修志这一中华传统文化的执着追求，更是时人对"方志文化"价值与重要意义的深刻思考。

"科学方法"应用于修志实践，是恢复重建阶段各省市通志馆运作的一大特色。与通志馆大规模创办时期，方志界注重"方志学"与"科学方法"的理论探讨不同，这一时期通志馆同人多从修志实践中探索"科学方法"的应用之道，他们对旧志的体例、篇目、内容及编纂技术与方法等予以调适和扬弃，大大凸显了方志的科学性和时代特征。这既是方志理论经过充分研讨后不断沉淀和升华的结果，亦是民国通志馆恢复重建背景下修志实践与理论指导相结合的必然要求。

由于恢复重建阶段的特殊历史背景，这一时期通志馆的运作受到时局动荡与政治更迭的严重影响。一方面，日军侵华的战争威胁在在影响着修志业务工作的开展；另一方面，通志馆的官方运作背景，决定了其难以避免政局更迭带来的负面影响，而国民政府派系斗争背景下通志馆的人事纠葛，不仅仅反映了乱世修志的艰难，更折射出战后国民政府的政治生态和政治走向。

总之，创建于南京国民政府成立之初的民国通志馆，经历了抗战前的兴盛、战时的中辍、抗战中后期及战后的恢复重建三个阶段，形成了政府主持创办、学者参与纂修、社会多方互动的修志格局。以民国通志馆为切入点，探索近代方志转型发展的历史进程，揭示近代中国社会剧烈变动背景下的国家意志与地方意识、民族主义与乡土观念、旧的价值系统与新的知识形态、传统修志观念与近代科学方法等，各种复杂关系交相互动的历史场景，既对当前中国新方志编修、地方志系统机制体制建设等具有重要的指导意义，也为中国文化体制改革与新时代社会主义文化强国建设，提供了重要的历史借鉴与理论支撑。

关键词：通志馆　方志学　地方志　方志转型

Abstract

Local chronicles began to appear from the pre-Qin period. After the compilation practice of Han, Wei, Sui and Tang dynasties, the system of Song Dynasty was basically confirmed. After the Yuan dynasty, the types of local chronology were increasing day by day, and show distinctive characteristics of the times and regional features. In the long history of the development of local chronicles, modern local chronicles not only inherited the ancient local chronicles, but also promoted the basic stereotypes of modern local history records and realized the major transformation of local history records.

The large-scale establishment of the Tongzhi Bureau in the Republic of China benefited from the administrative promotion by the Ministry of the Interior of Nanjing National Government. Through the investigation of historical background, historical process and operation patterns of the Tongzhi Bureau in Shandong, Anhui, Yunnan, Henan, Suiyuan, Shaanxi, Hebei, Gansu, Rehe, Shanghai, Guangdong, Xinjiang, Chahar, Hubei, studying the history of the Tongzhi Bureau, and exploring the innovation of patterns of compilation, and formation of the theory of local chronicles, and innovation of the style of local chronicles, which may provide important support for exploring the history of modern chronicles in transition and development.

It is true that the formal unification of the national government by the Nanjing National Government provided the objective conditions for the large-scale establishment of the Tongzhi Bureau in the Republic of China. The promulgation of the " Outline of the Compilation of Local

Chronicles" by the Ministry of the Interior provided the policy basis for the establishment of the Tongzhi Bureau in various provinces and cities System security. From the founding and operation of Tongzhi Bureau in various provinces and cities during this period, it can be seen that the pattern of government-led, scholar-led and extensive social participation has been formed.

The formation of the above-mentioned record-setting pattern had profoundly influenced the compilation of local records in various provinces and cities. Due to various reasons, there were great differences in the choice of editing mode, the formation of the concept of compiling the records and the formulation of the format of the records. Therefore, the historical process and the influencing factors of the transformation of the modern chronicles were more diverse, which reflects the complex historical scene of the transformation of the modern chronicles.

What needs to be pointed out is that since it was in a relatively stable period and was regarded as the golden age of the founding of the Republic of China, it was also a crucial period for the transformation and development of modern chorography. In the light of the historical context of the Tongzhi Bureau in the Republic of China, it is undoubtedly an important step in revealing the inner logic of the modern local history in order to explore the formation of the pattern of compilation, the selection of the mode of editing, the evolution of the theory of the chorography, and the history style of the chorography.

The situation of large-scale compilation of local chronicles in the Republic of China was broken due to the arrival of the Japanese army invaded China, leading to the infiltration of the development process of China's proclamation hall. With the outbreak of the "September 18th" Incident and the evolution of the Japanese invasion of China, Fengtian, Rehe, Hebei, Chahar, Anhui, Shanghai, Guangdong and Hubei successively fell into contention. Due to the invasion of the war, the compilation was forced to interrupt, and the draft failed to print. The social unrest caused by the Japanese invasion of China has caused serious interference and blow to the operation of the Tongzhi Bureau of the Republic of China, which has led to the twists and turns in the transformation of the modern local records. The Republic of China's compilation has been heavily branded as "Compilation Under the Chaos", and the process of modern local records' transformation became more complicated, which showed the evolution of the Japanese invasion policy and the dynamic adjustment of the operation of the Tongzhi Bureau in the Republic of China, the twists and turns of the Tongzhi Bureau under the pseudo-regime, the innovation of local records' style in the context of cultural resistance, and the proposal and elaboration of the concept of "Local Records Culture" under the background of the War of Resistance Against Japan.

The continuation of the transformation of modern chronicles is accompanied by the restoration and reconstruction of the Tongzhi Bureau in the Republic of China. Since 1941, Jiangxi Tongzhi Bureau was established, including Tongzhi Bureau in Sichuan, Guangxi, Yunnan, Zhejiang, Ningxia, Shanghai, Nanjing and Taiwan, have been resumed or established. Most of these Tongzhi Bureau were restored or established at the strategic stalemate stage of the Anti-Japanese War in China. They were the main characteristics of the war logos, while the historical logic of the restoration and rebuilding of the Tongzhi Bureau in the Republic of China contradicted the definition of the history of the Anti-Japanese War. It reflected not only the persistent pursuit of the Chinese traditional culture of Tongzhi Bureau, but also the profound thinking of the people on the value and significance of "Local Records Culture".

The application of the "Scientific Method" to the practice of compilation was a major feature of the operation of the Tongzhi Bureau in various provinces and cities during the restoration and reconstruction phase. Deferent from compilators paid attention to the theoretical discussion of "Local Recorder Studies" and "Scientific Method" in the period of the large-scale establishment of Tongzhi Bureau, the people of Tongzhi Bureau explored the application of "Scientific Methods" from the practice of compilation, They studied the styles, articles, contents and editing techniques and methods of the old ambitions, which greatly highlighted the scientific and contemporary characteristics of local records, which was the result of the continuous sublimation of the local records theory after thorough research, and the inevitable requirement of the combination of practice and theory.

Due to the special historical background of the restoration and reconstruction phase, the operation of the Tongzhi Bureau during this period was seriously disturbed by the current situation and the political situation. On the one hand, the threat of the Japanese invasion of China has a serious impact on the compilation of local history records; on the other hand, the official operation background of the Tongzhi Bureaus made it difficult for them to avoid political disturbances, and reflected the political ecology and political trend of the national government.

In short, the Tongzhi Bureaus founded in the early days of the founding of the Nanjing National Government, experienced three stages: the pre-Anti-Japanese boom, the end of wartime and the post-war restoration and reconstruction. The formation of the government presided over the establishment of scholarship, compilation of scholarship, interactive pattern of the repair. Taking the Tongzhi Bureaus as the perspective of investigation, this paper explores the historical process of the transformation and development of modern chorography, reveals the national will and local consciousness, nationalism and local concept, old value system and new knowledge form, tradition in the context of the drastic changes in modern Chinese society. It is not only important for us to guide the editing of new local chorography and local chronicles system and system construction, but also for our country's cultural system reform and new era society constructivism and cultural power to provide important historical reference and theoretical support.

Keywords：Tongzhi Bureaus； Local Recorder Studies； Local Chronicles； Local Recorder Transformation

目　录

绪　论 ……………………………………………………… 1

第一章　历代修志与方志转型的发端 ……………………… 20

　　第一节　历代修志及特点 ………………………………… 21
　　第二节　方志理论的发展 ………………………………… 31
　　第三节　方志转型的发端 ………………………………… 39

第二章　志馆兴办与修志格局的创新 ……………………… 48

　　第一节　通志馆创办热潮 ………………………………… 49
　　第二节　政府主导、学者主持、社会参与 ……………… 102
　　第三节　编修模式、方志理论、志书体例 ……………… 120

第三章　战时修志与方志文化的形成 ……………………… 170

　　第一节　战时通志馆的艰难运作 ………………………… 171
　　第二节　体例因创与文化抗争 …………………………… 208
　　第三节　抗战建国与方志文化 …………………………… 215

第四章　战后重建与方志转型的延续 ……………………… 231

　　第一节　通志馆的恢复与重建 …………………………… 232
　　第二节　方志文献与科学方法 …………………………… 250
　　第三节　经费短缺与人事纠葛 …………………………… 265

结　语 ………………………………………………… 285

参考文献 ……………………………………………… 292

索　引 ………………………………………………… 310

后　记 ………………………………………………… 314

Content

Introduction   / 1

Chapter 1 The Compilation and Transformation of Local Chronicles   / 20

       1. 1 History and Characteristics of Local Chronicles
            Compilation   / 21
       1. 2 The Development of the Theory of Local Chronicles   / 31
       1. 3 The Beginning of Local Chronicles Transformation   / 39

Chapter 2 Innovation of Tongzhi Bureaus and Pattern of Compilation   / 48

       2. 1 Tongzhi Bureaus Founded Boom   / 49
       2. 2 Government-led, Scholar-led, Social Participation   / 102
       2. 3 Editing Mode, Theory and Style of Local Chronicles   / 120

Chapter 3 Innovation of Tongzhi Bureaus and Pattern of Compilation   / 170

       3. 1 Tongzhi Bureaus' Hardness   / 171
       3. 2 Genre Innovation and Cultural Protest   / 208
       3. 3 The War of Resistance Against Japan and
            Chronicles Culture   / 215

Chapter 4 Postwar Reconstruction and Continuation of
          Transformation   / 231

       4. 1 Restoration and Reconstruction of Tongzhi Bureaus / 232

4. 2　Local Records Literature and Scientific Methods　／ 250

4. 3　Funding Shortage and Personnel Disputes　／ 265

Conclusion　／ 285

Bibliography　／ 292

Index　／ 310

Postscript　／ 314

绪　论

一、选题缘起

编修地方志是中国的优秀文化传统。据《中国地方志联合目录》统计，保存至今的 1949 年前的方志有 8264 种，其数量约占现存古籍的十分之一。在地方志发展的历史长河中，近代方志既传承古代方志，又促成现代方志的基本定型，实现了方志的重大转型。当前，近代方志转型及相关问题日益引发学界关注，有研究者认为这是方志学发展的必然趋势，但现有成果大多注重于宏大叙述，缺少实证性的具体分析，尤其是关于近代方志编修历史的研究，涉及修志人物、机构、经费与修志业务等，堪称影响近代方志转型的重要因素，却少有专题研究成果。因此，循着方志发展的历史脉络，厘清近代方志转型的渊源流变，通过一系列专题研究和理论构建，取得足以支撑这一论说的研究成果，成为当务之急。

近代以来，地方志编修工作连绵不绝，尤其是民国成立后，因应于方志编纂的需要，从 1914 年浙江通志局率先成立起，至 1927 年，山东、河南、江苏、浙江、福建、黑龙江、贵州、四川等省都设立了通志局。各省修志机构的成立，有力推动了各地志书的编纂。1929 年 12 月，国民政府颁布实施《修志事例概要》，要求各省市设立通志馆，由此构建了一套国民政府内政部统一管理、地方政府直接负责的通志馆运行体制，促成了全国大规模创建修志机构的局面，形成了各地编修地方志的热潮。

民国通志馆的大规模创办，固然有着南京国民政府形式上统一全国的时代背景，而国民政府内政部《修志事例概要》的出台，则成为各地设馆修志的直接动因。在近代中国变乱频仍的社会背景下，政治局势的变动、抗日战争的走向、国共力量的消长与社会文化的变迁等，不仅影响着修志人才、修志机构与修志经费等，还直接决定民国通志馆的历史命运与修志事业的兴衰成败。而梳理近代方志转型的历史条件与学术渊源可以发现，其中既有学术传承与西学东渐的历史背景，也有近代方志编纂持续开展与方志理论不断深化的历史动因，由此逐渐形成体例创变、学术转型、理念转化的三足鼎立之势，并在近代方志编修的历史演进中，成为决定近代方志转型的关键所在。

首先，方志学理论取得重大突破，产生了一大批具有重要学术价值的研究成果。以地方志编纂为契机，散布于全国各地的修志人士经常鸿雁传书、函电往来，并且通过主持报刊专栏与举办学术会议等方式，就方志学理论问题进行交流与探讨，形成了方志界交流互动的良好风尚，大量有关方志学研究的论著应运而生。1924 年，梁启超在《东方杂志》发表《清代学者整理旧学之总成绩——方志学》，开了方志学研究的先河。继而河北省通志馆馆长瞿宣颖撰写《志例丛话》。1935 年，上海商务印书馆出版了李泰棻的《方志学》和傅振伦的《中国方志学通论》，李、傅二人分别在绥远和河北省通志馆任职。此外，湖北通志馆总纂王葆心发表《方志学发微》、江西通志馆总纂吴宗慈出版《方志丛论》、河北省通志馆纂修甘鹏云出版《方志商》等。毋庸置疑，近代方志学论著的大量出现，有力地推动了方志学理论的创新与发展。

其次，在方志学理论创新发展的推动下，通志馆内形成学术传承的良好风尚，这使以方志学理论创新发展带动近代方志转型成为可能。受1920 年代后期学术风气逐渐转移的影响，修志者对老辈的学问相当敬重，他们在参与编纂工作的同时，还拜在老辈的门下。如奉天通志馆的金毓黻为吴廷燮弟子，在写给总纂吴廷燮的书信中，金氏以弟子身份虚心请教。广东通志馆的温丹铭与饶宗颐是拜门墙之师生关系，该馆陈梅湖与饶宗颐还是以伯侄相称的关系，虽没拜门墙实也有师生关系。通志馆内人士围绕志书编修工作，多方教授、互相砥砺，形成了敬重学界老辈的良好风气，这不仅有利于志书的编纂，而且使固有的中国学术文化得以传承。

再次，近代西学东渐背景下"科学"概念的引入，推动了中国传统修志理念的变革，从而为近代方志转型发展奠定了重要基础。随着西方

"科学"思想输入中国，影响到当时的学界，尤其是青年学子，他们对此产生了浓厚的兴趣，其中傅斯年、顾颉刚等人都以分科治学为科学，主张以学为单位开展学术研究。而基于对科学的崇拜，他们相信分科治学是以学为本，此乃放之四海而皆准的天下公理，在引进西方政治学、社会学、经济学等学科概念的同时，他们对学术分科的认知也发生了很大变化。在此背景下，西方科学技术输入中国，并且促进了传统方志的近代转型，具体表现在西方社会学思想、分科治学理念对传统修志的指导，以及近代科技手段、科学方法在修志中的广泛应用。志书的编纂宗旨、体例、篇目、内容、技术手段等的革新，即是这一变化的重要表现，由此推动了中国传统修志理念的变革，促进了近代方志学思想的发展与变化，为近代方志转型发展奠定了重要基础。

总之，创建于南京国民政府成立之初的民国通志馆，经历了抗战前的兴盛、日军侵华后的中辍、抗战中后期及战后的恢复重建三个阶段，形成了政府主持创办、学者参与纂修、社会多方互动的修志格局，不仅编纂了一批高水平的通志，还推动了全国市、县志书的纂修。而以民国通志馆为切入点，探索近代中国社会变革背景下知识制度的鼎革、学术文化的传承及各种利益的纠葛，有助于窥探社会剧烈变动背景下的国家意志与地方意识、民族主义与乡土观念、旧的价值系统与新的知识形态、传统修志观念与近代科学方法等，各种复杂关系交相互动的历史场景。与此同时，对民国通志馆与近代方志转型的考察，既是近代文化史研究的深化，也对当前中国地方志系统的体制、机制建设，具有一定的借鉴价值，由此确定了本研究选题。

二、前人相关研究

学界关于民国通志馆与近代方志转型问题的研究，多集中于近代方志史、文化史及地方史方面。由于关注的视角不同，相关研究论及通志馆时，内容较为简略，但提供了民国修志机构设置的概况，是专题研究得以开展的基础。现以相关研究的历时性进展与研究视角的变化为主线，综述前人相关研究情况。

1. 关于通志馆的专题研究

既往关于民国通志馆的专题研究，应以 1933 年发表的《河北省通志馆近况纪》为最早。① 该文与其后刊出的《河北省通志馆近况续纪》，概述河北省通志馆组织成立、人事变动、经费使用及志书编修的历史，着重阐述馆长瞿宣颖主张"通志以实用为归，次于近代史料尤切"的修志思想。② 这两篇文章并非严格意义上的学术研究，但文中所附修志人物之间的来往信函、电文等，为研究河北通志稿体例、篇目、语言等的革新提供了重要线索。1935—1937 年，于鹤年在《禹贡》发表题为《纂修河北通志闻见录》的系列文章，详细考察河北省通志馆筹备、成立与调整的历史过程，梳理通志馆编纂陈铁卿、瞿宣颖、傅振伦、王重民等人，围绕民国《河北通志稿》"条例目录"等问题，言论交锋、各抒己见的历史状况。③ 值得注意的是，于氏上述文章史料的征引较为丰富，尤其是综合利用国民政府内政部的电文和公函、河北省政府委员会的会议记录和报告以及参与讨论者的意见全文等，为厘清通志馆的历史沿革与修志理论革新等情况提供了翔实史料。中华人民共和国成立后关于河北省通志馆的专题论文，仅见一篇回忆文章——《河北通志馆杂忆》，该文概述民国《河北通志稿》三度编修的历史，简要梳理了河北省通志馆编修概况，着重介绍了通志馆同人的学识与经历，并指出是志未能完稿，虽有"客观上时局激荡"的影响，"然主观上消极无所作为，为最大原因"。④

学界关于上海市通志馆的成果较为丰富，堪称研究热点之一。较早探讨上海市通志馆的论文，为 1946 年刊发的《市通志馆之过去与现在》。⑤ 该文讨论了通志馆的创建原委、修志概况及特色。需要指出的是，这篇发表在《上海市政府公报》上的文章，其实是一篇类似于工作报告性质的材料，作者胡朴安于抗战胜利后继任通志馆馆长，发表此文的目的是向上海市政府汇报"过去成绩"和"今后计划"，因此算不上严格意义上的研究论文。中华人民共和国成立后，胡朴安之侄、任职于通志馆的胡道静陆续写就数篇回忆通志馆的文章，包括《淡南回忆录——上海市通志馆旧

① 《河北省通志馆近况纪》，《河北月刊》第 1 卷第 4 期，1933 年。

② 《河北省通志馆近况续纪》，《河北月刊》第 1 卷第 12 期，1933 年。

③ 于鹤年：《纂修河北通志闻见录（一）》，《禹贡》第 4 卷第 10 期，1935 年；《纂修河北通志闻见录（二）》，《禹贡》第 5 卷第 10 期，1936 年；《纂修河北通志闻见录（三）》，《禹贡》第 7 卷第 5 期，1937 年。

④ 王会庵：《河北通志馆杂忆》，《河北地方志》1993 年第 11 期。此文承河北省地方志办公室王广才先生提供，谨致谢忱。

⑤ 胡朴安：《市通志馆之过去与现在》，《上海市政府公报》第 3 卷第 8 期，1946 年。

志》《上海通志馆及上海通志稿》《上海通志馆、〈上海通志稿〉及上海史料之搜集保存者》《关于上海通志馆的回忆》《上海通社纪事本末》等，这些文章讲述了筹建通志馆、创办期刊、聘请修志人员、征集志料以及建立上海通社等史实。① 其中关于通志馆与上海市政府之间的矛盾纠葛等的叙述，为厘清通志馆上下及内外的复杂人事关系提供了线索；惜其论述仅点到为止，未做深入探讨，且一些内容交叉重复，甚至出现舛误与错漏，须与档案文献参照对比，做进一步研究。关于上海市通志馆真正意义上的学术研究，是从筹备问题的探讨开始的，袁燮铭《上海市通志馆筹备始末》② 和陈鸿等人的《上海市通志馆的筹备与成立》均就筹备缘起、筹备委员会的成立与改组以及通志馆最终成立的历史过程做了较深入的考察，揭示了"乱世修志"背景下通志馆创办的曲折过程与时代意义。惜后文虽从上海史研究的角度立意，但无论是文章框架内容，还是主题大意，均与前文有较多雷同。不过，该文作者之一陈鸿的硕士学位论文《乱世修志——上海通志馆研究》综合利用上海市档案馆所藏通志馆档案，分析通志馆的筹备经过、发展变迁、主要活动及成果，对其运作特色以及与上海史研究的关系，做了客观评价。③ 惜因该文沿袭机构、人员、经费、成绩等传统条块化的研究模式，难以反映出不同时代背景下通志馆的整体演进与发展的历史样态。

关于浙江省通志馆的研究，最早见于《图书季刊》的一篇介绍文章。④ 文章简要陈述浙江省通志馆筹备、创办与运作的历史过程，阐述其"改订义例，重新编纂，以其适应时代之需要"的方志革新理念。《浙江省通志馆近况》⑤ 一文则在粗略叙述志馆创办历史的同时，重点论述了通志馆同人创编期刊，借此推动与社会人士交流意见，达到宣扬修志精神、革新修志理念的目的。可是该文多偏向史实的叙述，未能结合通志馆发行的期刊文章，做全面深入的分析，而关于馆内外人士就志

---

① 胡道静著，虞信棠、金良年编：《胡道静文集　序跋题记　学事杂忆》，上海人民出版社 2011 年版，第 294—342 页。

② 袁燮铭：《上海市通志馆筹备始末》，《档案与史学》2002 年第 6 期；陈鸿、孙梦蕾、邱增勇：《上海市通志馆的筹备与成立》，《南方论刊》2011 年第 6 期。

③ 陈鸿：《乱世修志——上海通志馆研究》，华东师范大学硕士学位论文，2009 年。

④ 《浙江通志馆概况》，《图书季刊》新第 7 卷第 3—4 期，1946 年。

⑤ 《浙江省通志馆近况》，《教育通讯月刊》第 5 卷第 4 期，1948 年。

书革新问题的言论交锋及背后学理渊源的考察，显然是厘清近代方志转型的关键所在。

关于河南省通志馆的专题研究，主要有邢汉三《民国年间的河南通志馆与编志工作》①、王守中《民国年间河南通志馆始末》② 和刘松福《河南通志馆沿革》③ 三篇文章。上述文章依据时间顺序，概述机构演变的历史过程；由于均属文史资料性质，对研究河南省通志馆机构、人员与修志状况具有一定的参考价值。

其他论及民国通志馆的文章，则多从各省市通志馆沿革及志书编修史着墨，其背景为1980年前后全国首轮修志开展以来，梳理本地修志历史的现实需要，主要包括：董惠云《奉天通志馆与〈奉天通志〉的编纂》④、秦邕江《广西通志馆沿革述略》⑤、林子雄《广东通志馆与民国〈广东通志〉之编纂》⑥、周安庆《鲜为人知的南京通志馆》⑦、江贻隆《漫谈民国时期的安徽通志馆》⑧ 等。这些论文大都是通志馆历史沿革的粗略梳理、志书编纂过程的简单介绍以及修志成果的简要总结。

2. 方志史论著中有关通志馆的研究

一些以方志史为研究对象的论著，对民国修志历史做了系统梳理，其中吕志毅《方志学史》⑨ 概述南京国民政府时期奉天、河南、甘肃、云南、绥远、广东、广西、湖北、上海等省市通志馆的组织机构、人员变动、经费支出及志书编修情况，为开展民国通志馆研究提供了初步线索。刘纬毅《中国方志史》⑩ 视民国为修志理念的"嬗变时期"，认为民国所修志书在数量上超过清代，实现了修志理念的创新与转型，并强调"说民国方志处于'衰落'时期、'沉沦'时期，或谓'清代的余绪'，是不

① 邢汉三：《民国年间的河南通志馆与编志工作》，《河南地方志征文资料选》1983年第1期。
② 王守中：《民国年间河南通志馆始末》，中国人民政治协商会议河南省委员会文史资料研究委员会编：《河南文史资料》第12辑，河南第二新华印刷厂1984年版，第102—152页。
③ 刘松福：《河南通志馆沿革》，《河南史志通讯》1984年第6期。
④ 董惠云：《奉天通志馆与〈奉天通志〉的编纂》，《辽宁地方志通讯》1983年第1期。
⑤ 秦邕江：《广西通志馆沿革述略》，《广西地方志》1992年第6期。
⑥ 林子雄：《广东通志馆与民国〈广东通志〉之编纂》，《广东史志》2001年第4期。
⑦ 周安庆：《鲜为人知的南京通志馆》，《江苏地方志》2011年第3期。
⑧ 江贻隆：《漫谈民国时期的安徽通志馆》，《黑龙江史志》2013年第15期。
⑨ 吕志毅：《修志机构》，《方志学史》，河北大学出版社1993年版。
⑩ 刘纬毅：《中国方志史》，三晋出版社2010年版，第287页。

符合历史的"。沈松平《方志发展史》① 注意到 1929 年国民政府内政部颁布《修志事例概要》，以行政方式推动各省市设立通志馆，开展通志编修工作，由此形成民国方志大规模编修的热潮。

1985 年前后，由金恩辉主持，联合全国各省、自治区、直辖市上百名专家编写的《中国地方志详论》丛书，先后推出《安徽方志考略》《上海地方志概述》《陕西方志考》《河南地方志论丛》《四川方志考》《内蒙古方志概考》《辽宁地方志论略》《甘肃方志述略》《云南地方志考》《广东方志考略》《广西方志述评》等，分别对安徽通志馆、上海市通志馆、陕西省通志馆、河南省通志馆、四川省通志馆、绥远通志馆、奉天通志馆、甘肃省通志馆、云南省通志馆、国立中山大学广东通志馆、广西通志馆等的组织机构、人员结构、志稿内容等情况做了简要梳理。②

陈汉光《台湾地方志纂修略史》③ 系统回顾台湾地区编修地方志的历史，简要叙述台湾省通志馆成立后，因政局变化、时势更替所产生的机构发展演变。李硕《民国时期云南编修方志考略》④ 从颁布的章程条文分析入手，探讨志书资料征集、体例调适与篇目内容创新等史实，揭示制度变革与方志创新之间的内在联系。牟实库、赵世英《甘肃省通志考略》⑤ 重点考察甘肃省通志馆人事调整与变动对修志业务造成的严重影响，从一个侧面揭示了民国"乱世修志"的历史面相。王晟《河南通志编纂述评》⑥、

① 沈松平：《方志发展史》，浙江大学出版社 2013 年版。
② 刘尚恒：《安徽方志考略》，吉林省地方志编纂委员会、吉林省图书馆学会 1985 年版；王启宇、罗支松等：《上海地方志概述》，吉林省地方志编纂委员会、吉林省图书馆学会 1985 年版；高峰：《陕西方志考》，吉林省地方志编纂委员会、吉林省图书馆学会 1985 年版；张万钧：《河南地方志论丛》，吉林省地方志编纂委员会、吉林省图书馆学会 1985 年版；何金文：《四川方志考》，吉林省地方志编纂委员会、吉林省图书馆学会 1985 年版；张守和主编：《内蒙古方志概考》，吉林省地方志编纂委员会、吉林省图书馆学会 1985 年版；陈加等：《辽宁地方志论略》，吉林省地方志编纂委员会、吉林省图书馆学会 1986 年版；周丕显等：《甘肃方志述略》，吉林省地方志编纂委员会、吉林省图书馆学会 1988 年版；李硕：《云南地方志考》，吉林省地方志编纂委员会、吉林省图书馆学会 1988 年版；李默：《广东方志考略》，吉林省地方志编纂委员会、吉林省图书馆学会 1988 年版；杨剑宏：《广西方志述评》，吉林省地方志编纂委员会、吉林省图书馆学会 1998 年版。
③ 陈汉光：《台湾地方志纂修略史》，《方志通讯》第 2 卷第 2 期，1953 年。
④ 李硕：《民国时期云南编修方志考略》，《云南师范大学学报》（哲学社会科学版）1983 年第 4 期。
⑤ 牟实库、赵世英：《甘肃省通志考略》（下），《图书馆理论与实践》1986 年第 2 期。
⑥ 王晟：《河南通志编纂述评》，《河南师大学报》（社会科学版）1982 年第 1 期。

李默《广东方志发展史略》①、吉正芬《四川地方志纂修源流述略》② 分别叙述河南省通志馆、广东省修志馆、四川省通志馆创办机构、聘请人才与编修通志的历史。

上述论著概述各省市通志馆的一些基本史实，但由于缺乏对民国通志馆历史的系统考察，以及相关档案文献资料的对比、校刊与参证，关于通志馆基本史实的记载，在机构的成立与停办时间、修志人员与成书情况等方面，存在诸多舛误与分歧。相比较而言，王芳《抗日战争时期我国地方志编修概况》③ 以抗战时期方志编修为研究视角，注意到民族存亡关头修志者有较强的国家责任感，视修志为"抗战救国"的要务，不仅表现了鲜明的爱国主义精神，而且标志着学术思想向总结历史经验、为抗战服务的转变，具有一定的启示意义。

值得注意的是，近年来完成的数篇民国方志编修史研究的硕博士学位论文，分别对民国通志编修情况做了较为详细的描述，借以诠释方志编修与思想文化建构之间的重要联系。如杜娟《伪满时期方志的编纂》④ 通过对伪满时期所编志书的研究，探索伪满时期修志兴盛的原因，揭示作为文化建设工程重要内容的志书编修事业，在国家认同、民族认同与地域认同构建中的特殊作用。高健《新疆方志文献研究》⑤ 从历史文献学的角度，考察民国新疆方志文献在国家与社会二元关系中的纽带作用。汪璞《民国省志纂修研究》⑥ 通过对抗战爆发前后各地省志编修情况的考察，揭示省志体例、门类、内容等的变革与创新。

3. 关于通志稿的研究

陈涴《〈奉天通志〉述略》⑦ 认为《奉天通志》的编修，继承传统集体纂修多卷本志书的编纂方法，采取先分撰后统稿的编纂步骤，以"创修新志"为原则、"一方之全史"为编修体例，内容翔实实用，类目简明全面，具有重要的历史文献资料价值。

---

① 李默：《广东方志发展史略》，《广东社会科学》1986 年第 1 期。
② 吉正芬：《四川地方志纂修源流述略》，《中国地方志》2011 年第 10 期。
③ 王芳：《抗日战争时期我国地方志编修概况》，《中国地方志》2005 年第 10 期。
④ 杜娟：《伪满时期方志的编纂》，复旦大学硕士学位论文，2010 年。
⑤ 高健：《新疆方志文献研究》，南京师范大学博士学位论文，2014 年。
⑥ 汪璞：《民国省志纂修研究》，中国人民大学硕士学位论文，2012 年。
⑦ 陈涴：《〈奉天通志〉述略》，《沈阳师范学院学报》（哲学社会科学版）1982 年第 1 期。另参见陈涴《论史求是：陈涴文集》，社会科学文献出版社 2012 年版，第 401—408 页。

　　史海、戈文《历尽沧桑的〈绥远通志稿〉》① 回顾《绥远通志稿》曲折复杂的编修历史，考察通志三个稿本产生的原因、经过与异同，对探究社会剧烈变动背景下方志编修的历史样态，具有一定的启示意义。鲁阳《〈绥远通志稿〉的修纂经过及其内容》② 在叙述通志编修过程的同时，分析志稿在篇目、体例、内容上的革新，指出志稿"垦务""水利""商业"卷对研究绥远经济社会转变，具有一定的参考价值。以上研究为考察《绥远通志稿》的编修历史及志稿内容提供了基本线索，但由于志稿编修经历坎坷复杂，加之相关档案文献并未得到系统发掘，包括《中国地方志联合目录》《内蒙古方志概考》以及上述研究在内的论著对《绥远通志稿》的版本记述错误。对此，忒莫勒《〈绥远通志〉版本考述》③ 对志稿所有版本加以比较分析，考证其版本源流、内容异同与具体史实，使得这一问题的研究有所推进。

　　曾参与《河北通志稿·艺文志》点校、整理工作的秦进才通过翻阅、校勘大量文献资料，撰写《〈河北通志稿·艺文志〉校读举要》④，指出志稿在数字、书名、人名、地名、官名、爵号、谥号、年代等方面的错漏，旨在纠正志稿的谬误，为挖掘历史文化遗产提供准确的资料。在《〈河北通志稿〉编撰始末》⑤ 中，秦氏叙述通志馆频繁的人事变动情况，考察馆内人士所提出的体例革新设想，揭示了通志艰难的修撰过程。而其与王宪政合撰的《略论民国〈河北通志稿〉》⑥，从文本分析角度将其与明清时期编修的河北省志进行比较研究，进一步探讨志书在继承中的删削增益与革新创造。

　　牟实库《一部研究西北问题的重要参考书——〈甘肃通志稿〉》⑦ 概述《甘肃通志稿》的编修过程，从历史文献学的角度分析志稿《舆地志》《民族志》等内容，认为其中关于甘肃历史、政治、军事、民族、文化等

---

① 史海、戈文：《历尽沧桑的〈绥远通志稿〉》，中共呼和浩特市委党史资料征集办公室编：《呼和浩特史料》第 4 集，内蒙古青山印刷厂 1984 年版，第 211—231 页。另参见《内蒙古地方志通讯》（1984 年第 3 期）、《乌兰察布方志通讯》（1984 年第 1 期）的同名文章，均有所删节。

② 鲁阳：《〈绥远通志稿〉的修纂经过及其内容》，张守和主编：《内蒙古方志概考》，吉林省地方志编纂委员会、吉林省图书馆学会 1985 年版，第 28—37 页。

③ 忒莫勒：《〈绥远通志〉版本考述》，《内蒙古地方志》1990 年第 1 期。

④ 秦进才：《〈河北通志稿·艺文志〉校读举要》，《河北师院学报》1991 年第 4 期。

⑤ 秦进才：《〈河北通志稿〉编撰始末》，《文史精华》1993 年第 1 期。

⑥ 秦进才、王宪政：《略论民国〈河北通志稿〉》，《中国地方志》2000 年第 6 期。

⑦ 牟实库：《一部研究西北问题的重要参考书——〈甘肃通志稿〉》，《图书与情报》1991 年第 1 期。

的记载，是研究中国西北问题的重要参考。沈松平《略论〈民国重修浙江通志稿〉》① 从志书的篇目设计、章节结构、图表应用等方面，考察其对旧志的删削增补，指出其反映时代气息的革新创造，认为其编纂方法的承前启后，具有传统方志向现代发展的过渡色彩。刘平平《馆藏浙江通志述略》② 介绍浙江图书馆所藏《民国重修浙江通志稿》的主体内容，列举志书纪、考、略、传、谱五纲的基本内容，认为其编纂原则和编纂方法体现了馆长余绍宋的修志理念。林超民《〈新纂云南通志点校本〉弁言》③ 简述《新纂云南通志》在体例上的创新之处，如以近代科学方法记录天气状况，删汰旧志"星野""祥异"等不合时代要求的门类，改"食货"为工业、农业、矿业、商业等新门类等，无不体现近代方志体例与内容革故鼎新的重要特征。

与上述论文仅就志稿内容做主题分析和文本解读不同，岳庆艳《〈甘肃通志稿〉的历史地位及史料价值》④ 从志书编纂者的学识、师承及学术背景入手，详细考察人员包括留学日本法政大学的杨思，在方志学、史学与金石学方面颇有建树的张维，历史考古学家冯国瑞，西夏文研究的开拓者邓隆等人，为探索通志馆上下的学术传统与知识脉络，厘清志书在学术研究中的地位与价值开拓了新的视域。

1990 年代以来，随着旧志整理与研究的深入开展，"修志为用"理念逐渐为广大修志工作者所接受。在此背景下，考察旧志各门类具有借鉴意义的历史资料，挖掘旧志的历史价值与应用价值等，成为研究的新趋向。王星光《〈河南通志稿·农具〉卷浅析》⑤ 指出《河南通志稿》中关于民国农业用具与农学知识的记载，反映了河南农业生产力的发展水平，在一定程度上体现了中国北方农业生产力的实况，为研究近代农业工具及农业发展史提供重要参考。李弘毅《论〈安徽通志金石古物考稿〉在教育史研究中的价值》⑥ 分

---

① 沈松平：《略论〈民国重修浙江通志稿〉》，《浙江方志》2002 年第 4 期。
② 刘平平：《馆藏浙江通志述略》，《中国地方志》2005 年第 5 期。
③ 林超民：《〈新纂云南通志点校本〉弁言》，《大理文化》2007 年第 6 期。
④ 岳庆艳：《〈甘肃通志稿〉的历史地位及史料价值》，《北京图书馆馆刊》1998 年第 4 期。
⑤ 王星光：《〈河南通志稿·农具〉卷浅析》，《档案管理》1994 年第 6 期。陈斌的《〈河南通志稿·农具〉卷析》（《安阳师范学院学报》2003 年第 1 期）在叙述内容、谋篇布局及表达观点上，均与上文类似。
⑥ 李弘毅：《论〈安徽通志金石古物考稿〉在教育史研究中的价值》，《西南大学学报》（社会科学版）2010 年第 3 期。

析《安徽通志金石古物考稿》中的大量科举碑刻和教育碑志，认为这些反映中国古代教育史的文献，不仅是考察安徽人文历史的重要史料，也是研究安徽教育发展史的重要文献。吴祥瑞《江西通志稿和江西通志稿中的水利章篇简介》①则以民国江西通志馆编修的《江西通志稿》为例，考察志稿中有关水利的章节内容，认为对研究江西水利发展与变迁的历史状况，具有重要的参考价值。

上述分析和挖掘旧志历史、文化与应用价值的研究，为实现"修志为用"的思想理念进行了初步探索，但大多为介绍性文章，缺乏修志思想、志书文本与文化关怀的综合考察，特别是尚未结合近代历史文化变迁与方志转型的内在理路，深入探讨文化张力与现实关照视域下，修志思想创新与发展的历史面相。

4. 关于修志人物研究

自 1980 年代以来，有关任职于通志馆的修志人物的探讨日益增多，标示着学界关于近代修志人物及其思想研究的逐步深化，使得关于修志人物思想的传承与发展脉络日益明晰。关于修志人物思想研究，以余绍宋、王树楠、吴宗慈、傅振伦、柳亚子、李泰棻、甘鹏云、王葆心等主持或参与通志馆编修事务者最为典型。

魏桥《方志学家余绍宋》②介绍余绍宋的生平状况，叙述其主持编修《龙游县志》以及担任浙江省通志馆馆长的历史情形，认为余氏从修志实践出发，详细搜集与整理文献资料，力求在前人修志基础上加以变革，同时注重平衡史志之间的关系，能以平恕之心秉笔直书，从而在继承传统方志优点的基础上，实现修志思想的创新与发展。余子安《余绍宋与方志学》③着眼于余绍宋的方志学思想，追溯余绍宋的求学经历、师承渊源与治学之道，寻绎其先后编修《龙游县志》和《重修浙江通志稿》的历史脉络，探索余氏在浙江省通志馆主持史料征集、体例修订、人才延揽与志

① 吴祥瑞：《江西通志稿和江西通志稿中的水利章篇简介》，《江西水利科技》1984 年第 4 期。
② 魏桥：《方志学家余绍宋》，《中国地方史志》1982 年第 3 期。另注，1988 年魏桥将该文刊载于《余绍宋》一书中，并在文后附一简短说明，称 1980 年代初编修社会主义时期新方志在全国刚刚起步，挖掘余绍宋的方志思想，辩证吸取其修志精华，旨在为修志提供理论借鉴与方法指导。时至 1988 年，全国新编方志事业已届七年，"修志事业和方志理论的探讨在大步前进"。可见 1980 年代，全国方志界与学界人士对近代修志人物及其思想研究的高度重视。参见魏桥《方志学家余绍宋》，赖谋新等编：《余绍宋》，团结出版社 1989 年版，第 227—230 页。
③ 余子安：《余绍宋与方志学》，《浙江学刊》1983 年第 3 期。

书编纂的历史状况，认为余氏基于方志科学性与时代性的追求，实现了修志方法与理念的变革与发展。值得注意的是，余子安为余绍宋之孙，是当代著名学者、书画家，曾编纂《余绍宋年表》《余绍宋书画集》等，对余绍宋的生平及学术渊源了解甚详。雷坚《余绍宋方志思想浅识》① 梳理余绍宋与章学诚方志思想的异同，认为余氏在主持《龙游县志》和《重修浙江通志稿》等修志实践中，注意吸收各学科的研究成果和治学方法，并根据时代需要提出体例创新的主张，实现了传统修志理念的革故鼎新。

关于余绍宋方志思想及其与近代方志转型关系问题的探讨，较为典型的有沈松平《从余绍宋看民国志家对传统方志学理论的扬弃》②，该文提出民国时期方志的义旨、体例、内容及编纂方法较传统方志大有改观，是方志史上承上启下的过渡时期；文章还将《重修浙江通志稿》与章学诚所修志书进行对比，借以阐述余绍宋的方志理念，虽然承自章学诚却与时俱进，在新的历史条件下，实现对前人修志思想的超越。相对而言，徐伯凤《方志学家余绍宋》③ 虽然是一篇介绍性的短文，但通过发掘浙江省档案馆所藏有关余绍宋向蒋介石幕僚陈布雷写信求援的信件，揭示通志馆在人才、资料与经费十分缺乏的情况下，仍然坚持修志的历史状况，折射出抗战时期"乱世修志"的艰辛与不易。

关于王树楠修志思想与实践探讨的论著，最早见于王会安《王树枏传略》④，王会安为王树楠之孙，在中国社会科学院近代史研究所从事科研工作，在该文中他叙述了王树楠的生平与修志经历，尤其是关于其创办新疆通志馆，主持《新疆图志》编纂的情况，做了较全面的考察。戴良佐《近代方志名家王树楠》⑤ 在纠正上文关于王树楠年龄表述错误的同

---

① 雷坚：《余绍宋方志思想浅识》，《广西地方志通讯》1987 年第 5 期。

② 沈松平：《从余绍宋看民国志家对传统方志学理论的扬弃》，《宁波大学学报》（人文科学版）2003 年第 4 期。

③ 徐伯凤：《方志学家余绍宋》，《浙江档案》2006 年第 2 期。

④ 王会安：《王树枏传略》，《新疆地方志》1983 年第 2 期。该文后于 1991 年以《"北方之雄"方志学家王树楠》为题收入《河北文史资料》。参见《"北方之雄"方志学家王树楠》，《河北文史资料》1991 年第 1 期。

⑤ 戴良佐：《近代方志名家王树楠》，《新疆地方志》2001 年第 1 期。另注，在《王树楠与〈新疆图志〉》中戴氏指出，王树楠所修《新疆图志》门类较以往图志有创新，注重民族问题的记载，对多民族的习俗、人品、迁徙有详细记载，这体现了志书的地域性与时代性。参见戴良佐《王树楠与〈新疆图志〉》，《中国地方志》2002 年第 3 期。

时，还指出其参与修纂《奉天通志》《河北通志稿》等修志实践的若干史实，惜未就王树楠的修志活动及方志思想做深入探讨。侯德仁《清代西北边疆史地学研究》① 从《新疆图志》编纂的资料来源、人员分工与志书内容角度，考察与评价该志书的学术价值和史料价值。刘芹《王树楠史学研究》② 是近年来关于王树楠修志活动及其思想研究较为系统深入的著作。该书指出，王树楠一生多次参与修志，不仅把修志看作学术研究的重要组成部分，而且将它视为一项重要的国家和地方文化工程，这些方志著述后来成为人们研究与了解地方史不可或缺的文献资料。需要指出的是，学界关于王树楠在奉天通志馆、河北省通志馆等史事的研究尚不多见，有关王氏所修志书及其方志思想的整体考察，仍有待进一步探究。

陈圣《论吴宗慈的方志理论》③ 简述吴氏主持《重修江西通志》编修的史事，考察吴氏所著《方志丛论》关于方志性质、功能、体例、内容、章法、志材征集和人员培训等一系列富有创见的修志理念，认为吴氏将新理论应用于修志实践，革除旧志非科学与不合时宜的偏弊，并注重社会经济门类，强调方志的应用价值，对后人修志具有一定借鉴意义。陈柏泉《吴宗慈与〈江西通志稿〉》④ 梳理吴宗慈主持江西通志馆的历史过程，着重考察抗战时期社会局势动荡背景下志料采访困难、修志经费支绌、修志人才缺乏的历史状况，认为吴氏虽然受传统修志思想的影响，在修志立场、观点、方法上有所局限，但通过访求新史料、采集新志材、开创新体例等举措，推动省志编修工作，具有重要的启示意义。

王守忠《蒋藩修志思想浅析》⑤ 考察蒋氏撰修志书及发表的有关修志理论的文章，认为蒋氏根据当时形势需要，大胆删除"星野"等非科学的内容，采用新的测量方法精确绘制舆图，并在章学诚方志理论的基础上不断加以创新，提出"国体既更，史例宜变"的建议，要求体例宜谨严、考证宜精确、引文宜详注、采访要正确等见解，这对当前新方志编纂仍有

①　侯德仁：《清代西北边疆史地学研究》，南开大学博士学位论文，2004 年。
②　刘芹：《王树楠史学研究》，天津人民出版社 2012 年版。
③　陈圣：《论吴宗慈的方志理论》，《史志文萃》1987 年第 4 期。
④　陈柏泉：《吴宗慈与〈江西通志稿〉》，《江西文物》1990 年第 3 期。
⑤　王守忠：《蒋藩修志思想浅析》，河南省地方史志协会编：《河南史志论丛》第 1 辑，河南人民出版社 1987 年版，第 485—491 页。

借鉴意义。申畅《民国中州方志学浅识》① 在梳理民国时期河南修志机构演变的基础上，对参与《河南通志稿》编修的蒋藩、李敏修、魏青铓、张凤台、王幼侨、张嘉谋等人的修志思想与实践做了考察，认为他们为河南省方志事业及方志学发展做出了积极贡献，惜所述内容为简单介绍，尤其是蒋藩、张嘉谋等人，在方志理论与实践上均有一定建树，相关研究有待进一步深化。需要补充的是，申畅将上述内容扩充修改后，吸纳到其编著的《河南方志研究》②，进而揭示民国时期旧学和新学杂糅这一近代方志转型的重大背景。值得注意的是，该书附有蒋藩所撰关于方志理论的若干文章，为考察蒋氏方志思想提供了基本文献，而文后所加按语指出，蒋藩修志理论虽源于章学诚，但又能顺应时代变化，有所创新，颇具启发价值。

民国时期参与通志编修工作的人物不胜枚举，相关介绍修志人物及其修志实践的文章也颇为丰富。其中《傅振伦先生的方志研究与成就》③、《傅振伦方志思想研究》④、《傅振伦方志理论研究》⑤ 分别从旧志整理、新志编纂和方志理论研究等方面，概述傅振伦的修志思想与实践，并对其学术成就、学术地位及学术影响做了简要评价。

张明观等人合著的《柳亚子传》概述柳亚子筹建上海通志馆，创办馆刊与上海通社，主编《上海市通志》《上海市年鉴》《上海掌故丛书》《上海研究资料》等史事，揭示其探索建立通志馆长效运作机制的努力与实践。⑥ 曾任职于上海市通志馆的胡道静在《柳亚子与上海市通志馆》一文中，概述柳亚子主持通志馆工作的史实，认为通过修志这一文化工程，既培养了一批中青年修志人才，又对新时期编写新式地方志进行了探索。⑦

李培适《李泰棻及其〈方志学〉》⑧、白燎原《李泰棻与绥远通志馆》⑨

---

① 申畅：《民国中州方志学浅识》，《地域研究与开发》1990 年第 2 期。
② 申畅：《河南方志研究》，中州古籍出版社 1991 年版。
③ 牛润珍：《傅振伦先生的方志研究与成就》，《河北地方志》1990 年第 7 期。
④ 曾星翔：《傅振伦方志思想研究》，中央文献出版社 2007 年版。
⑤ 石磊：《傅振伦方志理论研究》，宁波大学硕士学位论文，2010 年。
⑥ 张明观：《柳亚子传》，社会科学文献出版社 1997 年版，第 358—367 页。
⑦ 胡道静：《柳亚子与上海市通志馆》，胡道静著、虞信棠、金良年编：《胡道静文集　序跋题记　学事杂忆》，上海人民出版社 2011 年版，第 283—290 页。
⑧ 李培适：《李泰棻及其〈方志学〉》，王飞等主编：《中国近现代史及史料征集研究》，新疆教育出版社 2002 年版，第 374—377 页。
⑨ 白燎原：《李泰棻与绥远通志馆》，萧乾主编：《穹庐谭故》，中华书局 2005 年版，第 99、100 页。

概述李泰棻任职绥远通志馆和主持《绥远通志稿》编纂的历史，指出当时虽因通志馆人事纠葛，志书最终未能完稿，但其《方志学》一书顺应时代及史学潮流，推动了方志学理论的创新与发展。与上述两文仅做简略介绍不同，汪凤娟的硕士学位论文《李泰棻学术思想研究》①从历史大背景的视角入手，系统考察处于近代学术转型时期李泰棻的学术思想与活动，认为李氏主张志属史体，提倡方志体例的时代性与科学性，尤其是关于方志内容应增加"记录以前之史实"、社会经济资料及贪官劣绅事实的建议，在理论与实践上均富有创见。

刘艳华《甘鹏云学术成就与学术思想考述》②从文献学角度考察甘氏所著《方志商》一书，认为其以发展灵活的眼光看待修志实际中出现的问题，进而探讨近代传统文化转型和嬗递时期甘鹏云的方志理念与学术思想。陈昊《王葆心的学术成就与学术思想研究》③叙述王葆心担任湖北通志馆编纂的史事，指出王氏《重修湖北通志条议》和《方志学发微》等论著集中体现了创新体例与取材纂校的修志思想。

5. 近代方志转型问题

随着近代知识与制度转型问题研究的深化，近代方志转型及其相关问题日益引发学界的关注。一些论著认为，绵延不断地编修地方志是中华民族一项优秀文化传统。在地方志发展的历史长河中，持续不断的修志实践，使传统方志向近代转变，实现了中国方志的重大转型。邱新立的博士学位论文《中国近代转型时期的方志研究》④以近代方志转型为背景，对民国方志的编纂实践与理念进行了分门别类的研究，认为民国时期既是旧方志发展的顶峰和终结时期，又是承上启下、继往开来的时期。许卫平《中国近代方志学》⑤一书认为，伴随中国社会转型，方志在编纂宗旨、体例、内容、技术、形式等各个方面都发生不同于以往的显著变化，体现

①　汪凤娟：《李泰棻学术思想研究》，宁波大学硕士学位论文，2010 年。

②　刘艳华：《甘鹏云学术成就与学术思想考述》，华中师范大学硕士学位论文，2011 年。

③　陈昊：《王葆心的学术成就与学术思想研究》，华中师范大学硕士学位论文，2012 年。

④　邱新立：《中国近代转型时期的方志研究》，北京大学博士学位论文，2003 年。

⑤　许卫平：《中国近代方志学》，江苏古籍出版社 2002 年版。此外，许氏从方志体例、记述内容与修志思想等方面，围绕近代方志转型议题发表了数篇论文，其主要观点与该书有关章节一致，此不赘言。参见许卫平《略论民国时期方志体例门类的变革创新》，《中国地方志》2002 年第 6 期；许卫平：《论民国时期方志编修观的变革》，《扬州大学学报》（人文社会科学版）2002 年第 6 期；许卫平：《略论民国时期方志记述内容的变革与创新》，《江苏地方志》2002 年第 6 期。

不同于传统方志编纂的新特征。巴兆祥《方志学新论》① 揭示民国社会制度变化、近代科学文化推广等因素所造成方志内涵与外延的变化，考察志书体例既沿革传统又反映时代变化、编纂方法新旧并存以及记载内容偏重经济社会等情况，认为上述因素共同推动民国方志出现顺应时代发展的变革与创新，实现了古代方志到近代方志的过渡与发展。与上述三部从宏观角度考察近代方志转型有所不同，宫为之《皖志史稿》② 通过对民国安徽方志界人士就省志编纂问题来往信函的分析与考察，展现了学术思想交锋与探讨的动态过程。由于作者观点是建立在大量第一手材料的基础上，故该文对方志思想发展变动的考察颇为深入。

值得注意的是，有关近代方志转型的研究往往出现在方志学问题的探讨之中，如沈松平《试论民国方志诸家对传统方志学理论的扬弃》③ 从宏观视角介绍民国方志学家吸取外国先进文化的同时，对传统方志思想做了扬弃，从而在修志观念和志书内容、门类、编纂方式等方面加以改进和创新，实现了传统方志向近代过渡的承上启下作用。需要强调的是，从近代方志转型的视角考察方志学的渊源流变，不仅拓宽了研究视野、深化了研究层次，并且有助于从方志学渊源流变中考察民国修志，具有方法论上的意义。

此外，廖晓晴《民国时期方志学理论述评》④、张鹏《民国时期方志类目变革研究》⑤ 分别从修志宗旨，方志性质、体例、编纂方法，志书类目等方面，考察民国修志方法革故鼎新的历史面相。然而这种将近代方志转型分门别类进行肢解的做法，究竟是当时人为之，还是后来研究者的主观判断，显然关于这一问题的研究是探讨近代方志转型内在原因的关键所在。

综上所述，前人从不同研究角度，对民国通志馆、参与通志编修的人物及其思想、所编方志以及近代方志转型等做了探讨，为相关研究的深入开展提供了重要基础。应当指出的是，上述研究虽注意到近代方志的转

---

① 巴兆祥：《方志学新论》，学林出版社 2004 年版。
② 宫为之：《皖志史稿》，安徽人民出版社 1997 年版。
③ 沈松平：《试论民国方志诸家对传统方志学理论的扬弃》，《黑龙江史志》2006 年第 8 期。
④ 廖晓晴：《民国时期方志学理论述评》，《辽宁大学学报》（哲学社会科学版）2004 年第 1 期。
⑤ 张鹏：《民国时期方志类目变革研究》，华东师范大学硕士学位论文，2010 年。

型，认为这是方志学发展的必然趋势，但综观已有成果，它们大多注重于宏大叙述，缺少实证性的具体分析和研究。循着方志发展的历史脉络，厘清近代方志转型的渊源流变，通过一系列的专题研究和理论构建，取得足以支撑这一论说的研究成果，成为当务之急。

三、资料与方法

本书以民国通志馆为切入点，探索近代方志发展、转型的历史过程，重点调查和收集所需档案文献，尤其是关于民国通志馆的档案，做到系统收集。这些文献资料，主要有如下几类。

其一，档案资料。包括辽宁省档案馆藏"奉天通志馆全宗档"、浙江省档案馆藏"浙江省通志馆全宗档"、上海市档案馆藏"上海通志馆全宗档"、湖北省档案馆藏"湖北通志馆全宗档"、江西省档案馆藏"江西通志馆全宗档"、四川省档案馆藏"四川省通志馆全宗档"、广东省档案馆藏"广东通志馆全宗档"、广西壮族自治区档案馆藏"广西通志馆全宗档"、安徽省档案馆藏"安徽省通志馆全宗档"、中国第二历史档案馆所藏档案、台北"国史馆"所藏档案、日本防卫省防卫研究所所藏档案、日本外务省外交史料馆所藏档案等。

其二，报刊资料。包括国民政府《内政公报》（1928—1949年）、《河南通志馆月刊》（1932年）、《上海市通志馆期刊》（1933—1935年）、《浙江省通志馆馆刊》（1945、1946年）、《广西通志馆馆刊》（1948年）、《台湾省通志馆馆刊》（1948年）、《东方杂志》、《国立中山大学日报》、《国立中山大学文史学研究所月刊》、《国立奉天图书馆季刊》、《山东省立图书馆季刊》、《禹贡》、《学风》、《江苏文献》、《浙江图书馆馆刊》、《江西文物》、《安徽文献》、《读书通讯》、《图书季刊》、《出版周刊》等。

其三，民国年间所修志书（含稿本）。包括王树楠、金毓黻等纂《奉天通志》260卷，1935年铅印本；邹鲁修、温廷敬等纂《广东通志未成稿》120册，1935年，未刊；徐乃昌纂《安徽通志稿》157卷，1934年铅印本；河南通志馆编《河南通志稿》，1943年铅印本；李泰棻等纂《绥远通志稿》120卷，1936年，未刊；王树楠、张国淦等纂《河北通志稿》47卷，1935年铅印本；宋伯鲁纂《续修陕西通志稿》224卷，1934年铅印本；周钟岳等纂《新纂云南通志》226卷，1949年铅印本；柳亚子等纂《上海市通志稿》25编，1937年，未刊；杨思等纂《甘肃通志稿》130卷，1937年，未刊；梁建章等纂《察哈尔省通志》28卷，1935年铅印本；蒙起鹏等纂《广西通志稿》，1949年油印本；吴宗慈总纂《江西通志稿》，1985年影印本；余绍宋等纂《重修浙江通志稿》，方志出版社2010年版。

其四，相关人物的书信、日记、年谱、文集等。包括《梁启超全集》、《邹鲁全集》、《张謇全集》、《竺可桢全集》、《冼玉清文集》、《张国淦文集》、《朱希祖文集》、《磨剑室文录》、《胡适文存》、《静晤室日记》、《余绍宋日记》、《顾颉刚日记》、《韬养斋日记》、《朱希祖日记》、《北游搜访滇南文献日记》（方树梅）、《柳亚子年谱》、《邹鲁年谱》、《顾颉刚年谱》、《罗香林先生年谱》、《瞿宣颖年谱》、《沈曾植年谱长编》、《朱希祖先生年谱长编》等。

其五，其他文献。包括萧继宗主编《革命文献》第68辑（1975年）、北京图书馆编《地方志人物传记资料丛刊》（2011年）、成文出版社编《中国方志丛书》（1983年）、浙江省委党史研究室编《浙江省抗日战争时期人口伤亡和财产损失》（2014年）、浙江省政府会计处编《浙江省三十七年度上半年度地方岁入岁出总预算书》（1948年）、上海市通志馆年鉴委员会编《民国三十五年上海市年鉴》（1946年）、上海市文献委员会编《民国三十六年上海市年鉴》（1947年）、上海市文献委员会编《民国三十七年上海市年鉴》（1948年）、上海市通志馆编《上海市通志馆收藏图书目录》（1936年）、国立中山大学文学院编《国立中山大学文学院课程总目》（1932年）、国立中山大学秘书处编《国立中山大学现状》（1934、1935、1937年）、东亚文化研究所编《东亚同文会史》（1989年）等。

本书采取以下方法：一是坚持马克思主义唯物史观，充分运用历史学的研究方法，全面、深入探索民国通志馆的组织、人事、经费、运作及修志情况，力图厘清通志馆内外人物的复杂关系，揭示近代方志革故鼎新、实现重大转型的历史脉络；二是在研究过程中，通过"自称"、"他指"和"后认"三种情况的区分与辨别，来判断某个事件或活动是否属于"转型"范畴，以此论证"民国通志馆"与"近代方志转型"的历史渊源；三是以民国通志馆为切入点，严格按照时间顺序，探索其发展、演化的内在逻辑，通过对各类事件、人物、史实等的分析比较，把握通志馆内外人士、修志相关史事之间的内在联系（即规律），在此基础上，力图探索近代方志转型的历史脉络；四是注意充分挖掘有关通志馆的档案资料，并且在分析和解读史料的基础上，把握不同历史时期通志馆修志理念的前后变化及其复杂原因，借此勾勒近代方志转型发生、演化的历史轮廓。

第一章　历代修志与方志转型的发端

当论及近代方志转型的渊源，离不开对传统方志向近代转变历史脉络与主要特征的探讨，而从传统方志发展的历史脉络来看，中国地方志大致经历了由"图"到"志"的演变过程。具体而言，以南宋为界，在此之前传统方志经历了由舆图到图经再到图志的过程，此后方志已基本定型，表现出"图文并茂"或"图为附庸"的特点。而传统方志渊源流变，不仅仅是一种志书形式的外在变化，更是涉及修志理念、方法与技术手段的变革，由此推动方志发展形成一条由地理志向史志合一，再到趋于成为一门独立学科的演进路径。

梳理近代方志源流，可以发现传统方志向近代方志发展的过程中，方志篇目内容的广度、记载的深度以及修志的技术手段等，在沿袭传统之时，又发生了一些变革，这反映了时代发展变化，体现了志书的时代特征与科学意义。而在近代西方科学思想的影响下，传统修志理念不断革新，"方志之学"开始由"编纂之学"向近代科学转化，梁启超敏锐地注意到了这一动态，率先提出"方志学"概念，由此使得民国通志馆大规模成立前的方志理念发生质的飞跃：方志学理论与学科建设成为此后方志界探讨的核心问题，由此形成理论来源于修志实践，又对修志实践具有指导意义的良性循环，开启了近代方志转型发展新的历程。本章通过对中国传统方志编修历史脉络的梳理，力图把握近代方志转变的历史渊源，勾勒近代方志发展的学术系谱，彰显近代方志体例、内容以及修志方法、技术手段等的创新发展，为进一步探索民国通志馆大规模创办背景下方志的转型发展奠定基础。

第一节　历代修志及特点

作为中华民族文化宝库的重要组成部分，地方志以自身特有的方式，记录与传承着光辉灿烂的中华文化。据统计，保存至今的 1949 年以前的方志有 8264 种，共 12 万卷，约占现存古籍的十分之一，其数量可谓十分庞大。历代方志编修不仅积累了丰富的方志遗产，而且为推动方志理论的形成、方志文化的发展以及近代方志的转型奠定了重要基础。

就地方志的渊源而言，最早可以追溯到先秦时期。事实上，学界关于方志的起源众说纷纭，而与其原始形态有着重要联系的国史、地理书和地图，三者在方志发展史上经历了既相互交融又特点各异的阶段。具体而言，早期的方志，因应于全国大一统的需要，以"地记"为主要表现形式，其内容与体例较接近于地理志。《秦地图》开创了全国总志的历史先河，《汉书·地理志》的出现，则为全国性地理总志的编修提供了基础。其后，陈顾野王的《舆地志》，杨孚的《异物志》，辛氏的《三秦记》，他如《汉山川图》《汉郡国地志》《十三州志》等，将地方志的范围扩大到郡国之书、舆图地志之书、都邑簿。魏晋南北朝时期，地方志又由专讲地理、山水之书，扩大至人物传记、交通路况、宫殿庙宇、冢墓园林等的记载，其内容亦兼及风土人情与社会经济情况。这方面的代表性志书是晋常璩编纂的《华阳国志》，该志记述了以巴蜀为中心的西南地区的历史、地理和人物，较之单一的地记或图经等，表现出取材与内容上的显著进步。唐代李吉甫的《元和郡县图志》，以唐朝十道所属的四十七节镇为纲，分镇记载府州县户口、沿革、道里、贡赋等内容，这与地记表现形式单一、记载内容简略相比，显然体例更为完备，代表了地方志由国别史、地理书或地图单一内容，向集众长于一体的方志的转变。

宋代社会文化的发展与政府官方的重视，推动了方志的大规模编修，由此产生了数量众多、内容丰富、体例完备的地方志。宋代初期乐史撰《太平寰宇记》，将方志人物立传和方志文献融于一书，开创了传统方志的新体例，这标志着地方志从地理学中分离出来，逐步纳入史学的范畴，在方志发展史上具有重要的历史作用。其后所修志书逐渐突破图经重图轻文的篱樊，不仅增加志书文字的内容，还将图降至次要地位，诸如王存主修的《元丰九域志》甚至完全剔除图的内容，反映出宋代方志内容和体例的重大变化。就宋代方志的体例而言，虽然形式并不固定，但表现出体例简明、叙事详赡的特点，并且出现了门目体和纪传体这两种代表以后方志发展主流的体裁，其中以南宋范成大的《吴郡志》、周应合的《景定建康志》为代表。

元代方志在前代基础上，取得修志体例与方法的创新，尤其是《一统志》的创修，著称后世。元代完成多民族国家的统一后，建立起一个庞大的帝国。至元二十三年（1286），集贤大学士扎马拉鼎上奏："方今尺地一民尽入版籍，宜为书以明一统。"① 元世祖忽必烈批准该奏折，诏命编修《一统志》，于大德七年（1303）编纂完成，定名《大元大一统志》。《大元大一统志》按当时的行政区划编排，包括 10 个中书省、行省，下设路、州、府，全志分类记述，共 600 册、1300 卷，由此开创了国家性总志编修的先例。

明代方志编修较为兴盛，无论是中原内地还是边疆地区都开展了修志工作，一些地方甚至数次编修地方志，形成了常年纂修、代代相传的修志盛况。就志书数量而言，明代方志大约 3470 种，留存至今的仅有 1014 种。明代方志不仅数量众多，种类也更为丰富，体例也更加完备。一方面，明代从巩固国家政权的需要出发，官方发布修志凡例，不仅确定志书体例、统一格式，还为编纂全国性总志奠定基础。永乐十年（1412），明朝为编修《一统志》，颁布《修志凡例》16 则，明确规定其内容为建置沿革、分野、疆域、城池、里至、山川、坊郭、乡镇、土产、贡赋、风俗形势、户口、学校、军卫、廨舍、寺观、祠庙、桥梁、古迹、宦绩、人物、仙释、杂志、诗文 24 门，此举有利于改变各地方志门类杂乱之弊，为统一志书体例与格式起到了重要作用。洪武三年（1370）《大明志书》按《大元大一统志》体例纂成。永乐十六年（1418）成祖诏令编修《天下郡县志》。景泰五年（1454）代宗诏令编修《寰宇通志》。天顺五年（1461），英宗仿元例，编纂《大明一统志》。另一方面，

---

① 陈文和主编：《潜研堂文集》第 29 卷，江苏古籍出版社 1997 年版，第 489 页。

明代方志在体裁上更为丰富，种类上有所扩充，在内容上则简繁互见，呈现出丰富多样的特点。明代方志的体裁不断丰富，创立了"政书体""经纬体""三宝体"等，其中以"三宝体"最为典型。"三宝体"以《孟子》所言土地、人民、政事三者为总纲，将志书分为三类，以求志书内容分类的简明清晰。明代方志还增加了新的种类，如卫所志、边关志、边镇志等，其代表性志书有詹荣《山海关志》、郑汝璧《延绥镇志》。此外，与宋代方志相比，明代方志的内容更为丰富，广泛记述了明代的社会、经济、政治、文化等内容；而鉴于前代方志卷帙浩繁的偏弊，明代方志出现以康海《武功县志》、韩邦靖《朝邑县志》为代表的简志。

清代方志是中国传统方志的集大成者，其数量为 5685 种，大约占古代方志总数的 70%。清代方志不仅在数量上高居历代之首，其体例也更为精审，种类也更为齐全，内容也更为翔实，这主要得益于清代社会文化的繁盛，统治阶级的重视以及社会鸿儒的广泛参与。清代国家版图基本确定后，建立起了一个多民族的统一国家，尤其是康乾嘉时期，是清代鼎盛时期。为确立和巩固其统治地位，清代三次编修一统志，康熙十一年（1672），清廷诏令直省各督抚聘集硕学鸿儒纂修通志，以为《大清一统志》编修之准备；康熙二十四年（1685）敕撰《大清一统志》，至乾隆八年（1743），该志历时 58 年始成，名为康熙《大清一统志》。乾隆在康熙、雍正两朝文治武功的基础上，进一步完成了多民族国家的统一，社会经济与历史文化有了进一步发展。乾隆二十九年（1764），根据雍正时期平定青海罗卜藏丹津之乱、西藏阿尔布巴之乱及乾隆时期国家情况的变化，清廷敕令续修《大清一统志》，历时 20 年，至乾隆四十九年（1784）完成。嘉庆十七年（1812），全国社会经济又有重大变化，为了补充乾隆四十九年至嘉庆年间史事，清廷诏令重修《大清一统志》。这次重修历时 30 年，直至道光二十二年（1842）才完成。清代以下发修志诏令方式三次编修一统志，有力地推动了各地方志的广泛编修。清廷诏令编修《大清一统志》及其推动形成的全国方志普遍编修热潮，不仅有利于方志体例的统一与规范，还带动一大批学者参与修志事业，出现了陆稼书《灵寿县志》、李文藻《历城县志》、全谢山《宁波府志》、戴震《汾州府志》、章学诚《和州志》、谢启昆《广西通志》、阮元《广东通志》、李兆洛《凤台县志》、黄彭年《畿辅通志》等名篇佳志。许多学者视方志为著述大业，严考方志体例方法，注重史料收集与考订，从而大大丰富了方志的内容，提升了方志的学术价值。清代方志的体例主要有门目体、纪传体和三书体，其中三书体为章学诚所创，章氏主张方志分"志""掌故""文征"三部分，其中"志"是著述，采用纪传体，"掌故"和"文征"则是文献汇编。此外，清代出现了私家编修的方志，其"体制较为自由，故良著往往间出"，梁启超将其归纳为七类，即："一纯属方志体例而避其名者"、"二专记一地方重要史迹者"、"三专记人物者"、"四专记风俗轶闻者"、"五取志中部分而成篇者"、"六参与志局事而不能行其志，因自出所见私写定以别传者"、"七有于一州县内复析其一局部之地作专志者"。上述七类分别为私家著述的各类方志、专志和别志，其数量颇为可观，体例之严谨、内容之完备，"或竟出正式方志上也"。①

中华民国成立后，继续沿袭修志传统，各地纷纷恢复或筹建修志机构。总体而言，民国初年各地修志机构有因有创，而以重新创办为主。在北洋政府统治的十余年间，虽然政局动荡不安，内忧与外患频仍，但修志工作并未中断。而因应于通志编纂的需要，1914年浙江通志局率先成立，开启了民国省志编修的历史。这一修志浪潮一直延续至1927年，其间，山东、河南、江苏、浙江、福建、黑龙江、贵州、四川等省设立了通志局。②

1914年初，浙江通志局在浙江省督军朱瑞、巡按使屈映光的支持下创办，启动《浙江通志》的编纂工作。作为民国成立后创办的首个省级修志机构，其修志人才队伍颇为引人注目。该馆不仅聘请名儒沈曾植为总纂，其编纂人员更是包括朱祖谋、王国维、刘承干等学界贤达。根据沈曾植拟订的修志方案，《浙江通志》的类目颇为丰富，并且设立了大事纪、地方自治、学校、水利、风俗等新门类。1915年，广东省政府以"近百年未有续修，恐一省文献久而无征"，遂成立广东修志馆，由朱庆澜主持修志工作，聘请梁鼎芬担任总纂，启动《广东通

① 梁启超：《清代学者整理旧学之总成绩——方志学》，《东方杂志》第21卷第18号，1924年9月25日。
② 一些论著认为，广东省于1914年成立了通志馆或通志局。但事实上，当时成立的是"广东修志馆"，馆址在广州聚贤坊的广雅书局。参见广东修志馆编《广东修志馆组织大纲》，民国十八年油印本，广州中山文献馆藏。

志》编纂工作。①

1916 年，北京政府教育部会同内务部咨请各地修志。根据咨文要求，各地修志应当注意"体裁"的"鼎新革故"，强调商业、交通属于新兴门类，而选举、学校之类，由于时代变迁，名同而实异。咨文的这些要求与提法，堪称近代方志转型之雏形。而在内务部的另一份咨文中，更是要求各地凡已经创办修志机构者"仍应积极进行"，尚未创办者"应即体察情形，先从征求文献入手，延集地方绅耆"，设立修志机构，由此直接推动了民国初年各地修志机构的成立。②

根据上述咨文要求，是年 4 月，陕西督军陈树藩、巡按使吕调元设立陕西通志局，聘请宋伯鲁为总纂，张鹏一、武善树等为分纂，启动《陕西通志》的编修工作。同年 12 月，福建督军李厚基主持创办福建通志局，延聘沈瑜庆、陈衍为正副总纂，刘瀛、何振岱为协纂，沈觐冕、叶大琛等为分纂，历时十年，全志告成。③ 1918 年江苏省通志局设立，聘请冯煦为总纂，启动该省通志编纂工作。1921 年，河南省通志局设立，省长张凤台兼任通志局总裁，延聘蒋藩、张嘉谋、刘海涵、李敏修、刘盼遂等为编纂，正式启动《河南通志》编修工作；是年 12 月 19 日，通志局拟定《河南通志局组织简章》，并且设立《河南通志》简目 19 门，每门之下又

---

① 《广东通志馆期成计划书》，广东省档案馆藏，档案号：20 - 001 - 74 - 070 - 074。另：各方关于民国初年广东省志编修的记载不一。《中国地方志总目提要》称，"民国五年（1916）成立广东通志局"。[金恩辉等编：《中国地方志总目提要》，（台北）汉美图书公司 1996 年版，第 19—5页。] 1937 年 8 月，李景新编著的《广东研究参考资料叙录·史地篇初编》则表示，"民国四年冬广东省府设通志馆从事编修"。[参见李景新编著《广东研究参考资料叙录·史地篇初编》，（台北）学生书局 1970 年版，第 258 页。]《中山大学校史 1924—2004》亦认为，"广东通志馆设于 1915 年"。（吴定宇主编：《中山大学校史 1924—2004》，中山大学出版社 2006 年版，第 127页。）《广东方志考略》表示，"民五年成立广东通志局"。（李默：《广东方志考略》，吉林省地方志编纂委员会、吉林省图书馆学会 1988 年版，第 11 页。）显然，上述在成立时间和机构名称上各有出入，即时间有 1915 年或 1916 年之说，而机构名称则有广东通志局、广东通志馆之分。事实上，成立时间应当是民国四年（1915），机构名称则是"广东修志馆"，馆址在广州聚贤坊的广雅书局。（参见广东修志馆编《广东修志馆组织大纲》，民国十八年油印本，藏于广州中山文献馆。）对于广东修志馆的闭馆时间，吴定宇主编的《中山大学校史 1924—2004》称："1910年当局因不满撰述者业绩平平一度关闭该馆。"所述与成立时间（1915 年）矛盾，显然有误。（吴定宇主编：《中山大学校史 1924—2004》，中山大学出版社 2006 年版，第 127 页。）
② 《东边道尹公署令转内务教育两部通饬续修县志的咨文》（1916 年 12 月 12 日），辽宁省档案馆选编：《编修地方志档案选编》，辽沈书社 1983 年版，第 17—21 页。
③ 陈衡铨：《民国〈福建通志〉编纂小考》，福建省政协文史资料委员会编：《文史资料选编》第 3卷《文化编》，福建人民出版社 2001 年版，第 551—556 页。

设细目，共 96 类，体例可谓完备。① 据不完全统计，至 1926 年底，全国共编纂及刊印各类志书 484 种，其数量约占民国方志总数的 30.8%，这些方志在体例上既沿袭旧志，又具有时代特征，编纂方法也有所创新，注意地图、表格等的应用，并且适当增加了实业、商务、矿产、物价等经济内容的记述，在某种意义上反映了近代社会经济的发展状况。

民国初年各地设局修志的同时，方志界关于志书体例、类目、内容等的讨论也日渐增多，其中邓之诚的《省志今例发凡》颇具代表性。在该文中，邓之诚以"修志之例"的变革为旨归，从时代更替、社会"改革"的角度出发，认为"国体既变"，方志体例、类目、内容等应当"破除"旧志的"禁忌"；修志方法也应当"略事改创"，宜适当增加图、表等的应用；在篇目方面，邓氏基于社会时代的变迁，认为"事变日繁，必宜增辟门类"，遂在该文中罗列了村镇、风俗、方言、教堂、选举、警察、学校、教育会、物产、商业、采矿、邮政、航政等新兴门类，显示了社会变革背景下地方志的时代特性。②

以上追溯地方志渊源流变的历史脉络，旨在揭示地方志自先秦开始萌芽，至宋代基本定型后，又经历元明清的修志实践，使方志基本特征得以形成的历史状况。民国初年方志编修既传承了历代修志的基本要素，又对方志体例、修志技术与方法等加以创新，这反映了时代变迁背景下修志者对旧志扬弃与发展的要求。而各地修志机构的成立，不仅推动了民国志书的编纂，还为通志馆的创办奠定了基础。纵观历代修志概况可见，作为社会文化的重要载体，地方志的产生发展与整个中国社会历史的发展进程息息相关，由此表现出几个重要的阶段性特点。

第一，志书体例发展演变。如前所述，地方志最初并非具有独立完整的体例形式，而是表现为以记载自然地理状况为主的单一形式，地理书可为其代名词，对此唐代史学家刘知几称："九州土宇，万国山川，物产殊宜，风化异俗。如各志其本国，足以明此一方。若盛弘之《荆州记》、常璩《华阳国志》、辛氏《三秦》、罗含《湘中》，此之谓地理书者也。"而对于地理书的局限性，刘知几也曾做出中肯的批评："地理书者，若朱赣所采，浃于九州；阚骃所书，殚于四国。斯则言皆雅正，事无偏党者矣。

① 申畅：《河南方志研究》，中州古籍出版社 1991 年版，第 36 页。
② 邓之诚：《省志今例发凡》，《地学杂志》第 9 卷第 4、5 期合刊，1918 年。

其有异于此者，则人自以为乐土，家自以为名都，竞美所居，谈过其实。又城池旧迹，山水得名，皆传诸委巷，用为故实，鄙哉！"① 可见，在刘知几看来地理志存在言过其实的弊端而误导后人。

经过汉魏以来的修志实践，至隋唐时期，图文并茂的"图经"开始出现，并且经过不断发展，逐渐成为传统方志的一种基本形式。魏晋南北朝时期，"地记"逐渐盛行，其记载者多为州、郡、县的疆域和建置，其中夹杂着一些神话和传说，内容比地理书更为详备，堪称传统方志的"雏形"，而地记亦因此成为这一时期方志的重要形式。

值得注意的是，传统方志最初萌芽于舆图，后发展成图经，再演变为图志，即有一个由"图"到"志"的转变过程。对此金毓黻在《中国史学史》中指出："方志为一方之史，世人已无异议，而图经亦详建置沿革人物古迹，以明一方之变迁进化，备史之一体，且为宋以后郡县志书之所本。故述方志，不能置图经而不数。"② 李宗谔在《祥符州县图经》序中称，"图则作绘之名，经则载言之别"。③ 可见图经，是由"图"和"经"两部分组成。图，即地图，经，即文字说明。总之，传统方志最初表现为多种名称和体例形式，其中地记、地志、图经、图志均盛行一时，而随着修志实践的不断推动，图亡经兴的局面为传统方志的定型奠定了重要基础。

宋元时期地方志发展不断兴盛，传统方志亦从北宋的图经盛行向南宋及元代方志过渡，表现出内容不断丰富、体例较为完备、脉络较为清晰的定型方志特征。北宋时期，图经盛行的同时，也出现了一些具有正式方志特征的志书，如《长安志》《广陵志》《元丰郡县志》等。南宋时期，随着中国南方各地修志工作的开展，无论是方志数量，还是方志体例、门类、篇目等都有了很大发展。如司马光在《河南志》序中称赞该志体例完备时指出："凡其废兴迁徙，及宫室、城郭、坊市、第舍、县镇、乡里、山川、津梁、亭驿、庙寺、陵墓之名数，与古先之遗迹，人物之俊秀，守令之良能，花卉之殊尤，无不备载。考诸韦记，其详不啻十余倍，开编粲然，如指诸掌，真博物之书也。"④

① 刘知几撰，张三夕、李程注评：《史通》，凤凰出版社2013年版，第147页。
② 金毓黻：《中国史学史》，商务印书馆2007年版，第165页。
③ 《玉海》卷14，转引自华林甫主编《清儒地理考据研究》，齐鲁书社2015年版，第156页。
④ 王晓岩编：《分类选注历代名人论方志》，辽宁大学出版社1986年版，第44页。

据考证，南宋编修的地方志数量约为北宋时期的 2.8 倍，达 227 种，其中方志与图经数量的比例，出现了重大变化，即：北宋时期有图经 58 种、定型方志 22 种，南宋时期图经降至 21 种，而定型方志则增至 206 种。可见，南宋时期定型方志有取代图经之势，逐渐成为传统方志的主流，实现了传统方志由图经向正式方志的过渡。

第二，志书官修影响深远。传统方志具有"资治、存史、教化"的功能，为历代统治者所重视，所谓"地志，官书也，以存一方掌故，以示千秋鉴戒，与专门私集不同"。① 官方设立修志机构是官方主持修志工作的一个重要标志。早在隋唐时期官方史志机构就开始出现，如隋炀帝大业五年（609）诏令秘书学士设局编修《区宇图志》，唐显庆三年（658）诏令史官许敬宗设局编修《西域图志》等。北宋时期创设的九域图志局则被后人称为"中国历史上第一个官方修志机构"，该局编修的《元丰九域志》是一部大型的全国总志，因志书内容丰富、篇幅宏大，宋神宗下诏书刻板印刷历时 12 年之久。可以说，在传统中国若无政府官方的支持与推动，包括《元丰九域志》在内的志书编修与印刷都是难以想象的事情，这从一个侧面揭示了官方设局修志的诸多益处。

以官府诏令的形式颁布修志凡例，不仅起到"监督郡邑纂修志书"的作用，还有力促进了各地志书体例的规范与统一。汉唐以来，朝廷颁布修志诏令之事屡见不鲜。如东汉时期，刘秀下诏编修风俗传；宋太祖赵匡胤诏令编修图经，而由官方统一确定体例则始于明代。根据永乐十年（1412）颁布的《修志凡例》，以平目体并列建置沿革、分野、疆域等 24 门，要求各地修志必须重视对当时社会情况的记载，并且详细考察各门类的发展演变。

需要强调的是，官方颁布修志凡例具有较大的示范效应和行政推动力，以永乐十年（1412）颁布的《修志凡例》为例，包括嘉靖、万历年间编修的众多志书均仿此例而作，而该《修志凡例》亦被后人推许为"一代之令典"。② 如嘉靖年间湖广布政司左参政丁明制定的《修志凡例》26 则，在志书体式上沿袭永乐十年（1412）《修志凡例》的平目体；志书类目则在

---

① 潘文凤、林豪纂：《澎湖厅志稿》，《中国方志丛书》，（台北）成文出版社有限公司 1984 年版，第 1~2 页。

② 朱仲东：《朱有燉年谱长编》，兰州大学出版社 2014 年版，第 141 页。

该凡例的基础上略有扩充，包括图考、建置沿革、星野、郡名、城池、疆域、关梁、形胜、山川、名迹、风俗、物产、户口、田赋、徭役、藩封、秩官、公署、铺舍、水利、惠政、学校、社学、书院、选举、荐举、恩荫、兵防、秩祀、祠庙、陵墓、名宦、宦迹、乡贤、人物、孝义、贞节、逸士、侨寓、灾祥、方外、艺文等。湖广布政司颁布的《修志凡例》也影响到府州县志书的编修，以万历年间编修的《郴州志》为例，该志类目有图考、建置、藩封、秩官、选举、疆域、形胜、风俗、山川、关梁、古迹、陵墓、城池、公署、厢市、坊表、桥梁、津渡、铺舍、户口、田赋、物产、祠庙、学校、书院、名宦、人物、孝义、侨寓、仙释、祥异等，显示了官方主持修志对志书体例规范和统一的推动作用。①

志书官修不仅促进了体例的规范和统一，还直接推动了一统志这一全国总志的出现。元明清三代均设立一统志馆，通过官方主导启动全国总志的编纂工作。其中《大元大一统志》开创了"一统志"先例，对明清两代修志影响十分显著。《大明一统志》体例更为完备，内容丰富翔实，详细记载了京师及全国各地的建置沿革、山川地理、风俗物产等情况。《大清一统志》则有力促进了各地府、州、县志的编修，推动了清代地方志编修兴盛局面的到来。

与此同时，官方主导修志也产生了积极的社会效应，一大批朝廷官员、文人墨客、士绅乡贤参与修志工作，他们本着地方志"资治、存史、教化"的功能，既推动了志书官修历史格局的形成和发展，又对方志体例、编纂方法与修志理论的革新产生重要影响。

第三，志书种类日益丰富。地方志的种类随着社会发展与时代变迁而日益丰富。历代以来，除朝廷诏令编修全国性总志外，各地还编修通志、府志、州县志等。同时，乡镇志、乡土志、边关志、卫所志等新兴志书种类也应运而生，这反映了方志编修实践推动下志书体例、内容与编纂方法的明显进步和鲜明特色。

边关志和卫所志隶属于军事志书的范畴。明清以来，由于军事方面的需要，各地设立了许多边关和卫所，而边关志多由镇守边关的将士或兵部职官主持编纂，志书的体例与府州志较为相似，但志书内容以边关要塞或边疆重镇为主，并且着重于军事、防备、险要、兵事等的记载。以《山

---

① 邓晓泉：《郴州史略》，银河出版社 2011 年版，第 397 页。

海关志》为例，该志仅明代就先后五次纂修，其中嘉靖十四年（1535）詹荣编纂的《山海关志》共八卷，分地理、关隘、建置、官师等；而明代五次纂修《山海关志》，既表明山海关在明代军事上的重要地位，也使该志在边关志中具有典范意义。卫所是明代设置的一种军事单位，其数量众多且遍布全国重要军事地点，仅洪武二十三年（1390）全国就有卫547个，所2563个。据统计，明代编修卫所志53种，分布于天津、河北、辽宁、上海、浙江、福建、甘肃、青海、宁夏等地。卫所志大多仿照州、县志书体例，详细记载战守、兵屯等内容，是研究明代兵要地志的重要史料。

乡镇志编修源于明清时期商品经济发展背景下大批市镇的兴起。据统计，明代编纂成书的乡镇志有53种，清代全国编修的乡镇志多达318种，民国初年乡镇志编修工作兴盛不衰。从地区分布上来看，乡镇志的编修主要集中在长江三角洲以及京杭大运河沿线，这些地区显然是乡镇勃兴的区域，具有重要的社会经济与历史文化地位。明清以来，乡镇志的编修进一步丰富了志书种类，而乡镇志不同于官修性质的省府州县志书，大多私撰成书，因此表现出体例多样、体裁杂陈、名称不一的特点。与此同时，乡镇志编纂重视调查采访，具有资料丰富、内容全面的特点，并且较好地保存了乡镇文化资料，在一定程度上弥补了官修志书的不足，具有较高的史料价值。

乡土志编修始于清末，是一种具有乡土教材性质的志书。近代以来，中国乡土志的编纂先后经历了清末和民国两个重要阶段。早在1898年，蔡和铿编写第一部乡土志，拉开了中国乡土志编纂的序幕，而近代乡土志的第一次大规模编纂，肇始于晚清学制的变革。1903—1904年，清政府以日本明治时期学制为蓝本，制定并颁布《奏定学堂章程》（即"癸卯学制"），初步奠定了中国近代初等教育的基础。章程将历史、地理、格致等列为必修科，宣称历史教学"当先讲乡土历史"，并且要求编写历史科教学大纲和教科书，为全国各地教学之用。[①] 两年后，总理学务处编书局监督黄绍箕上奏清廷，提出编写历史、舆地、格致三科合一的，以乡土史地为教学内容的教材大纲。此议得到清廷的赞同，遂命学部制定《乡土志例目》，正式将乡土史地课程纳入课堂教学。《乡土志例目》的获准颁行直接推动了乡土志的兴起，全国各府、州、县、乡纷纷按例目编写近代

---

① 张百熙等：《奏定学堂章程》第1册，山东官书局光绪二十九年刊本，第18、19页。

新型乡土教材——中国乡土志。据统计，在 1905 年到 1911 年，短短数年间，全国编纂乡土志 463 部，加上 1905 年之前的 4 部，清末的乡土志总共有 467 部，由此形成中国乡土志编纂的首次热潮。民国肇建，在国民政府的推动下，乡土志编纂之风依然盛行。1914 年，北京政府教育部发布檄文，要求全国各地编纂乡土志或乡土历史教科书，作为课堂教学之用，掀起了新一轮的乡土志编纂热潮。次年，因《清史稿》编纂需要，清史馆向各地广泛征订乡土志，此举进一步推动了乡土志的征集与利用工作。在此背景下，1912 年到 1926 年间，全国新编纂的乡土志达 113 部。需要指出的是，近代乡土志的编纂推动了乡土教育的发展与普及。伴随着近代中国民族危机的不断深化，中国知识人士因应于救亡图存的需要，大力开展乡土历史教育，并以普及乡土历史、地理知识为基础，旨在弘扬民族优秀文化和传统，激发学生的爱国、爱乡情怀，由此进一步推动了乡土志的编修。

总之，历代方志编修实践呈现出官方主持、学者参与以及社会多方互动的格局，既推动了传统方志体例的基本定型，又促进了地方志数量与种类的不断丰富，从而为后世积累了数量巨大的方志宝库，并且使修志成为一项中华民族优秀的文化传统。

第二节　方志理论的发展

历代修志实践为形成和发展方志理论奠定了重要基础，而梳理历代方志理论发展的历史面相，挖掘历代方志名人的修志思想，有助于把握方志理论演变的历史样态，为厘清近代方志转型的理论渊源与变动趋势，提供必要的基础和遵循。

秦汉时期，中国方志理论呈现萌芽状态。东汉郑玄在《周礼注》中指出方志的本质，认为"志，记也。谓若鲁之《春秋》、晋之《乘》、楚之《梼杌》"。显然，郑玄视方志为古国史，故而做出"外史掌书外令，掌四方之志"的阐释。[1] 值得注意的是，郑玄注《周礼》时所阐发的"方

---

[1]　陈戍国点校：《周礼·仪礼·礼记》，岳麓书社 2006 年版，第 59 页。

志""四方之志""天下之图"等概念具有一定的创新意义。在当时，这些概念与主张不仅上达一国之主，推动了地方志资治作用的形成，还在一定程度上影响了后世对方志性质、功能等的理解。

魏晋南北朝时期，方志理论随着地方志编纂实践进一步发展。作为最早以"志"命名的地方志书，《华阳国志》的编纂成书具有重要的历史价值，而该志的序言对方志的体例、内容、宗旨及社会功用做了初步阐释，这对方志理论的形成具有重要的推动意义。该志的纂修者常璩针对当时志书分历史、地理、人物而记的弊端，认为应当改志书分散的体例为完整、系统的模式，以揭示所记地方的整体面貌，主张将史事、地理、人物汇于一书，这为后世修志趋于编纂综合性志书开创了先例。在修志宗旨方面，常璩概括为"五善"，即："达道义，章法戒，通古今，表功勋，而后旌贤能。"而志书的社会功用则在于"宪章成败，旌昭仁贤，抑细虚妄，纠正缪言，显善惩恶，以杜未然"。① 可见，常璩认为方志具有总结经验教训的资治作用，主张阐发志书"表成著败""显善惩恶"的教化功能，由此对方志的社会功能与作用进行了初步总结。

隋唐时期，方志理论有了较大发展，尤其是唐代颜师古、李吉甫、刘知几等人，对方志的性质、修志人才的素养、方志的地位与价值等做了进一步的理论阐发。唐代著名经学家颜师古在《汉书·地理志注》中阐述了方志的性质，称"中古以来，说地理者多矣，或解释经典，或撰述方志，竞为新异，妄有穿凿，安处互会，颇失其真"。② 显然，颜氏批评当时一些地方志书为了标新立异产生附会失真的弊病，主张方志属于地理范畴。李吉甫则在主持编修《元和郡县图志》的基础上，从方志编纂理论的角度，强调"详今略古""事实求是"等编纂宗旨的重要意义，并且对地图在方志中的重要作用做了理论阐述。在该志序言中，李吉甫进一步表达了对包括图经在内的地理学著作的批评意见，认为"况古今言地理者，凡数千家，尚古远者，或搜古而略今，采谣俗者，多传疑而失实"，主张方志编纂应当"详今略古"，修志者应当本着实事求是的态度，注重对客观事实的记载。作为一部具有重要军事地理价值的志书，《元和郡县图志》

① 《华阳国志·序志》，雷敢选注：《中国历史要籍序论文选注》，岳麓书社 1982 年版，第 109—112 页。
② 王广：《颜师古学术思想研究》，山东人民出版社 2013 年版，第 192 页。

不仅详细记载了唐宪宗时期全国的建置情况，还分别记述各镇的州县沿革、山川地形、道里古迹等。显然，李吉甫结合他对全国户口、疆域与地形等的认识，在主持编修《元和郡县图志》时，"其志与图，必实稽当时图籍为之，最为可据"，进而强调地图在方志中的重要价值。① 唐代史学家刘知几在《史通》中提出方志属史的理论，并且对修志者应当具备的素养做了理论阐述。在《史通·杂述》中，刘知几将郡书、杂记、地理书、都邑簿等早期方志纳入史书范畴。一方面，刘知几指出郡书所记地方人物仅录其乡贤，导致所录人物不见于正史，或见于正史而不详的弊端；另一方面，他批评地理书所记山川地形，大多溢美之词而往往"谈过其实"，一些城池古迹和山川水道的名称往往来自街谈巷议，而不加以考证，有失准确。此外，刘知几将方志纳入史学范畴，由此强调编史修志者应具备三长，即"史才"、"史学"和"史实"。② 刘知几关于方志属史的理论阐述，以及提出修志者应具备三长的观点，对后世修志理论的发展具有重要的启示价值。

宋代方志编修方兴未艾，其体例渐趋定型，方志理论也较为成熟，一些主持或参与修志者对方志的起源、性质、体例、内容以及修志的方法、要求、目的与作用等进行了有益的探索，形成了较为成熟的方志理论。关于方志的起源，司马光、李宗谔、王存、马光祖等人在方志序跋中做了阐发，其中司马光提出方志源于《周官》，李宗谔、王存则主张方志起源于史官，而马光祖在《景定建康志序》中提出"郡有志，即成周职方氏之所掌"，即认为方志起源于周朝职方氏所掌天下之图。关于方志的性质，历来分为方志属史或属地理两种观点，主张者亦分属历史与地理两大派别。③ 其中，传统修志者主张方志属地理性质，如欧阳忞在《舆地广记序》中提出方志属"地理之书"的主张，王象之亦在《舆地纪胜序》中持此种观点，称"郡县有志，九域有志，寰宇有记，舆地有记"，综而论之，均属地理性质。④ 可以说，在当时主张方志属地理性质者占绝大多

---

① 吕志毅：《李吉甫及其〈元和郡县图志〉》，《中国方志学家研究》，武汉出版社 1989 年版，第 18、19 页。

② 王晓岩：《历代名人论方志》，辽宁大学出版社 1986 年版，第 247 页。

③ 马光祖：《景定建康志序》，周应合：《景定建康志》，《宋元方志丛刊》第 2 册，中华书局 1990 年版，第 1315 页。

④ 吕志毅：《方志学史》，河北大学出版社 1993 年版，第 169 页。

数，而郑兴裔在《广陵志序》中却旗帜鲜明地提出方志属史性质，称
"郡之有志，犹国之有史"。① 郑氏关于方志属史性质的主张虽不多见，但
对后世关于方志性质的讨论具有重要的启示意义。关于修志的目的，马光
祖指出修志的目的在于了解各地情况，考察国家财力、军队实力，以及为
政治、教育、文化等的发展提供足资借鉴的经验教训，概言之方志的作用
在于"有补于世"。② 周应合在《景定建康志修志本末》中则强调方志
"崇厚风俗，表章人才"的作用。郑兴裔在《合肥志序》中认为方志具有
"昭传信，示来兹"的作用，这对后人探讨方志在"存史""资治"方面
的作用具有启示意义。关于方志体例问题，周应合在《景定建康志修志
本末》中率先提出修志须先"定凡例"的要求，并且强调凡例有着提纲
挈领的作用，是方志编修的关键。③ 可以说，周氏关于修志先定凡例的主
张具有重要的指导意义，后世修志者认为凡例关涉志书的体例结构、编纂
方法和门类设置，因此将其视为修志首要之事。

总之，宋代方志体例、内容、门类等渐趋完备，方志理论也日臻成熟，
对此张国淦指出，"方志之书，至赵宋而体例始备，举凡舆图、疆域、山
川、名胜、建置、职官、赋税、物产、乡里、风俗、人物、方技、金石、艺
文、灾异无不汇于一编"，而方志体例、篇目、内容、门类等的发展，既是
修志实践不断推动的结果，也为方志理论的进一步发展奠定了重要基础。④

元代方志理论取得新的进展，诸多主持修志者在志书的序跋中，对方
志的性质、目的和作用等进行了探讨，与宋代方志理论不同的是，元代方
志理论的重心转向修志资料的搜集、编纂原则的探讨等方面，显示了注重
编修原则与方法的倾向。杨维桢在《至正昆山志序》中对方志的性质做
了专题探讨，认为图经是一定行政区域的史书，应当归为"信史"之类。
同时杨氏强调凡例的重要作用，称"立凡创例，言博能要，事核而不
芜"，即认为创立凡例是方志编修的首要之事，而凡例贵在突出主题且去
其繁杂，以实现对修志宏观上的指导与规范作用。⑤ 许有壬在《大元大一
统志序》中阐述方志的政治作用，称"垂之万世，知祖宗创业之艰难，

---

① 郑兴裔：《郑忠肃奏议遗集》卷下，清文渊阁四库全书本。
② 王晓岩：《历代名人论方志》，辽宁大学出版社1986年版，第215、216页。
③ 王晓岩：《历代名人论方志》，辽宁大学出版社1986年版，第215、216页。
④ 张国淦：《叙例》，《中国古方志考》，中华书局1963年版，第1—4页。
⑤ 王晓岩：《历代名人论方志》，辽宁大学出版社1986年版，第56页。

播之臣庶，知生长一统之世，邦有道谷，各尽其职，于变时雍，各尽其力，上下相维，以持一统"，即认为方志对于维系国家长治久安有特殊作用，并指出这是历代政府官方重视修志事业的原因之一。[①] 张铉在《至正金陵新志》的修志本末中对方志体例、编纂方法与原则等进行了理论探讨。在体例上张铉仿宋代周应合《景定建康志》设立图考、通纪、表、志、谱、传等；在编纂方法上，他接受志为史体的观念，并且以编修一代"良史"为目标，强调方志要具备史义；关于人物志编纂原则，张氏针对前代修志言善不言恶的弊端，主张事无巨细、"善恶毕著"。杨敬德在《赤城元统志序》中对方志内容及作用做了理论探讨，称："其著星土，辩躔次，而休咎可征矣；奠山川，察形势，而扼塞可知矣；明版籍，任土贡，而取民有制矣；诠人物，崇节义，以彰劝惩，而教化可明矣，此其大凡也。"显然，杨敬德认为志书内容应当包括地理方位、山川、形势、版籍、人物等，而为实现方志"教化"功能，他创造性地提出"辩""奠""察""明""诠""崇""彰"等修志要领，并将其视为修志之"大凡"。李好文在《长安志图序》中提出"生民衣食之所系"的观点，即强调方志对事关民生经济状况的记载，这一理念在当时无疑具有创造性价值，而方志记载有关国计民生内容的主张，至今仍有借鉴意义。资料文献是方志编修的前提和基础，而资料的丰富性与可信度关系到志书的质量，引起黄溍、冯福京、骆天骧等人的重视。黄溍强调"文献有足征"的重要意义。冯福京则提出资料取舍的标准，即"事不关于风教，物不系于钱谷，诗不发于性情，文不根于义理"。骆天骧在《类编长安志》中探讨了方志资料征访的若干原则，即历史足迹要"无不登览"，坊间故事要"耳闻目睹"，事实真相要"目见心熟"，遇有阙疑要"再三请问"。[②] 总之，元代修志者对方志编纂原则与方法问题的探讨，进一步推动了修志理论的成熟和发展，这在某种意义上反映了方志"编纂之学"在传统方志理论中的重要地位。

明代政府颇为重视地方志编修，所修志书不仅数量众多、范围广泛，而且出现了一些新的志种，一些方志编纂者在志书序跋中对方志的起源、性质、体例、内容、作用以及修志原则与方法等做了理论阐发，有力推动

---

① 傅瑛、雷近芳点校：《许有壬集》，中州古籍出版社1998年版，第436页。
② 王晓岩：《历代名人论方志》，辽宁大学出版社1986年版，第198、199页。

了方志理论的发展。就志书体裁而言，明代方志编纂者结合当地实际情况与时代特征，采用了多种体裁形式，包括：以概念之内涵为纲、以外延为目的纲目体，无纲有目的并列体，按中央六部排列的政书体，仿正史纪、表、志、传体裁构架志书的纪传体，以事件为主线汇集专题材料的纪事本末体，专述土地、人民、政事的三宝体，以年代为线索编排重大历史事件的编年体。丰富多样的志书体裁广泛应用于明代方志编修之中，这使方志的表现形式更加多元化，同时为方志理论的不断发展奠定了基础。论及明代方志理论时，必须提及编修《武功县志》并代表简派志家的康海。康海的方志理论涉及方志的性质、内容、体例以及修志的宗旨、目的与作用等，其中关于方志的性质，康氏指出，"志者，记也，记其风土、文献之事，与官乎是郡邑者"，即强调方志综合记述一地整体情况，这对后世修志具有重要的启示意义。关于方志的作用，康氏从方志有助于"资治""教化"的角度指出，"可以备极其改革，省见其疾苦，景行其已行，察识其政治，使天下为士大夫者读之足以兴，为郡邑者读之足以劝而已"，即强调方志在展示地方情况、了解民间疾苦以及为施政者提供借鉴和参考方面的作用。① 作为方志简派的代表人物，康海从经世致用的视角，鲜明提出方志宜简化体例、详今略古、删繁去芜、精研文辞的原则，这对方志整体质量的提升具有重要的借鉴价值，与此同时，康海从志书客观记述的角度，提出在世人物不立传的主张，并被后世修志者接受和继承，这又体现了康海方志理论的启示意义，有利于方志编纂者保持秉笔直书、客观公正的态度和立场，具有方法论上的指导意义。

清代是传统方志编修的兴盛期，不仅编纂 5000 多种方志，直接推动盛世修志局面的形成，而且涌现出戴震、章学诚、谢启昆、洪亮吉、钱大昕、姚鼐、焦循、孙星衍、李兆洛、李慈名、王棻等一大批方志理论家，其中戴震、孙星衍、洪亮吉代表地理派，章学诚代表历史派，他们关于方志性质、体例、内容、作用等的理论阐述对当时及后世修志影响十分深远。需要强调的是，与以往历代方志理论仅在志书序跋中出现相比，清代方志理论不仅见诸方志、书信及专门著述，而且形成了较为完整、系统的理论体系。

戴震是清代方志理论家中地理派的典型代表。他不仅主持编纂方志，

---

① 康海：《朝邑县志·序》，王道修、韩邦靖纂《朝邑县志》，《四库全书》本。

而且将地理研究的方法及成果应用于修志实践，促进了地理、考据与方志编修的有机统一。诚然，戴震主张方志为地理书，但这是章学诚转述戴氏的观点，并不等于戴氏不重视地理以外的其他门类。事实上，考察戴震的有关论述，诸如"古今沿革，作志首以为重""志之首沿革也""沿革定而上考往古，用始无惑""疆域辨而山川乃可得而纪"等，无不体现戴氏看重地理沿革的修志倾向，而他将考据方法运用于方志研究与史实考证，也取得了许多成绩。如戴氏考证《周礼》《汉书》《水经注》等记载的史实，发现多有舛误，这更加坚定了他提出的重视地理沿革考证的修志主张。与此同时，戴震较为重视地图在方志中的使用，并且对旧志地图做了精细的研究和考证，强调"地图及沿革表，志开卷第一事也"，由此对制图方法做了理论上的探讨，为方志地图准确无误绘制提供了理论指导。①

　　与戴震将方志视为传统地理书不同，章学诚作为历史派代表人物，主张方志乃"一方全史"，并且通过对其主持或参与修志实践的深入总结，撰写了诸如《修志十议》《与戴东原论修志》《方志立三书议》《方志辨体》《州县请立志科议》等探讨方志概念、性质、体例、内容以及编纂方法的文章，从而对方志理论进行了较为系统、全面的阐述，对后世乃至今天修志产生了重要影响。

　　章学诚的方志理论主要包括以下几方面内容。一是提出"方志乃一方全史"的观点，确定了方志的本质和属性。历代以来，修志者对方志属于何种性质进行了阐述。清代及以前，主张方志是地理专书的人占绝大多数，然而随着方志体例形式的不断丰富，地理沿革无法涵盖方志内容，方志性质问题亦因此成为方志理论研究的突出问题。章学诚作为方志历史派的代表人物，旗帜鲜明地提出"方志乃一方全史"的观点，他主张"方志如古国史，本非地理专门"，由此将方志纳入史学范畴，并借此将方志从传统的地理书中解脱出来，扩大了方志的内容，提升了方志的地位，从而引申与形成了一系列方志理论。二是阐发"三书"和"四体"之说，明确规定方志的体例和内容。② 章学诚根据"志乃史体"的观点，为使方志严其体例、明其结构，遂在《方志立三书议》中提出设立

---

① 戴震：《应州续志序》，《戴震全集》第 1 册，清华大学出版社 1991 年版，第 520 页。

② 章学诚著，叶瑛校注：《记与戴东原论修志》，《文史通义校注》卷 8《外篇三》，中华书局 2000年版，第 869 页。

"志"、"掌故"和"文征"三种体例结构的想法。其中"志"为方志的著述部分,"掌故"是与"志"并列的文献资料部分,"文征"则是地方文献的原始资料。三书中"志"为主干,"掌故"和"文征"为两翼,而"志"又析为"四体",即外纪、年谱、考、传,由此确立了方志"三书"和"四体"的格局,使方志体例趋于完备,进而形成了章学诚关于方志体例的理论阐述。① 三是阐述"方志辨体"理论,旨在划清不同类型方志的界限与范围。针对明清以来方志体例杂乱的时弊,章学诚撰写《方志辨体》,以使省、府、州、县志体例各自明晰,称"统部自有统部志例,非但集诸府、州志可称通志",而各府、州、县志亦有其明确的范围和界限,各自之间既互不重叠、雷同、侵越,又相互呼应、互为补充;在内容上各志记述应分别有所侧重,详其所应详,略其所当略,简繁适宜,恰如其分,才能根除方志体例不辨的流弊。② 四是主张设立"志科",收集乡邦文献,为编修志书提供必要的资料。章学诚在《州县请立志科议》中提出,"州县之志,不可取办于一时,平日当于诸典吏中,特立志科",志科中安排采访人员,专门负责收集乡邦文献,并且对文献资料进行分门别类的整理,为日后修志奠定重要的资料基础。③ 诚然,章学诚的方志理论对后世甚至今天具有重要的借鉴价值,但受时代局限仍有其偏颇可议之处,只有批判地继承章学诚以及清代修志者的方志理论,才能把握方志理论渊源流变的历史脉络。

进入民国,方志理论随着民初地方志编修实践的进行而有所发展,蔡元培、邓之诚、梁启超等人对方志的体例与内容、编纂原则与方法以及方志学概念等做了创造性的阐发,形成了具有鲜明特色的方志学理论成果。蔡元培于1890年受聘为上虞县志局总纂,他在考订旧志源流的基础上,结合上虞县当地的实际情况,制定了新的县志体例,并在理论上有所阐发,为后世修志者所推崇。④ 邓之诚则在《省志今例发凡》中以"修志之例"为研讨对象,开宗明义地阐述"方志之书,古同于史"的观点,由

---

① 章学诚著,叶瑛校注:《记与戴东原论修志》,《文史通义校注》卷6《外篇一》,中华书局2000年版,第191页。

② 章学诚著,仓修良编:《文史通义新编》,上海古籍出版社1993年版,第735页。

③ 章学诚著,仓修良编:《文史通义新编》,上海古籍出版社1993年版,第197页。

④ 《重修〈上虞县志〉例言》,高平叔编:《蔡元培全集》第1卷,中华书局1984年版,第23—35页。

此提出改革"旧志体例"的要求，主张根据时代需要设置经济、政治、交通、商业等"新类"；同时他提出"修志不仅仅重一体例而已"，而应当注意图、表、志、传等体裁的灵活运用，以使"作者便于纂述，而读者便于寻辑"。① 梁启超是近代著名史学家，他对地方志也曾做过总体研究，撰写《清代学者整理旧学之总成绩——方志学》《说方志》《〈龙游县志〉序》等有关方志理论的文章，内容涉及方志的渊源、流派、性质、作用及意义等。在《清代学者整理旧学之总成绩——方志学》中，梁启超对清代方志做了全面评价，并且阐述了他对方志与国史的独到见解，认为"最古之史，实为方志"，方志与国史在材料甄别、人才选取等方面，亦有诸多相似之处。② 而在《说方志》一文中，梁启超以进化史观的眼光，探讨历代方志的发展与变革。1925 年 11 月 18 日，梁启超撰写《〈龙游县志〉序》，称赞《龙游县志》主纂余绍宋"实事求是，无征不信，纯采科学家最严正之态度，剖析力极敏，组织力极强，故能驾驭其所得之正确资料"。③ 可见，梁启超关于方志理论的探讨自成体系，尤其是"方志学"概念的提出，无疑具有重要的理论价值与学术意义。

总之，梳理历代方志理论形成、发展与演变的历史，有助于把握近代方志理论深化的背景，揭示近代方志转型的历史渊源。其中，宋代方志体例渐趋稳定，有关方志渊源、性质、体例与内容等的理论探讨也较为成熟；明清两代方志编修进入兴盛期，在章学诚等人关于方志理论整体阐述的推动下，方志理论得到较大发展；而以梁启超为代表的民国初年的方志理论，上承章学诚等方志理论家之余绪，下启近代方志学之发展，具有重要的承上启下意义。

第三节　方志转型的发端

历代方志编修实践的持续推进与方志理论的不断发展，创造了方志转

---

① 邓之诚：《省志今例发凡》，《地学杂志》第 9 卷第 4、5 期合刊，1918 年。
② 梁启超：《清代学者整理旧学之总成绩——方志学》，《梁启超全集》，北京出版社 1999 年版，第 4581—4588 页。
③ 梁启超：《〈龙游县志〉序》，《梁启超全集》，北京出版社 1999 年版，第 4335 页。

型的基础和条件，尤其是近代以来，随着时代发展与社会变迁，方志编纂方法与技术手段的革新，方志的体例与内容的变化，以及方志学概念的出现等，无不显示近代方志转型的发端。

其一，方志编纂方法与技术手段的革新。以黄炎培《川沙县志》为例，该志志首设"导言"，卷首设"概述"，以便于向读者对全志内容做概览式介绍。有论者指出，"地方志中有'概述'之名，都认为自黄炎培主纂民国《川沙县志》始。但实际上，《川沙县志》的'概述'类似于'卷首小序'"。①

事实上，黄炎培自己承认"本书各志，先以概述。有类实斋所为序例，而实则不同。盖重在简略说明本志内容之大要，而不尽阐明义例也"。② 可以说，通过在志首和卷首设置导言和概述，可有效解决全志各卷互相割裂而不自成体系的弊端。如该志政治门类记述新学新政、宣统三年自治风潮、"一·二八"事变等，其篇首的概述指出："凡吾国人，苟于自治治群，自养养人，自卫卫国三大端，加以绝大努力，则民族富强之期，正不在远。我川沙人读此志，瞻前顾后，其尤当悚然惧，蹶然兴也已。"可见，黄炎培以高度概括的手法，将其国家独立、民族富强的愿望纳入概述的论述之中。又如经济门类的概述称："川沙五十年前，人民生事，农而已矣。有副焉者，厥惟纺织。机巧淳兴，徒手失利。年龄壮盛者，大都趋上海从事工商业，妇稚家居，无所事事。爰有先觉，别授女红，取之宫中，贸之海外。载我以往，制彼之来。当全盛时，一邑岁入，百万元而未已。家家压线，夜夜鸣机，僻乡穷村，皆丝其衣，金其腕。一时繁荣，得未曾有。凡工，始创则争烈，争烈而制精，制精而广销，广销而烂造，烂造则业衰，故实业行政重检验。立法未周，良机已逸，欧陆销兵，市场变色。今所存者十之一耳。此也偏隅感受全球影响之明征也。"③

显然，该志经济门类概述了川沙50多年来工商业发展的历史轨迹、基本规律和主要特点，具有较高的学术价值。而综览该志全篇，其导言分

---

① 邓撰相：《"概述"篇写作与研究综述》，张守富主编：《齐鲁新志春秋》卷4，济南出版社1996年版，第300页。

② 方鸿铠、陆炳麟修，黄炎培纂：《民国川沙县志》，《中国地方志集成》第7册，上海书店出版社1991年版，第25页。

③ 黄炎培：《〈川沙县志〉导言》，赵庚奇编：《修志文献选辑》，北京燕山出版社1990年版，第139页。

别从政治、经济、文化、社会四个方面概述了川沙 50 多年来的发展轨迹、规律、特色与整体面貌，起到了述而有作、言简意赅的概括归纳效果。

在志书编纂技术与手段上，自清代以来便开始引进和采用西方科技。如清初《皇舆全览图》的编纂，采用了西方测绘技术，其中所绘制的地图，均为专业人士精确测量经纬度后所作，而康熙本人也采取实测经纬度、校勘绘制地图等办法，在技术上为全国修志做了表率。1708 年 7 月 4 日，康熙下令进行全国地图大测绘工作，其间首次采用了地图投影法进行绘制，而《皇舆全览图》即是这次绘图的重要成果。据统计，该志测有经纬度数地点 600 余处，其测绘范围之广泛、数据之精确，在当时具有世界领先水平，被英国著名科学史家李约瑟评为亚洲最好的地图，甚至"比当时所有的欧洲地图都更好、更精确"。[①] 随着西方科学技术的引入，以及时代进步背景下中国测绘手段与技术的进步，至民国初年，测绘与图表在修志中的应用越来越多，由此进一步提高了方志的科学价值与实用性。

其二，方志的体例与内容的变化。体例是志书的关键，起着谋篇布局、提纲挈领的重要作用，而体例的变化是近代方志转型的重要表征。以蔡元培主持编纂《上虞县志》为例，他在考订旧志源流的基础上，结合上虞县当地的实际情况，制定了新的县志体例，从而为志书的编纂奠定了基础。然而，就在县志体例完稿后，却遭到了各分纂的激烈反对，一时间批评之声不绝于耳，而众人所评论的焦点，在于其文"古异惊俗"，并且与旧志体例大为不同。

事实上，对比、分析该体例与旧志体例的异同，并结合蔡元培在《罪言》篇的申辩之辞，可以窥探其中意蕴所在。一是志书体例分地篇、吏篇、户篇、礼篇、兵篇、形篇、工篇、学篇、书篇、碑篇、列传、士女篇、杂篇及文征等，既令全志纲举目张，又因事设篇，以适事体。因事设篇是蔡氏体例的主旨之一，在他看来，县志不同于"邦国之志"，"国、县异制"是其修志的重要理念。为使这一理念得到志局同人的认可，他还以古代国家社会为例，提出正如国史以诸侯为主，县志则须以县官为主的主张，而县有吏、户、礼、兵、刑、工六科，由此而以科设篇，再据情加以增设，如此方合县志之例。二是篇目有增有删、有因有革，体现了蔡氏"实事求是，因实以定名"的修志思想。具体而言，将旧志的"食货"

---

①　李孝聪、白鸿叶：《康熙朝〈皇舆全览图〉》，国家图书馆出版社 2014 年版，第 108 页。

和"武备"两项分别归入户篇、兵篇之下，以"从时宜而通义例之穷"；将"名宦"部分依其出身、行业等情况分别列入户、兵、刑等篇，从而为所志人物辨正名分，使名实相副；而对于旧志将士民礼仪归入风俗篇的做法，蔡元培根据《周礼》"凡国之大事，治其礼仪"之义，对其做了根本的改变，即认为礼仪之事不能与岁时风俗同类，而应当列入礼篇。蔡元培出身于中国传统私塾教育，虽因擅长"怪八股"得意科场，然而他却对教育有着独到的理解，为将其教育理念运用到志书编撰，他在体例中专辟学篇，将学馆、学校、书院、学堂等分别纳入其中。而在《罪言》篇中，蔡氏对此做了专门的阐述，认为学篇旨在"道文教之原，案儒林之脉，不专为学官数典"，因此该篇专志书院、社学之类，而将学产、学官等项剔除。三是对志局人员的批评和意见，做了针锋相对、有理有据的申辩。馆内同人对蔡氏体例最大的诟病是不合旧例。对此，蔡元培借用近代方志学家章学诚之言，阐释了志书体例变与不变的道理。章学诚乃会稽（今浙江绍兴）人，曾编撰《和州志》、《亳州志》、《永清志》及《湖北通志稿》，乃著方志三书，立三家之学，即"仿纪传正史之体而作志，仿律令典例之体而作掌故，仿《文选》、《文苑》之体而作文征。三书相辅而行，缺一不可"，并且将其六科之义融入其中，由此奠定了中国方志学的根基，开创了近代志书编纂的新风尚。梁启超在《清代学者整理旧学之总成绩——方志学》中不无称赞地表示，"'方志学'之成立，实自实斋始也"。①

需要指出的是，上虞与会稽在地理上相毗连，其文教之风亦大受章氏影响，加之章氏在方志学中的重要地位，如能恰当地说明新拟体例与其的承袭关系，则会大大增强在馆内同人中的说服力。因此，蔡元培在其申辩中称："昔者实斋（章学诚）先生创为吏、户、礼、兵、刑、工六书，以破刻舟之成见，明从宜之大义。"故在新拟体例中以章氏六书为六篇，并加以扩充和增改，形成志书的篇目，既承袭了章氏修志思想，又在继承中有所创新。事实上，蔡元培对章氏的修志思想有着更深层次的理解，认为"师古者得其意不必袭其貌，例因事而立，不强事以就例，皆章先生家法也"。②

---

① 梁启超：《中国近三百年学术史》，中国社会科学出版社 2008 年版，第 312 页。
② 《重修〈上虞县志〉例言》，高平叔编：《蔡元培全集》第 1 卷，中华书局 1984 年版，第 23—35 页。

因此,在旧志的基础上,依据当地的实情,有因有革,传之以信,衡之以理,如此方合修志之道。可以说,蔡元培所拟的《上虞县志》体例,正是继承并发扬了章氏修志思想,这无疑彰显了他从旧式文人中脱胎换骨的锐意进取与创新。

另外,方志篇目内容有了新的变化,即由宣扬皇朝统治向保存地方文化和培育民众爱国思想转变,而这在某种意义上反映了修志目的与作用的发展变迁。如历代官修志书大多将皇训、圣言置于卷首,这反映了传统方志重视宣扬皇朝统治的"教化"目的。而到了清末民初,由于中国面临千年未有之大变局,在民族存亡的紧急关头,地方志尤其是一些乡土志书承担起了爱国、爱乡思想的教育任务。如李炳炎在《齐东县乡土志》跋中写道:该志记载乡土人情风俗甚详,"今吾人读之,而爱乡土之心可以油然而生矣。果由此扩而充之,爱国之心何难普及于教育中哉"。《蒲江县乡土志》亦称,"国积乡土而成,爱乡土即爱国之嚆矢",而通过对普通民众乡土人物与文化的宣传,可以"引起其爱乡土之热诚"。① 可见,包括乡土志在内的地方志正是利用了民众爱乡、爱国的思想,由爱乡扩大至爱国,由爱国而上升至拥护当权者的统治。而著名方志学者林传甲基于对日本来中国进行调查,编纂《支那省别全志》举动的义愤,于1917年发起编纂大中华各省地理志,先后出版了浙江、江苏、安徽、福建、京师等省地理志,从而通过编修地方志的办法来唤醒国民、挽救危亡。

其三,近代方志学出现的历史渊源与内涵。任何学科的出现都有其特定的历史条件与学术渊源。就方志学出现的历史渊源而言,既有学术传承与西学东渐的历史背景,也有近代方志编纂持续开展与方志理论不断深化的大力推动。具体而言:一是近代方志的大规模编纂,孕育了方志学出现的客观条件。近代方志转型背景下修志实践与理论创新,两者并行不悖、相辅相成。近代以来,地方志编修工作连绵不绝,尤其是民国成立后,浙江、山东、河南、江苏、浙江、福建、黑龙江、贵州、四川等省设立了通志局。各省修志机构的成立,有力推动了各地志书的编纂。就志书数量而言,清代各类志书编纂总数达5685种,民国初年各省市也纷纷设局修志,取得了较为可观的修志成效。可以说,志书数量是修志实践的规模、效果

---

① 《乡土志抄稿本选编》第9册,转引自王兴亮《清末民初乡土教育研究》,四川大学出版社2013年版,第108页。

与影响的反映，而近代方志的大规模编纂，孕育了方志学出现的客观条件。二是西学东渐背景下"科学"的引入，提供了方志学出现的学科基础。近代以来，随着西方"科学"概念输入中国，傅斯年、顾颉刚等学界人士纷纷以分科治学为科学，主张"以学为单位"，"谓之科学"，并且基于他们对科学的崇拜，相信分科治学是以学为本，乃放之四海而皆准的天下公理。① 而在引进西方政治学、社会学、经济学等学科概念的同时，国人对自身学术分科的认知也发生了很大变化。三是近代学术传承的良好风尚，形成了方志学出现的学术环境。以地方志编纂为契机，各地修志人士经常围绕方志学理论问题互通书信，并且通过主持报刊专栏与举办学术会议等方式，进行交流互动与学术探讨，逐渐形成方志界交流互动的良好风尚，1924 年梁启超《清代学者整理旧学之总成绩——方志学》一文的发表，宣告方志学概念的正式提出，由此开了方志学研究的历史先河。

　　民国初年是近代方志转型发端的重要时期，而方志学概念即是方志编修实践与方志理论不断深化的结果，就此而言，提出并开启方志学研究的梁启超运用现代学术方法研究方志学，取得了许多具有开创性的成果。当把梁启超与方志学联系起来，首先想到的是他于 1924 年在《东方杂志》发表的《清代学者整理旧学之总成绩——方志学》。而在《〈固安文献志〉序》（1928 年）中，梁启超把方志学纳入近代方志转型的视野之中，强调体例创新在方志转型中的重要作用。

　　考察梁启超方志学思想的发展与演变过程，有助于从理论变动中把握近代方志转型的历史面相。为此，把梁启超发表有关方志的著述，按时间先后顺序排列，从而以一种历时性的眼光，来考察梁氏方志学理论发展变化的动态过程，则可以深入理解近代方志转型视域下的方志学思想，达到认知上的创获。②

　　早在 1897 年，梁启超分别撰写《〈日本国志〉后序》和《读〈日本书目志〉书后》，间接阐述志书对国人文化知识的开发和普及作用。当时正值戊戌变法前夕，举国上下呼吁变革图强，康有为、梁启超等维新人士

① 傅斯年：《中国学术思想界之基本误谬》，《傅斯年集》，花城出版社 2010 年版，第 15 页。
② 此种研究方法，还可用于考察历史上一定时期方志的基本面貌与发展变化。例如，将民国编修的所有志书，按出版或编纂完成的时间顺序进行排列，对比分析各个时期志书编纂的历史状况，则可探索民国时期方志发展变化的动态过程，从而能够见前人之所未见。

不遗余力地向国人输入西方科学文化知识。在此背景下，康有为于 1896 年编写《日本书目志》，旨在向国人介绍未译出的各类西学图书。梁启超对此举大为推崇，认为"今日中国欲为自强第一策，当以译书为第一义矣"。① 而当黄遵宪的《日本国志》再版时，梁氏亲自撰序，盛赞该书使国人知"日本之政事人民土地及维新变政之由"。②

如果说梁氏上述两文尚未就方志展开专门论述，那么当 1920 年代他由政坛转入文坛，尤其是担任清华国学院导师后，则对包括"方志学"在内的学术文化重新予以审视。1924 年春，在清华讲学的梁启超将其讲义的一部分，以《清代学者整理旧学之总成绩——方志学》为题，委托时任商务印书馆监理的张元济在《东方杂志》发表。③ 在文章中，梁氏对清代方志做了全面评价，并且阐述了他对方志与国史的独到见解，认为"最古之史，实为方志"，方志与国史在材料甄别、人才选取等方面，亦有诸多相似之处。需要强调的是，梁氏还从方志编纂的角度，借用章学诚的方志编纂理论，阐释"方志学"学术构建的重要意义。他认为"注意方志之编纂方法，实自乾隆中叶始"。而章学诚将方志的概念由"地理书"改造成"一方之全史"，将方志的功用扩展为"专以供国史取材"，进而提出设立"志科"和"保存资料"等富有创新精神的建议，达到了构建"方志学"理论体系的高度。④

同年，梁启超撰写《说方志》，以进化史观的眼光，审视历代方志的发展与变革。他认为，"观各书门类及提要所详，则方志内容及作者对于方志的观念之嬗变，皆略可推见。大抵初期作品，囿于古代图经的观念，以记山川城邑宫室名胜等为最主要部分，稍进则注重人物传记，更进则及于古迹遗书遗文金石等，更进则注意现代风俗掌故经制因革等，而年代愈晚，则陈迹之须考证者愈繁，故去取别择，亦成为专门技术。虽缘作者之识见才力好尚，详细互有不同，不能限以时代，要之自宋迄明六七百年间。方志观念日趋扩大，其内容日趋复杂，可断言也"。可见，梁启超将方志编纂视为一项"专门技术"，认为"内容门类之区分，由繁而日趋于

① 梁启超：《读〈日本书目志〉书后》，《梁启超全集》，北京出版社 1999 年版，第 128 页。
② 梁启超：《〈日本国志〉后序》，《梁启超全集》，北京出版社 1999 年版，第 127 页。
③ 梁启超：《致张菊生》（1924 年 4 月 23 日），《梁启超全集》，北京出版社 1999 年版，第 6049 页。
④ 梁启超：《清代学者整理旧学之总成绩——方志学》，《梁启超全集》，北京出版社 1999 年版，第 4581—4588 页。

简，其所叙述范围，则由俭而日扩于丰，此方志进化之大凡也"。从而得出方志"编纂方法亦代有进化"的结论。①

不过，梁启超虽在《清代学者整理旧学之总成绩——方志学》中推崇章学诚的方志编纂理论，认为"'方志学'之成立，实自实斋始也"，但实际情况却前后变化甚大。② 1925 年 11 月 18 日，梁启超在《〈龙游县志〉序》里，开列章学诚修志的三项弊病：忽视志料搜集、嫉视史实考证和受旧史观念束缚。

毋庸置疑，梁启超对章学诚方志理论认识上的巨大反差，有其深刻的社会历史背景。近代以来，西方科学技术输入中国，推动了传统方志的近代转型，具体表现在西方社会学思想、分科治学理念对传统修志的指导，以及近代科技手段、科学方法在修志实践中的应用等。在此背景下，志书的编纂宗旨、体例、篇目、内容、技术手段等革故鼎新，表现出与旧志截然不同的编纂理念。因此，当梁启超将《龙游县志》与章学诚所编志书进行比较时，发现该志不仅具有体例、内容、文辞、史料、图表应用等十大优点，而且有效地借用西方社会学原理，来探析中国社会文化与历史的变迁，显示了该志"在方志学中其地位"。③

梳理梁启超方志学思想变化的脉络及其成因，比起用方志学的概念来人为编织其方志学思想和主张，更有助于研究事实，说明问题。循着近代方志转型的研究思路，梁启超对"方志学"概念重新予以审视。1926 年 10 月，梁启超为白眉初编纂的《中华民国省区全志》撰写《新书介绍》时，表达了他对方志文献的特殊关注，称其"从事考究中国地理，或用公文征求各省区官府之报告，或用表格随时随地征求私人之调查，更遍考古籍，以溯渊源，复搜罗时贤著述，名人游记，尤肆力检查中外报章杂志，又参考中西文之各种典籍，以其观察之正确"。④ 将方志文献合理地应用于修志，既提升志书质量，又彰显方志在史料留存上的重要价值。而在《〈固安文献志〉序》中，梁氏不仅关注志料的取材，盛赞"其书取材

---

① 梁启超：《说方志》，《梁启超全集》，北京出版社 1999 年版，第 4279、4280 页。
② 梁启超：《清代学者整理旧学之总成绩——方志学》，《东方杂志》第 21 卷第 18 号，1924 年 9 月 25 日。
③ 梁启超：《〈龙游县志〉序》，《梁启超全集》，北京出版社 1999 年版，第 4335 页。
④ 梁启超：《新书介绍：中华民国省区全志》，《中华图书馆协会会报》第 2 卷第 2 期，1926 年，转引自夏晓虹辑《饮冰室合集》集外文，北京大学出版社 2005 年版，第 1004 页。

丰而核"，而且注重方志体例的创新，认为该志"在方志中独创新体，不朽之业也"。① 可以说，梁启超晚年对方志学认识的重大转变，正好印证了近代方志转型这个重大时代背景，凸显近代中国知识制度变革背景下社会历史的巨大变迁。

---

① 贾廷琳等编：《固安文献志》，民国十七年铅印本。

第二章　志馆兴办与修志格局的创新

　　1927 年 4 月南京国民政府成立后的基本统一局面，为全国修志机构的创办提供了客观条件。次年 10 月，国民政府文官长古应芬向国民政府主席呈文，提出各省通志"应令行各省设局修理"的建议。随后在第十一次国务会议上，此议得到了赞同，决定由行政院向各省市政府下达训令，要求启动修志工作。①

　　当论及民国通志馆创办之因，首先想到的是国民政府内政部出台的《修志事例概要》。1929 年 12 月，国民政府内政部正式颁布《修志事例概要》，要求"各省应于省会所在地，设立省通志馆"，馆长、副馆长人选"由省政府聘请"，而办馆经费、志书凡例、修志年限等，须"由省政府转报内政部查核备案"。②《修志事例概要》以国民政府训令形式下达全国各地，由此构建了一套国民政府内政部统一管理，地方政府直接负责的通志馆运行体制。

　　《修志事例概要》的颁布，无疑为创建通志馆提供了制度保障，尤其是要求各省筹建通志馆编修省志的条文，直接推动了各省通志馆的成立。本章首先以修志机构的创办时间为序，概述奉天、山东、安徽、云南、河南、绥远、陕西、河北、甘肃、热河、上海、广东、新疆、察哈尔、湖北等通志馆成立、经费、人员等基本情况，并就这一时期方志编修的特点以及方志转型发展的基本情况做一探讨。

---

① 《国民政府行政院训令第 199 号》（1928 年 12 月 19 日），《内政公报》第 1 卷第 9 期，1928 年。
② 《修志事例概要》，《法规》1930 年；《修志事例概要》，《浙江民政月刊》1930 年第 27 期；《修志事例概要》，《河北省政府公报》1931 年第 984 期；《转发修志事例概要》，《济南市市政月刊》1930 年第 1 期。

第一节　通志馆创办热潮

一、奉天通志馆

就在国民政府发起修志之时，1928 年 11 月 1 日奉天通志馆率先成立，由此拉开了全国创建通志馆的序幕。东北素有修志传统，早在 1907 年，清政府即命东三省总督"酌量设局，重修通志"。① 时任东三省总督的徐世昌根据修志要求，饬令各府厅州县，先修分志，以分志为基础，逐步推动省志编修。然而，清末乱象纷呈的时局显然不利于包括修志事业在内的文化建设的开展。

民国肇建，全国修志迎来新的契机，东三省各地方志编修工作亦纷纷启动。1921 年奉天省曾有创修通志之议，后因故中辍。1924 年又拟聘袁金铠主持，金毓黻为此撰写修志方略，惜因故未能实施。② 时至 1928 年，奉天省各县方志编修已规模初具。1928 年 10 月 6 日，省长翟文选以"保存文献"为由，具函拟聘白永贞、袁金铠分别担任奉天通志馆馆长与副馆长，并要求白、袁二人抓紧"筹备开馆事宜"，包括馆内总纂与分纂人员，均须"悉心延揽"，以便早日修成通志。与此同时，该函明确表示，通志馆将"推总司令为总裁"，即时任东北边防司令长官的张学良出任通志馆总裁，而副总裁由翟文选本人亲自担任。③ 尽管张学良并未实际参与修志工作，由一省最高行政首长直接出任通志馆总裁，在民国修志史上也屡见不鲜，但奉天省却率先为之，而省长翟文选的任职也再次表明通志馆规格之高，由此决定了《奉天通志》官修志书的性质和特点。

通志馆较高的行政规格给修志业务开展提供诸多便利，尤其是修志经费得到了重要保障。1928 年 11 月 1 日，奉天通志馆正式成立，馆址设在

---

① 怀德县志编纂委员会编著：《怀德县志》，吉林文史出版社 1996 年版，第 1031 页。
② 金毓黻：《辽东文献征略叙录》，金毓黻撰：《辽东文献征略》第 1 册，民国十六年铅印本。
③ 《拟聘白永贞、袁金铠为续纂奉天通志馆长、副馆长的函》（1928 年 10 月 6 日），《白永贞袁金铠为续纂奉天通志馆长副馆长并筹备开馆事宜》，辽宁省档案馆藏，档案号：JC010 - 01 - 030412。

沈阳故宫文溯阁东院。当天馆长白永贞、副馆长袁金铠到馆办公。通志馆一经成立，即着手制定简章事宜。至是月15日，《奉天通志馆简章》（以下称《简章》）已编制妥当。

《简章》对通志馆的名称、馆址、组织结构、人员分工及经费情况等做了详细的规定。其中，通志馆名称直接冠以省名，即"奉天通志馆"；馆址设在藏有《四库全书》的文溯阁东院；机构设置虽较为简单，仅于馆内分设"纂修"与"事务"两处，但人员分工较为繁杂，上有总裁、副总裁、馆长、副馆长，下有总纂、纂修、收掌员、校勘员、征访员、测绘员、文牍员、会计员、庶务员、书记、司事，分别负有相应的职责权能；至于修志经费则依据馆内业务情况，划分经常、临时两项。

显然，作为通志馆成立后的首要规制，《简章》的出台无疑为通志馆的业务开展提供了有章可循的规范。值得注意的是，《简章》最后一项提示"本馆各种办事规则另订之"，意即上述条文仅为初步规定，有待后续调整，逐步细化。事实上，随着时间的推移，无论是馆址、组织结构还是人员分工等，均因各种主客观条件的变化而有所变动。梳理通志馆变动的具体情况，挖掘与探索产生变动的历史原因，则有助于揭示方志体例与编修方式因革的历史面相。

成立初期的通志馆，不仅具有较高的行政规格，还积极"延聘硕学名儒任总纂纂修，分编志稿"。[1] 根据《简章》，纂修处总纂与纂修人数"无定额"，由王树楠、吴廷燮、金梁分别担任通志总纂。[2] 更是广泛"延聘当代通儒地方耆彦分任纂修之事"。[3]

需要指出的是，通过大量聘请鸿彦硕儒担任纂述，奉天通志馆形成较为典型的专家主持修志的格局。其中，担任通志总纂的王树楠、吴廷燮、金梁三人，均为全国知名的文史专家，并且有着较为丰富的修志经验。而梳理三人的修志经历，分析他们修志理念的特点与差异，可为研究通志馆初创时期方志转型的萌发，提供一些初步线索。

① 《通志馆成立经过及组织状况》（1933年10月），辽宁省档案馆选编：《编修地方志档案选编》，辽沈书社1983年版，第112、113页。
② 《白永贞袁金铠为续纂奉天通志馆长副馆长并筹备开馆事宜》，辽宁省档案馆藏，档案号：JC010-01-030412。
③ 《奉天省长公署为通志馆成立并启用关防的通令》（1928年11月17日），辽宁省档案馆选编：《编修地方志档案选编》，辽沈书社1983年版，第109页。

曾为张学良老师的金梁，来馆前虽修志经验不甚丰富，却是名噪一时的东北文史大家，尤其是他主持整理的《满文老档》《崇漠旧档》等文献，堪称东北"三百年来之秘史"、地方文献之精要。[①] 而在修志方面，他所经手编修的有《近世人物志》《黑龙江通志纲要》等，志书对清史和近代史研究，都有一定的参考价值。[②] 来馆后，担任总纂的金梁承担了疆域志、建置志、氏族志、人物志的编纂工作。

三名总纂当中，河北籍的王树楠年纪稍长，其修志经验也更为丰富。[③] 早在1874年，李鸿章于保定设局修志，24岁的王树楠即被聘为分纂，参与光绪《畿辅通志》的编修工作。[④] 1907年，王树楠调任新疆布政使。在任期间，他主持新疆方志编修工作，历时三年编成《新疆图志》。[⑤] 1928年，王树楠受奉天萃升书院之聘，"授徒讲学"，据"奉天作新印刷局"所编《奉天萃升书院讲义》记载，王氏此行旨在"保存国粹"，重点讲授"读书门径"、"说文解字"与"治学课程"等。[⑥] 而在受聘萃升书院的同时，他还被奉天通志馆聘为总纂，负责"礼俗志"的编纂工作。

与王树楠在河北、新疆等地编修志书不同，因学识渊博而为当时学者广泛称许的吴廷燮，对奉天地方史十分了解，并积累了一定的修志成果。其中，由他编纂的最早的一部志书，当数晚清时期为响应东三省总督徐世昌"檄纂《奉天通志》"而编撰的《东三省沿革表》，其内容"荟萃载籍，蒐罗众说，颇为赅洽，历代建置皆所致详"。[⑦]

而于清末编修完成的《奉天备志》（26册）和《奉天郡邑志》（5卷），堪称吴氏具有代表性的修志成果。其中，《奉天郡邑志》虽由吴氏从《奉天备志》中选出部分资料，加以考证和补辑后重新编纂而成，但

① 金梁辑：《瓜圃丛刊叙录》，沈云龙主编：《近代中国史料丛刊》第29辑，（台北）文海出版社1968年版，第18、19页。
② 王国华：《金梁传略》，政协沈阳市委员会文史资料研究委员会编：《沈阳文史资料》第17辑（满族史料专辑），1990年，第139页。
③ 据统计，河北籍的王树楠所修乡邦志书有《畿辅通志》《冀县志》《新城县志》《河北通志稿》等。参见刘芹《论王树楠对整理编纂乡邦文献和地方志的贡献》，《山东理工大学学报》（社会科学版）2009年第1期。
④ 王树枏撰：《陶庐老人随年录》，中华书局2007年版，第23、24页。
⑤ 袁大化修，王树楠等纂：《新疆图志》，民国十二年铅印本。
⑥ 王树枏撰：《奉天萃升书院讲义》，民国十七年铅印本，藏于国家图书馆古籍馆。
⑦ 吴廷燮：《景牧自订年谱》，《国史馆馆刊》1948年第4期；吴廷燮撰：《东三省沿革表》，李毓澍主编：《中国边疆丛书》第1辑，（台北）文海出版社1965年版，第1、2页。

所辑录的奉天各府州县资料非常丰富，显示了他对奉天地方史的关注和重视，这不仅为其日后编纂《奉天通志》时辑录"郡邑志"奠定基石，还在某种意义上实践和探索了合县（府、州）为省的地方志编修模式。对此，吴氏在序言中也直言不讳地表示，"提要钩玄，首在郡邑。兰台郦亭，皆有细注；寰宇九域，在述大纲。通志严重，必待奏进"。① 可以说，吴廷燮通过对"合县为省"编修模式的初步探索，为修志理念的革新指明了路向。

至于纂修、分纂人员，据1930年通志馆职员表，通志馆聘请纂修14名：陈思、王树翰、于省吾、金毓黻、陶明浚、王光烈、杨钟羲、许宝蘅、伦明、胡景文、钟广生、栾骏声、赵家干、魁升；分纂8名：金魁钧、路朝銮、韦焕章、穆辰公、许同莘、俞嵩年、依艮藩、王华隆。② 可见，奉天通志馆网罗了一批既有旧学素养，又不乏新学知识的"硕学名儒"，积极倡导编史修志，并兼管部分文化事业，如保护文物，征集文献，担任图书馆、博物馆要职等，在继承传统文化与发展近代文化方面做了积极努力。值得注意的是，考察通志馆职员情况，可以发现以下几个特点。

一是奉天籍人士占绝大多数，这反映了地方人治地方志的传统修志渊源。陈思、王树翰、于省吾、金毓黻、陶明浚、王光烈、栾骏声、赵家干、韦焕章、依艮藩、王华隆等系奉天人，而陈思、王树翰、金毓黻、韦焕章还是辽阳县同乡，杨钟羲祖上亦世居辽阳；而陶明浚、王光烈则是沈阳同乡。具有学术专长的同省同乡人士齐聚一馆，共同谋划本省文化的传承与发展，商讨志料的征集与整理，研究方志体例的变革与创新，既能增进彼此爱省爱乡的情怀，又使不同年龄层次、知识水平的学者得以砥砺学术、互相促进。

二是大量网罗来奉天任职或访学的外省知名学者，显示了广纳贤才的修志之道。如吉林魁升，河北王树楠，江苏吴廷燮、许同莘，浙江金梁、许宝蘅、钟广生，广东伦明，贵州路朝銮等。外省人士加入修志队伍，吴廷燮、王树楠、金梁等人甚至充当志书总纂，这不仅有利于不同地域人士

① 吴廷燮撰：《奉天郡邑志序》，柳成栋等编：《东北方志序跋辑录》，哈尔滨工业大学出版社1993年版，第39、40页。

② 《辽宁通志馆职员表》（1930年12月1日），辽宁省档案馆选编：《编修地方志档案选编》，辽沈书社1983年版，第116页。

的文化交流，促使馆内学术氛围的活跃，还有助于借鉴和吸收不同的修志方法，从而进一步丰富近代方志转型的基本内涵。

三是职员大多具有丰富的地方志编修经验，一些曾在政府部门任职的人士还以各种方式提倡和资助地方志的编修工作。如金梁主持编纂《近世人物志》《黑龙江通志纲要》，王树楠参与或主持编纂《新疆图志》《畿辅通志》《冀县志》《新城县志》《河北通志稿》《东三省盐法新志》《法源寺志稿》《民国续修临邑县志》等，吴廷燮主持编纂《奉天备志》《奉天郡邑志》《东三省沿革表》《北京市志稿》《新疆大记补编》等，陈思主纂《江阴县续志》，于省吾主纂《安东县志》，金毓黻主编《渤海国志长编》，钟广生参与编修《新疆图志》《新疆志稿》《西疆交涉志要》等，赵家干主纂《开原县志》等。

同时，一些在政府部门任职人士不仅自己广泛研读史志书籍，还利用行政手段支持或资助地方志编修。王树翰提倡"郡县应有志"，并且大力支持各县志书编修工作，主政吉林省期间曾向吉林、伊通、五常、双城、扶余、农安、宁安、滨江、伊兰9县拨专款赞助修志。魁升在奉天政务厅任职之时，亲自为《复县志》《锦县志》等作序，表示对修志工作的大力支持。许宝蘅于1928年任奉天省长公署秘书长之际，亦能够博览群书、兼及学术，仅其日记中提及所阅书籍就有《三国志》中的《吴书》《魏书》等。

此外，通志馆同人充分借鉴和吸收前人修志经验，并善于总结自己的修志理念，不断开创新的编修模式，形成了别具一格的修志风格。如作为奉天通志馆总纂，王树楠"负责审阅稿件，对通志体例的制定与把握，以及通志纂修的一些技术性问题影响很大"。[①] 吴廷燮则凭借丰富的修志经历，在继承传统修志方法的同时，开创了合县（府、州）为省的编修模式；陈思亦认为"通志之翔实视县志"，赞同"合县为省"的修志方略；金毓黻入馆也与其关于乡邦文献整理办法与志馆同人契合有关。通志馆同人在编修模式上的颇为相似，不仅有利于修志工作的顺利开展，还在某种意义上继承与发展了"合县为省"的编修模式，使得近代方志转型的系谱更趋多元。

需要强调的是，通志馆同人还根据时代特征与社会需要，提出对旧志

---

① 刘芹：《王树楠史学研究》，天津人民出版社2012年版，第190页。

进行适当变革的要求，体现了方志转型的初步迹象。如纂修赵家干力求对方志体例加以创新，主张志书"力求实际，不尚迷信"，故将旧志"星野、祥瑞一切妄诞之说概行删除"，并认为"时代变迁，则政治人文自不能不多改革"，遂对"一切新政，首明事所缘起"，以使读者"识世运之递嬗"。①

通志馆以"合县为省"的办法，大规模征集志料，为志书编纂提供了资料基础。而经过广延人才，通志馆将诸多"史志专家"聚集到一起，为编修志书奠定了重要的人才基础。②

时至1931年前后，正当通志馆征集志料工作进行得如火如荼之际，通志编修工作却因时局动荡、人事调整、省名变更、区划调整、经费缩减等的接踵而至，面临着事关修志命运的巨大问题。首先是辽宁省政府的人事变动。1930年2月8日，国民政府任命臧式毅为辽宁省政府主席。在此之前，金毓黻亦于1月21日被任命为省政府秘书长。3月6日，国民政府行政院院长谭延闿发布训令，任命吴家象为省政府委员兼教育厅厅长。次年5月，吴家象调任省政府秘书长，金毓黻补任辽宁省政府委员兼教育厅厅长。③

变动不居的人事关系之外，辽宁省又因1930年4月爆发蒋、冯、阎中原大战，以及1931年日本发动九一八事变而面临日趋复杂的动荡时局。受此影响，志书编纂更是受到时局、人事、经费等诸多因素的制约，由此展示了民国通志馆运作的多变特性，折射出近代方志转型的复杂历史面相。

二、山东通志馆

山东通志馆的前身是山东通志筹备委员会。1930年2月，山东省政府根据内政部《修志事例概要》要求，成立"重修山东通志筹备委员会"，聘请山东省政府秘书长刘复、农矿厅厅长于恩波和工商厅厅长陈名豫为委员，其中陈名豫为筹委会主席。筹委会设在山东省立图书馆馆内，

① 章启槐修，赵家干、王毓琪纂：《开原县志·凡例》，民国六年铅印本，第6页。
② 陈加等编：《辽宁地方志论略》，吉林省地方志编纂委员会、吉林省图书馆学会1986年版，第72页。
③ 《金毓黻为就任辽宁省教育厅长致教育部长等电》（1931年5月2日），辽宁省档案馆编：《奉系军阀档案史料汇编》第11册，江苏古籍出版社1990年版，第584页。

另聘该馆馆长王献唐为筹备主任。筹委会成立后，即开展资料文献的准备工作。而根据山东省政府会议要求，筹备时间大概为三个月。至是年5月，即完成预定的筹备任务，筹委会工作宣告结束。①

1930年5月9日，山东省政府委员会第86次会议审议通过《山东通志馆规程（草案）》。②根据《山东通志馆规程》，山东通志馆隶属于省政府，负责该省通志编修事宜。通志馆下设编纂委员会、总务部、征集部、绘缮部。馆内设馆长、副馆长各1名，总编纂1名，编纂委员16名，分纂30名，另外聘请顾问和采访员若干名。

现有文献关于山东通志馆的记载仅见只言片语，涉及山东地方志编纂历史的论文或著作或语焉不详，或干脆避而不谈，考察其中原因，不外乎时局动荡，人事变迁与经费短缺背景下山东通志馆运作举步维艰。而在1930年前后，山东省境内蒋介石、冯玉祥、阎锡山之间激战正酣，史称"中原大战"。随着韩复榘倒戈后蒋介石从大战中胜出，至是年9月，山东省政府主席陈调元改任安徽省政府主席，韩复榘接任山东省政府主席，通志馆筹委会"各委员又先后赴皖"，通志馆"无人负责"，不得不宣告"暂行结束"，而该馆征集的文献资料与图书器具等，由山东省立图书馆"接收保管"。③

需要补充的是，山东通志馆筹备与开馆之后，并非毫无建树，而是组织人员进行规划的起草、志材的征集以及通志体例的修订，其中筹委会委员刘复所撰《重修山东通志事例商榷》颇值得一提。在该文中，刘复"以时代而异，民国不同于清以前，今日又不同于民初"为依据，认为应该对旧志体例加以扬弃。如删除旧志"列圣""训典"而"易以党治纪"；删除旧志"舆图"而聘请专业人士绘制精确的省图、市县图、城埠图、山水总图、山脉图、水道图、沿海图、港湾图、黄河水系图、运河水系图、交通图（含铁路、汽车、航路、邮电等）、地势图、地质图、物产图、行政区划图等；删除旧志"科举"的内容，而仅述及科举制"立制之组织，与因革"，由此避免出现旧志科举内容达四五十卷，篇幅占全志过多的弊端。总之，刘复主张志书体例"凡与今有因革可言者，仍与各

---

① 《重修山东通志筹委会结束》，《山东省立图书馆季刊》第1卷第1期，1931年。
② 山东省政府秘书处：《山东省政府行政报告》（1930年5月），山东省政府委员会1930年，第4页。
③ 《重修山东通志筹委会结束》，《山东省立图书馆季刊》第1卷第1期，1931年。

类，条为一贯"，而与时代相异者或删除、或简化为图表；志书体例经"纲目门类、卷帙名称，增删并省，分合后先"，其重点表现为"外交""交通""实业""司法""学校""财政"等时代与社会新兴门类；体例"因革"的总体思路即"舍其旧而新是谋"，其识见可谓具有一定的前瞻性，体现了方志转型的若干倾向。①

三、安徽通志馆

1930 年 8 月 5 日，安徽省政府召开第 125 次常务委员会。会上，李应生、马吉第、张克瑶、金维系以"本省通志年久失修，文献无久，久益难于搜集"为由，提议设馆修志。经会议讨论，决定设立安徽通志馆筹备处，由江彤侯担任筹备处主任，对此省财政厅也在经费上予以支持。②9 月 1 日，江彤侯正式履职，随即着手《安徽通志馆暂行规程》《预算书》等文件的拟定，并且广泛网罗修志人才。在他的积极筹备下，至 9 月 19日，通志馆在安徽省安庆市正式成立。

根据《安徽通志馆组织规程》，通志馆设馆长、副馆长、总纂、编纂、采访员、事务员等职位。其中江彤侯为馆长，综理馆务；徐炎东为副馆长，协理馆务；徐乃昌为总纂，主持编纂事务；程演生、金天翮、洪汝闿、潘季野、程筱苏、徐皋浦为编纂，另请胡适、王星拱、刘文典、谢无量、胡朴安、赵万里、徐中舒、余嘉锡等 60 多位"宿学通才"担任特聘编纂。

通志馆同人最初租住在安庆市状元府街的一处张姓私宅，因办公用房狭小，工作难以展开，后于 1932 年 6 月搬至省教育厅成绩展览馆办公，该处共有 17 间房，通志馆办公条件由此大为改善，不仅设立办公厅、会议厅、校对室等业务部门，还开辟了专门区域作为通志馆图书室，用于收

---

① 刘复：《重修山东通志事例商榷》，《山东省立图书馆季刊》第 1 卷第 1 期，1931 年。

② 《纂修省志积极进行》，《申报》1930 年 10 月 19 日，第 3 张第 10 版。另：关于安徽省财政厅对通志馆筹备处的财政支持，经历了一番调整与变动。首先是安徽省政府委员会议决，从该省"国地两税，各收附加百分之一，充作经费"。（参见《函特署设立通志馆筹备处凡各税收附加一成以作该处经费由》，《安徽财政月刊》1930 年第 5 期。）然而，上述经费办法因安徽省地税收入"为数甚微"而有所变更，即改为"将通志馆经费列入十九年度预算，由正项内动支"。（参见《提议通志馆经费列入预算在正项内动支取销附加案》，《安徽财政公报》1930 年第 1 期。）

藏征集和采访而来的大量图书文献资料，从而为省志编纂工作提供了文献资料使用与保管上的便利条件。①

作为通志馆重要业务部门，文书股和事务股工作分别由曹赤霞、卢伯荪主持。其中文书股办理志料、志稿、公文以及各类文献的收藏与保管工作，事务股负责全馆上下的预算、会计、出纳、购置、考勤等事宜。而在馆长江彤侯的主持下，通志馆十分重视有关规章制度的拟定，如为规范馆员的志材征集采访工作，分别制定《安徽通志馆采辑各机关修志材料办法》《各县采访概要附采访表格》，明确搜集资料的方法和要求。而为了广泛征集全省各类文献，以便为省志编纂奠定重要资料基础，通志馆设 8 位专职采访员，分别驻北平、南京、上海等地采辑资料，同时通志馆呈请安徽省政府，以行政命令的方式转饬教育厅，通令各县教育局局长担任采访员，督导和加强志材征集工作。②

体例是志书质量的重要保证，也是编修志书的重要前提。在安徽通志馆同人看来，修志应首重体例，体例明确，全志才能实现纲举目张。对此，通志馆成立后的首要工作，即安排人员着手体例的制定，而程演生、胡止澄和金天翮三人遂成为体例的草创者。他们以内政部《修志事例概要》为依据，在借鉴安徽历代志书和其他省所修通志体例的基础上，结合民国建立以来"国体变更、庶政勃兴，递更迭嬗"的状况，注意到"时异事殊"背景下，志书体例"非往例所能赅括"，而考虑加以变更。③三人拟定妥当后，通志馆以程演生所撰体例为基础，结合其他两人体例之所长，最终确定了全志的五种体例，即：八图、二记、二十一考、三列传、一杂类。

为使编纂工作有序进行，通志馆还初步规划了修志期限，即"预定六年成书"，就具体时间来说，则从 1930 年 9 月通志馆成立，至 1936 年 9 月，"为全志告成之日"。至于志稿编纂进展，根据《安徽通志馆第三次报告书》，至 1934 年，已完成《大事记》《舆地考》《人物志》《民政考》

---

① 《安徽通志馆第一次报告书》，《民国文献类编》卷 941，国家图书馆出版社 2015 年版，第 13、14 页。另据安徽通志馆采辑部的报告称，图书室藏有省府县志书、地图、表册等各类书籍 720 多种。

② 《安徽通志馆第一次报告书》，《民国文献类编》卷 941，国家图书馆出版社 2015 年版，第 329、330 页。

③ 《安徽通志凡例》，《学风》第 1 卷第 6 期，1931 年。

《司法考》《财政考》《教育考》《方言考》《艺文考》《金石古物考》《交通考》《物产考》《武备考》《宗教考》《人物志》《列传》等志稿的编纂，并且各卷志稿"均在印刷，不时即将出版"。[1] 可见，通志馆采取各卷单独成书的办法，每完成一册的编纂即先期印刷，以保证志稿编纂顺利进行，同时避免外界人士对通志馆开展成效的批评与诟病。[2] 然而，尽管通志馆为志书编纂工作做了充足的准备，由于时局动荡、人员变动以及经费难以保障等客观原因，修志工作进展得并不顺利，加之志料征集任务十分繁重，全志编纂计划较为宏大，编纂工作进展十分缓慢。尤其是 1933 年编纂志稿最多的胡止澄去职后，馆长江彤侯亦于次年离馆，通志馆虽由副馆长余幼泉勉力支撑，但省政府拨发的经费被大幅削减，导致志料征集和编纂工作的巨大困难，志稿编纂工作亦难期进展。1937 年 5 月余幼泉去世后，通志馆工作再受重创。全面抗战爆发后，安庆亦于次年沦陷，通志馆各项事业中断。

四、云南通志馆

云南通志馆是在云南省政府的支持下创办的。1930 年 2 月 1 日，云南省政府成立通志馆筹备处。[3] 周钟岳被聘为筹备处主任，省民政厅长张维翰、财政厅长陆崇仁、教育厅长龚自知、建设厅长张邦翰、农矿厅长谬嘉铭为筹备委员，聘请陈价、马金墀、孙光庭、宋嘉俊、钱用中、秦光玉、袁嘉穀、由云龙、顾视高、吴琨、李增、熊廷权、萧瑞麟 13 人为顾问，另聘方树梅、何秉智为干事，萧俊炯为庶务。通志馆筹备处成立后，即由方树梅执笔，拟定修志凡例和分类纲目、制定《组织大纲》和《办事细则》等文件，并就拟收集的资料、图籍等制定相应的工作方案。上述文件和方案经筹备处同人会议讨论，形成《云南通志凡例》、《云南通

---

① 《本省通志馆一年来之工作》，《学风》第 4 卷第 7 期，1934 年。
② 事实上，外界对通志编纂工作的批评不绝于耳，如 1932 年 11 月 1 日，安徽旅沪同乡会、旅沪同学会等团体 110 余人召开联席会，与会者认为安徽通志馆馆长江彤侯"主办皖省通志馆，数年来消耗巨款，成绩毫无"，遂决议"函请省党政各机关彻查"。参见《皖公团昨开联席会》，《申报》1932 年 11 月 2 日，第 4 张第 15 版。
③ 贺维撰文称，云南省通志馆筹备处于 1931 年 1 月正式成立办公，显然有误。参见贺维《周钟岳与〈新纂云南通志〉编纂始末》，张亚平主编：《周钟岳研究文集》，云南民族出版社 2007 年版，第 28 页。

志分类纲目》和《云南通志续修长编目录》，向省政府呈报后，再由省政府向全省各机关下达报送省志备征志命令，由此确保筹备工作顺利推进。

1930 年底，云南省政府省务会议通过省政府主席龙云关于编纂一部新的云南通志的提案。次年秋，云南省通志馆正式创办，馆址设在昆明翠湖九龙祠。① 在成立大会上，馆长周钟岳提出由省政府督促"各县迅速遵照征集条例查报"修志资料，以便早日成书而"为改进政治之参考"。② 根据通志馆组织大纲，该馆设馆长 1 人，由周钟岳担任，赵式铭任副馆长兼编纂，由云龙、李根源、袁嘉穀、顾视高、吴琨、宋嘉俊等云南学界名流 20 人任编纂，缪尔纾、方树梅、陈一得等 12 人为分纂，并且聘请云南大学教授方国瑜为编审，他们依据自身的学识专长负责相应内容的志稿撰写，以使新编志书均较旧志更为翔实、丰富。云南通志馆职员名单详见表 2 - 1。

云南通志馆成立后，即着手拟订编纂计划。根据通志馆制定的编修方案，修志工作分为两个部分：一是编纂《新纂云南通志》，这是通志馆最重要的一项编纂工作，计划在综合全省旧志的基础上，编纂一部内容丰富、时间下限至 1911 年的志书；二是编纂《续云南通志长编》，作为《新纂云南通志》的补充与记述内容延续，时间断限为 1912 年至 1931 年。

---

① 关于云南通志馆正式成立的日期，目前存在不同说法，年代有 1930、1931 年之说，具体日期则有 9 月 2 日与 10 月 2 日两种说法。一方面，关于成立年代，大多持 1931 年成立之说，但李硕《云南地方志考》称，"一九三〇年省通志馆成立"，应当有误。（参见李硕《云南地方志考》，吉林省地方志编纂委员会、吉林省图书馆学会 1988 年版，第 9 页。）另一方面，关于成立具体日期，大多持 9 月 2 日之说，如《方国瑜传》称："9 月 2 日，云南省通志馆正式成立。"（方福祺：《方国瑜传》，云南大学出版社 2001 年版，第 68 页。）张佐在《周钟岳与〈新纂云南通志〉》中也称，"1931 年 9 月 2 日，云南通志馆正式成立"。（张佐：《周钟岳与〈新纂云南通志〉》，张亚平主编：《周钟岳研究文集》，云南民族出版社 2007 年版，第 31 页。）贺维在《周钟岳与〈新纂云南通志〉编纂始末》中亦称"于 1931 年 9 月 2 日正式成立云南省通志馆"。（贺维：《周钟岳与〈新纂云南通志〉编纂始末》，张亚平主编：《周钟岳研究文集》，云南民族出版社 2007 年版，第 28 页。）而《中华图书馆协会会报》的一则报道称，通志馆于 1931 年 10 月 2 日成立，并称当天"午后一时，在海心亭旧博物馆地址，举行成立典礼"。（参见《滇通志馆成立及筹备之经过》，《中华图书馆协会会报》第 7 卷第 2 期，1931 年。）诸多说法，莫衷一是，须待文献资料的进一步发掘与考证。

② 《滇通志馆成立及筹备之经过》，《中华图书馆协会会报》第 7 卷第 2 期，1931 年。

表 2－1　云南通志馆职员名单

职位	姓名	职位	姓名
馆长	周钟岳	分纂兼干事	方树梅
副馆长兼编纂	赵式铭	分纂兼干事	何秉智
编纂	袁嘉毂	分纂	陈秉仁
编纂	由云龙	分纂	何作楫
编纂	宋嘉俊	分纂	陈玉科
编纂	顾视高	分纂	陈洪勋
编纂	吴琨	分纂	曹恒钧
编纂	金天羽	分纂	李毓茂
编纂	钱用中	分纂	李永清
编纂	秦光玉	分纂	夏光南
编纂	李根源	助理编辑	李士厚
编纂	熊廷权	助理编辑	张凤岐
编纂	萧瑞麟	助理编辑	庄永华
编纂	张华澜	助理编辑	万湘澂
编纂	张士麟	绘图员	李桂
编纂	马骢	绘图员	沐继文
编纂	徐之琛	校对	李荣尊
编纂	张鸿翼	校对	刘淇
编纂	华封祝	校对	周廷鋆
编纂	丁兆冠	事务员	丁泽
编纂	王桢	事务员	王伯敷
编纂	金在镕	事务员	施恒
分纂	缪尔纾	事务员	赵适
分纂	解永年	事务员	陈席珍

　　馆长周钟岳对修志宗旨与体例做了专门探讨，认为"方志之作，其体史也，其用则政书也。一方宜详考历代文化递嬗之迹象，以为征文考献之资；一方宜备载民情风土之所宜，以为施政牖民之鉴"。可见，周氏较为重视方志作为文化载体的功能，并且以"实用"为旨归，以资政为目的，主张革新志书体例，强调"体例既明，乃从事编纂"。①

────────

① 周钟岳：《新纂云南通志序》，李春龙、牛鸿斌点校：《新纂云南通志》第 1 册，云南人民出版社 2007 年版，第 5 页。

　　在修志任务安排与人员分工上，通志馆同人依据自身的学术专长，进行了统筹协调，相关情况如下：袁嘉穀凭借其在云南近现代文学、史学、经学、教育学、书法等方面的深厚学识，担任起《大事记》的编纂工作；方国瑜和李根源运用丰富的文献资料考证云南金石文物，由此承担《金石考》编纂工作；张芷江和方国瑜在对云南地理进行科学考察的基础上，承担《地理考》编纂工作；方树梅对云南历史文献进行了系统的搜集和研究，故而承担《艺文志》编纂工作；赵式铭深入考察和研究云南少数民族的语言文字，从而承担《方言考》编纂工作；曾在京师大学堂学习农学、博物学的张鸿翼，利用其担任云南教育会总会长、省农校校长、省交通司司长、省教育厅厅长的丰富经历，承担《交通》《物产》《矿务》《地震》《地质》等编纂工作；陈一得运用现代科学方法测量、观察与收集云南气象资料，由此承担《天文考》和《气象考》编纂工作；具有丰富史志编纂经验的金天羽承担《人物志》编纂工作。

　　《新纂云南通志》编纂工作启动后，通志馆同人即根据制定的《云南通志馆征集材料条例》，开始大规模征集修志资料。方树梅还于1934年被委派为"搜访文献员"，远赴全国各省，采访有关云南省的文献资料，其中"调查政治、经济、实业者多"，并且购书3万余卷，为编修省志奠定了重要的资料基础。[①]与此同时，馆长周钟岳召集各编分纂人员分类编纂志稿。根据编纂方案，原计划三年完成修志任务，但"因省内外各机关征集志料多有迟延、缺略，未能如期完报者，于编纂诸多窒碍"，可见由于通志馆人事变动与修志资料征集困难，通志编纂工作难期进展。为此，通志馆不得不于1934年向省政府申请延期一年。然而，次年10月，通志馆业务逐渐停止时，仍有数种志稿没有完成。事实上，至1937年抗战全面爆发前后，通志各卷仍有少数未能完稿，而已成之稿也存在"疏漏简略"和"不合体例"的弊端。[②]

　　在编纂通志之时，通志馆同人以岑毓英纂修的光绪九年《云南通志》和唐炯编修的光绪二十二年《续云南通志稿》为基础，借鉴和参考历代名志体例，包括章学诚《湖北通志》、阮元《广东通志》、谢启昆《广西

---

① 方树梅著，余嘉华点校：《北游搜访滇南文献日记》，《笔记二种》，云南人民出版社2010年版，第3、4页。

② 方福祺：《方国瑜传》，云南大学出版社2001年版，第68页。

通志》、黄彭年《畿辅通志》、王轩《山西通志》等，由此确定通志记述
时限自上古至 1911 年，体裁为纪、图、表、考、传，志书体例与内容体
现了依事类比、相互贯穿、丰富翔实、持论严谨、脉络分明的特点。

云南通志馆的修志工作历时 6 年，直到 1937 年 9 月才初步完成，其
后相关志稿交编审人员统一整理和修改。1938 年 9 月 28 日，侵华日军的
飞机对昆明市进行猛烈轰炸，通志馆被迫暂时闭馆，包括方国瑜在内的编
纂人员纷纷疏散到周边地区。11 月，云南省政府以修志"关系本省文献，
仍须继续编纂，克期完成"，遂向通志馆拨付修志经费、添聘编纂人员，
加强志稿的修改与整理工作。① 根据当时的统计，原计划修志任务已完成
十分之九，仍有约三分之一的志稿需要增补，另有三分之一志稿需要进一
步修改，预计全志编竣仍需三年时间。而在战时社会动荡情况下，通志馆
同人坚持不懈，尤其是被聘为编审员的方树梅、何秉智、缪尔纾、方国瑜
4 人，对志稿进行了全面检查和修改，包括纠正地理引目错误，完善咸同
时期兵事的记载，补充兵制、外交、边裔、土司、农工商诸门的阙略之处
等，为通志的最终完稿做出了巨大努力。② 通志馆编纂人员的分工见表
2-2。

表 2-2　云南通志馆人员分工（1938—1940 年）

姓名	分工	姓名	分工
曹恒钧	地图绘制	张鸿翼	交通略、矿务略
袁嘉榖	大事记	顾视高	荒政略
方树梅	耆旧传	解永年	关权略、赋役略、阛法略
金天羽、赵式铭、方树梅	列传	金在镕、赵式铭	庶政略
秦光玉	名宦	陈秉仁	天文考
马骢	军制略	张鸿翼	动物考、植物考、地质考
由云龙	盐法略	缪尔纾	学制考
王桢、缪尔纾	祠祀考	何秉智	技术考
赵式铭	方言考		

① 李春龙、牛鸿斌点校：《新纂云南通志》第 10 册，云南人民出版社 2007 年版，第 599 页。
② 社会各界对云南通志编纂工作给予一定关注，一些热心人士还就修志问题提出具体看法，如马伯
安以《关于记述咸同滇乱之商榷》为题函告云南通志馆，称厘清滇乱真相对于"今日之所谓团
结民族意志，发扬对外精诚之义"有重要关系，故而建议"此次之修纂通志，有应提议注意
者"。参见马伯安《关于记述咸同滇乱之商榷》，《清真铎报》1940 年第 1 期。

表 2-2 所列通志馆第二期人员分工安排，时间约为 1938—1940 年间，其时第一期志稿已大体编纂完成，内容有大事记、天文考、地理考、物产考、祠祀考、技术考、方言考、军制考、学制略、盐法略、交通略、矿务略、荒政略、关权略、赋役略、圜法略、庶政略、汉至元代耆旧传、列传、名官传等，共计 21 门，68 卷。① 第二期志稿整理和修改工作安排得井井有条，若顺利推进，成书之期当不远。然而，由于馆长周钟岳于 1939 年 5 月 18 日被调任国民政府内政部长，编纂工作主持乏人，后虽由赵式铭继任馆长一职，但迫于时局紧张，通志馆同人不得不于 1941 年 5 月结束所有编审工作，于 8 月底闭馆，相关志稿及征集的资料全部移交云南省政府秘书处。

五、河南通志馆

民国年间，河南通志数度纂修，前后历时达 28 年之久，其中 1930 年底河南省政府根据国民政府内政部《修志事例概要》而设立的河南通志馆，修志成效颇为显著。②

河南通志馆地处开封三圣庙街路西，自成立后受时局影响并未立即开展工作。1931 年 1 月 19 日，河南省政府颁布《河南通志馆组织条例》。根据该条例，省政府主席刘峙任总监修，馆长魏松声主持通志馆全部工作，副馆长张藻协助馆长处理馆内事宜。通志馆设编校、事务两部，其中列席编校部纂修者有周云、张嘉谋、蒋藩、刘积勋、关葆谦、万自逸、王荣搢、金梦简、周其昌、栗廉芳、井俊起、刘景向、许钧、任珉、陈云路、王圜白、王赞宇、孟昭榘；事务部主任为鄢鹏云，该部刘春阶任内收

---

① 《云南通志之编纂》，《图书季刊》新第 2 卷第 2 期，1940 年。
② 现有文献关于河南通志馆的记载情况不一，有些地方甚至相互歧出，如《河南地方志提要》称，"民国十八年（1929），韩复榘任河南省主席，河南通志局改为通志馆，任命韩运章为馆长"。（参见刘永之等编《河南地方志提要》，河南大学出版社 1990 年版，第 42 页。）《河南省志·附录》亦称，"民国十八年（1929）韩复榘任河南省主席，4 月将河南通志局改为通志馆，任命韩运章为馆长"。（参见河南省地方史志编纂委员会编纂《河南省志·附录》，河南人民出版社 1997 年版，第 60 页。）刘松福则在《河南通志馆沿革》一文中称，"河南通志馆始于民国十一年"，1923 年改名为"河南重修通志局"，1934 年 11 月，"将'重修河南通志处'改为'河南通志馆'"，所述日期及名称，显然有误。（参见刘松福《河南通志馆沿革》，《河南史志通讯》1984 年第 6 期。）

掌员、吴忠纯任外收掌员、胡子立任庶务员、邹嘉玉任会计员、刘沛任文牍员、董墨卿任监印校对员，那子荫、赵竺舆任校订员，朱苏亚、张文泉、何乃休、张禹封任采访员，韩干之、鄢少章任绘图员，王仑峰任书记长，邓惠东、关式古任金石校对员。①

通志馆重新组建后，又拟定了《河南通志编纂大纲》，根据编纂大纲，全志包括舆地、大事、政治、经济、文化、社会、人物七编，另有附录两项（传闻掇拾、旧志索引），同时编纂《河南金石志》《河南文征》。而根据通志编纂计划，全志编修工作预计两年完成，并且以6个月为一期，共分4期，每一期都做了明确的分工和编纂任务安排，要求编纂者"须按期将编纂稿件送交馆长，另组委员会审查修正"。②

由于河南局势较为稳定，省政府拨付通志馆的经费也较为充足，通志馆同人的修志工作开展得较为顺利。③ 然而，1931年9月馆长魏松声病故，通志馆一度陷入停顿状态。后经省政府教育厅厅长李敬斋推荐，10月省政府主席刘峙聘请韩运章继任河南通志馆馆长。韩氏上任后对通志馆人事安排做出调整，以确保修志工作有序进行。在韩运章的主持下，通志馆经历了一个较为高效的修志工作期，取得了较为可观的修志成果。据统计，至1934年初韩运章辞职时止，全志已编未成者77卷，未编者23卷，已编成者95卷。④ 当时通志馆未采取编印并举的办法，而是计划全志编竣后再统一印刷，因此韩氏辞职后通志馆人事变动，志稿印刷之事亦被搁浅。

1934年秋，根据河南省政府命令，河南通志馆附设于河南大学。河南大学奉令后，即着手拟定"完成办法，组织规程，及预算书等"。⑤ 经过近两个月时间的筹备，至11月20日通志馆"正式开馆"。⑥ 12月7日，河南省政府委员会召开第408次会议，正式表决通过《河南通志馆组织章

① 王守中：《民国年间河南通志馆始末》，《河南文史资料》第12辑，河南第二新华印刷厂1984年版，第122—126页。
② 《河南通志馆组织条例》（1931年1月9日），河南省政府秘书处编：《现行法规汇编》第1集下，民国二十年铅印本，第15、16页。
③ 根据《河南省地方岁出概算书》，1931年通志馆经费为80640元，1932、1933年均为56448元。参见王守中《民国年间河南通志馆始末》，《河南文史资料》第12辑，河南第二新华印刷厂1984年版，第141页。
④ 韩艺令：《韩自步与河南通志馆》，《社旗文史资料》1989年第3辑，第125—127页。
⑤ 《河南通志馆人员聘齐，开始筹备进行》，《河南大学校刊》1934年10月1日第1版。
⑥ 《通志馆成立日期》，《河南大学校刊》1934年12月10日第1版。

程》。根据章程，河南省通志馆所有业务移交河南大学办理，馆长须"由河大校长兼任之"，馆内事务亦由河南大学事务长兼办。与此同时，根据河南省政府会议文件要求，河南大学"接收附设通志馆卷宗图书"，并且"将前通志馆旧存家具一并接收"。[①] 值得一提的是，民国后大学承办修志业务屡见不鲜，一方面这是由方志属于社会文化事业的性质所决定的，另一方面大学具有专家学者、广大师生等人力资源优势，这为志料征访、志书编纂等工作提供了重要条件。

河南大学承接修志任务后，该校校长杜秀生、杨震文、刘季洪先后担任通志馆馆长，总纂由该校讲座教授胡石青担任，纂修人员有张嘉谋、周世臣、蒋藩、韩运章，关葆谦、井俊起、张天放为兼任纂修，张潜若、王幼侨、侯芳圻、许子猷为特约纂修。[②] 需要强调的是，河南大学主持下的修志工作，不仅充分利用了该校师资力量，还广泛聘请校外或省外的专业人士。

在河南大学的主持下，历时近三年，至 1937 年底，《河南通志稿》完成编纂任务。考察全志内容，包括舆地、大事、政治、经济、文化、社会、人物七编，下分三十六志和若干细目，包括：舆地志、大事记、经政志、矿产志、动物志、博物志、农产志、林业志、工业志、商业志、仓储志、交通志、外事志、司法志、军事志、文化志、卫生志、民族志、礼俗志、艺文志、金石志、人物志以及杂记等。志稿由河南省政府主席刘峙、河南大学校长兼通志馆馆长刘季洪、河南省政府主席商震三人分别作序。令人遗憾的是，志稿未及印刷，即由于日军入侵而中辍。

六、绥远通志馆

绥远于 1928 年建省。在首任省政府主席李培基的支持下，于 1930 年召开会议，商讨绥远通志馆筹备事宜。会议决议从省财政收入中"酌拨若干生息，以备开支"，拟筹备成立绥远通志馆。[③] 11 月 20 日，省政府会议表决通过《绥远通志馆组织章程》，其全文如下。

---

① 《本校奉令接收前通志馆家具》，《河南大学校刊》1935 年 1 月 1 日第 1 版。
② 《附设通志馆正式开馆》，《河南大学校刊》1934 年 11 月 26 日第 2 版。
③ 《李主席交议成立本省通志馆案》，《法规》1930 年。

绥远通志馆组织章程

第一条　本馆定名为绥远通志馆。

第二条　本馆除遵照部颁《修志事例概要》确定大纲外，并参酌实际需要组织之。

第三条　本馆设于省垣。

第四条　本馆设馆长一人，副馆长一人，编纂主任一人，编纂若干人，均由省政府聘任。

第五条　馆长综理全馆事宜，馆内分设总务、编纂二处，其总务处行政事宜由副馆长担任之，其编纂处编纂事宜由编纂主任担任之。

第六条　总务处设干事及采访员若干人，书记若干人，由馆长委用之。前项无定额人员最初以足用为度，迨后事务渐繁随时增设。

第七条　本馆修志事项有需用专家时，得分聘别任之。

第八条　编纂承馆长及编纂主任之指挥，分别担任编纂通志应有各项文字，其总编纂于必要时聘请之。

第九条　干事、采访各员承馆长及副馆长之指挥，分别担任馆内各项职务暨采集各地编志资料。

第十条　各县局及各蒙旗之采访事宜除由本馆酌派专员担任外，并应由各该处之行政人员暨民众团体、学校教职员兼任，以期详密。

第十一条　本馆总务、编纂两处之办事规则暨各种采访应用详章，应于本馆成立后由两处分别拟订。

第十二条　本馆如遇特别重要事件，应由馆长、副馆长、编纂主任三人合议办理之。倘馆长有事故不能执行职务，以副馆长或编纂主任代理之。

第十三条　凡不属于编纂处事宜，统归总务处办理之。

第十四条　本馆成立后应即遵照部颁概要编拟志书凡例及分类纲目，送由省政府转报内政部查核备案。

第十五条　本馆经费以省政府指拨之专款为的款，如再不敷，仍由省政府继续筹拨。

第十六条　本馆经费开支应编制概算呈准备案，其每月开支确数，分别经常、临时，编制预算，照数支领。

第十七条　本章程如有未尽事宜，得随时呈请修正之。

第十八条　本章程自呈准日实行。①

从《绥远通志馆组织章程》具体内容来看，南京国民政府内政部颁布的《修志事例概要》无疑是设馆的重要依据，而章程得到绥远省政府会议表决通过，则预示着绥远通志馆成立之日将为期不远。1931年1月，绥远通志馆正式成立，馆址在归绥市旧城西德胜街大盛魁后院。② 郭象伋、阎肃分别担任通志馆正副馆长，荣祥为编纂主任，李泰棻为总纂，王森然、白镜潭、王文墀等为编纂，另有编辑、公务、芜杂人员20余人。根据《绥远通志馆组织章程》，馆内设总务、编纂两处，其中总务处负责编纂工作以外的所有事务。通志馆以编纂《绥远通志》为主要任务，"此在绥远，实为创举"，而分任正副馆长的郭、阎二人，"在绥为负有盛望之绅士"。总纂李泰棻负责"草拟各种纲目"，以使通志资料采访、人员分工、志稿编纂及体例制定等事项有章可循。③

采访与征集资料是通志馆同人的首要工作，对此通志馆同人颇为重视，包括馆长郭象伋、总纂李泰棻在内的全体馆员都参与到资料采集工作中来，并且组织人员拟定《绥远通志采访要点》。总纂李泰棻不仅亲自"搜集材料"，还与馆长、副馆长等人商定"聘定编纂及采访主任"，组织人员"分组赴各县及盟旗采访材料"。④ 根据通志馆资料采访与征集办法，需要收集的资料分为古代与现代两部分，其中古代资料由总纂李泰棻负责，主要是从大量古籍中查阅与绥远有关的史料；现代资料由馆长郭象伋负责，由他组织调查人员分赴各地进行采访。⑤

尽管绥远建省未久，全境志书"异常稀少"，但经过约半年的资料采访与征集工作，通志馆同人已收集《归绥道志》《土默特志》《绥远旗志》《丰镇县志》《五原厅志略》《绥乘》《归化城厅志》等绥远境内志书，此外还搜集《山西通志》《大同县志》《宣化县志》等与绥远有关的

① 《绥远通志馆组织章程》，《法规》1930年。

② 邢野等编：《绥远通志》，内蒙古人民出版社2005年版，第638页。

③ 《绥远进行编纂省志》，《大公报》1931年8月17日第5版。

④ 《绥远进行编纂省志》，《大公报》1931年8月17日第5版。

⑤ 鲁阳：《〈绥远通志稿〉的修纂经过及其内容》，张守和主编：《内蒙古方志概考》，吉林省地方志编纂委员会、吉林省图书馆学会1985年版，第28—37页。

志书。^① 至 1932 年初，通志馆同人历时一年多，查阅到包括二十四史在内的大量古代典籍，以及数量众多的甲骨金文和碑碣石刻资料，利用这些资料通志馆同人梳理出绥远大事数百条，抄录资料 60 多万字，从而为编修《绥远通志》奠定重要的资料基础。

通志馆运作时限原预设三期，其中筹备期 6 个月，资料采访期 12 个月，志稿编纂期 12 个月，即预计用两年零六个月时间完成通志馆所有任务。然而，时至 1934 年 9 月，原定修志期限已过去三个月，但修志工作仍未完成。4 日，《大公报》一则消息以《绥远省通志编纂三年未完成》为题，对绥远通志馆修志情况进行全面报道，称《绥远通志》编修工作未能如期完成，其原因厥有三端：一是《绥远通志》编修"事属草创"，并无先例可循；二是现有文献资料不足，通志馆花费大量人力和物力收集的资料，却存在"记述简略，卷帙残阙"等弊端；三是修志资料采访不易，不仅各机关档案"多毁弃无存"，而且绥远地处西北边陲，地广人稀，"实地调查，动辄千数百里，探访亦需时日"，旷日持久的资料采访与征集工作，显然不是预计的六个月时间可以完成的。^②

事实上，通志馆工作受阻，还与馆内人事矛盾与修志理念冲突等问题有关。尤其是总纂李泰棻，在修志方法与理念上与馆长郭象伋有冲突。据季嵌在对李泰棻所著《方志学》的书评中称，李氏身为绥远通志馆总纂，亲自拟定志书序例、门类与目录，着手制定调查纲要与计划，撰写绥远疆域与沿革内容，修志办法"颇得要领"，然而由于在人事安排上与馆内人员存在矛盾，相关工作往往"所遇掣肘"，虽坚持编纂至"初稿将具"，但馆长郭象伋"遽以结束裁员，呈省府暂停工作"，李氏"力争不得"，"遂不得不忍痛乞休"，辞去总纂一职。^③

面对上述种种困难，在绥远省政府的支持下，通志馆同人决意"重

---

① 《绥远进行编纂省志》，《大公报》1931 年 8 月 17 日第 5 版。
② 《绥远省通志编纂三年未完成》，《大公报》1934 年 9 月 4 日第 9 版。另据后来担任通志馆总纂，负责审核志稿的傅增湘称，《绥远通志》编纂与其他各省不同：其一，绥远省"设立甚晚，各县未有县志，无参考册籍"；其二，"各地古迹名物，类多淹没无存，概须重新派员调查，一一分别记载"，显然傅氏所述与《大公报》消息类同，揭示出绥远通志馆同人资料采访与志稿编纂工作的不易。参见《傅增湘氏归平后之谈话》，《大公报》1936 年 6 月 1 日第 3 版。
③ 季嵌：《书评：方志学》，《浙江图书馆馆刊》第 4 卷第 2 期，1935 年。白燎原在《李泰棻与绥远通志馆》一文中亦称："通志馆长郭象伋等地方人士把持馆务，安插士绅，李泰棻遂遭歧视与排挤。"参见白燎原《李泰棻与绥远通志馆》，萧乾主编：《穹庐谭故》，中华书局 2005 年版，第 100 页。

行整顿"，以期早日完成编纂工作。就志稿编纂进度而言，截至 1934 年秋，已完成全部志稿的四分之一，正在编纂但未完成者约有 38%，尚未开始编纂者约有 37%。根据志稿编纂进度，通志馆积极调整内部组织机构与人员分工，旨在将工作重心转移至志稿编纂上来。首先，在组织机构上，通志馆撤销总务处，将相关人员分配至编纂处；其次，在人员编制及分工上，通志馆增设编纂主任一人，专门负责志稿编纂事务，另设一、二等事务员数人，增加编纂数人，特别是聘请专业测绘人员，"校订编纂，补益阙漏"；再次，重新调整修志期限，即规定志稿编纂期限为一年零八个月，其中初稿完成时间为一年，核定志稿时间为八个月。①

经过上述整顿，通志馆的组织结构、人员职责均有了新的变化。而对于修志资料的收集与整理工作，通志馆同人悉心"编审材料，务求不厌繁杂，两年以来，经通志馆长郭象伋及编纂荣祥两氏蒐集、调查、整理，共得材料一百二十余册"，这为编修《绥远通志》积累了重要的基础资料。时至 1936 年初，《绥远通志》初稿编纂完成，全志"业经缮就七十八册"，可谓是通志馆同人坚持不懈取得的重要成果。②

根据调整后的修志期限，通志馆同人尚需八个月时间审核志稿，而在绥远省政府主席傅作义的支持下，通志馆以省政府名义，拟邀请著名藏书家、校勘学家傅增湘担任总纂。③ 2 月 6 日，时任通志馆编纂主任荣祥启程赴北平，请傅氏领衔"审核整理"志稿，为志稿正式出版做准备。④ 最初，傅氏以"齿暮学荒"相推辞。⑤ 14 日有消息称傅氏"已允就，约于春暖时来绥工作"。⑥ 5 月 28 日，傅增湘到任绥远通志馆，开始"审核志稿"。⑦ 经与通志馆同人就志稿审核工作进行认真研讨后，傅氏发现志稿"有门类宜并者，有分目宜增者，有冗复宜芟者，有疏漏宜补者，有伪失

---

① 《绥远省通志馆讯》，《浙江图书馆馆刊》第 3 卷第 5 期，1934 年。
② 《傅增湘氏归平后之谈话》，《大公报》1936 年 6 月 1 日第 3 版。
③ 傅增湘在《绥远通志序》中亦称：初稿完成后，"时主省政者，为傅君作义，锐意兴作，以省志事属创举，不仅为地方文治之渊源，将垂为百代流传之典则，参稽论定，不厌求详，乃遣使人，奉书币，远来京邑，以总纂之任，属诸增湘"。参见藏园居士《绥远通志序》，绥远通志馆编：《绥远通志稿》，内蒙古人民出版社 2007 年版，第 3 页。
④ 《傅增湘将编纂绥省通志》，《大公报》1936 年 2 月 7 日第 3 版。
⑤ 藏园居士：《绥远通志序》，《中国公论》第 1 卷第 4 期，1939 年。
⑥ 《傅增湘编纂绥省通志》，《大公报》1936 年 2 月 15 日第 4 版。
⑦ 《傅增湘到绥编纂通志》，《大公报》1936 年 6 月 1 日第 3 版。

宜正者"，即认为志稿体例、门类、内容均存在诸多问题，遂拟定志稿"重修之法"，并且携带志稿回北平，邀请吴廷燮、夏仁虎、瞿宣颖、谢国桢、史念海、张国淦等当时"耆硕通儒"和"专门英俊"，对志稿进行全面审核与修订。[①] 然而，正当志稿审核工作紧张进行之时，侵华日军挑起了卢沟桥事变，中华民族全面抗战由此爆发。随着事态的迅速扩大，相关人士四散避难，志稿审核工作遂不得不宣告中止。

七、陕西通志馆

早在民国初年，陕西巡按使吕调元和督军陈树藩先后倡修省志。1916年4月，吕调元主持创办陕西通志局，地址在西安湘子庙街，聘请宋伯鲁为总纂，张鹏一、武善树等人为分纂，不久即因陕西省军变而中辍。1928年，宋哲元主政陕西后，通志局得以恢复，编纂人员悉数归位，通志编纂工作也得以启动，历时一年"成书及半"，然而不久因中原大战爆发修志工作再度搁浅。[②] 1930年，杨虎城任陕西省政府主席，他对陕西地方文献的征集、保护与编纂颇为重视，遂根据国民政府内务部《修志事例概要》的要求，拟将原通志局改为陕西通志馆，并着手制定《陕西通志馆组织规程》。1931年3月6日，杨虎城主持召开省政府第19次政务会议，省府委员李范一、王一山、李志刚等人出席，省府秘书长南汝箕等列席。会议议决通过由省法规审查委员会修正的《陕西通志馆组织规程》。[③] 18日其全文由陕西省政府正式颁布如下。

陕西通志馆组织规程

第一条　本规程依内政部《修志事例概要》之规定订定之。

第二条　本馆设督修一人，由省政府主席兼任，监修若干人，由省政府遴选行政长官兼任。

第三条　本馆设馆长一人，综理全馆事务，副馆长一人助理之，均由省政府聘任。

---

① 藏园居士：《绥远通志序》，《中国公论》第 1 卷第 4 期，1939 年。

② 杨虎城、邵力子修，宋伯鲁、吴廷锡纂：《续修陕西通志稿》，陕西通志馆民国二十三年铅印本，第 5 页。

③ 贾自新编：《杨虎城年谱》，中国文史出版社 2013 年版，第 155、157 页。

第四条　本馆设编纂四人，分任编纂事宜，由省政府聘任，采访二人，绘图一人，分任采集志料，绘制图表事宜。

第五条　本馆设总校一人，担任校阅全书事宜，由省政府聘任，复校一人，分校八人，分任校勘事宜。

第六条　本馆设事务员九人，书记十六人，分任典籍文书，会计庶务，暨校印志书事项。

第七条　通志编纂则例，采访办法，本暨馆办事细则另订之。

第八条　本规程自省政府委员会议决公布之日施行，如有未尽事宜，得随时提请修改之。①

根据《陕西通志馆组织规程》，宋伯鲁被聘为通志馆馆长，王卓亭为副馆长，吴廷锡为总编，至于编校人员则广泛延揽"一时名宿"担任，如曾以讲授《春秋》名扬陕甘地区并获民国教育部八等勋章的孙仁玉等人。

通志馆成立后，在馆长宋伯鲁主持下，着手制定《凡例》和《大纲》。其中《凡例》确定了通志名称、断限、体例、门类等。关于通志名称，援引阮元、章学诚修志之例，"定名曰《续修陕西通志稿》"；关于记述时间的断限，上限为陕西上一部通志编修的乾隆朝，下限至宣统朝，时间跨度约200年；关于通志体例，以"谨严为主"，同时为适应"时代"要求，对体例"略为变通"，本着体例因时代而变通的原则，志书删汰"封爵""屯运""帝系"等旧志门类，增加"警察""学校""司法"等社会新兴类门；在编纂方法上，注重"图表并重"，不仅将地图列于卷首，其中"城镇、乡村、驿站、河渠一一绘列"，还对"田赋""营汛""水利"等通过科学"测算"的办法"分别编纂，以归翔实"，由此使得续修之志"较诸旧式焕然改观"。②

现有文献关于陕西通志馆的记载较为零散，难以窥探通志馆业务开展的全貌，而据云南通志馆编纂方树梅1933年《北游搜访滇南文献日记》称，他曾于4月30日拜访陕西通志馆副馆长王卓亭，通过交谈得知如下

① 《陕西通志馆组织规程》，《新陕西》第1卷第2期，1931年。
② 杨虎城、邵力子修，宋伯鲁、吴廷锡纂：《续修陕西通志稿》，陕西通志馆民国二十三年铅印本，第1—6页。另据杨虎城在《续陕西通志稿序》中称，志稿原有32门，后经通志馆同人删改，淘汰不合时代要求的类目，将全志门类更定为28门。参见杨虎城、邵力子修，宋伯鲁、吴廷锡纂《续修陕西通志稿》，陕西通志馆民国二十三年铅印本，第1页。

信息：一是"陕西通志亦如云南修至清季宣统辛亥止"，即《续修陕西通志稿》记述时间的下限为 1911 年；二是陕西通志馆的主要业务为志稿编纂和地方文献辑刻。具体而言，除编修通志外，"馆中附设辑刻关中丛书处，现出十余种，其目的在阐发幽光，故多刻孤本秘本，卷数多而又通行者则缓刻"，可见陕西通志馆以保存地方文献为己任，在编修通志的同时，注意搜集和辑刻地方文献，尤其是一些有重要历史文献价值的孤本和秘本，是通志馆人士辑刻的重点。

事实上，随着通志馆内人事的变迁，志稿编纂也几经波折。尤其是 1932 年 8 月 7 日馆长宋伯鲁因病去世后，通志馆群龙无首，主持乏人。[①] 所幸副馆长王卓亭、总编吴廷锡等人坚持不懈，才于 1933 年使全志完稿，并于次年铅印成书。[②]《续修陕西通志稿》，共 224 卷，120 册，约 300 万字，其目录共计 28 门（含星度、疆域、建置、名宦、职官、田赋、户口、仓庾、征榷、学校、选举、兵防、交通、水利、盐法、钱法、名宦、人物、荒政、古迹、金石、纪事、艺文、物产、风俗、祥异、拾遗、文征等），表现出体例完备、史料较丰富的特点。[③] 一方面，该志淘汰不适应时代的类目，如训典、皇言、封建、帝系等，增设人物、荒政、水利、名胜等社会新兴门类；另一方面，该志运用科学仪器和方法绘制地图，使有

---

① 据《大公报》称，1932 年前后，陕西关中一带变乱不已，"灾祸频仍，致各项事业与社会景物，均呈可怜憔悴之象"，包括《陕西通志》编纂在内的社会文化事业均遭受严重影响。参见《宋伯鲁逝世》，《大公报》1932 年 9 月 5 日第 8 版。

② 关于《续修陕西通志稿》编竣印行时间，现有文献存在 1933 年和 1934 年两种说法。如《中国地方志总目提要》称："民国二十二年（1933）全书告成，定名为《续修陕西通志稿》。"[金恩辉等编：《中国地方志总目提要》，（台北）汉美图书公司 1996 年版，第 25—4 页。] 高峰在《陕西方志考》中也认为，"民国二十二年（1933）全书告成，定名为《续修陕西通志稿》"。（参见高峰《陕西方志考》，吉林省地方志编纂委员会、吉林省图书馆学会 1985 年版，第 9 页。）而事实上，据副馆长王卓亭于 1933 年春为通志作序时称，全稿于是年编竣。（杨虎城、邵力子修，宋伯鲁、吴廷锡纂：《续修陕西通志稿》，陕西通志馆民国二十三年铅印本，第 5 页。）至于通志印行时间，据《杨虎城年谱》称，1934 年"12 月，《续修陕西省通志稿》印行"，即认为从志稿编纂完毕到印行，长达近一年时间。需要指出的是，此处关于通志的名称有误。（参见贾自新编《杨虎城年谱》，中国文史出版社 2013 年版，第 310 页。）而根据方树梅 1934 年 4 月 30 日访问陕西通志馆的日记所称，志稿"已出版"。（方树梅著，余嘉华点校：《北游搜访滇南文献日记》，《笔记二种》，云南人民出版社 2010 年版，第 110 页。）

③ 《大公报》"新书简讯"专栏对志书的出版做了简要报道，称"全书系中国丝棉纸铅印，六开本，二百二十四卷，丝装一百二十册，十二函，定价五十元"，但报道关于志书目录的记载存在错漏。参见《新书简讯：陕西通志》，《大公报》1935 年 5 月 2 日第 11 版。

关数据、图表更为精确，从而整体提升志书质量。需要补充的是，该志距离前一部陕西通志（即雍正《陕西通志》）时间长达 200 余年，足见其在研究陕西地区社会与历史中的重要价值。①

八、河北通志馆

河北通志馆与民国时期其他通志馆类似，亦是在国民政府内政部《修志事例概要》的推动下筹备创办，而其运作主要经历了三任馆长时期，其人事、修志办法与志书体例等也历经三个重大调整期。

首先是河北通志馆的筹备。早在 1931 年 5 月 8 日，河北省政府发布训令，要求该省各县县长上报修志文献资料，随同训令下发的还有一份国民政府内政部《修志事例概要》，以便各县参照执行。需要强调的是，训令特别指出，"此次征集志料，本为重修省志之需"。② 而在内政部《修志事例概要》的行政推动下，是年 5 月 29 日，河北省政府委员会召开第 254 次会议，讨论通过"由省府先设通志馆筹备处"的议案，并要求组织人员拟定通志馆《组织大纲》和《支出预算书》等文件。③ 8 月 21 日，上述文件拟定后，提交河北省政府委员会第 276 次会议表决通过，遂设筹备处处长 1 人，筹备主任 1 人，编纂 10 人，上述职位由省政府从在职人员中选拔兼任，并且指定一人为总纂。

通志馆筹备处设立后，即着手拟定《河北省通志馆组织章程》和年度经费预算书。值得一提的是，河北通志馆在创建之初，较为重视规章制度的编制，在馆长刘善琦的主持下，通志馆曾向各省市广泛征求组织章程、办事细则、修志条例和目录，甚至书、志稿等材料。④ 9 月 1 日，河北省政府委员会第 279 次会议通过拟定的章程及预算书，通志馆筹备工作遂告一段落。次日，河北通志馆正式成立，馆址在省政府大院内。根据

---

① 《续修陕西通志稿》记述了有关陕西地区各类资料，使该志成为后人研究陕西社会历史时利用频率最高的一部通志，但应当指出的是，该志在史料上仍然存在一些错漏之处，如钞晓鸿所撰《〈续修陕西通志稿〉所辑户口资料稽误》一文，针对通志第 31 卷《户口》中所载清代陕西各地人口情况，指出存在的疏误及其原因。参见钞晓鸿《〈续修陕西通志稿〉所辑户口资料稽误》，《中国社会经济史研究》2000 年第 2 期。
② 《河北省政府训令》（第 2364 号），《河北省政府公报》1931 年第 984 期。
③ 于鹤年：《纂修河北通志闻见录（一）》，《禹贡》第 4 卷第 10 期，1935 年。
④ 《河北省通志馆公函（第五号）》，《福建省政府公报》1931 年第 217 期。

组织章程，通志馆馆长由省政府秘书长刘善琦兼任，曹树殷担任总纂；通志馆下设两股，其中第一股负责收发、监印、校对、保管、印刷、会计、庶务等工作，第二股负责征集、采访、调查资料等工作，刘振庭、陈铁卿分别为两股主任，每股设事务员 2 人至 3 人。[①]

河北通志馆成立后，馆长刘善琪在省政府的支持下，陆续委聘编纂、事务员，并于 9 月 5 日上午召开通志馆第一次会议，讨论修志事宜。而在开展资料征集工作的同时，他还着手志书体例和修志办法的拟定。根据通志馆拟定的修志办法，馆内职员必须以所定目录为依据，分别担任有关篇目的编纂工作，由此确保编纂人员分工明确、各得其所。随着编纂工作的顺利推进，至次年 6 月，《县沿革表》编纂完毕，遂采取即编即印的办法先行印刷。

然而，正当通志编修工作顺利进行之时，河北省政府面临改组，馆长刘善琪于 1932 年 8 月因故去职，遂由总纂曹树殷兼任。次年 2 月 10 日，河北省政府秘书长瞿宣颖出任馆长，而总纂曹树殷随即辞职，通志馆人员亦有所变动，由此进入河北通志馆运作的第二阶段。值得一提的是，瞿氏是晚清重臣瞿鸿禨之子，熟谙文史，治学博通，尤精方志之学。瞿宣颖曾于 1930 年撰写《方志考稿》，系统阐述其方志学理论，并于南开、燕京、清华等校讲授"方志概要"和"方志学"课程。1930年至 1932 年间，瞿宣颖参与筹备上海市通志馆，为上海市通志馆筹备委员会专任委员，"专司志馆筹备及史料搜辑之责"。[②] 而在筹备期间，他拟定志料征集办法、开展征集工作、编辑《上海史料长编》以及倡编《上海年鉴》，可谓不遗余力，这为他后来主持河北通志馆工作积累了宝贵经验。

而在 1932 年底曹树殷任馆长之时，瞿宣颖就强调修志的重要意义。12 月 11 日，瞿氏以"修志之要义"为题发表演说，认为修志的要义首先在于将志中资料编成索引，"俾编纂时检查便利"，其次是应当加强与政府各机关、社会团体的联系，以便广泛"征集材料"。与此同时，瞿氏强调志书"政治方面"与"社会方面"的功用，认为修志者"凡有特别事

---

① 《河北省通志馆成立》，《中华图书馆协会会报》第 7 卷第 2 期，1931 年。
② 田吉：《瞿宣颖年谱》，复旦大学博士学位论文，2012 年，第 111 页。

迹于社会有关者，均须纪载，方成完善之书"。① 瞿宣颖在演说中强调志书政治与社会功用，指示修志的方法和要点，无疑为推动修志工作的顺利进展起到了重要作用。

为确保修志工作的顺利进行，在馆长瞿宣颖的主持下，通志馆以省政府名义聘请王树楠、谷钟秀、高凌霨、张志潭、张国淦、华世奎、贾恩绂等人为总裁。需要强调的是，上述诸人均有较高的学识和社会影响力，而王树楠、张国淦、贾恩绂三人具有丰富的修志经验，由此使通志馆的编纂力量大大充实。在瞿宣颖主持下，通志馆拟定《河北通志整理方案》，经省政府委员会第 421 次会议表决通过。此后，瞿氏编制《暂定河北通志总目录》，将全志分为疆土、党务、行政、建设、建置、社会、民俗、文献八类，作为修志的基础，从而确保编纂工作有章可循。②

与此同时，瞿宣颖以"修志首重义例"为宗旨，着手修志方案与志书体例的拟定。一方面，在修志方案上，瞿氏主张"按稿计值"，即编纂人员不拿常薪，而是根据所负责的编纂任务，每完成相应稿件，交馆审核通过后方可领取酬金，如此则"支一款即得一款之用，而认一篇即可期一篇之成"，达到修志不仅"可期其速"，还能"可期其精"的理想效果。另一方面，瞿氏对志书体例进行了重要调整，即以"实用"为旨归，既注意近代史料的征集，注重对"民生"等现实问题的关怀，又强调"详今略古"的编纂方法，删汰"不知于今日之时势者"。而根据修订后的通志目录，通志馆聘请许同莘承担"外交"部类的编纂工作，齐之融负责"财政"，左谦负责"盐政""司法"，李金藻负责"教育"，蒋锡曾负责"自治"，林荣负责"水利"，王重民负责"经籍"，傅振伦、刘赓垚、李赞延共同负责"古物"，于鹤年、张承谟、陈铁卿分别负责"沿革""古迹""歌谣""方言"，张宗芳负责"工业""矿业"。上述编纂分工安排，均依据各人学识而定，以充分发挥各自的优长。通志馆同人在编修志稿之时，不仅重视志书体例的革新，而且以"科学昌明"为宗旨，聘请"测绘专门人员"，对全省地图进行精确绘制。③ 可以说，在瞿宣颖的主持下，

① 《昨请瞿宣颖讲演修志要义》，《大公报》1932 年 12 月 11 日第 7 版。
② 河北省地方志办公室整理点校：《民国河北通志稿》，北京燕山出版社 1993 年版，第 5 页。
③ 《河北省通志馆近况纪》，《河北月刊》第 1 卷第 4 期，1933 年。另：为延揽绘图专门人才，通志馆发布招考通知。参见《通志馆改组》，天津《益世报》1933 年 2 月 11 日。

志稿编纂进展颇为顺利，志书体例调整、内容扩充、质量提升等也得以保障。[①]

然而，1933 年河北省政府改组后，通志馆亦面临再次变动的命运。馆长瞿宣颖辞职，省政府改聘曾任北洋政府总理的高凌霨为馆长，另聘张志潭为副馆长，通志馆业务得以继续开展。[②] 高氏履职后，一方面鉴于通志馆地方狭小，于 8 月 16 日将其迁至天津市宙纬路，搬迁至新馆后，修志条件大为改善；另一方面指定总裁贾恩绂重新拟定《河北通志叙例草案》、《河北通志目录草案》和《河北通志各门体裁标准》，认为旧志的纪、表、志、传体裁不适合方志需要，建议改为疆域、经政、文献、志余四部分。

9 月底 10 月初，通志馆会议确定新的《河北通志目录》，全志分为疆域、经政、党务、社会、物产和文献，另设志余，而将人物、艺文、金石纳入文献志中，由此使全志体例、体裁与内容等为之一新。至 1935 年 4 月，志稿编修取得初步成绩，其中《水道》成稿 4 卷，《谣俗》1 卷，《物产》2 卷，《方言》2 卷，《人物》5 卷，《方志》2 卷，《祠庙》2 卷，《古城废署》6 卷，《陵墓》3 卷，《寺观》2 卷，《园亭宅墅》1 卷，《盐法》3 卷，《沿革》1 卷，《爵谥》3 卷，上述志稿大多以《河北通志稿》为题印刷了单行本，部分志稿也在《河北月刊》上刊发。另据编纂于鹤年称，至 1933 年春，古城考已基本编竣，沿革部分亦由陈铁卿独立完成，

---

① 关于瞿宣颖主持河北通志馆的成绩，包括《大公报》《浙江图书馆馆刊》《中华图书馆协会会报》等报刊，均对其进行了专题报道。如：《大公报》于 1933 年 2 月 11 日刊发时评，认为瞿氏"对于修志事宜，已拟有具体方案"，并且"延聘名宿，征集史料，采按稿计酬办法，以节糜费"，称赞他"于方志之学有专门著作"，是以"河北通志之编修，当深庆得人"。参见《通志馆改组》，《大公报》1933 年 2 月 11 日第 7 版；《河北通志馆近讯》，《浙江图书馆馆刊》第 2 卷第 1 期，1932 年。

② 《冀省通志馆长瞿宣颖辞职》，《申报》1933 年 7 月 30 日第 1 张第 3 版。另：根据通志馆编纂于鹤年所撰《纂修河北通志闻见录（一）》，"八月，河北省政府改组，瞿宣颖辞馆长职"。〔于鹤年：《纂修河北通志闻见录（一）》，《禹贡》第 4 卷第 10 期，1935 年。〕事实上，瞿宣颖早在 6 月 21 日即请辞通志馆馆长，称"本馆职责，即异常重要，经费又异常支绌……宣颖不幸，适遭兄丧，感伤之余，精力不支，未能潜心搜讨"，故而请辞。28 日，省政府发布第 7676 号指令，以瞿氏"精研方志之学"，但为"期功之丧，遽谢编摩之任"，批准"姑如所请"，遂得辞职。（《河北省通志馆近况续纪》，《河北月刊》第 1 卷第 12 期，1933 年；田吉：《瞿宣颖年谱》，复旦大学博士学位论文，2012 年，第 126—127 页。）根据天津《益世报》1933 年 7 月 30 日的报道，"省府昨已发表高凌霨为该馆馆长"，即 7 月 29 日，河北省政府正式发文，委任高氏为通志馆馆长。（《高凌霨继任通志馆长》，天津《益世报》1933 年 7 月 30 日。）

并且以《河北省行政区划沿革新考》为标题，刊发于《河北月刊》。此外，仍有相当部分尚未成稿，如赋税、舆地、度支、公债，金石、交通、艺文、艺术、通商、礼典等。

随着侵华日军的到来，河北局势动荡不安，通志馆运作举步维艰。至1936年2月通志馆总裁王树楠去世后，张国淦继任总裁，主持志稿编纂工作。张氏针对前志之弊，以"网罗古今，别创体例"为旨归，革新修志方法，即"因其旧者而益其无，增其新者而续其未有，择诸志之善者而从之，其旧志所未妥者而改之"，从而使其后编修志稿的体例与内容趋于新式。① 可见，在战乱频仍的时局下，河北通志馆同人坚持不懈，其中谢家荣的《地质志》《矿产志》于1937年6月完稿。

时至1937年7月7日卢沟桥事变爆发后，通志馆被迫仓促闭馆。其时，通志馆同人已编竣并印行《气候》《地质》《职官表》《田赋》《学制》《租界》《矿产》《物产》《宦绩》《金石》《盐税》《关税》《印花税》《厘金》《农工商矿渔》等志稿，并且印刷《警察》《交通》《礼俗》等志料，为后世保存了重要的文献和史料。

九、甘肃通志馆

1928年，刘郁芬鉴于甘肃旧志"体例欠备，民情太略"，认为"实有重修之必要"，遂于次年正月设立通志局。② 甘肃通志局成立后，在刘郁芬的主持下，由省财政厅下拨银洋35万元，拟定编制70人，并且聘请杨思为总纂，慕寿祺、张维、汪荀、郑濬为协纂，另聘分纂和采访员数人，启动甘肃通志编纂工作。③ 为了有效推动修志工作，刘郁芬和1929年继任甘肃省政府主席的孙连仲先后被聘为督修，省政府秘书长吴至恭、建设厅厅长杨慕时、教育厅厅长郑道儒、民政厅厅长叶蓉、印花处处长王廷翰均为通志局会办，由此使得政府官方主持创办与运作的色彩十分鲜明。

需要指出的是，官办给修志工作带来了一些负面影响，尤其是在时局

---

① 张国淦著，杜春和编：《张国淦文集》，北京燕山出版社2000年版，第512页。
② 《甘肃通志编纂小记》，《新西北》第2卷第1期，1939年。
③ 郝玉屏：《甘肃方志通览》，兰州大学出版社2007年版，第93页。

不稳定的社会背景下，甘肃省政府"主政者数有移易"，由于修志经费被省政府挪作他用，到 1931 年初通志局面临严重的经费问题，遂"以费绌中辍"。① 1931 年 10 月，根据国民政府内政部《修志事例概要》要求，在甘肃省政府代主席马文车的主持下，通志局改组为通志馆，延聘杨思为通志馆馆长，张维为副馆长，继续甘肃通志编修事宜。值得注意的是，改组后的通志馆接收了原通志局的所有文献资料，其中包括王烜所撰通志"民政"与"外交"稿，李鼎超所撰"方言"、"水道"和"总叙"稿，以及郑澩所撰"割据"稿等。②

甘肃通志馆改组成立后，其职员名称与分工均有较大调整（详见表 2-3），而其修志工作亦面临两大难题：一是志书记述的范围随着时间的推移有所变动。以甘肃行政区划为例，1928 年 10 月 19 日，南京国民政府以国民政府令的形式正式设立宁夏省，同年底青海也宣布建省。宁夏、青海两省的成立改变了甘肃全省的疆域，甘肃各县的数目和范围也有所变

表 2-3　甘肃通志馆职员

职别	姓名	职别	姓名
馆长	杨思	秘书	杨效震
副馆长	张维	主任	王钧清
总校	刘庆笃	股员	王鼎铭
编纂	廖元佶	股员	马福铭
编纂	邓隆	股员	田培元
编纂	程天锡	股员	陈葆松
编纂	苏绍泉	股员	王恺元
顾问	慕寿祺	股员	王兆瑞
顾问	赵元贞	股员	孙炳蔚
编校	王树涛	股员	王恩绪
编校	王国香	办事员	周塈
编校	李天焕	办事员	陈士杰
编校	朱秉衡	办事员	李树荣
编校	张懋东	办事员	和保颐
秘书	谢璞	办事员	张毓俊
主任兼秘书	李承绂	录事	张星延
主任兼秘书	和献璧	录事	李之曋

① 周丕显等：《甘肃方志述略》，吉林省地方志编纂委员会、吉林省图书馆学会 1988 年版，第 65 页。
② 《民国甘肃通志稿》，邵国秀编：《中国西北稀见方志丛刊》第 1 册，中华全国图书馆文献缩微复制中心 1997 年版，第 4 页。

更，"人事既繁，追溯为难"，而行政区划变动导致记述内容的变化，给正在进行中的志稿修订工作带来了较大挑战。二是修志资料严重缺乏。甘肃地处西北边陲，历来是兵家争战之地，战火所及之处，文献往往茫然无存，而"地方史料一经散失，即属无法恢复"，加之甘肃各县历代以来鲜修志者，导致修志资料的极度缺乏。①

然而，面对修志工作上的种种困境，甘肃通志馆同人并不畏难，而是在馆长张思的主持下，拟定修志凡例与篇目，以此为依据大力开展资料征集工作。通志馆同人以乾隆、光绪两次编修的通志类目为参考，拟定新修通志的《凡例》，共分 17 纲（舆地、建设、民族、民政、财赋、教育、军政、交通、外交、职官、选举、人物、艺文、金石、纪事、变异、杂记），93 目。其中建设、民族、交通、外交等均是社会新兴门类，而下设各目更是包括自治、会计、货币、通商、留学、社会教育、教会、边事、地质、地震等，显示出通志馆同人注重时代特性和地域特征的修志理念。

通志在体例、体裁、内容、形式等方面的变革与创新，显示了通志馆同人"不拘一格"的修志风格。② 根据馆长杨思、副馆长张维主持拟定的《甘肃通志凡例及目录》，通志馆同人修志创新之处，约有以下诸端：一是志书体例的创新，这主要体现在新门类的创设与修志宗旨的确立上。一方面，"民族一纲，为本志所创立，族姓以详所出，移徙以考转移，户口以表生聚，宗教学艺以纪文物进化，而实业则生事所需，吾民族所赖以养者也"，对于上述新设门类"今俱详稽古今，比次纂述"。另一方面，删除旧志不合时宜的类目，如"星野""旧说"等；重新调整旧志不合理的类目编排，如将旧志"山水"由各郡县之下移至首卷，并且增加"山脉""水道"等类目，从而使甘肃地理形势"原委易见，条贯可寻"，这不仅使志书类目编排更为合理，还使"西北地学，当更多所裨益"。二是在修

---

① 《甘肃通志编纂小记》，《新西北》第 2 卷第 1 期，1939 年。

② 值得一提的是，甘肃省政府主席刘郁芬曾于 1929 年 5 月致电南京国民政府内政部，就志书是否"划一体裁"问题征求意见。在函电中，刘氏请内政部"明定志书纲要"，"划一体裁"，而内政部复函称，纲要一事，"宜仍由各省按照地方风土及特殊情形自为编写"，尤其是"地方制度之递嬗，社会生活之变迁，以及文化高低，工业优劣，交通畅阻，物产盈缩，均宜酌古准今，兼收并载"，故而主张方志体例应当根据时代特征和地域特点加以"因革损益"，"不必强其从同，庶可博采众长，蔚为巨典"。可见，甘肃通志馆同人在修志体例上坚持"不拘一格"的宗旨，应是渊源有自。参见《内政部通咨各省将编纂省县志书凡例送部审核》（1929 年 5 月 29 日），辽宁省档案馆选编：《编修地方志档案选编》，辽沈书社 1983 年版，第 65—67 页。

志方法上，在各卷前设置小序，以总括全卷，起到提纲挈领的作用；根据志书内容需要增加省、县地图，以解决旧志有表无图问题。① 三是根据修志需要灵活处理编修过程中遇到的问题，如在记述时限上，下限定为1928年，以避免宁夏、青海建省后带来的疆域变动问题。四是根据时代变化与社会文化的变迁，重视经济部类的内容，使其在整部志书中的分量与地位愈加突显。如通志设立"财赋"篇，其下包括税捐、公债、会计、货币等社会经济部类，并且将旧志"盐茶厘税"纳入"税捐"之下，将旧志中"钱法"等不合时代要求的类目并入"货币"之下，负责"财赋"篇的编纂人员颇为重视资料的搜集工作，尤其是旧志关于经济部类的记载过于简略，对此相关人员不仅广泛"参稽史志会典"，而且赴省县各机关收集"财政机关档案"，从而为编纂经济部类奠定了重要的资料基础。② 可见，通过上述志书编纂宗旨、方法与资料上的创新，甘肃通志馆同人既解决了修志面临的行政区划变更带来的问题，又使全志地域特征与时代特点突出。

经过通志馆同人的努力，通志编纂工作稳步推进，但受时局及修志资料缺乏所限，迟至1934年秋通志馆五年期满被裁撤时，全志仍未完稿。而后经张维、邓隆、廖元佶、朱秉衡四人以私人身份持续编纂，至1936年《甘肃通志》定稿，全志共130卷，约450万字。该志分舆地、建置、民族、民政、财赋、教育、军政、交通、外交、职官、选举、人物、金石、艺文、纪事、变异、杂记等，所载内容上迄远古，下至1928年。然而由于日军侵华造成时局的动荡，除《甘肃省县总分图》《甘肃地理沿革图表》于1934年由北平大北印书局铅印发行外，志稿并未印行。③

十、热河通志馆

热河于1928年9月由南京国民政府明令改制为省，省会在承德，汤

---

① 据统计，该志稿共有省图一幅、县图81幅、地理沿革图30幅，所有地图均采用现代绘图技术，"精确程度远胜旧志之方位示意图"，甘肃通志馆同人通过绘制地图，辅以文字说明，使得该省"疆域范围之变化，郡县设置之始末，皆可一目了然"。参见金恩辉等编《中国地方志总目提要》，（台北）汉美图书公司1996年版，第26—11页。

② 杨思、张维纂：《甘肃通志凡例及目录》，兰州俊华印书馆1934年铅印本，第1、2页。

③ 甘肃省地方史志编纂委员会编：《甘肃省志》第1卷《概述》，甘肃人民出版社1989年版，第5页。

玉麟为首任省政府主席。热河通志馆的筹设过程较为漫长，初以县志作为省志基础，拟待各县志书编撰完毕后再设馆修省志，后受各县拖沓所困，修志进度难期一致，省政府多次督催无果后，不得不改变筹设方案，遂于1931 年底由省政府发文聘定正副馆长，此为通志馆成立的重要标志。由于相关档案文献缺失，目前无法呈现热河通志馆创设与运作的全貌，现仅就目力所及，概述通志馆筹备的大致经过。

热河通志馆的创设，肇始于国民政府内政部《修志事例概要》的颁布，而作为设馆修志的先声，热河各县发起了县志编修的热潮。早在1927 年前后，热河各县即有编修县志的倡议。现有档案显示，热河曾"拟于各县设修志局，附于县署，以县知事为监修"，聘请编纂人员，以八个月为限，编修各县志书。① 据统计当时承德、建平、林西、赤峰、围场、凌源、朝阳、绥东、平泉、丰宁等成立了修志局，启动县志编修工作。

然而，受资料文献缺乏所限，加之各地人力资源缺乏、财力不济，各县修志进展难期一致。基于诸如此类原因，至 1930 年期限届满之时，各县编竣且呈报省政府者屈指可数。是年 8 月 31 日，热河省政府民政厅拟具提议书称，各县对于修志一事较为拖沓，"除承德县志现亦编纂成书呈送审核外，其余十三县均未遵办"，可见对于修志之事各县投入力度并不大，这无疑令负责修志工作的省政府民政厅颇为不满，认为"似此玩延要公，殊属非是，若不再严定期限，认真考成，则各县志书恐无完全修竣之一日"，故提议设立八个月修志期限，届时要求各县将所修县志呈送审核，"倘再延缓不办，逾限不报，定即按照县长奖惩条例，将该县长严加惩处，以为办事不力者戒"。② 该提议书经提交省政府委员会第 121 次会议表决通过后下发至各县，以加强对各县修志的督促力度。

需要强调的是，省政府如此重视县志编修工作，甚至不惜以严惩县长的代价督促修志，似与省政府拟以县志编修为基础，待县志编竣后，再设馆修省志的计划有关。根据国民政府内政部《修志事例概要》规定，各省应当设立通志馆，聘定人员，开展通志编修工作。对此，1930 年 3 月，

---

① 《热河道尹公署训令各县具报修志有关事项》（1927 年 5 月 24 日），辽宁省档案馆选编：《编修地方志档案选编》，辽沈书社 1983 年版，第 30—32 页。

② 《热河省政府令发民政厅赶修县志及筹措经费办法提议书》（1930 年 8 月 31 日），辽宁省档案馆选编：《编修地方志档案选编》，辽沈书社 1983 年版，第 35—37 页。

热河省政府委员会第 78 次会议决定，由省民政厅负责办理热河通志馆筹备事宜。省民政厅遂拟定筹备方案，预计通志馆运作每月需要经费 3000 元，以一年半为运作期限，共需费用 54000 元。①

通志馆筹备方案与经费得到省政府的大力支持，尤其是经费方面，省政府"饬令财政厅按照上开概算，先行筹集经费，俟经费固定，立即延聘名宿，设馆开办"。② 据此民政厅还根据通志馆筹备方案，拟具《热河省通志馆经费预算书》，从这份预算书可以发现，通志馆以内政部《修志事例概要》为依据，拟设正、副馆长各 1 人（由省政府派员兼任），编纂 2 人（其中正、副编纂各 1 人），采访员 3 人，绘图员 1 人，事务员 2 人，书记 4 人，夫役 4 人。③ 由此可见，热河通志馆的修志经费与人员规模等已经大致确定，筹备工作可谓颇有成效。

然而，受"必待县志修齐再修省志"方案的限制，各县修志大多搁浅，省志编修"势必延缓无期"。④ 尽管热河省政府三令五申，督促各县将设局修志情况上报，催促各县修志必须按期完成，甚至以逾限不报者，"定即查酌情形，从严撤惩，以为玩忽要政者戒"相警告，但时至 1930 年 12 月 23 日，各县呈报修志情况及呈送县志者，仅有承德、朝阳、经棚三县，"其余各县多未遵办"。⑤

为了解决上述难题，民政厅只好采取变通办法，即根据《热河省通志馆经费预算书》，先聘编纂 2 人，专门负责审核各县呈送志书，待各县志书编竣且审核完成后，"再行正式成立省通志馆"。⑥ 1931 年 7 月，民政

---

① 《呈省政府为呈复遵令筹设省通志馆情形请示遵由》，《热河民政汇刊》第 1 期，1931 年 1 月。

② 《热河省民政厅对筹设通志馆事项的呈复》（1930 年 3 月 22 日），辽宁省档案馆选编：《编修地方志档案选编》，辽沈书社 1983 年版，第 168—169 页。

③ 《热河省通志馆民国十九年度经费支付预算书》（1930 年 12 月 13 日），辽宁省档案馆选编：《编修地方志档案选编》，辽沈书社 1983 年版，第 172—174 页。

④ 《热河省民政厅对筹设通志馆事项的呈复》（1930 年 3 月 22 日），辽宁省档案馆选编：《编修地方志档案选编》，辽沈书社 1983 年版，第 168—169 页。

⑤ 《热河省民政厅呈报省政府通令各县六个月内不将志书修竣定从严撤惩》（1930 年 12 月 23 日），辽宁省档案馆选编：《编修地方志档案选编》，辽沈书社 1983 年版，第 168—169 页。事实上，1931 年 1 月 10 日，热河省政府曾指示民政厅称，"各县于明年六月内不能将县志修竣呈送审核，定将该县长撤差严惩"，可见省政府对修志工作颇为重视。参见《热河省政府指令民政厅准将六个月内不能修竣县志的县长撤惩》（1931 年 1 月 10 日），辽宁省档案馆选编：《编修地方志档案选编》，辽沈书社 1983 年版，第 39 页。

⑥ 《热河省民政厅呈报通志馆民国十九年度经费预算》（1930 年 12 月 13 日），辽宁省档案馆选编：《编修地方志档案选编》，辽沈书社 1983 年版，第 171—174 页。

厅前述六个月修志期限已过，"仅据丰宁、滦平、开鲁三县先后呈请展限；林西县呈报六月底即可将稿寄呈"，其余各县均未完成修志任务。面对此种情形，省政府民政厅亦陷入惩办无力、督催无果的两难境地，只好以"纂修县志事体重大，断非仓卒所能藏事，今若严限催办，诚恐潦草塞责，则成书之后必不足以臻完善而资传信"为由，允许各县"再为展限六个月"。① 显然，民政厅此举是给自己找台阶下，自此之后热河各县修志完成之日愈加遥遥无期，而民国时期以行政手段推动修志之艰难，由此可见一斑。

"县志修齐再修省志"的编修方案宣告彻底失败后，热河通志馆筹办事宜被再次提上议事日程。1931 年 9 月 21 日，省民政厅厅长张秉彝以县志编修难期进展，"编修省志又迭奉部令催办，则成立省通志馆势难再缓"为由，呈请省政府指派人选担任通志馆正副馆长，以便"先将热河省通志馆筹备成立"。② 11 月 20 日，热河省政府正式发布第 7555 号指令，委任省政府委员会委员、教育厅厅长张翼廷为馆长，省政府民政厅厅长张秉彝为副馆长，由此宣告筹备工作结束，热河通志馆正式成立。③ 而受文献资料缺失所限，有关热河通志馆运作的历史至今湮没无闻，有待今后发掘史料做进一步考察。

十一、上海通志馆

1930 年前后，上海市通志馆在多方面人士的共同努力下发起筹备。1929 年 12 月，国民政府内政部《修志事例概要》颁布后，包括上海市在内的各省市，纷纷以此为依据开展通志馆筹建工作。在上海特别市政府将内政部《修志事例概要》转发市教育局和社会局后，1930 年 1 月市教育局根据相关规定，向市政府建议"设立市通志馆，兴修市志，以垂永

---

① 《热河省民政厅呈报省政府各县修志再展限六个月》（1931 年 7 月 19 日），辽宁省档案馆选编：《编修地方志档案选编》，辽沈书社 1983 年版，第 40、41 页。

② 《热河省民政厅呈请筹备成立通志馆》（1931 年 9 月 21 日），辽宁省档案馆选编：《编修地方志档案选编》，辽沈书社 1983 年版，第 175、176 页。

③ 《热河省政府聘任通志馆正付馆长的指令》（1931 年 11 月 20 日），辽宁省档案馆选编：《编修地方志档案选编》，辽沈书社 1983 年版，第 177 页。

久"，由此正式提出设馆修志的倡议。①

上海市教育局在上述函件中以"永久"为归旨，设立修志机构的倡议得到市政府的高度重视。1月24日，市政府第148次会议讨论了关于成立修志机构的议案，议决于当年7月正式成立上海市通志馆，"由市府指派委员筹备"。② 四天后，市政府发出第348号委任令，分别委任市教育局局长陈德征、社会局局长潘公展、参事唐乃康三人为委员，启动"筹备市通志馆事宜"。③ 2月4日，通志馆筹备委员会召开第一次会议，议决筹备机构地点、人员、经费以及有关章程等事项。其中，根据通志编修的文化建设性质，决定将该委员会暂设于主管全市文化事业的教育局，故筹备处地点"议决设于教育局"；筹备处办事人员"暂由教育局职员兼任"；筹备会议常会"议决定两星期开会一次，每隔一星期，逢星期四下午二时开会"；筹备期间经费预算"俟筹备处简则通过再核"；至于有关《通志馆组织规程筹备处简则》《通志馆编纂人选标准》等章程，则"由教育局先行起草提会讨论"。上述事项确定后，即由市政府颁发"上海特别市通志馆筹备处钤记"一枚。④

显然，上海市政府在通志馆筹备工作中起到了至关重要的推动作用，而市政府推动最力的当属各项规章条文的制定。在4月25日召开的第156次市政会议上，与会的筹备委员俞鸿钧、陈德征、潘公展等人讨论"订立《市通志馆筹备委员会简则》《市通志馆组织规程》《编纂人选标准》案"，经全体与会人员表决"通过"。⑤ 上述规程于6月12日，经上海特别市政府"核准公布"。⑥

规章条文是机构成立与制度化运作的重要保障，预示着通志馆筹备工作已整体推进，但直至1930年7月，通志馆原定建馆计划并未如期实现。事实上，迟至次年2月第175次市政会议召开之时，也仅对通志馆《组织规程》进行修订；而《预算书案》制定的总额500元的经费预算，虽编

---

① 《上海特别市政府指令第4010号》（1930年1月28日），《上海市政府公报》1930年第44期。
② 《市府市政会议纪要》，《申报》1930年2月9日第4张第13版。
③ 《上海特别市政府委任令第348号》（1930年1月28日），《上海市政府公报》1930年第44期。
④ 《上海特别市教育局第131次局务会议记录》（1930年1月28日），上海市档案馆藏，档案号：Q235-1-277。
⑤ 《市政府市政会议》，《申报》1930年5月11日第4张第13版。
⑥ 《市政府公布市通志馆组织规程》，《申报》1930年6月13日第4张第14版；《上海特别市政府指令第167号》（1930年6月12日），《上海市政府公报》1930年第58期。

造正式预算书，但筹委会始终未获得这笔经费，通志馆成立似乎遥遥无期。

在此局势下，以瞿宣颖为代表的专家学者在担任通志馆筹备委员之际，发起史料搜辑、拟定文献征集办法、编辑《上海史表长编》、建议编辑《上海年鉴》等，从而为通志馆的创办奠定了重要基础。

然而，正当筹备工作进行得如火如荼之际，1932 年初，上海市市长易人，新任市长吴铁城已聘定柳亚子、朱少屏为上海市通志馆正、副馆长。2 月 19 日，瞿宣颖与汤沧济等人呈请上海市政府，称"通志馆事关文献，职等奉聘为专任委员以来，对于筹委会简则第四条所列职掌，理当一一完成，惟现在既由钧府聘定正副馆长，职会自当提前结束"。25 日，市政府批准瞿氏等人辞呈，筹委会亦"提前结束"。①

1932 年 7 月 14 日，上海市通志馆正式成立，馆址设于法租界的萨坡赛路 291 号。② 从通志馆的组织结构情况来看，当时仅成立编纂和总务两

① 田吉：《瞿宣颖年谱》，复旦大学博士学位论文，2012 年，第 116、117 页。
② 关于上海市通志馆的成立日期，《柳亚子年谱》称 1932 年 7 月"上海市通志馆成立，设法租界萨坡赛路 291 号"。（参见柳无忌编《柳亚子年谱》，中国社会科学出版社 1983 年版，第 86、87 页。）胡朴安在 1946 年上海市政府纪念周报告上称，"市通志馆成立于民国二十一年八月"，即 1932 年 8 月成立。（参见胡朴安《市通志馆之过去与现在》，《上海市政府公报》第 3 卷第 8 期，1946 年。）曾在通志馆任职的胡道静于 1988 年撰写有关上海市通志馆旧事的文稿时称，"一九三二年七月十五日，上海通志馆正式开馆"。（参见《上海通志馆及上海通志稿》，胡道静著，虞信棠、金良年编：《胡道静文集　序跋题记　学事杂忆》卷 7，上海人民出版社 2011 年版，第 301 页。）在其口述《关于上海通志馆的回忆》中胡氏亦称，1932 年"7 月 15 日，上海市通志馆正式开馆，而馆址就孤零零地设在萨坡赛路 291 号"。该文于 2001 年刊登于《史林》杂志，成为研究上海市通志馆的重要史料。（参见胡道静口述、袁燮铭整理注释《关于上海通志馆的回忆》，《史林》2001 年第 4 期。）在此前后，包括《上海通史》《上海历史上的今天》《话说上海》等论著均认为上海市通志馆正式成立时间是 1932 年 7 月 15 日。（参见熊月之主编《上海通史》第 1 卷，上海人民出版社 1999 年版，第 169 页；朱敏彦主编：《上海历史上的今天》，上海画报出版社 2007 年版，第 173 页；盛巽昌等：《话说上海》，学林出版社 2010 年版，第 235 页。）而据通志馆馆长柳亚子称，"到今年（1932 年）七月十四日，我们把筹备委员会接收下来，便正式成立了市通志馆"。（参见柳亚子《关于上海市通志馆的话》，柳亚子：《磨剑室文录》，上海人民出版社 1993 年版，第 1099、1100 页。）而查 1932 年《上海市政府公报》，亦称通志馆成立于 7 月 14 日。［参见《上海市通志馆筹备委员会呈文》（1932 年 7 月 26 日），《上海市政府公报》第 124 期，1932 年 9 月。］又查 1932 年 10 月 15 日《申报》刊登的一则关于通志馆征集史料启事，表示"于七月十四日正式成立通志馆"。另据上海市档案馆所藏关于通志馆的一则函件，亦称"于七月十四日正式成立市通志馆，开始办公"。（参见《上海市通志馆朱少屏为成立上海通志馆事致中南银行函》，上海市档案馆藏，档案号：Q265 - 1 - 189 - 37。）综上可以断定，胡道静若干年后所作回忆有误，通志馆成立日期当在 1932 年 7 月 14 日。

部，其中编纂部为业务部门，负责史料征集与志稿编纂相关业务工作。就人事结构而言，馆长柳亚子负责通志馆全面工作，朱少屏、徐蔚南分任副馆长和编辑主任，其中朱少屏主管具体事务。编辑部下设编纂、助理编纂、特约编纂、课长、事务长、书记、采访员等职位，具体人员采用简任、荐任和委任办法。①

作为通志馆主要业务部门的编辑部，自设立之初即承担起史料征集与志稿编纂工作，而该部门也理所当然地集中了馆内主要力量。其中，名誉编辑主任孙璞和朱凤蔚虽为挂名，但负有监督志书编辑之责；编纂人员更是有胡怀琛、吴静山、蒯世勋、席涤尘、胡道静、蒋慎吾、郭孝先、李纯康等，他们负责史料的搜集、整理、考订及志稿编纂；特约编纂主要有董枢、钟贵阳、乐嗣炳、沈家诒等。编纂人员数量占馆内人数的绝大多数，显示了通志馆对编纂工作的高度重视。

当上海市通志馆在1932年成立时，柳亚子委托朱少屏主持馆务，自己则投入编纂工作，随着日后柳亚子因病长期不到馆，实际工作交由朱、徐两人共同负责。成立之初的上海通志馆将史料征集视为工作重点。通志馆同人最初"准备用两个月时间收集资料"，并采取函电索取、广告宣传、派员调查等办法，对上海旧志、报刊、图书文献以及各机关团体的古今文献进行多途径、多层次的全面征访。②

然而，上海文献资料繁杂，征集过程中又遇到重重困难，导致计划的变更。对此通志馆编纂胡道静认为，"事实上，这完全做不到，一年的工作后，志稿非但没有写成，还遇到许多困难，资料严重不足，用两个月的时间来收集资料的计划是有所失误的"。当时修志工作难期进展，尤其是征集资料工作，面临重重困难。而上海的公共租界、法租界以及日本控制下的虹口区，更是资料征集人员难以进入的区域。③ 为此通志馆不得不调整资料收集时限，并通过分工协作、责任到人的办法，加大资料收集的力度。

在收集上海各地资料的同时，志稿编纂工作也如火如荼地开展起来。

---

① 《上海市政府会计处关于通志馆职员薪给比叙表》，上海市档案馆藏，档案号：Q124-1-8262。
② 《上海通志馆及上海通志稿》，胡道静著，虞信棠、金良年编：《胡道静文集　序跋题记　学事杂忆》卷7，上海人民出版社2011年版，第301页。
③ 《上海通志馆及上海通志稿》，胡道静著，虞信棠、金良年编：《胡道静文集　序跋题记　学事杂忆》卷7，上海人民出版社2011年版，第301页。

在柳亚子的主持下，根据征集到的各类资料，经过馆内同人会议研讨与反复调整，最终制订篇目 25 项，由此大致确定通志的基本框架与主体内容。

就志书编纂年限与进度而言，早在通志馆成立之初，全馆上下迫于内外压力，拟一鼓作气，一年内完成志稿，后因"志料采集的困难"而被迫调整为两年撰写初稿，再用一年时间修改完成。显然，馆内同人最初对修志可能遇到的困难估计不足，时至 1933 年 4 月，距离通志馆成立已过去 9 个月时间，而所完成的志稿仅有学艺、法租界、社会事业和金融四编，成稿之日遥遥无期。至 1935 年底，通志馆成立已有三个半年头，初稿完成仍无望，遂不得不将完稿年限调为 4 年。到次年 3 月，柳亚子已审阅完政治等编。[①] 7 月，通志馆声称通志初稿"已编纂完竣"，后续工作为整理、校阅、修正、复阅和印刷，并联系中华书局，将初稿的两编 80 万字的志稿先行印出。[②] 但直至 1937 年 8 月日军侵略上海导致通志馆工作暂停之时，也只完成了沿革、公共租界、法租界、地文、政治、外交、金融、工业、农林渔牧、学艺、社会事业、大事记等编的初稿，总字数达一千万。其中沿革、公共租界、法租界 3 编已审阅定稿，准备付梓印刷，而地文、工业、大事记等编行将完稿，至于剩余各编，则有待整理，属于未完成的志稿。

十二、广东通志馆

民国广东省数度编修省志。早在 1926 年，广东省政府颁布第 3367 号令，要求广东大学（国立中山大学的前身）文科学院续修通志。[③] 而在国

---

① 柳亚子：《致徐蔚南》（1936 年 3 月 3 日），张明观、黄振业：《柳亚子集外诗文辑存》，上海人民出版社 2011 年版，第 135 页。

② 上海市通志馆编：《上海市年鉴 1936》，中华书局 1936 年版，第 54 页。

③ 《续修广东通志办法之提议》，《广州民国日报》1926 年 4 月 1 日。另据《国立广东大学周刊》称，1926 年 1 月 30 日，该校第 65 次校务会议上，校长报告民政厅向省政府提议修志局事，"主张应归国立广东大学担任编纂"，与会者当场议决"此事应归本校担任编纂，俟接到省政府公事后，再行讨论办法"。（参见《校闻：第六十五次校务会议纪事录》，《国立广东大学周刊》第 41 期，1926 年 2 月 6 日。）2 月 8 日，第 66 次校务会议继续讨论"省政府函开关于修志事项"，议决"接受省政府委托"，具体事项"交文科学长会同文科教授议定章程"。（参见《校务会议：第六十六次校务会议纪事录》，《国立广东大学周刊》第 42 期，1926 年 3 月 8 日。）

民政府内政部《修志事例概要》的推动下，国立中山大学承办广东省志编修工作之议开始提上议事日程。

1928 年，中山大学副校长朱家骅与在该校任教的顾颉刚、黄仲琴共同商议提请政府开馆修志的方案，遂由黄仲琴起草方案，顾颉刚"编辑广东通志提议案"，以朱家骅名义发表。① 提案建议"在广东设立广东通志编辑处，拨给官产房屋一所，暂定经费每月三千元，延聘专家，从事编辑；以三年为初稿完成之期，以五年为全书正式公布之期，藉助建设之大业而树各省之先声"。② 可见，提案以"建设"广东为宗旨，就修志机构的名称、地址、修志经费、人员期限等，提出了具体设想。

1928 年，朱家骅将议案提交广东省政府第四届委员会第 154 次会议。③ 次年 11 月 9 日，广东省政府第五届委员会第 107 次会议讨论朱氏"提出纂修广东通志一案，议决交省政府"办理，并且由省政府委员黄节、许崇清、伍观淇以及省高等法院院长罗文庄拟定筹备办法。④ 后经广东省政府会议决定，成立省志编修机构，机构名称则改原"修志馆"为"广东通志馆"，聘广东省教育厅厅长许崇清为馆长、温廷敬为总纂，制定《广东通志馆规程》，启动省志编修事宜，然而 1930 年许崇清辞职，通志编纂停顿，"由民政厅派员保管"，仅完成《列传》4 卷及《政经》1 卷。⑤

国立中山大学主持广东通志编修，直至 1932 年邹鲁担任校长后才得

---

① 顾颉刚：《顾颉刚日记》卷 2，（台北）联经出版事业公司 2007 年版，第 237 页。

② 《朱家骅请纂修广东通志》，《香港华字日报》1929 年 1 月 8 日。

③ 《广东通志馆与民国〈广东通志〉之编纂》一文称，"1928 年，广东民政厅长兼中山大学副校长朱家骅向国民政府会议广州会议提出纂修《广东通志》的议案"，但其所述朱氏职务情况有误。（参见林子雄《广东通志馆与民国〈广东通志〉之编纂》，《广东史志》2001 年第 4 期。）查朱家骅于 1927 年任广东省政府委员兼民政厅厅长，是年 8 月改任广东教育厅厅长兼中山大学副校长，同年 10 月 4 日，国民政府任命朱家骅为浙江省政府委员"兼浙江民政厅厅长"。（《中华民国国民政府令》，《国民政府公报》第 1 期，1927 年 10 月，第 11 页。）故 1928 年朱家骅所担任职务，并非"广东民政厅厅长"，而是"浙江民政厅厅长"。

④ 广东省档案馆编：《民国时期广东省政府档案史料选编》（2），1987 年，第 37 页。

⑤ 广东省档案馆编：《民国时期广东省政府档案史料选编》（2），1987 年，第 501 页。另，1931 年 2 月 17 日，广东省政府第五届委员会第 145 次会议，讨论许崇清辞职案，议决结果如下："兼广东省通志馆馆长许崇清呈请准予辞去兼职案。（议决）该馆经费暂停支给，由民政厅派员保管，并由财政厅照预算案规定，专款存储，候另筹办。"参见广东省档案馆编《民国时期广东省政府档案史料选编》（2），1987 年，第 501 页。另参见《广东通志馆暂行结束》，《香港工商日报》1931 年 2 月 21 日第 1 张第 3 版；国立中山大学秘书处编辑：《国立中山大学现状》，国立中山大学出版部 1934 年版，第 122 页。

以实现。① 是年 5 月，广东省政府委员会第 87 次会议上，主席林云陔以"志与史互为表里，谈文献者重之"，本省修志事宜未成，"现在中山大学文科不乏宿学之士，堪采笔削之任"，遂提议将修志事宜委托该校办理。②此议得到全体会议人员表决通过，决议不仅提出省民政厅厅长负责"接洽"，还要求相关人士当天拟具致中山大学校长邹鲁的函电，表示"希婉商文科俯允担任。使乡邦文献不致代远无征，而贵校美誉，亦将与志书永垂不朽"。③

　　邹鲁收到电文后，随即复函表示"敬遵台命"，并称"查本省自改革以还，代有兴废，礼有损益，不修省志，曷有参稽"。省政府"虑文献之无征，委以褒贬之大任"，中山大学作为教育文化机构，自然责无旁贷。④6 月 21 日，省政府收到复函后，随即下发训令，要求民政厅厅长林翼中"将所管修志馆文件等，移送中山大学办理"。⑤

　　1932 年 8 月 1 日，中山大学"派员接收"通志馆，更名为国立中山大学广东通志馆，由此正式开启近代中国大学修志的历史先河。⑥ 与此同时，校委会决定"于大学内部，特开专舍，为广东通志馆"，是年 10 月

---

①　关于国立中山大学广东通志馆的成立时间，各方说法不一，且均有误。李景新《广东研究参考资料叙录·史地篇初编》称："二十一年十月广东省府以修志之事托中山大学兼理。更名曰国立中山大学广东通志馆。"[参见李景新编著《广东研究参考资料叙录·史地篇初编》，（台北）学生书局 1970 年版，第 258 页。]《民国省志纂修研究》认为，"民国二十一年二月，中山大学校长邹鲁出任通志馆馆长，将通志馆移至中山大学内"。（汪璞：《民国省志纂修研究》，中国人民大学硕士学位论文，2012 年，第 9 页。）李默在《广东方志考略》及《中国地方志总目提要》中说，1929 年前后成立广东通志馆，附于中山大学，以中山大学校长邹鲁兼通志馆馆长。[参见李默《广东方志考略》，吉林省地方志编纂委员会、吉林省图书馆学会 1988 年版，第 12 页；金恩辉等编：《中国地方志总目提要》，（台北）汉美图书公司 1996 年版，第 19——6 页。]《广东通志馆与民国〈广东通志〉之编纂》一文则认为，1929 年"经省政府讨论决定，修志事务交由中山大学办理，故将广东修志馆改名为中山大学广东通志馆（又称广东通志馆），聘广东省教育厅厅长兼中山大学校长许崇清任馆长，馆址设在广州中山大学西楼"。（参见林子雄《广东通志馆与民国〈广东通志〉之编纂》，《广东史志》2001 年第 4 期。）此说误将许崇清与邹鲁办理通志馆的情况混为一谈，且 1929 年中山大学校长为戴传贤，许崇清尚未担任校长。（参见梁山等编《中山大学校史 1924—1949》，上海教育出版社 1983 年版，第 144 页。）
②　广东省档案馆编：《民国时期广东省政府档案史料选编》（3），1987 年，第 136 页。
③　《委托中山大学办理本省修志事宜》，《广东省政府公报》1932 年第 188 期。
④　冯双：《邹鲁年谱》，中山大学出版社 2010 年版，第 501 页。
⑤　《令将修志馆文件移送中山大学》，《广东省政府公报》1932 年第 189 期。
⑥　《中山大学概况（在西南各机关联合纪念周报告）》，邹鲁：《回顾录》，岳麓书社 2000 年版，第 317 页。

馆址确定，为中山大学西楼。^① 10 月 15 日，"国立中山大学修志委员会"成立，该校教师徐甘棠、朱谦之、朱希祖、吴康、薛祀光、古直、石光瑛、范锜、林砺儒、徐绍棨、李沧萍、邓值仪、陈洄、罗献修等为委员，"由校长发聘书，敦请修志，由委员会负全责"。^②

在组织系统上，通志馆直接隶属于校长室，这有别于学校各院系的组织结构，且一直持续到通志馆终结。在人员编制上，除校长兼任馆长外，原计划设主任 1 人，专任纂修 5 人，兼任纂修和事务员若干人。考虑到当时征访资料的需要，通志馆随即在人员编制上进行调整，除设专任纂修 1 人、兼任纂修 10 人外，还加大征访人员和整理人员的力量，其中征访员 11 人、缮校员 1 人、书记 2 人、公役 2 人。就职责而言，馆长主持全馆事务，总裁所有志稿；主任负责管理馆内事务，并且分配各种文稿；纂修主要任务是"搜检史料"、厘定事例和纂辑志稿；征访员负责赴各地"采集或抄访于省志有关之材料，并将馆内所得新旧志料，汇成统系"，即征访志料之外，兼负整理之责。出于修志的实际需要，通志馆聘请绘图员广泛"搜罗新旧图册，或新测图稿，专任制图"，并且聘请缮校员"缮写稿本文件，校对新志文字"。^③

通志馆人员安排方面，由于"中山大学人才较为集中，而文科教授又每多史学通才，采访史实，鉴别史料，整齐志文，均较独立设馆为可勤谨敏捷而易于蒇事"，故相关工作均由该校教师兼任。除专任纂修温廷敬外，馆长由校长邹鲁兼任，主任一职由理学院教授徐甘棠兼任，相关纂修人员也多为该校教授兼任。需要补充的是，根据《国立中山大学广东通志馆组织大纲》，通志馆在具体工作上强调"全校员生合作"，为此不仅"将通志各门类，就各科系门类，请教授兼任纂修"，如将志书涉及地理、天文、测量、物产等事项，分交理、工、农各学院办理，最后由文学院总其成，而且"由教授督促学生为之助理"，从而达到教授主撰志稿，"学生得实习所学"的双重效用。^④

---

① 《文史学界消息：国立中山大学接修广东通志》，《国立中山大学文史学研究所月刊》第 1 卷第 1 期，1933 年 1 月 15 日。
② 朱希祖：《朱希祖日记》，中华书局 2012 年版，第 156、157 页。
③ 《文史学界消息：国立中山大学接修广东通志》，《国立中山大学文史学研究所月刊》第 1 卷第 1 期，1933 年 1 月 15 日。
④ 《文史学界消息：国立中山大学接修广东通志》，《国立中山大学文史学研究所月刊》第 1 卷第 1 期，1933 年 1 月 15 日。

　　馆舍、编制、人员、职责等悉数确定后，经费问题接踵而至。根据通志馆制定的《经费预算表》，为确保修志工作顺利开展，从1932年11月起，通志馆每月需要2423元的专项经费。对于所需经费，委托中大办理修志事宜的广东省政府，自然负有相应之责。1932年11月1日，中山大学将拟定的《广东通志馆组织大纲》、《广东通志馆委员会简章》和《广东通志馆经费预算表》等函送省政府，"请广东省政府每月拨发经费以便修编通志"。① 省政府秘书处收到函件后，以"该年度预算经已确定，不能追加"为由，拟具由中大教师自行"负起修志义务，概不支薪"的意见。② 8日，广东省政府第六届委员会第135次会议专门讨论此事，经全体委员讨论，最后决议"照秘书处签注意见函复"。③ 通志馆向省政府寻求解决经费问题的努力遂遭搁浅。应当指出的是，省政府并非在经费上毫无支持，而邹鲁也力求通过中山大学内部人力、物力资源加以弥补解决，由此为通志馆包括志料搜集、志稿编纂等业务的开展奠定了重要基础。

　　1934年朱希祖远走南京后，温廷敬被聘为通志馆主任。在其倡导下，通志馆在人员安排、经费、配套设施以及编纂宗旨与办法上，均做了富有成效的调整。由此1935年成为通志馆业务发展的分水岭，即1935年以前主要工作为拟定体例与搜集志料，1935年之后通志馆同人则致力于志书编纂。

　　在人员编制上，温廷敬一改"从前纂修多为本校教授兼任"的工作模式，认为"诸教授为课程所羁"，难期进展，为此向馆长邹鲁提出"增聘专纂"和"添设书记"的建议。④ 邹鲁高度重视建议，从1935年起大量选聘纂修和书记，至1936年初，通志馆已有专任纂修7名，书记8名，占馆内总人数的一半多，此外还有兼任纂修（或编纂）若干人。⑤ 编纂队伍规模初具，这为志稿编纂工作奠定了重要基础。

　　在具体分工上，通志馆根据调整后的《广东通志馆总目》，聘请人员

① 《关于请广东省政府每月拨发经费以便修编通志等情的便条》，广东省档案馆藏，档案号：020 – 001 – 248 – 027。

② 《国立中山大学广东通志馆中华民国三十六年八月份支付预算书》，广东省档案馆藏，档案号：020 – 001 – 74 – 075 – 079。

③ 广东省档案馆编：《民国时期广东省政府档案史料选编》（3），1987年，第229页。

④ 国立中山大学秘书处编辑：《国立中山大学现状》，国立中山大学出版部1935年版，第257页。

⑤ 《一九三六年度国立中山大学通志馆职员薪俸表》，广东省档案馆藏，档案号：020 – 002 – 725 – 044 – 047。

进行"分类编纂"。① 其中，"列传"由温廷敬负责编纂；"外务"以冒鹤亭为"广陵耆宿，夙习外情"，聘为编纂；"宦绩"交由温克中担任；"艺文"则交给冼玉清编纂；"古迹"由陈梅湖担任编纂；"教育"以饶聘伊"向从事教育，此门殊熟悉"，由他负责编纂。除上述列传、外务、宦绩、艺文、古迹、教育外，其他门类"正在访聘专才编辑"。②

在修志经费方面，由馆长邹鲁牵头，通过多方筹备加以解决。为了应对编纂业务开展以来经费亟须增加的状况，温廷敬与馆长邹鲁相商，请其"筹垫经费"。③ 对此邹鲁亦积极进行，根据通志馆编纂工作需要，向省政府致函，请求予以资金支持，并且从中山大学"经常费项下，增二部开支"，以供修志之用。在积极筹集经费的同时，通志馆还注意经费的管理与使用。为加强对经费的日常管理、规范修志经费的使用，通志馆编制《每月所需经费预算表》，对各岗位薪金及修志费用予以明确规定。④

在配套设施上，通志馆分别兴建了馆舍和主任室，并于1936年3月8日由中山大学拨款1840元建造"通志馆一座"，4月16日又耗资1103.4元修建"通志馆主任室一座"。⑤ 在编纂宗旨上，馆长邹鲁秉持"编纂适应时代的省志"的要求，力求志书反映社会时代风貌。⑥ 在编纂方法上，通志馆拟在旧志基础上"全为改造"，根据《广东通志馆期成计划书》，"查向来各地修志，多为续修，故对于旧志，往往一字不易。本馆此次纂修，则全为改造。对于旧志，不独改正其错误，增补其缺漏，要在合乎近代精神，运科学之方法以求古今变迁演进之文化"。⑦

根据上述编纂方法，通志馆制定了志书编纂进度表。尽管通志馆仍然存在诸多困难，但有了前期征访志料的积累，加之中山大学人力资源丰富，编纂工作一旦全面铺开，志稿完成，就指日可待了。至1936年前后，通志馆编纂工作有所推进，具体来说，取得阶段性编纂成果的是"列传"

---

① 国立中山大学秘书处编辑：《国立中山大学现状》，国立中山大学出版部1934年版，第123页。
② 国立中山大学秘书处编辑：《国立中山大学现状》，国立中山大学出版部1935年版，第257页。
③ 国立中山大学秘书处编辑：《国立中山大学现状》，国立中山大学出版部1935年版，第257页。
④ 《国立中山大学广东通志馆中华民国三十六年八月份支付预算书》，广东省档案馆藏，档案号：020-001-74-075-079。
⑤ 国立中山大学秘书处编辑：《国立中山大学现状》，国立中山大学出版部1937年版，第496、497页。
⑥ 邹鲁：《邹鲁回忆录》，东方出版社2010年版，第273页。
⑦ 《广东通志馆期成计划书》，广东省档案馆藏，档案号：020-001-74-070-074。

"职官表""宦绩略""古迹略""艺文略""财计略""教育""外交""物产""舆地各图""矿物地质类"。其中，"列传"部分稿件已先期出版，"古迹略"部分内容也即将排印，而进度较快的"艺文略""财计略""教育""外交"等，于 1937 年即可完成编纂任务。① 然而，时至 1937年，正当各项工作有序推进之际，通志馆因内部人事、经费等问题陷入重重困境。随着抗日战争的全面爆发，通志馆工作更是逐渐陷于停顿。

十三、新疆通志馆

民国新疆通志馆的创设，得益于该省政府主席金树仁的主持。1932年金树仁根据南京国民政府内政部《修志事例概要》的要求，创办新疆通志馆，聘请甘肃张德善为馆长，曾就读于华北大学政治经济科、后任新疆省政府第一科科长的侍峋山等人被聘为编纂，正式启动新疆通志编纂工作。② 馆长张德善为清末举人，时年 67 岁，在他的带动下，分别拟定了修志资料征集办法和要求，并且组织人员"收集了不少文献资料"。

然而，1933 年 4 月 12 日，新疆发生"四一二政变"，主席金树仁被迫出走，盛世才率部进驻省府，张德善被捕入狱，通志馆业务遂遭搁浅。经此变故，张德善"家人惊恐之下，将其所收集的文献资料全部烧毁"，新疆通志馆成立不到一年时间便夭折，修志工作也无疾而终。③

需要说明的是，新疆通志馆尚未全面启动编纂工作便因政局变乱而宣告结束，不仅存在时间很短，而且所征集的资料被付之一炬，这无疑给考察新疆通志馆史事带来巨大挑战。检索现有文献资料，大多为引述《新疆地方志》所载《民国时期新疆两次修志均成泡影》一文，惜文中述及新疆通志馆史事过于简略。而在《新疆文史资料》中，一封由馆长张德善"密呈"刘文龙的信件，或可为新疆通志馆创设与运作的曲折经历做一注解。

这封信写于 1933 年 4 月 20 日，从时间上来看，正好是新疆"四一二政变"之后数日，而经过这场政变，原为教育厅厅长的刘文龙被新疆临

---

① 国立中山大学秘书处编辑：《国立中山大学现状》，国立中山大学出版部 1937 年版，第 441、442 页。
② 《民勤县志》编纂委员会编：《民勤县志》，兰州大学出版社 1994 年版，第 895 页。
③ 许力：《民国时期新疆两次修志均成泡影》，《新疆地方志》1995 年第 3 期。

时维持会推为省政府主席。在信中张德善不无恭维地表示，"主席大人阁下：政教正变，治化一新……翘詹鸿图，无任雀跃"，然细读该信可以发现，张氏这封贺信另有他意，即劝说新上任的新疆省政府主席刘文龙主持大局，维护新疆全境的和平与稳定。然而，刘文龙上任不久，便被握有兵权的实力人物盛世才以涉嫌谋叛罪迫令辞职，时为通志馆馆长的张德善并未等来"军事将告结束"之日，其"望治"之心亦随着他本人被捕入狱而陷入彻底的绝望。[①] 而新疆通志馆的短暂运作，以及馆长张德善的曲折修志经历，或许正好印证了民国乱世修志的艰辛与不易。

十四、察哈尔通志馆

察哈尔通志馆的创办得益于省政府主席宋哲元的支持。据宋哲元自称，基于"立国之道，在有以首建规模，振其文化"的考虑，其主政察哈尔省的次年，"即谋省志之创修"。[②] 1934 年 1 月，在察哈尔省政府主席宋哲元的推动下，察哈尔通志馆正式成立，《察哈尔省通志》编纂工作由此启动。[③]

通志馆预计以一年为期，完成所有资料采访与整理、志稿编纂与修改

---

① 《张德善祝贺刘文龙郑润成的信》（1933 年 4 月 20 日），《新疆文史资料》第 23 辑，新疆人民出版社 1991 年版，第 184 页。

② 宋哲元修，梁建章纂：《察哈尔省通志》，民国二十五年铅印本，第 1 页。

③ 关于通志馆创办以及《察哈尔省通志》开始编纂的时间，各方说法不一。《河北省志·出版志》称，"该志始修于民国二十二年（1933 年）1 月"。（河北省地方志编纂委员会编：《河北省志·出版志》，河北人民出版社 1996 年版，第 176 页。）《大公报》一则书讯则称，《察哈尔省通志》"起始编纂于民国二十三年"，即 1934 年启动编纂工作。（《新书介绍：察哈尔省通志》，《大公报》1936 年 6 月 25 日第 11 版）目前虽未见到通志馆成立的档案资料，但从《察哈尔省通志职员名单》上可以看出，其聘期范围是 1934 年 1 月至 1935 年 6 月，这无疑提示了通志馆创办与运作的时间期限。（宋哲元修，梁建章纂：《察哈尔省通志》，民国二十五年铅印本，第 6 页。）而这与 1934 年 7 月馆长杨兆庚函请省政府主席宋哲元"展期六个月"的说法相吻合。[《察哈尔省政府咨文》（第 140 号），《察哈尔省政府公报日刊》第 526 期，1934 年 8 月 14 日。] 另宋哲元于 1935 年 6 月为《察哈尔省通志》作序时亦称，通志编纂历时"一年有半而稿具"，从时间上推断，通志馆当于 1934 年 1 月创办。（参见宋哲元修，梁建章纂《察哈尔省通志》，民国二十五年铅印本，第 1 页。）事实上，关于通志馆创办以及《察哈尔省通志》开始编纂的时间问题，可从馆长杨兆庚于 1935 年 6 月为《察哈尔省通志》所撰序中找到答案，即"二十二年秋，乐陵宋公自长城罢战，还主察政"，次年即"倡议创修省通志"，遂聘请硕学之士，于"二十三年一月开馆"，"期以一年出书"。由此可见，察哈尔通志馆于 1934 年 1 月创办，《察哈尔省通志》编纂工作亦始于此时。（参见宋哲元修，梁建章纂《察哈尔省通志》，民国二十五年铅印本，第 5 页。）

等工作。杨兆庚为通志馆馆长，梁建章任总纂，馆内聘有分纂 5 人，书记 2 人，校勘 3 人，会计兼庶务 7 人，录事 7 人，采访人员 39 人，其中负责省城资料采访者 7 人，蒙古资料采访者 3 人，各县采访者 29 人。通志馆职员名单详见表 2-4。

表 2-4　察哈尔通志馆职员

职别	姓名	学历(出身)或履历
馆长	杨兆庚	清己酉科拔贡、日本东京师范毕业
总纂	梁建章	清庚子辛丑并科举人、日本法政大学毕业
分纂	余宝龄	清戊戌科进士翰林院庶吉士、京师法政学堂毕业
分纂	吕　震	清己酉科拔贡、日本东京宏文学院师范毕业
分纂	刘绶曾	清庚子辛丑并科举人、日本师范大学毕业
分纂	韩梯云	清庚子辛丑并科举人
分纂	仵　埔	清癸卯科进士①
书记	王锡九	北平朝阳大学毕业、曾考取县长
书记	崔以铎	直隶公立法政专门学校毕业、曾考取县长
校勘	贾情田	清己酉科拔贡
校勘	古鸿钧	清附生
校勘	朱延统	北平朝阳大学毕业
会计兼庶务	田玉清	
收发	郑际泰	
收发	郑继祥	山东省立第一中学毕业
收发	邢子文	
收发	赵志斌	
收发	许仲模	山东高等学堂毕业
收发	徐文淮	山东私立铁路传习所毕业、山东警察学校毕业
录事	何振英	河北省立第二师范学校毕业
录事	葛宗武	察哈尔第一师范学校肄业
录事	刘冠武	昌平县立中学毕业
录事	张欣三	察哈尔第一中学肄业
录事	赵乐卿	天津直隶高等工业专门学校肄业
录事	祝润秋	青岛铁路中学毕业
录事	苏荫辛	

①《大公报》亦简要报道仵埔被聘为通志馆分纂之事，称："宋主席聘察前民厅长仵埔为省府顾问，并兼省通志馆分纂，已视事。"参见《各地简讯》，《大公报》1934 年 4 月 4 日第 9 版。

从表2-4可以看出，察哈尔通志馆编纂人员（含总纂、分纂）均考取了科举功名，其中梁建章、刘续曾、韩梯云三人同为庚子辛丑并科举人，仵埔则是癸卯科进士，余宝龄更是戊戌科进士并入列翰林院庶吉士，可谓旧时科场亨通人士。[1] 与此同时，梁建章、吕震、刘续曾三人还曾留学日本，馆长杨兆庚亦曾在日本东京师范学校留学，他们在日本系统接受了西方新式教育，这无疑为方志编修理念的革新奠定重要基础。[2] 此外，包括书记王锡九、崔以铎，校勘人员朱延统，收发人员郑继祥、许仲模、徐文湝，录事何振英、葛宗武、刘冠武、张欣三、赵乐卿、祝润秋等，均在新式学堂（校）接受教育，具有一定的文化水平。由此或不难看出，文字能力与文化水平是入职通志馆的重要条件。

在总纂梁建章的主持下，通志馆同人"以搜集材料为先务"，积极开展资料采访和收集工作。[3] 一方面，对通志馆人员分工进行全面布置，即安排人员分赴省城以及各县进行资料采访与收集工作。其中省城安排的7人，曾分别就读于北京大学、河北大学、国立北洋大学、保定高等农业学堂、华北大学、日本广岛高等师范学校等，具有较高的学历和知识文化水平；与此同时，对各县采访人员也进行了周密安排：万全县2人，蔚县3人，宣化县3人，张北县2人，延庆县1人，怀来县3人，阳原县1人，涿鹿县1人，怀安县1人，龙关县1人，沽源县2人，赤城县1人，宾昌县1人，商都县3人，康保县2人，各县采访者总数达27人。另一方面，在察哈尔省政府的行政推动下，万全、蔚县、宣化、张北、延庆各县县长29人，与化德、崇礼、尚义三个设治局局长，均被委以主持和指导该县资料采访任务。

为了有效采访和收集修志资料，通志馆同人根据修志方案与体例目录，事先"编印调查纲目"，并"分发各县俾便分类蒐罗"，要求各采访人员将所收集的资料"按期编送，以期采择汇编"。然而，上述工作布置妥当后，却未能如期完成，直到1934年7月，原定资料征集"期限已逾，各县文献足征，如期送到者，固属有之，而史料缺乏，调查疏略，迟迟未能编送者，

---

[1] 杨保森：《西北军人物志》，中国文史出版社2014年版，第474页。
[2] 日本法政大学大学史资料委员会编：《清国留学生法政速成科纪事》（原《法政大学史资料集第十一集》），裴敬伟译，广西师范大学出版社2015年版，第129页；中国人民政治协商会议大城县委员会编：《大城文史资料》第4辑，青县印刷厂1995年版，第97页。
[3] 《察哈尔省政府咨文》（第140号），《察哈尔省政府公报日刊》第526期，1934年8月14日。

亦复不少",对此通志馆同人只好"极力催办",要求各县采访人员迅速提交采集资料,"不准延缓",但考虑到修志"事关全省文化",若"草率从事,遗憾甚多",尤其是作为修志重要前提的资料文献,"自应力求完备",故馆长杨兆庚不得不向察哈尔省政府主席致函,请以"自七月一日起再展期六个月",即将原先预定一年运作期再延续半年。此议提交省政府委员会第309次会议讨论后通过,由此正式确定通志编竣时间。①

1935年6月,通志馆同人经过一年半时间的编纂工作,终于将《察哈尔省通志》编纂完毕。② 全志12册,28卷,分疆域、物产、户籍、执业、政事、蒙古六编,另设大事记一卷。正如《大公报》以"新书介绍"形式刊登的论评指出,尽管受时局动荡所限,通志馆同人"蒐集资料困难",导致志书存在记述内容详略失当、个别地区资料缺失等问题,但作为"省通志之中为最新出版者",该志具有"注重民生"和"注重近代"两大特点,如"山则记其高度、面积、土质、水泉、能否利用各点,川则记其长度,能否利用各点,井泉池沼则着重利用,堤坝、桥梁、沟渠、堡寨则均专列一门,物产着重利用、生产各点,村庄户口表内详记村中井数、井质、井深、水味、日出水量各点",即注重对山川、池沼、堤坝、桥梁等重要数据的测量,以及物产、堡塞、村庄、户口等数量的记载,以便今后开发与利用之参考。③

十五、湖北通志馆

1932年3月,夏斗寅出任湖北省政府主席。夏氏上任后不久,即根据时人建议,主持成立湖北通志馆筹备处,并且聘请王葆心为筹备处主任、甘鹏云为副主任,帅培寅、黄翼孙、龚耕庐、钱仲宣、陈逵九、李巽

---

① 《察哈尔省政府咨文》(第140号),《察哈尔省政府公报日刊》第526期,1934年8月14日。

② 1935年6月,总纂梁建章为《察哈尔省通志》撰序时亦称,"历时虽一年有半,而征材不过七八月"。参见宋哲元修,梁建章纂《察哈尔省通志》,民国二十五年铅印本,第3页。

③ 该志对"民生"内容的记载,以及注重详今略古的编纂原则,与总纂梁建章的修志理念不无关系,而在梁氏主持下,该志记述相关数据十分详细,这得益于他本人"为华北有名水利专家",注重山川水利的实用价值,故而重视相关数据的准确记载。(参见《新书介绍:察哈尔省通志》,《大公报》1936年6月25日第11版。)另,梁氏在《察哈尔省通志》序中亦称,土地、人民、主权为修志之"经",各事分隶之以为之"纬",此为修志之"深旨"。(参见宋哲元修,梁建章纂《察哈尔省通志》,民国二十五年铅印本,第4页。)

孚、万文甫、万国钧等为筹备委员。① 是年 4 月，王葆心、甘鹏云赴任筹备处，开始通志馆人员、经费、馆址等筹备事宜。通志馆筹备处成立后不久，即拟定资料采访与征集条例，"为蒐访志材之先声"。而在湖北省政府的行政推动下，筹备处向全省各县广泛征集资料文献。据甘鹏云在《湖北文征例言》中称，筹备处同人"大有文献无征之惧"，故仿清代章学诚之议，"编纂文征"。② 显然，这一时期筹备处同人的主要任务是编纂《湖北文征》。

1934 年 10 月 1 日，湖北通志馆正式成立，李书城为馆长，王葆心、张继煦等为总纂，胡觉生、李万青等为协纂，其他编纂人员相继聘任到职后，即启动《湖北通志》编修事宜。③ 由于馆长李书城时任湖北省建设厅厅长，又忙于筹建湖北图书馆，故馆务工作实际上由王葆心主持运作。④ 在王葆心的带动下，通志馆同人首先拟定了《湖北通志馆组织规则》《〈湖北通志〉凡例》《重修〈湖北通志〉条议》等规程条文。

1934 年 12 月，通志馆各项规章草案拟就，遂呈送湖北省政府审核。其中《湖北通志馆组织规则（草案）》原文如下。

湖北通志馆组织规则（草案）

第一条　本馆由湖北省政府遵照国民政府《修志事例既要》之规定设立之。

第二条　本馆设馆长一人，总理馆务，由省政府聘任之。

第三条　本馆设副馆长一人，襄助馆长办理一切事宜，由馆长函

---

① 《湖北省政府聘函》，《湖北省公报》1944 年第 6 期。帅培寅，湖北黄梅人，光绪甲午举人，曾任南京国民政府谷城县县长，后担任湖北通志馆编辑。龚耕庐，字赓虞，湖北监利人，曾入四川学政周树模幕，历任四川江津、双流、什邡、宜宾等县知县，1922 年倡修《监利县志》。《湖北省志人物志稿》称龚耕庐于 1931 年任湖北通志馆馆长，1933 年通志馆撤销后停职，显然记载有误。（参见湖北省地方志编纂委员会编《湖北省志人物志稿》第 3 卷，光明日报出版社 1989 年版，第 1061、1062 页。）陈逵九，湖北红安人，历任军机处员外郎、军机章京、礼部主事，后担任黄安县高等小学堂堂长、启黄中学校长。（参见陈彰瑜《忆父亲陈逵九》，《红安文史资料》第 1 辑，湖北省教育学院印刷厂 1988 年版，第 15—17 页。）

② 甘鹏云：《湖北文征例言》，《安雅》第 1 卷第 1 期，1935 年。

③ 现有档案文献未见湖北通志馆职员名单，上述关于总纂、协纂人员名单依据一份《湖北通志馆三十五年度职员名册函》。参见《湖北通志馆三十五年度职员名册函》，湖北省档案馆藏，档案号：LS1 - 2 - 1022 - 010。

④ 李新福：《李书城传》，中国文史出版社 1990 年版，第 108 页。

请省政府聘任之。

第四条　本馆暂设总纂三人，分组主持编纂事宜。

第五条　本馆暂设编纂六人，分任编纂事宜。

第六条　总纂编纂，由馆长聘任，非有特别原因，不能履行职务时，得辞职或解聘。

第七条　本馆于必要时，得特聘专门学识者若干人分任编纂，其待遇另订之。

第八条　本馆暂设采访员三人，就近蒐访志材，由馆长聘任之。各县采访员，由各县市士绅推定，报由市长县长核转馆长聘任，其采访章程另订之。

第九条　本馆暂设事务员一人，承馆长之命，办理会计、庶务事宜，俟必要时，得酌量增设，或变更之。

第十条　本馆设雇员若干人，办理缮写事宜，于必要时，得增设校对。

第十一条　本馆除特聘编纂，及各县采访员外，副馆长以次人员，均不得兼任他职。

第十二条　本馆馆务会议，由馆长招集之，每月定期开会一次，必要时，得召集临时会议。关于各组编纂会议，由副馆长商同编纂临时招集之。

第十三条　本馆会议规则，及办事细则，另订之。

第十四条　本规则，如有未尽事宜，得由馆务会议议决修改之。

第十五条　本规则由省政府核准之日施行。

上述《湖北通志馆组织规则（草案）》就通志馆人员编制、工作职责、办事原则等做了具体规定，堪称通志馆重要纲领性文件。然而，连同这份材料一并送交省政府有关部门审核的各项规章，却被省政府有关部门束之高阁。1935年3月，通志馆不得不"函催"早日审核，以便通志馆相关工作顺利开展。然而时至1936年2月8日，即馆长李书城再度致函省政府秘书处之时，所有呈送的规章仍未被审核。而从李氏电函"规章不确定，进行究多窒碍，且恐局外不察，以本馆成立年余，章程未据披露，致疑成绩毫无，亦觉人言之可畏"等语，或可体味通志馆同人无奈之状，而民国时期官方主持修志致使业务受行政的负面影响，由此可见一斑。①

　　《〈湖北通志〉凡例》（以下简称《凡例》）的制定无疑是湖北通志馆同人的一项重要工作，这将为修志工作起到提纲挈领的作用。据 1934 年 12 月 8 日湖北省政府所收湖北通志馆公函称，该馆成立伊始，"即开会推举起草员，草拟各项规章及凡例"，为了使修志工作有章可循，确保志书体例新颖而符合时代要求，通志馆同人"分组开会多次，讨论不厌求详，体例期其至当"。② 而详考《凡例》内容，可以发现其以"志古今之变"为线索，以"变通"为主旨，以"特详民事"为重点，旨在准确、详细记录湖北全省"民族发达变迁史"。③

　　《重修〈湖北通志〉条议》则以体例必须采用"新体"为宗旨，认为一方面国民政府内政部所颁布《修志事例概要》之意蕴为"必用新体为之"，另一方面通志馆"诸君咸议用何体例修书"，在总纂王葆心倡议下，决定"用新派修志之体"。然而，什么是"新体"？其内容包括哪些方面？诸如此类问题，王葆心通过会议研讨、书信交流与详考旧志体例等办法，逐渐形成了较为明晰的概念：一是"取材贵新"，即要大力采集新资料，为修志提供宝贵的材料；二是"贵摭载民事"，即注重人民生活与社会经济的记载。④ 在解答上述问题的同时，王葆心对方志学诸问题进行了深入探索，这为他日后撰成《方志学发微》这部著名的方志学著作奠定了重要基础。

　　体例拟定后，修志资料的采集工作被提上议事日程。对此，通志馆同人商讨拟定《湖北通志馆采访章程（草案）》《湖北通志馆采访细目及表式》《各县市采访员注意事项》等。其中，《湖北通志馆采访章程（草案）》规定各市县所聘任的采访人员，"自本馆聘书到达之日起，每三个月缴稿一次，限两年内缴齐"，报送通志馆的资料如有不实者，立即"发还更正"，若有采访资料"翔实"者，则由通志馆"酌定奖励"。⑤ 可见通志馆同人对资料采访工作颇为重视，制定了奖罚严明的规章制度。《各县市采访员注意事项》则要求，必须"依本馆规定之采访章程及采访细

---

① 《湖北通志馆致省政府秘书处函》，湖北省档案馆藏，档案号：LS1 - 6 - 0053 - 001。
② 《湖北通志馆公函》（第 37 号），湖北省档案馆藏，档案号：LS1 - 6 - 0173 - 001。
③ 《〈湖北通志〉凡例》，湖北省档案馆藏，档案号：LS1 - 6 - 0173 - 001。
④ 《重修〈湖北通志〉条议（未完）》，《安雅》第 1 卷第 1 期，1935 年。
⑤ 《湖北通志馆采访章程（草案）》，湖北省档案馆藏，档案号：LS1 - 6 - 0173 - 001。

目采访表式办理"，强调要"以不畏劳不惮烦为第一义，须躬自按地咨询，据实纪录，万不可向壁虚造，致难征信"，即颇为重视资料征集的质量与可信度。① 而各地采访员征集资料的内容包括地方大事、舆地、建置、民政、财赋、水利、教育、实业、军备、交通、司法、交涉、社会、宗教、物产、胜迹、艺文、艺术、金石、人物20门，其中大多为民国时期的新兴门类。与此同时，为了资料采集与整理的方便，通志馆同人在各门类之下设置表格，如人物门类之下设《外国留学毕业表》《专门以上学校毕业表》《革命先烈表》《抗战忠烈表》等，另据统计，通志馆所制作的各类表式达47个，显示了通志馆同人对修志资料征集的重视与资料整理的考究。②

值得一提的是，通志馆在体例制定与资料目录拟定方面，严格遵照国民政府内政部《修志事例概要》要求。如《修志事例概要》提出"志书所采材料遇有关系党务及党义解释，须向中央请示者，可随时由省政府咨达内政部，转请中央核示"。③ 而《湖北通志馆采访细目及表式》首设"党务"专条，强调"此以专编叙述党务为例，余每一大事记均仿此"。④ 显示了志书官修性质在宗旨、体例与内容上的影响。

为了收集上述文献资料，王葆心拟订了赴北平查阅档案文献的计划。1935年7月，王葆心踏上了第一次赴京查抄资料之旅。到北平后，他广泛查阅和抄录了历代方志名家的论述，以及各地志书的序言、凡例等，数量颇大。"据王醇讲，在半年中抄录的论述，如顾亭林、方望溪、章学诚、陈愚谷、钱竹汀、高雨农、林惠常、刘志谟等三十多家，各地、各县方志的序言六十多篇，凡例三十多篇，郡、县志编撰的综合概述，以及其他各种表、册等数量很大。"

王葆心赴京查抄资料前后共三次，最后一次北上时间是1937年6月，据叶贤恩称，王葆心赴京之旅有三个特点，即一是"携带纸笔，查抄结合"，二是"广泛涉猎，旁征博采"，三是"反复比较，取长避短"。⑤ 通过三次赴京之行，以及数年的坚持不懈，王葆心在收集资料方面取得了丰硕的成绩，积累了丰富的经验，为编修《湖北通志》奠定了重要的资料基础。

---

① 《各县市采访员注意事项》，湖北省档案馆藏，档案号：LS1-6-0173-001。

② 湖北通志馆编：《湖北通志馆采访细目及表式》，第1页，藏于国家图书馆特藏库。

③ 《修志事例概要》，《法规》1930年。

④ 湖北通志馆编：《湖北通志馆采访细目及表式》，第1页，藏于国家图书馆特藏库。

⑤ 叶贤恩：《王葆心传》，崇文书局2009年版，第161—164页。

在总纂王葆心带动下，湖北通志馆同人大力采访和收集修志资料，为开展修志工作奠定了重要基础，然而志稿编纂工作尚未全面开展，通志馆工作却因侵华日军企图占领武汉而受阻，随着 1938 年武汉会战的爆发，至 10 月 25 日武汉失守，通志馆所有业务被迫中止。[①]

第二节　政府主导、学者主持、社会参与

纵览民国通志馆兴办的历史，从时间上来看大概起始于 1928 年，即南京国民政府名义上统一之年，讫于 1937 年，即全面抗击侵华日军之时。在这将近十年的时间里，国家局势相对和平稳定，社会经济得到了较快的发展，教育文化事业也有了较为显著的提升，这为地方志编修这一中国文化传统的开展提供了难得的机遇，亦是民国通志馆得以大规模兴办的重要原因之一。

综观这一时期民国通志馆兴办的历史过程，可以发现其表现出政府主导、学者主持、社会人士广泛参与的历史特点。本节分别考察政府主导通志馆创办与运作的利弊、硕学鸿儒主持修志的得失、社会各界广泛参与修志的影响，借以厘清地方志编纂技术、手段与方法鼎革的历史样态，揭示通志馆创办的特色与各地通志编修的特点，从而为窥探近代方志转型发展的主客观因素提供研究视角。

一、政府主导

历代以来，地方志的官书性质决定了其由政府主导设馆编修的特点。然而，这一时期政府主导视域下民国通志馆的兴办与运作，具有不同于历代以来方志编修的独特之处。大体而言，中央及各省市修志法规的制定与实施开启了民国修志制度化建设的历史格局，各省市政府为通志馆提供了馆舍、人才、运作经费等的支持与保障，各地通志馆借助政府行政命令推

---

① 湖北省委党史研究室编：《湖北省抗日战争时期人口伤亡和财产损失》，中共党史出版社 2014 年版，第 94、95 页。

动修志资料文献的采访与征集，一些地方行政长官直接在通志馆任职进一步强化了通志馆的有效运作，而民国政局的频繁变动也给修志工作带来一系列负面影响，由此影响到修志资料的采访与征集、方志编修的模式与方法、志书体例的调整与变更、通志馆运作的样态与效果等，从而为探讨民国通志馆运作背景下方志转型发展的历史面相提供了新的视角。

第一，国民政府内政部与各省市政府行政法规的制定与实施，逐步开启了民国修志制度化建设的历史格局。如前所述，各省市创办通志馆的主要依据是国民政府内政部《修志事例概要》，事实上除奉天通志馆于1928年率先成立外，包括山东、安徽、云南、河南、绥远、陕西、河北、甘肃、热河、上海、广东、新疆、察哈尔、湖北等省市通志馆均以此为据。如1930年2月山东省政府根据《修志事例概要》要求成立重修山东通志筹备委员会，同月云南省政府根据《修志事例概要》要求成立云南通志馆筹备处；1930年8月安徽省政府根据《修志事例概要》要求成立安徽通志馆筹备处；1930年底河南省政府根据《修志事例概要》设立河南通志馆；同年陕西省政府根据《修志事例概要》要求将原通志局改为陕西通志馆；1931年1月绥远省政府依据《修志事例概要》成立绥远通志馆；1931年9月2日河北省政府根据《修志事例概要》要求成立河北通志馆；1931年10月甘肃省政府根据《修志事例概要》要求将甘肃通志局改组为通志馆；热河省政府根据《修志事例概要》要求筹备成立热河通志馆，并于1931年11月20日发布省政府聘任通志馆馆长、副馆长的指令；上海市政府亦根据《修志事例概要》要求召开市政府会议，决定于1931年7月正式成立上海市通志馆；广东省政府根据《修志事例概要》要求于1932年8月将通志馆设立于国立中山大学校内；1932年新疆省政府主席金树仁根据《修志事例概要》要求创办新疆通志馆。

详考国民政府内政部《修志事例概要》具体条款可以发现，其中对各省市通志馆创办的时间、地点、人员、经费等，以及修志的原则、体例、篇目、内容等做出了具体规定，并且强调馆长、副馆长须"由省政府聘请"，通志馆成立日期、修志期限与进度、志书体例与内容等须"由省政府报内政部备案"，由此正式确立了从国民政府内政部到省市政府再到通志馆的三级行政隶属关系。

而各省市通志馆以此为据，结合本地特点与实际情况，纷纷制定了相应的条例或办法，由此推动民国修志制度化建设历史格局的形成。如

1930 年 5 月 9 日山东省政府委员会第 86 次会议审议通过《山东通志馆规程（草案）》；同年《安徽通志馆暂行规程》《云南通志馆组织大纲》正式出台；1930 年 11 月 20 日，绥远省政府会议表决通过《绥远通志馆组织章程》，其第二条亦称该馆"遵照部颁《修志事例概要》确定大纲"，但同时强调遇有特殊情况，通志馆应"参酌实际需要"加以变通处理；①河北通志馆早在筹备期间即着手制定《河北省通志馆组织章程》；1931 年 1 月 19 日，河南省政府颁布《河南通志馆组织条例》，其第一条即明确表示"本馆遵照国民政府颁布《修志事例概要》之规定"；② 1931 年 3 月 18 日，陕西省政府正式颁布实施《陕西通志馆组织规程》，其第一条即宣告"本规程依内政部《修志事例概要》之规定订定之"；③ 1932 年国立中山大学广东通志馆制定《广东通志馆组织大纲》并函送省政府审核通过；1934 年底，河南通志馆附设于河南大学，是年 12 月 7 日，河南省政府委员会召开第 408 次会议，正式表决通过《河南通志馆组织章程》；1934 年底，湖北通志馆拟定《湖北通志馆组织规程》，称该馆"由湖北省政府遵照国民政府《修志事例既要》之规定设立之"。④

与此同时，为了从制度上加强通志馆的规范化运作，通志馆在省市政府支持下，制定并实施了有关资料征集、人员分工、经费管理、修志方案等章程或条例。1928 年 11 月 15 日，奉天通志馆同人制定《奉天通志馆简章》，对通志馆的名称、馆址、组织结构、人员分工及经费情况等做了详细的规定。云南通志馆制定《征集材料条例》《办事细则》等文件，还将相关文件及时呈报省政府备案，再由省政府报国民政府内政部备案。安徽通志馆同人亦较为重视修志规章制度的拟定，为规范馆员的志材征集采访工作，分别制定《安徽通志馆采辑各机关修志材料办法》《各县采访概要附采访表格》，明确搜集资料的方法和要求，此举有利于广泛征集全省各类文献，为省志编纂奠定资料基础。河北通志馆成立后，为借鉴和吸收各省市通志馆运作经验，馆长刘善琦在省政府支持下向各省市致函，广泛征求各地通志馆《组织章程》《办事细则》《修志条例》等规范性文件，

---

① 《绥远通志馆组织章程》，《法规》1930 年。
② 《河南通志馆组织条例》（1931 年 1 月 9 日），河南省政府秘书处编：《现行法规汇编》第 1 集下，民国二十年铅印本，第 15、16 页。
③ 贾自新编：《杨虎城年谱》，中国文史出版社 2013 年版，第 155、157 页。
④ 《湖北通志馆组织规程》，湖北省档案馆藏，档案号：LS1－6－0173－001。

以便通志馆运作之参考；瞿宣颖继任河北通志馆馆长后，颇为重视修志规范性文件的制定，不仅亲自组织人员拟定《河北通志整理方案》，还将其提交河北省政府委员会表决通过，此举无疑有助于赋予条文行政效力；高凌霨继任通志馆馆长后，聘请贾恩绂为总裁，并指定由贾氏重新拟定《河北通志叙例草案》、《河北通志目录草案》和《河北通志各门体裁标准》，后经会议研讨确定《河北通志目录》，从而为修志工作的顺利开展起到了提纲挈领的作用。上海通志馆筹备处亦于 1931 年初制定《通志馆组织规程筹备处简则》《通志馆编纂人选标准》等章程，而在市政府的行政推动下，筹备处订立《上海市通志馆筹备委员会简则》《上海市通志馆组织规则》《编纂人选标准》等规章，这无疑是机构成立与制度化运作的重要保障，预示着通志馆筹备工作的整体推进。广东通志馆成立修志委员会，制定《广东通志馆委员会简章》，该校教师徐甘棠、朱谦之、朱希祖、吴康、薛祀光、古直、石光瑛、范锜、林砺儒、徐绍棨、李沧萍、邓值仪、陈洵、罗献修等为委员，"由校长发聘书，敦请修志，由委员会负全责"；①朱希祖作为委员兼纂修人员负责《广东通志馆征访条例》的拟定，《征访条例》等条文制定妥当后，2 月 11 日朱氏将条文以信函形式递交馆长邹鲁，这五项条文包括《修正广东通志略例》《重拟广东通志传目》《广东通志征访条例》《征集新撰近代广东名人传条例》《提议通志引书仍分注不宜合注书》。可以说，国立中山大学广东通志馆一系列章程条文的制定与实施，有助于加强通志馆的规范化运作，确保各项工作高效、平稳地推进。②湖北通志馆为了规范修志行为，确保志书质量，分别制定《〈湖北通志〉凡例》《重修〈湖北通志〉条议》等修志规范性文件，其中《〈湖北通志〉凡例》的制定为修志工作起到提纲挈领的作用，不仅使修志工作有章可循、志书体例新颖而符合时代要求，而且显示出以"志古今之变"为线索，以"变通"为主旨，以"特详民事"为重点的鲜明特色；③《重修〈湖北通志〉条议》则以体例必须采用"新体"为宗旨，认为国民政府内政部所颁布《修志事例概要》之意蕴为"必用新体为之"，并强调"用新派修志之体"，即志书应当注重人民生活与社会经

---

① 朱希祖：《朱希祖日记》，中华书局 2012 年版，第 156、157 页。
② 朱希祖：《朱希祖日记》，中华书局 2012 年版，第 211 页。
③ 《〈湖北通志〉凡例》，湖北省档案馆藏，档案号：LS1 - 6 - 0173 - 001。

济状况的记载；① 此外，湖北通志馆同人拟定《湖北通志馆采访章程（草案）》《湖北通志馆采访细目及表式》《各县市采访员注意事项》等规章，要求必须"依本馆规定之采访章程及采访细目采访表式办理"，显示了通志馆同人对修志规范化运作的重视。

第二，各省市政府在通志馆馆舍、人才、运作经费等方面给予大力支持，为确保通志馆的正常运转提供了行政保障。奉天通志馆因由时任东北边防司令长官的张学良出任通志馆总裁、奉天省省长翟文选担任副总裁而具有较高的行政规格，由此给修志业务开展提供诸多便利，这从该馆首次申请工作经费即可看出端倪：10 月 23 日，白永贞、袁金铠共同具函，以筹备通志馆为由，向省长翟文选申请"先给领开办费现洋五百元"，尽管奉天省长公署事务繁忙，但省长翟文选在收到函件的次日即复函，并且将所需经费"如数垫拨"，使得经费问题得以妥善解决。② 需要强调的是，由于省长的亲自过问，财政厅在办理相关经费问题时颇为认真，厅长张振鹭根据翟文选要求，以通志馆筹备工作"事务殷繁，需款甚多"，一次性向省长公署拨付"现大洋五千元"，所拨经费是申请数目的十倍，可见省财政资助力度之大。虽然筹备期间的通志馆"预算尚未编定"，这笔款项暂存于奉天省长公署，但修志经费专款专用的性质不变，一旦通志馆筹备成立并编定经费预算，后续经费自当"陆续发给"。③

在通志馆办公条件方面，安徽通志馆馆舍最初租住在安庆市状元府街的一处张姓私宅，因办公用房狭小，工作难以扩展；而在安徽省政府支持下，通志馆于 1932 年 6 月搬至省教育厅成绩展览馆办公；迁址后的通志馆共有 17 间房屋，并设立图书室收藏各类文献资料，这使通志馆的办公条件有了较大改善，从而为省志编纂工作提供了文献资料使用与保管上的便利条件。④ 无独有偶，1933 年高凌霨继任河北通志馆馆长后，为了改变通志馆地方狭小，方志编修空间有限的状况，以及解决方志文献收藏、保

---

① 《重修〈湖北通志〉条议（未完）》，《安雅》第 1 卷第 1 期，1935 年。
② 《白永贞袁金铠为续纂奉天通志馆长副馆长并筹备开馆事宜》，辽宁省档案馆藏，档案号：JC010 - 01 - 030412。
③ 《白永贞袁金铠为续纂奉天通志馆长副馆长并筹备开馆事宜》，辽宁省档案馆藏，档案号：JC010 - 01 - 030412。
④ 《安徽通志馆第一次报告书》，《民国文献类编》卷 941，国家图书馆出版社 2015 年版，第 13、14 页。

管与利用上存在的诸多问题，遂向省政府提议搬迁，而在省政府的支持下，通志馆于是年8月搬迁至天津市宙纬路，由此河北通志馆同人的修志条件大为改善。

在修志经费方面，云南通志馆编纂方树梅于1934年以"搜访文献员"名义远赴全国各省，采访有关云南省的文献资料，至于此行经费的来源，据方氏自称是馆长周钟岳等人于1934年秋，"请于省府及教厅，得补助旅费千二百元"，可见正是有省政府财政支持，才使方氏"夙欲游南北之志得偿"。[①] 在经费来源上，《绥远通志馆组织章程》明确提出"本馆经费以省政府指拨之专款为的款，如再不敷，仍由省政府继续筹拨"，此议经绥远省政府会议表决通过，可谓得到省政府财政上的重要支持。[②] 热河通志馆在筹备期间亦得到省政府的财政支持。1930年3月，热河省政府委员会第78次会议决定，由省民政厅负责办理热河通志馆筹备事宜，省民政厅遂拟定筹备方案，预计通志馆运作每月需要经费3000元，以一年半为运作期限，共需费用54000元。而根据《热河省通志馆民国十九年度经费支付预算书》，1930年度通志馆职员薪金23280元，办公费4440元（其中文具费高达1800元），两项合计达28680元。[③] 可见，通志馆运作经费不菲，而在热河省财政支持下，通志馆又拟具1931年度预算经费，借此呈请省政府财政厅在通志馆未成立前，即向暂聘编纂、事务员、书记、夫役等发放薪金和办公经费。该预算案随即被提交省政府委员会第158次会议表决通过，这无疑反映了省政府在财政上对通志馆的大力支持。[④]

第三，借助各省市政府的行政命令推动资料文献的采访与征集，确保修志工作的顺利进行。如安徽通志馆同人为了有效征集各地资料，曾向省政府呈请，以省政府行政命令的方式转饬教育厅，通令各县教育局局长担任采访员，督导和加强志材征集工作。[⑤] 云南通志馆同人制定《征集材料条例》《办事细则》等文件后，先将相关文件及时呈报省政府备案，再由

① 方福祺：《方国瑜传》，云南大学出版社2001年版，第68页。

② 《绥远通志馆组织章程》，《法规》1930年。

③ 《热河省通志馆民国十九年度经费支付预算书》（1930年12月13日），辽宁省档案馆选编：《编修地方志档案选编》，辽沈书社1983年版，第172—174页。

④ 《热河省政府令转财政厅已将通志馆经费列入民国二十年度概算的呈文》（1931年8月26日），辽宁省档案馆选编：《编修地方志档案选编》，辽沈书社1983年版，第175页。

⑤ 《安徽通志馆第一次报告书》，《民国文献类编》卷941，国家图书馆出版社2015年版，第329、330页。

省政府向全省各机关下达报送省志备征志命令。与此同时，馆长周钟岳提出由省政府督促"各县迅速遵照征集条例查报"修志资料，以便早日成书而"为改进政治之参考"。① 绥远通志馆同人将资料采访与征集工作视为首要之事，组织力量拟定《绥远通志采访要点》，对资料采访与征集的内容、范围及办法等做了具体规范。该省通志初稿编竣后，还由省政府主席傅作义出面，邀请著名学者傅增湘赴绥出任通志馆总纂，由其领衔审核和整理志稿，在傅氏主持下，志稿体例、门类、内容等均有了较大改观，从而为确保通志质量奠定了重要基础。河北通志馆早在筹备之初即由省政府发布训令，要求各县县长上报修志文献资料，训令强调"此次征集志料，本为重修省志之需"。此举不仅为修志资料的征集起到了促进作用，还就通志编修工作向各县做了发动，起到了重要的宣传作用。② 热河通志馆在筹备期间，即按照省政府要求制订了以县志编修为基础，待县志编竣后再设馆修省志的计划。根据这一计划，热河各县早在 1927 年即倡修县志，当时包括承德、建平、林西、赤峰、围场、凌源、朝阳、绥东、平泉、丰宁等县成立了修志局，启动县志编纂工作，而到 1930 年修志期限届满之时，各县修志进度却不尽如人意，对此热河省政府多次会议研讨并表决通过督责各县行政长官的决议，甚至以"从严撤惩"县长相警告，显示了较大的行政威慑力和强制性。

第四，一些省政府行政长官直接在通志馆任职或兼职，这显示了省政府对通志编修工作的重视，也为通志馆的有效运作提供重要的行政保障。率先成立的奉天通志馆由时任东北边防司令长官的张学良出任通志馆总裁，副总裁则由奉天省省长翟文选担任。陕西通志馆制定《组织规程》，提出通志馆监督由省政府主席兼任，另由省政府遴选行政长官兼任通志馆监修。根据这一要求，陕西省政府主席杨虎城担任通志馆监督，而在杨虎城主持与推动下，省政府多次召开会议讨论方志文献的征集、保护与编辑工作，这为《续修陕西通志稿》的编修提供了重要的条件和行政保障。河北省政府于 1931 年 8 月 21 日召开省政府委员会第 276 次会议，议决通志馆筹备处处长、主任及编纂人员共 12 名全部由省政府在职人员兼任。9月 2 日，河北通志馆正式成立，馆长由省政府秘书长兼任，其后随着省政

---

① 《滇通志馆成立及筹备之经过》，《中华图书馆协会会报》第 7 卷第 2 期，1931 年。
② 《河北省政府训令》（第 2364 号），《河北省政府公报》1931 年第 984 期。

府秘书长职位变动，新任省政府秘书长瞿宣颖继任馆长。1933 年河北省政府改组，瞿宣颖去职后，曾任北洋政府总理的高凌霨继任通志馆馆长，由此确保通志馆馆长一职始终由政府在职或曾在政府任职的行政官员担任。热河省政府民政厅厅长张秉彝不仅负责热河通志馆筹备事宜，还于 1931 年 11 月 20 日被省政府委任为通志馆副馆长，而馆长则由省政府教育厅厅长张翼廷兼任。1934 年 1 月察哈尔通志馆成立，察哈尔省政府主席宋哲元亲自担任通志监修，察哈尔省民政厅厅长秦德纯、财政厅厅长过之翰、建设厅厅长张维藩、教育厅厅长赵伯陶以及高等法院院长张吉墉等出任通志馆协修。察哈尔省政府上述部门行政首长列席通志馆名单，使其政府官办色彩较为浓厚，这无疑有助于通志馆同人采访和收集有关民政、财政、建设、教育及法律等资料，从而为解决修志资料问题提供了重要的行政保障。

第五，民国社会形势并不稳定，尤其是政局变动频繁，这使得修志工作受时局或政局负面影响较大，由此造成民国通志馆运作上的种种弊端。如河北省通志馆馆长人选的变动，往往受该省政府行政官员频繁更替的影响，导致前后经历三任馆长时期，而不同主持者对通志馆的管理模式与修志理念有着显著区别，一些行政官员更是以通志馆为依托，将其视为敛财和安插亲信的工具，这与包括修志在内的社会文化事业需要相对稳定的政局有着较大冲突，显然不利于修志工作的正常开展。

近代修志的复杂性不仅在于纷乱的时局与人、财、物的拮据，更因政治力量干预而严重阻碍修志事务的正常开展，而市长更易不仅使原定于 1932 年 6 月完成筹备工作的筹委会提早结束，还对积极开展史料征集的瞿宣颖等人正常工作造成严重影响，由此从一个侧面揭示了政局变幻对修志机构成立与运作带来的干扰和影响。

事实上，受聘上海市通志馆馆长的柳亚子，对政府官方干预修志情况颇为清楚。据曾在通志馆任职的胡道静回忆称，国民政府设置上海市通志馆乃是蒋介石谋求表面上的"内部的团结"之举，对于"如此无诚意的布置，当然不为柳公所接受"，为了打破僵局，遂请与柳氏交好的邵力子出面斡旋，柳、邵两人的一席谈话则奠定了"约法三章"而后出任的佳话。① 这

---

① 胡道静：《邵公与上海市通志馆的建立》，中国人民政治协商会议全国委员会文史资料研究委员会办公室编：《和平老人邵力子》，文史资料出版社 1985 年版，第 88 页。

三章约法是："（一）编辑方针和志馆人事，须全权处理，不受外界干涉。（二）志稿必须突破惯例，用语体文撰写。（三）志书纪年一律以公元为主，传统的年号纪年作注为辅。"①

需要指出的是，柳亚子之所以"约法三章"，显然是要在人、财、物三者之外，进一步排斥当局的干涉与破坏，希冀"按照'史以求实，志以存真'的原则把修志当作一项事业来做，不受任何干扰。如果仅仅是给个衙门，有职无权，坐领干薪，那是绝对不会接受的"②。同时，"三章"中的第二、三项表面上是"尊严"与"法统"的挑战，其实有更深层次的考虑，即对上海这样一个近代中国缩影的历史予以"继往开来"式的记载。正是基于这样的原则和考虑，柳亚子与上海市政府当局进行了顽强的抗争，由此为日后谋求通志馆的长效机制和"永久"发展奠定了重要基础，而这也从一个侧面揭示了政府官方干预修志的历史样态。

二、学者主持

由于修志工作具有一定的专业性，对编纂者的学历水平、文字功底、专业能力等具有较高的要求，主持修志工作的行政官员因忙于政事，往往无暇顾及具体修志事宜，聘请硕学鸿儒主持修志事宜便成为题中应有之义。民国通志馆大规模创办与运作背景下学者主持修志的历史，主要表现为全国知名学者与社会贤达列席通志馆，社会文化机构人士加入修志队伍，以及"大学修志"带来方志编修理念与方法等的变革。

硕学鸿儒主持通志编修是这一时期的普遍现象，这为考察民国专家修志的历史样态、学者理念冲突的历史情境与通志馆创办模式的历史转变提供了可供研究的样本，借此或可窥探学者主持修志的得失，为从修志主体上厘清近代方志转型的内在动因提供必要的支撑。

第一，各省市通志馆注意吸纳全国知名学者或社会贤达主持修志工作，广泛聘请专业人士承担志稿编纂工作。奉天通志馆总纂王树楠、吴廷

---

① 胡道静：《柳亚子与上海市通志馆》，全国政协文史资料委员会编：《中华文史资料文库》卷14，中国文史出版社1996年版，第608页。

② 胡道静口述，袁燮铭整理注释：《关于上海通志馆的回忆》，《史林》2001年第4期。

爕、金梁三人，均为全国知名的文史专家，并且有着较为丰富的修志经验，该馆纂修人员陈思、王树翰、于省吾、金毓黻、陶明浚、王光烈、杨钟羲、许宝蘅、伦明、胡景文、钟广生、栾骏声、赵家干、魁升等人均有较好的旧学素养，同时也不乏新学知识。山东通志馆馆长王献唐则是当时全国知名学者，同时兼任山东省图书馆馆长，在考古学、图书馆学、版本目录学等方面著述颇丰。安徽通志馆馆长江彤侯，总纂徐乃昌，编纂胡适、王星拱、刘文典、谢无量、胡朴安、赵万里、徐中舒、余嘉锡等人均为享誉学林人士。云南通志馆馆长周钟岳精诗文、工书法，该馆编审方国瑜是著名的历史学家、民族学家，馆内编纂由云龙、李根源、袁嘉穀、顾视高、吴琨、宋嘉俊、缪尔纾、方树梅、陈一得等均为云南学界名流。河南通志馆韩运章、张嘉谋、蒋藩、关葆谦等均是理论上颇有建树的方志专家。绥远通志馆总纂李泰棻是民国方志学理论发展的重要推动者，具有丰富的修志经验；该馆特聘审稿专家傅增湘则是全国著名藏书家、校勘学家，在傅氏主持下，曾邀请吴廷爕、夏仁虎、瞿宣颖、谢国桢、史念海、张国淦等当时"耆硕通儒"和"专门英俊"校核《绥远通志稿》。陕西通志馆馆长宋伯鲁是晚清进士、著名书画家，精通诗词，该馆总编吴廷锡、孙仁玉等人亦为一时名宿，其中孙氏曾以讲授《春秋》名扬陕甘地区并获民国教育部八等勋章。河北通志馆馆长瞿宣颖曾于1930年撰写《方志考稿》，系统阐述其方志学理论，并于南开、燕京、清华等校讲授"方志概要"和"方志学"课程，在方志学理论与研究方面影响颇大；该馆王树楠、谷钟秀、高凌霨、张志潭、张国淦、华世奎、贾恩绂等人，均具有较高的学识和社会影响力，其中王树楠、张国淦、贾恩绂三人具有丰富的修志经验，而被该馆聘请担任各部类编纂工作的许同莘、王重民、于鹤年、张承谟、陈铁卿等，亦是学界知名人士。察哈尔通志馆杨兆庚、梁建章、余宝龄、吕震、刘续曾、韩梯云、仵墉、贾情田均是晚清科第之人，其中余宝龄、仵墉还是进士出身，而杨兆庚、梁建章、吕震、刘续曾等人还赴日本留学，可谓新旧学兼通之人。湖北通志馆王葆心、甘鹏云分别撰写《方志学发微》《方志商》，在方志学理论上颇有建树和影响力。

第二，将社会文化机构人士吸纳到修志工作队伍，成为民国时期修志的一大特色。由于社会文化机构成员在学术上有着共同追求，在文化建设上有着相互合作的宝贵经验，他们入职通志馆后更有利于发挥团结合作精神，使修志过程中出现的体例、内容、篇目等问题迎刃而解。如上海通志馆馆长柳亚子是近代中国文学机构南社的创办者与主持人，他将通志馆主持工作委托给南社成员朱少屏（副馆长）和徐蔚南（编辑主任）。据《南社丛谈》称，早在南社成立前，朱少屏即与柳亚子"相求相应，很是密切"，1909年南社成立之时，柳亚子为书记，朱少屏为会计，朱氏遂成为柳亚子的"最得力助手"。① 新南社成立后，同为柳氏吴江老乡的徐蔚南参与其中，南社力量也不断扩大，各地社员经常会议商讨、出版论著，书信往来、研讨学术，成为"国内文学鼓吹革命之中心组织"。② 可见，朱、徐两人均为近代著名文学社团南社的重要成员，与柳亚子不仅有着长期的共事经历，还在趋新精神上颇为一致，由此促成柳氏委以重任之举。值得注意的是，除朱少屏、徐蔚南两人为南社成员外，通志馆职员胡怀琛、朱凤蔚等人也来自南社，他们从南社转战通志馆，以"求真务实的'治志'之风"和"灵活高效的工作机制"投入修志，在方志编纂工作上不断积累与开拓创新，为探索通志馆运作的长效机制付诸实践。③

需要强调的是，地方志是一部内容十分庞杂的资料集合体，有"百科全书"之称，其横排门类、纵述史实的特征决定了志书整体与各门类之间必须具有内在逻辑性，这在某种意义上对来馆任职的编纂人员的合作意识与团队精神提出了更高的要求。就此而论，具有在同一社会文化机构合作共事经历的人士，在方志编修过程中的优势或更为明显，而类似情况在民国通志馆中亦屡见不鲜。如奉天通志馆王树楠、吴廷燮、于省吾三人曾同在张学良主持创办的奉天萃升书院任职。其中于省吾为书院"院监"，在其筹划下，"邀请著名的国学大师前来书院讲学，王树楠先生主讲经学，吴廷燮先生主讲史学"。④ 1928年，王树楠受奉天萃升书院之聘，"授徒讲学"，据"奉天作新印刷局"所编《奉天萃升书院讲义》记载，王氏此行旨在"保存国粹"，重点讲授"读书门径"、"说文解字"与

---

① 郑逸梅编著：《南社丛谈：历史与人物》，中华书局2006年版，第130页。

② 柳无忌编：《南社纪略》，上海人民出版社1983年版，第243页。

③ 金建陵、张末梅：《南社与民国方志建设》，《中国地方志》2004年第7期。鉴于南社在近代上海历史上的地位，通志馆编纂蒋慎吾还打算"把南社的始末专立一节放进上海市通志党务编"，并写信征求馆长柳亚子意见，而柳氏虽认为"南社有民族革命的意识是可以的"，但是"不愿自己标榜"，于是否决了这一计划。参见蒋慎吾《我所知道的柳亚子先生》，《越风》1936年第14期。

④ 于省吾：《于省吾自传》，《晋阳学刊》1982年第4期。

"治学课程"等。① 而奉天通志馆成立后，王、吴两人均任职于奉天通志馆，于省吾亦被聘为纂修，三人遂得以重聚于通志馆，共同致力于文化的传承与创新。

第三，广东、河南通志馆因将修志工作委托给大学办理，由此开创近代大学修志的历史先河，而利用大学优势师资，方志各门类编纂工作得以委托相关专业教师，由此在另一种维度上诠释了专家修志的历史。如广东通志馆借助承办修志工作的国立中山大学优势师资力量，不仅以校长邹鲁担任通志馆馆长，还专门成立由该校知名教授徐甘棠、朱谦之、朱希祖、吴康、薛祀光、古直、石光瑛、范锜、林砺儒、徐绍棨、李沧萍、邓值仪、陈洵、罗献修等组成的修志委员会。无独有偶，河南大学承接修志任务后，该校知名学者胡石青等亦列席编纂人员，与此同时河南通志馆广泛聘请校外或省外的专业人才，如曾任北平图书馆金石部主任、南京国立中央大学教师谢国桢，承担体例修订与人物志编纂工作；北平研究院名誉编辑、东北大学教授孙海波承担文物志编纂工作等。

三、社会参与

修志是一项社会文化事业，尤其是修志资料文献的采访与征集，需要社会各界人士的广泛参与，而在各省市通志大规模编纂的历史背景下，各地结合修志实际情况，采取各种措施发动社会人士参与修志资料的征集、修志进度的监督与方志体例的研讨，形成了社会互动的良好氛围，尤其是修志资料的广泛征集，演绎了民国通志馆运作背景下社会良性互动的历史，为探索近代方志编修方法的革新提供了可资参考的案例。

1932 年成立的国立中山大学广东通志馆，借助中大优势资源，通过志料征访、篇目制定与体例调适等举措，开启了近代中国"大学修志"的历史先河。

志料是编纂志书的前提和基础，而征访志料的要旨在于明确资料搜集的范围、方法与渠道。广东通志馆于成立之初即着手制定相关办法。1933 年 1 月 7 日，国立中山大学校长兼广东通志馆馆长邹鲁主持

---

① 　王树枏撰：《奉天萃升书院讲义》，民国十七年铅印本，藏于国家图书馆古籍馆。

召开馆内编纂委员会第三次会议，与会人员讨论"关于新志材料征访条例如何拟订案"，最终议决将此项工作"交朱希祖委员负责先行拟定"。①

接到任务后，朱希祖开始酝酿如何"撰《广东通志馆征访条例》"。2月7日，朱氏初拟了第一类的一至四目。次日下午，"作成《广东通志馆征访条例》五类三十七目"。待全部撰写完毕后，即加以"校对"，至9日定稿。② 朱氏撰写《广东通志馆征访条例》（以下简称《征访条例》），其效率既高，却不乏真知灼见。尤其是关于征访志料与纂修志书的关系做了精辟论述，即"通志之作，征访之功居十之六七，纂修之功居十之三四，征访不完备，则纂修者无能为力，徒恃文采不足传信也，故征访之完备与否，纂修之精密与否系焉"。③

除《征访条例》外，通志馆还出台了一系列条例、制度，以便把志料征访工作纳入制度化的轨道。为此专门制定"有关于民族、侨务、外务三略征访条例"，以及《征集新撰近代广东名人传条例》，以满足各专志编纂之需。④ 1933年2月9日，朱希祖"撰成《广东通志馆征集新撰近代广东名人传附征明季广东忠逸传》，共成八条"。⑤ 其中《征集新撰近代广东名人传条例》主要征集近代广东名人的年谱、碑文、墓志铭、地方志、诗文集等资料，所收资料"为作传储材之用"，为确保资料的准确性，"惟参考务求广博，征材求精确，取舍务求谨严"。《征集新撰近代广东名人传条例》制定好后，全文刊登在《国立中山大学文史学研究所月刊》，以此号召学界及社会人士，无论"省内外学者，各随见闻所及，博求名人事迹，撰述为传，惠寄本馆，以备采择"。⑥

需要强调的是，资料的"全""真""精""新""细"，既是志书编纂的基础，也是省志编纂的先决条件。为此，朱希祖力倡此议，并且试图征得馆内同人尤其是馆长的认同。而在人员安排上，要求馆内无论主任或

---

① 《本校附属广东通志馆最近要讯》，《国立中山大学日报》1933年1月12日。
② 朱希祖：《朱希祖日记》，中华书局2012年版，第210页。
③ 《广东通志馆征访条例》，《国立中山大学文史学研究所月刊》第1卷第4期，1933年4月25日。
④ 《广东通志馆征访条例》，《国立中山大学文史学研究所月刊》第1卷第4期，1933年4月25日。
⑤ 朱希祖：《朱希祖日记》，中华书局2012年版，第209、210页。
⑥ 《征集新撰近代广东名人传条例（附征明季广东忠逸传）》，《国立中山大学文史学研究所月刊》第1卷第4期，1933年4月25日。

纂修、助理等，均有"搜罗材料"之责，而且"特将采访员额加多，庶几纂修易于奏功"。①

志料征访是一项需要逐步推行、不断完善的工作。在《征访条例》制定妥当后，朱希祖还撰写《广东通志总目》，依据这个目录，通志馆制定《国立中山大学广东通志馆征访条目》，将要征访的资料及要求，与编纂所拟 42 项条目一一对应，从而使征访工作更具操作性，实现志料征访与志书编纂的对接。②

从征访人员名单来看，其实际员额数远远超过《国立中山大学广东通志馆组织大纲》所拟定的编制人数。仅 1933 年 3 月 2 日发布的《兼任广东省通志馆征访员的通知书》，就开列中山大学法学院教师严兆晋、何乃文、廖秉贞、张若云、徐声烈、萧旭之、赖醒珊、张长智、卢宗敏、黄伯英、钟慧霞、邓石云 12 人，占该年度法学院教职员工数的一半多。③而据《国立中山大学广东通志馆职员工作报告表》，几乎所有教职员工兼负"征访志稿"之责，其范围涵盖该校文、法、理、工等学院。④ 显然，在志料征访的组织动员方面，通志馆既调动了全馆上下力量，又充分利用了中山大学的教师资源。

《征访条例》制定完毕、征访人员安排妥当后，遂进入具体实施阶段。为征访所需资料，通志馆同人还积极探索相应办法，即充分发挥本校学生众多、来源广泛优势，形成各地情况调查表或资料汇编。1930 年代初，国立中山大学的建校工作正处于逐步推进时期。就该校学生人数而言，1930 年全校学生人数为 3105 人，1932 年增至 4591 人，1933 年更是达到 5397 人，较 1930 年增长了 73.8%。⑤ 就地域分布而言，这些学生绝大部分来自广东省内，且散布于全省境内，客观上为调查广东各地情况提

① 《文史学界消息：国立中山大学接修广东通志》，《国立中山大学文史学研究所月刊》第 1 卷第 1 期，1933 年 1 月 15 日。

② 《国立中山大学广东通志馆征访条目》，广东省档案馆藏，档案号：020 - 001 - 60 - 028 - 036。

③ 《关于令国立中山大学法学院助教严兆晋等人兼任广东省通志馆征访员的通知书》，广东省档案馆藏，档案号：020 - 002 - 90 - 008。另据中山大学《历年职员人数统计表》，1933 年度法学院教职员工数为 18 人。参见《本校历年职员人数统计表》，国立中山大学秘书处编辑：《国立中山大学现状》，国立中山大学出版部 1937 年版，第 66 页。

④ 《国立中山大学广东通志馆职员工作报告表》，广东省档案馆藏，档案号：020 - 003 - 85 - 374 - 383。

⑤ 《本校历年度全校学生人数统计表》，国立中山大学秘书处编辑：《国立中山大学现状》，国立中山大学出版部 1937 年版，第 28 页。

供了条件。对此，通志馆依据《征访条例》等条文，赶在学校放暑假前，制定出"各县之城市、衙署、警政等调查表"，于1933年6月20日布告全校，要求"各生于还乡或旅行之便，甚望为该馆臂助，领取上项各表，就所至地方，作考察研究，以其所得，依表填记，一俟假满回校，将表缴送所属院部，汇转该馆，藉利馆务，一则服务修志，一以广博见闻"，达到学、访相长的双重目的。①

为了征集广州地区各公、私立医院的数量、机构历史沿革及业务状况的资料，通志馆还特别设计了一份《医院调查表》，分别交给广州各医院填写，通过此办法收集到广州博济医院，国立中山大学第一、第二附属医院，广州市市立医院，柔济医院，私立广东光华医院等12家医疗机构的资料，取得了良好的资料征集效果。② 由于征访办法得当，至1934年底，虽历时短短数月，但征访成效十分显著，包括一定数量的地方志、史籍、地图、调查表、采访册等，这既丰富了通志馆的馆藏，又为修志奠定了基础。

与广东通志馆借助国立中山大学师生资源征集资料不同，上海通志馆则通过广致函电、实地走访、四处调研等方式，动员社会各界力量征集资料。尤其是上海通志馆馆长，不仅将史料视为通志编纂的基础，还借此与各部门机构建立了长期的合作关系。具体征访办法如下。

其一，以修通志名义，向政府机关、社会团体、学校、工厂、公司等广发征求资料函电。早在成立之初，通志馆同人便在柳亚子、朱少屏的带动下，"凡上海市各机关团体之组织概况，均须详细调查"，为此向各机关团体广致函电，征求有关资料。如1932年柳、朱二人就填写《调查表》事宜函告上海中南银行，"请依式填就"，以便编纂通志之需。③ 另据统计，通志馆向各机关团体征求的资料目录中，包括其内部印刷出版的章程、期刊、书籍等。如1935年通志馆同人数次向国民政府海军部"函征海军大事记"和《海军公报》等资料，得到对方的"寄赠"，征集效

---

① 《大学布告》，《国立中山大学日报》1934年6月20日；冯双：《邹鲁年谱》，中山大学出版社2010年版，第671页。

② 林子雄：《广东通志稿影印前言》，全国公共图书馆古籍文献编委会编：《广东通志稿》第1册，中华全国图书馆文献缩微复制中心2001年版，第6页。

③ 《上海市通志馆朱少屏为成立上海通志馆事致中南银行函》，上海市档案馆藏，档案号：Q265 - 1 - 189 - 37。

果颇佳。① 与此同时，馆长柳亚子通过个人关系向有关机关团体负责人亲致信函，以此推动资料征集工作。如在致上海内地自来水公司经理陆伯鸿的函中，柳氏坦言该公司"业务繁广，关系本市现时之发展至深且巨"，故请其将公司有关资料函送到馆，以便通志编修之需。为确保所征资料的全面、系统，柳亚子还将征集要点一一列出，包括公司沿革、组织机构、职员姓名、设施设备、营业与工程事项概况表、自来水定价与供给数统计表以及水质化验表等。公司收到柳氏函电后高度重视，董事长兼总经理姚慕莲亲自署名复函，并"照开示各点，逐一详为录入"，表现出对通志馆资料征集工作的大力支持。②

其二，在《申报》《大晚报》等媒体登载征集史料的启事。创刊于上海的《申报》，以其创办时间之早、印行范围之广、发行数量之大而被称为"近代中文第一报"，而作为一份具有商业经营性质的报纸，广告在《申报》上占据大量篇幅，深刻影响了时人的生活和消费观念，可以说"参与建构上海市民消费主义意识形态过程"，促进了近代上海市民文化的形成。③ 借助于《申报》强有力的广告影响力，通志馆于1932年10月15、18、19、20、25日连续刊登《上海市通志馆征集史料启事》，广泛征集"关于上海之一切史料"，并说明"本市各机关各团体各学校各工厂各公司及各市区之史料统计图表及照片，愈详愈佳"，"关于各种纪载上海之书籍，不论何种文字，何种门类，均所欢迎"，"天时地理人文风土等种种变迁之纪载均望惠寄"，"如有珍贵材料不便惠寄者，请来函通知本馆，当派人前来钞录或摄影"。④ 此外，柳亚子还与《大晚报》总经理曾

---

① 《笺函上海市通志馆》，《海军公报》1935年第96期。另据有关资料显示，上海市通志馆数次向海军部函索资料，均得到对方回应。海军部不仅汇寄该部《海军公报》16本和"第七周年年报一册"，还于8月22日将《海军杂志》73本，"连同每年公报全份"，寄送通志馆。参见《笺函上海市通志馆》，《海军公报》1935年第75期；《笺函上海市通志馆》，《海军公报》1935年第92期。

② 《上海市通志馆等关于上海内地自来水公司概况的一组函件》，《档案与史学》2002年第3期；《上海市通志馆与商办上海内地自来水公司就公司沿革问题的来往函》，上海市档案馆藏，档案号：Q403 - 1 - 99 - 1。

③ 上海图书馆编：《近代中文第一报〈申报〉》，上海科学技术文献出版社2013年版，第12页；王儒年：《欲望的想像——1920—1930年代〈申报〉广告的文化史研究》，上海人民出版社2007年版，第10页；庞菊爱：《跨文化广告与市民文化的变迁——1920—1930〈申报〉跨文化广告研究》，上海交通大学出版社2011年版，第5页。

④ 《上海市通志馆征集史料启事》，《申报》1932年10月15日第2张第12版。

虚白相商，在该报刊载征求"上海各界名士之自传照片"的启事。①

其三，派员赴各藏书机构征访资料。上海古今文献众多，而广告或函索往往过于被动，不利于资料的系统搜集，在柳亚子主持下，通志馆同人对拟收集的资料进行分类，并分别派员赴上海各藏书机构搜集。其中，关于上海县志和上海图书馆的调查颇具代表性。在拟收集的众多资料中，历代上海县志因与修志有着直接联系而成为重点收集对象。查通志馆收藏志书，只有清同治年间的《上海县志》，而通过对历代上海修志情况的梳理，通志馆同人发现，第一部县志始修于明弘治十七年（1504），由唐锦编纂、朱曜校正。该志详细记载了有关上海疆域、山川、田赋、祠祀、建设、古迹、官守与人物情况，堪称上海"天之分野，地之形势，民之习俗"的全面反映。② 作为"现存最早的上海志"，此书无疑有重要的史料价值。③ 然而，这部志书自清康熙二十二年（1683）修上海志时"已不获见"，此后各代修志亦从未见到，成为后世修志的一大遗憾。对此，通志馆同人收集资料时"对于弘治志更加注意，四处采访"，经过多方打听，"旋知弘治志竟尚留一孤本于宁波天一阁中"，遂设法索取该志书。④ 通志馆最初以信函索取无果，随后通过徐蔚南在宁波的哥哥徐蓬轩的私人关系，持宁波教育局的介绍信得见志书，经过多方交涉，通志馆获准借出该书并"影印出版"，而为了答谢徐蓬轩索志之功，柳亚子与馆内同人商量后，"决定请他到通志馆来当编纂"。⑤ 可见，通志馆在收集资料的过程中，虽然历经曲折但收获颇丰，而以胡道静赴上海图书馆征访资料为代表的通志馆征访活动，更显示了当时资料征访的艰辛与不易。

众所周知，各公、私立图书馆是上海藏书最多的地方，而上海的图书馆不仅数量多，还有中外、公私、大小之别，加之租界林立、政出多门，相关征访与统计工作举步维艰。为掌握这些图书馆的藏书规模与实际运作情况，胡道静毅然承担起征访任务，通过逐日走访与克服种种困难，他对上海的各家图书馆做了基本了解，掌握了包括图书馆沿革、设置、藏书特

---

① 《上海市通志馆征集史料启事》，《大晚报》第 151 期，1945 年 12 月 15 日。

② （明）王鏊：（弘治）《上海县志》，《天一阁藏明代方志选刊续编》（7），上海书店 1990 年版，第 3 页。

③ 骆兆平编著：《天一阁藏明代地方志考录》，书目文献出版社 1982 年版，第 19、20 页。

④ 《上海市通志馆获得明代弘治上海县志》，《申报》1936 年 12 月 12 日第 4 张第 13 版。

⑤ 胡道静口述、袁燮铭整理注释：《关于上海通志馆的回忆》，《史林》2001 年第 4 期。

色、数量与运作方式等情况。在众多图书馆中，徐家汇天主教堂藏书楼藏有大量史志文献和中外报刊，尤其是关于上海的志书，"不仅有清代康熙年间的县志，清代嘉庆朝的县志，而且甚至还有明代万历时的县志"，然而藏书楼因属私家性质，基本上不对外开放。① 对此，胡氏"全靠与天主教堂徐宗泽司铎交友，才得以掌握有可信的档案文字，还因此多次允许进入封闭多年、不允许圈外人进入的书库，就书库的各种藏书仔细调查"。② 通过艰苦卓绝的征访工作，通志馆收集到包括上海的官方机构、商业会馆、社会团体、租界、碑刻等资料，形成了包括《上海市书业同业工会会史》等资料汇编，为通志编纂奠定了基础性文献资料。③

其四，组织发动通志馆同人开展实地调查。为搜集上海地情资料，通志馆派员赴上海各地进行实地调查，尤其是对一些比较重要的历史遗址，做了重点调查。这些实地调查活动主要有：漕泾区乌泥泾旧址、洋泾区陆文裕遗迹、青浦青龙镇等的地情调查，高桥、北桥、龙华等区的古迹搜访。这些调查活动有助于刊正旧志中的相关记载，"所得成绩，均堪满意"。④

可见，通志馆同人采取函电索取、报刊广告、派员征访和实地调查等措施，"非常用功地去搜集"各类资料，可以说同人"把搜集史料的工作是看做和编纂通志的工作一样地重要"，从而为通志编修积累了重要的资料。⑤

总之，广泛发动社会各界人士参与到修志资料征集当中，既是推动近代方志实现转型发展的重要社会因素，也是方志编修这一社会文化事业本身的性质所决定的。各省市通志馆结合当地资料文献状况与通志馆具备的实际条件，采取实地走访、多方宣传、四处调研等举措，采访和征集到了大量可供利用的修志资料，从而为编纂通志奠定了重要的资料文献基础。

---

① 《关于上海通志馆的回忆》，胡道静著，虞信棠、金良年编：《胡道静文集 序跋题记 学事杂忆》卷7，上海人民出版社2011年版，第337、338页。

② 《胡道静和通志馆调查》，盛巽昌等：《话说上海》，学林出版社2010年版，第236页。

③ 《关于上海市书业同业公会的调查》，上海市档案馆藏，档案号：R1－1－3。

④ 胡朴安：《市通志馆之过去与现在》，《上海市政府公报》第3卷第8期，1946年。

⑤ 上海市通志馆编：《上海市通志馆收藏图书目录》（第1号，征信录目录），上海市通志馆1936年版，第2页，藏于上海市图书馆近代图书库。

第三节 编修模式、方志理论、志书体例

民国通志馆大规模兴办背景下，各省市通志编修因各种主客观因素的影响，其方法、途径与过程不尽相同，但均根据时代要求与地方特征进行了适当的调整，由此在方志编修模式的选取上，在志书体例、篇目与内容等的制定上，在修志理念尤其是方志学理论的形成上，均实现了不同程度的突破与创新。

一、编修模式的继承与创新

第一，专家修志背景下"合县为省"编修模式的形成。主持各省市通志编纂工作之学者在学识、出身、履历等方面虽不尽相同，但在地方志编修模式的选取上，却有着不约而同之处。尤其是奉天、热河等通志馆，对"合县为省"或"由县而省"编修模式的探索与实践，既显示了民国通志馆编纂人士对省志与县志关系的深入思考，又反映了针对不同时局和主观客条件而有所变通的创新之处，而对修志模式创变情况的梳理与考察，无疑有助于理解民国通志编修视域下方志转型发展的历史面相。

率先成立通志馆的奉天省，得益于该省县志之编修。特别是奉天省长公署，不仅关心和资助各县修志工作，还负有审查志稿之责，而省长翟文选更是亲自过问县志编修与审查工作，显示了奉天省长公署对修志事业的高度重视。

应当指出的是，奉天省长公署如此重视各县方志编修工作，似与传统修志以"合县为省"为宗旨的编修办法有关。此项办法要点在于先行督促各县编修地方志，待县志悉数修成，省志基础即备。"合县为省"的传统修志办法固然因县志易于编成而为修志者广泛采用，但往往受各县社会经济条件、修志人员水平等的制约，出现志书编修进度快慢不一、质量参差不齐等弊端。加之各县志稿纷纷向省长公署呈送审查，这无疑加重了省长公署工作负担，在某种意义上超出省长公署的职责范围，因此筹备成立奉天通志馆的要求呼之欲出。

　　奉天通志馆正式成立后，11 月 17 日，奉天省长公署接连下发两道通令，通令标题并无新奇之处，但具体内容却或隐或显地透露方志的编修宗旨，即阐发"合大小县治而为省，征古今文献以成书"的方志编修模式。

　　事实上，奉天省颁发的修志通令所阐发的地方志编修模式，与奉天通志馆内同人的修志理念不谋而合。以通志馆总纂吴廷燮为例，他曾于清末编纂《奉天备志》和《奉天郡邑志》，两志均详细地记载了奉天各县的地情，堪称吴氏代表性修志成果。以此为基础，吴廷燮主持《奉天通志》编纂时，采取合县为省的编修模式，从而为成立初期的通志馆采用此种办法编修志书指明路向。①

　　无独有偶，通志馆编纂陈思曾主持编纂《江阴县续志》，1921 年该志刊行时，冯煦在序中盛赞该志"虽曰续志，其义例之严，文质之宣，前志有不逮焉"，而其"一县之志为通志胚胎，而史家之支流余裔也。史之翔实视通志，通志之翔实视县志"的阐述，无异于奉天通志馆所遵循的"合县为省"的修志方略。② 同为通志馆编纂的魁升，历任直隶州知州、奉天财政司司长、黑龙江省财政厅厅长、奉天政务厅厅长、奉天省代省长、吉林省省长、国史馆典籍厅厅长等职。③ 在奉天政务厅任职之际，魁氏关心志书编修工作，并亲自为《锦县志》作序，阐述县志与省（通）志的关系，认为二者"分之为一乡一邑之文章，合之为一国一天下之实录"。④ 继任奉天通志馆总纂的金毓黻，以促进国人爱乡爱国热情为宗旨，广泛搜集、整理和研究东北地方文献，在具体做法上采取由局部到全境的研究办法，显然与吴廷燮等人由县而省的修志方法不谋而合。

　　1928 年底，王树楠、吴廷燮经与通志馆同人商议后，决定以函电的形式向各县催报县志、乡土志书，函电提出："本馆纂修通志，于本省各县县志及乡土志需用甚殷，贵县如有业经印成之本县县志及乡土志，即希

①　吴廷燮撰：《奉天郡邑志序》，柳成栋等编：《东北方志序跋辑录》，哈尔滨工业大学出版社 1993 年版，第 39、40 页。
②　冯煦：《序》，陈思修、缪荃孙纂：《江阴县续志》，民国十年刻本。
③　据《东北人物大辞典》记载，魁升于 1913 年 7 月任奉天政务厅厅长，此有误。查《奉系军阀档案史料汇编》，1919 年 8 月 21 日"大总统令，任命魁升署奉天政务厅厅长"，9 月 1 日魁氏"接任治事，前厅长史纪常即于是日交卸"。参见辽宁省档案馆编《奉系军阀档案史料汇编》第 3 册，江苏古籍出版社 1990 年版，第 402 页。
④　柳成栋等编：《东北方志序跋辑录》，哈尔滨工业大学出版社 1993 年版，第 143、268、269 页。

各检两三部，径送本馆，以便应用。倘能多送，尤纫公谊。"① 需要指出的是，这封函电是通过奉天省长公署下发到各县，显然有借助政府行政手段推动志料收集工作的意图，由此表明通志馆较高行政规格所带来的便利与优势。

通志馆征集各县志书的函电发出后不久，各地呈报志书的回函开始出现。12 月 6 日，兴城县发来关于"县志印成，送请查收"的函电，这是现有文献所见较早回复者。② 此函经奉天省长公署转发给通志馆，随函转交的还有兴城县呈报的数本县志。

正当通志馆广泛征集各县志书之时，国民政府行政院要求各地一律修志的训令适时下达。此令产生的缘由，是国民政府文官长古应芬鉴于"各省省志县志失修已久，长此不加整理，必至事实淹没"，建议由国民政府"令行各省议局修理，并谕各县一律修理"。③ 古氏此议经国民政府第十一次国务会议议决通过后，于 1928 年 12 月 17 日以"中华民国国民政府训令第 210 号"，转发到包括奉天省长公署在内的全国范围，要求"将从前该省通志及各府县志饬属分别搜集齐全，限于六个月内汇送本府，其边远或新设各省向无志书者，亦应采取相当记载一律呈送"，由此掀起了民国修志史上一股大规模编纂地方志书的热潮。④

在此热潮推动下，奉天省政府⑤向各县下达成立机构编修县志的训令称，"查稽古镜今，为政治之标准，征文考献，资简牍之流传，县有志书，等诸国史，关系重要，无俟详言"，为此要求各县"已经编辑而属稿未终，或付印未竟者，务须督饬所属，早日观成，至尚未举办者，更须从速筹备，勿得视若具文"。⑥ 在奉天省政府的督促下，包括开原、北镇、

---

① 《通志馆函请各县报送县志、乡土志（二件）》（1928 年 11 月 20 日），辽宁省档案馆选编：《编修地方志档案选编》，辽沈书社 1983 年版，第 147 页。

② 《白永贞袁金铠为续纂奉天通志馆长副馆长并筹备开馆事宜》，辽宁省档案馆藏，档案号：JC010 - 01 - 030412。

③ 《行政院训令各省县一律修志》（1928 年 12 月 19 日），辽宁省档案馆选编：《编修地方志档案选编》，辽沈书社 1983 年版，第 2、3 页。

④ 《中华民国国民政府训令第 210 号》（1928 年 12 月 17 日），《国民政府公报》第 47 号，1928 年 12 月 19 日。

⑤ 1929 年 1 月 17 日，依照国民政府建国大纲和《修正省政府组织法》，奉天省长公署改为奉天省政府，翟文选担任省政府主席。参见全树仁等编《辽宁省志·大事记》，辽海出版社 2006 年版，第 149 页。

⑥ 《奉天通志馆事项及黑山县等编县志情形》，辽宁省档案馆藏，档案号：JC010 - 01 - 003060。

黑山、安东、锦西、抚松、清原、黎树、怀德、极仁、安广等县修志机构纷纷成立。与此同时，奉天省政府民政厅明令要求县志"未修之各县份，应即遵奉省令迅速编辑，分呈省政府及本厅备查，其已经修成者，并应另检一份呈厅，勿得违延"。① 而在行政命令的督促下，各县纷纷向省政府报送志书。

可见，尽管各县修志工作因各种主、客观原因而历经"编查之艰"，但奉天县志编修工作已广泛开展，这无疑为通志馆征集各县志书奠定重要基础；而在奉天省政府的要求下，各县志书修成出版前，必须送至通志馆审核，此举不仅有利于志书质量的严格把关，还能及时将各县新修志书收纳到馆，从而为进一步征集到各县志书提供了便利。据统计，绥中、通化、昌围、安图、沈阳、开通、桓仁等县先后将志稿交由通志馆"审查"。

从上述关于各县志书编修情况可以看出，通志馆征集志书工作既推动了各县修志工作的开展，也在某种意义上为《奉天通志》编修工作奠定了重要基础。然而就征集效果而言，各县受制于修志人才、经费与志料等，修志进度往往不一。概言之，通志馆奉行的"合县为省"编修方案，因各县情况不同，征集期间又遭遇不同的困扰，未能一如馆内同人所愿，成为速成省志的助力，反而出现许多未曾预料的问题。鉴于全面征集各县志书的计划难期圆满，通志馆"由县而省"的编修方案遂遭搁浅。对此，总纂吴廷燮与通志馆同人多次开会集议、商讨对策，以期未雨绸缪，早日完成省志编修工作。②

为了弥补各县志书报送不理想造成的志料匮乏局面，经众商议，决定一方面向各机关团体派员调查资料，如戴裕忱被派往奉天总商会，前去调查该会"机关缘起、沿革以及应办的重要事件"。③ 另一方面，利用奉天省政府与通志馆的特殊关系，采取以政府名义向各县广泛征集志料的办法。此种办法的表现，主要集中在各县"职官"、"蒙务"、"军务门"以及"山水"志料的调查上。尤其是山水调查，堪称通志馆借助政府行政办法实施"合县为省"编修模式的又一例证。而通过此轮对各县山脉水

① 《奉天通志馆事项及黑山县等编县志情形》，辽宁省档案馆藏，档案号：JC010-01-003060。
② 1929年，总纂王树楠已辞去通志馆职务定居北京，同时他还以"奉天隔北京辽远"为由，辞去奉天文化会所兼职。参见王树枏撰《陶庐老人随年录》，中华书局2007年版，第90页。
③ 辽宁省档案馆选编：《编修地方志档案选编》，辽沈书社1983年版，第591、592页。

道的调查，通志馆得以获取大量有关地情的一手资料，从而为编纂通志山川、疆域等部分志稿，提供了重要的资料基础。

经过通志馆大规模征集各类志料，馆内已收藏了包括地方志、官方奏稿、私人家谱、学术著作等大量文献。可见，奉天通志馆同人充分借鉴和吸收前人修志经验，并善于总结自己的修志理念，不断开创新的编修模式，形成了别具一格的修志风格。而"合县为省"的编修模式在热河通志馆也得到了较好的应用，该馆最初以县志作为省志基础，拟待各县志书编撰完毕后再设馆修省志，但受各县拖沓所困，修志进度难期一致，省政府多次督催无果后，不得不改变编纂方案，使修志模式在实践中得以突破与创新。

第二，"大学修志"视域下方志编修与学术研究的互动模式。学术研究的不断演进为近代方志的转型发展注入重要推动力，而在 1930 年前后依次成立的广东、安徽、山东、河南、河北、云南、陕西、甘肃、新疆、湖北等省（市）通志馆中，广东通志馆的创设与运作，不仅以学术研究带动修志理念与技术手段的创新发展，还使近代方志编修模式更趋多元，形成了近代"大学修志"的典型案例，由此奠定了其在方志发展史中的地位。

广东通志馆利用中山大学教师资源，聘请该校文、理、法、农等学院教师担任编纂，"当时为编纂好通志，中山大学兴起了对广东区域史的研究热潮"，形成了以志书编修促进学术研究和以学术研究带动志书编纂的互动效应。① 可以说，广东通志馆运作的一个重要特色是将学术研究纳入志书编纂，其措施则是将中山大学文、理、工、农、法等学院的教师吸收到通志馆，并且根据各教授（师）的学术专长，分别委以各门类的编纂工作，由此产生了学术研究与志书编纂两者相互促进的效应。其中朱希祖之于南明史研究、饶宗颐之于地理学研究、冼玉清之于广东地方史研究、罗香林之于民族学研究等，均是这一方面的典型事例。

其一，朱希祖与南明史研究。作为章太炎的知名弟子，朱希祖专攻史学，历任北京大学、中山大学、中央大学等校教授，并且担任北京大学史学系、中央大学史学系系主任多年，不仅继承了章太炎的史学思想，而且

---

① 林子雄：《广东通志稿影印前言》，全国公共图书馆古籍文献编委会编：《广东通志稿》第 1 册，中华全国图书馆文献缩微复制中心 2001 年版，第 5 页。

开创了求史致用的治史理念，取得了史学领域诸多见树。而在"诸多成就中，朱希祖用力最深的，也是最为世人所称道的是南明史研究"。①

应当指出的是，朱氏致力于南明史研究，其时颇早。1932 年 10 月来粤之前，"朱希祖蒐集南明史料已逾十年"，考虑到"广州是南明诸王兴兵抗清之地"，大量史料均散匿于此，因此他"很想借在中山大学工作之便，进一步访求史料，实地考察南明史迹"。② 受聘中山大学后，朱希祖不仅实地征访南明史料，并且从地方志、《南疆逸史》、《续明纪事本末》等文献资料中汇集"南明绍武史料"。③ 1932 年 11 月 5 日，朱希祖详考《南疆逸史》粤人各传，摘录附传各人姓名与籍贯，"以便补查各处县志，备作南明史料及修通志之用"。④ 至于阮元所撰《广东通志》则成为他发掘南明史料的重要参考，通过反复、细致的阅读，他发现"《阮志》关于南明事迹皆散在列传中"，由此成为日后实地征访南明史料（迹）和撰写南明史的基本线索。⑤

应当指出的是，朱希祖利用担任通志馆委员之便，于通志馆征访志料之时，广泛征求南明史料。1933 年 2 月 9 日，朱氏在草拟通志征访条例时，特别增加"附征明季广东忠逸传"的内容，并刊登在《国立中山大学文史学研究所月刊》，以求"省内外学者，各随见闻所及，博求名人事迹，撰述为传"，供通志馆同人及南明史研究者之用。在《征集新撰近代广东名人传条例》的最后一款中，朱氏强调，"本省明季忠烈遗逸诸公，阮志不为立传者甚多，但有勾结清兵降清不仕等嫌疑，而无确证以为辩白者，不宜滥入"，由此显示了他在南明史研究中的心得，以及对阮志考察的精细。⑥

将地方志用于南明史研究，是朱希祖治史的一大特色，这固然得益于多年来搜集方志的努力。事实上，朱希祖在地方志上用力颇多。早在1924 年，朱希祖就开始搜访地方志。而来广州后不久，他即联系"九经

---

① 朱希祖：《中国史学通论；史馆论议》，中华书局 2012 年版，第 6 页。
② 朱希祖著，周文玖选编：《朱希祖文存》，上海古籍出版社 2006 年版，第 4 页。
③ 朱元曙、朱乐川撰：《朱希祖先生年谱长编》，中华书局 2013 年版，第 372 页。
④ 朱希祖：《朱希祖日记》，中华书局 2012 年版，第 171 页。
⑤ 朱希祖：《朱希祖日记》，中华书局 2012 年版，第 180 页。
⑥ 《征集新撰近代广东名人传条例（附征明季广东忠逸传）》，《国立中山大学文史学研究所月刊》第 1 卷第 4 期，1933 年 4 月 25 日。

阁书店送道光《广东通志》来"。① 与此同时，朱希祖还在中山大学史学系开设了"地方志研究"课程，表现出对方志的极大兴趣。② 此外，经过多年搜集，朱希祖已藏有大量方志，据其日记所载，为将方志码放整齐，他曾向中山大学"托借书架八件置地方志"，足见其收藏志书数量之多。③为了对广东地方志有一个总体掌握，他还致力于《广东地方志目录》的编纂。1933 年 3 月 18 日，朱氏开始撰写《广东地方志目录》，其办法是将他所藏方志"及中山大学所有，先编一目"；次日，"续编《广东地方志目录》，以故宫博物院《地方志目》及涵芬楼《地方志目》补充"；此外，他还发动家人，与中山大学文史研究所人员共同"点查地方志"，以期心中有数、不存遗漏。④

1934 年朱希祖受罗家伦之邀，赴南京中央大学担任史学系主任，随同带去的还有大量收集而来的方志典籍，其中地方志书足足"十五箱"，可见收藏之多。⑤ 朱希祖广泛搜集地方志，并且通过实地考察等方式蒐集大量的南明史料，其目的在于编纂一部《南明史》。为此他制订了《编纂南明史计划》，惜因抗战爆发，南明史籍"迁藏于山地，未能带至重庆"，导致著述南明史的计划未能实现。⑥ 然而，朱希祖在南明史研究上仍取得了大量突破，不仅辨析南明史料，颇具见地，还撰写发表了《明广东东林党列传》等论文，内容囊括区大伦、邓云霄、冯奕垣、曾用升、樊王家、曾陈易、李希孔等 12 人。⑦

其二，温廷敬与广东人物研究。温廷敬为近代潮汕著名学者，早在

① 朱希祖：《朱希祖日记》，中华书局 2012 年版，第 175 页。
② 朱希祖：《朱希祖日记》，中华书局 2012 年版，第 202 页。
③ 另注：朱希祖所藏方志 1 万余册。1934 年 3 月，朱氏辞去中山大学所兼职务，赴任南京中央大学史学系主任。而所有志书遗留在粤，为此朱氏于 5 月 10 日将"地方志一万余册拟寄存中央大学图书馆内"，得到校长罗家伦允许，遂请罗香林帮助，将全部方志邮寄至南京。25 日，罗香林将朱氏"寄存广州中山大学文史研究所地方志十五大箱"，运至南京下关太古轮船码头，后存于中央大学图书馆"东头大洋房"。参见朱希祖《朱希祖日记》，中华书局 2012 年版，第 345、349 页。
④ 朱希祖：《朱希祖日记》，中华书局 2012 年版，第 234、235、274 页。
⑤ 《致罗香林信札》（1934 年 6 月 6 日），朱希祖：《朱希祖书信集（郦亭诗稿）》，中华书局 2012 年版，第 157 页。
⑥ 周文玖：《朱希祖史学略论》，《史学史研究》2004 年第 4 期。
⑦ 《朱君逖先先生年谱》，张国华主编：《文史大家朱希祖》，学林出版社 2002 年版；朱元曙、朱乐川撰：《朱希祖先生年谱长编》，中华书局 2013 年版，第 395 页。

1928 年主持编纂《大埔县志》时，即撰写县志凡例。① 进入国立中山大学广东通志馆后，温氏被聘为专任纂修，不仅参与通志委员会的专题讨论，亲自厘定和修改通志编纂总构想和体例，还负责列传稿的撰写工作。1934年继任通志馆主任后，温廷敬更是"锐意进行"，多方努力筹集修志经费，重新聘请编纂人员，一改通志馆进展缓慢、撰稿甚少的局面，使通志馆工作重心正式步入志书编纂的轨道。②

详考温氏主持通志编纂的历程可以发现，其修志方法和理念均有所创新，尤其是将广东人物研究纳入志稿编纂，显示了其从旧式方志向新体方志过渡的革新之举。自 1934 年通志馆正式启动编纂工作后，温氏以列传编撰为职志，考察与分析《阮志》列传原稿，发现存在诸多"疏漏舛误"，于是找到馆长邹鲁，商议将列传稿予以"重行编校"，为此他还以身作则，及早编纂了《广东通志列传》周至唐代部分的志稿。据《国立中山大学现状》统计的 1936 年度书籍出版情况，《广东通志列传》于是年先行出版，这也是贯彻通志馆"凡一门类编成，先行出版"的工作原则，由此保证了时局变化频繁年代志稿的及时面世。③

《广东通志列传》编纂完成后，温廷敬还致力于《广东宋元人物传》（五卷）、《广东明人物传》、《广东清人物传》（草稿）等的撰写，突出表现了重视广东人物研究的治学倾向。应当指出的是，温氏在地方人物研究上颇具学术功底，所撰写的列传部分志稿，因学术性较强，一经撰写完成便刊发到学术刊物。如 1935 年在《文明之路》连续刊发关于唐代文人刘轲和刘蜕，明代人物薛雍，唐代宰相张九龄、姜公辅、刘瞻等的研究。④而在《国立中山大学文史学研究所月刊》上，温氏更是发表了《广东通志列传稿》《丁日昌》等论文，掀起了广东人物历史研究的热潮。⑤

其三，饶宗颐与历史地理学研究。早在来馆之前，饶宗颐就涉足史志

---

① 温廷敬：《民国新修大埔县志凡例》，《国立中山大学文史学研究所月刊》第 2 卷第 3、4 期合刊，1934 年 1 月 5 日。

② 国立中山大学秘书处编辑：《国立中山大学现状》，国立中山大学出版部 1935 年版，第 257 页。

③ 国立中山大学秘书处编辑：《国立中山大学现状》，国立中山大学出版部 1935 年版，第 256、257页。

④ 温丹铭：《文艺：广东唐代二大文人传（新通志稿）》，《文明之路》1935 年第 18 期；温丹铭：《文艺：广东唐代二大文人传（新通志稿）（二）》，《文明之路》1935 年第 19 期；温丹铭：《文艺：薛雍传（广东新通志列传稿）》，《文明之路》1935 年第 20 期。

⑤ 黄增章：《建国前中山大学文科刊物述要》，《中山大学学报》（社会科学版）1989 年第 4 期。

研究。据饶氏自称，"年轻时走上治学道路确实是从史学研究开始的"，这当然要得益于其家中丰富的藏书和家学，尤其是他将其父饶锷遗稿《潮州艺文志》整理汇编成二十卷，内容囊括潮州千余年来的文史方面的著作，一经在《岭南学报》发表，便"产生了一定影响，因此被中山大学聘为广东通志馆纂修"。①

关于饶宗颐在通志馆的编纂工作，要从国立中山大学教授冼玉清"因病未能整理"艺文一门说起。② 1935 年 6 月，冼氏被聘为通志馆专任纂修，负责艺文一门，是年已成书过半，计划次年春完成，却因病未能继续。艺文一门的编纂工作一直拖延到 1937 年，是年 5 月，通志馆遂聘请饶宗颐续编。值得一提的是，饶宗颐在通志馆从事编纂工作的同时，还利用中山大学丰富的地方志和古籍文献开展学术研究，尤其是地方志，仅通志馆就藏有 1000 多种，"占全国的第二位"。③ 而"中山大学的地方志集为一目，便于查阅"，更为饶氏研读方志开启了方便之门，对此饶氏一一翻阅，专注于从地方志入手，开展对古代史地的研究。短短两年，饶氏即有所获，著有《战国楚地考辨》，陈梅湖在该书序言中说，饶宗颐"随予入广东通志馆，恣意博览，尤嗜《史》《汉》《春秋》，战国地理更游心致力，有所得辄详为札记，汇以备考，诚得治学门径"。④ 而据饶氏自称，"在通志馆，最大的收获还不是目录学本身，而是副产品——为我在地理学上奠定了基础，看了那么多方志"。显然，他的兴趣不在目录学，而是热衷于古地理学研究，通过查阅"志书上的材料"，逐渐积累了古地理学上的研究心得，先后撰写了《广济桥考》《海阳山辨》《古海阳地考》等有关地方古地理的考证文章。⑤

值得一提的是，饶宗颐通过通志馆纂修黄仲琴的介绍，认识顾颉刚并加入"禹贡学会"，有机会与学会成员童书业等人砥砺学术、交流思想，而凭借在学会主办的学术期刊发表《广东潮州旧志考》等论文，饶氏逐

---

① 周少川：《治史论学六十年——饶宗颐教授访谈录》，《史学史研究》1995 年第 1 期。

② 国立中山大学秘书处编辑：《国立中山大学现状》，国立中山大学出版部 1935 年版，第 255 页。

③ 饶宗颐：《论古史的重建》，饶宗颐：《饶宗颐二十世纪学术文集》卷 1，中国人民大学出版社 2009 年版，第 7 页。

④ 陈梅湖：《战国楚地考辨·序》，转引自陈端度《点校〈韩公愈治潮州事迹〉有感真言》，http：//club. kdnet. net/dispbbs. asp？page＝1&boardid＝2&id＝8721811。

⑤ 饶宗颐述，胡晓明、李瑞明编：《饶宗颐学述》，浙江人民出版社 2000 年版，第 10—13 页。

渐在学术界崭露头角。胡孝忠在《饶宗颐与顾颉刚交谊考述》中亦称，饶氏"在顾先生主编《禹贡半月刊》《责善半月刊》等刊发文，其所发文章及《古史辨》第八册'古地辨'拟目均在学术界有重要影响，奠定了他在史学界非同寻常的学术起点"。①

其四，冼玉清与广东地方史研究。1935 年被聘为通志馆纂修之时，冼玉清即开始了广东地方历史与人物的研究，其在《岭南学报》上发表《梁廷枏著述录要》一文，堪称"冼氏立志整理广东乡邦文献之发端"。②

冼氏来馆之初，其任务是编纂通志的"艺文一门"，原计划于 1936 年初完成，却因罹患甲状腺肿瘤而"迟延"，直到后来改聘他人续编。③尽管如此，冼氏在通志馆并非毫无所获，相反不仅使艺文一门编纂"成书过半"，而且在广东文献研究与地方史研究上取得了重要成果，其中《粤东印谱考》即是这一时期完成的一项颇具代表性的专论。1936 年 5 月，冼玉清的《粤东印谱考》完稿，该文随即发表在《岭南学报》上。④ 文章载篆刻字书类 9 种，集印谱 18 种，自镌印谱 14 种，共 41 种。据冼氏自称，"其书以眼见者为准，其未见者则以经方志著录为据"。⑤ 即"以个人所见岭南印谱著述，参见方志和诸家著录"而成。文章发表后，冼氏关于广东印谱文献的搜集与整理工作并未停止，而是随着研究的深入，"随见随录，不断补苴增广，历时二十余载，乃修订旧稿，撰成《广东印谱考》新著"。⑥

由上述可知，方志是冼氏从事广东地方史研究的主要参考文献之一，这不仅仅体现在《广东印谱考》，于《广东艺文志》《广东艺文志解题》

① 胡孝忠：《饶宗颐与顾颉刚交谊考述》，《四川师范大学学报》（社会科学版）2014 年第 1 期。
② 王美怡：《冼玉清与广东文献整理研究》，《开放时代》2011 年第 12 期。
③ 国立中山大学秘书处编辑：《国立中山大学现状》，国立中山大学出版部 1935 年版，第 255 页。
④ 关于该文发表时间有不同说法。2010 年 3 月，《广东印谱考》由文物出版社发行，程焕文先生为是书作序时称，"《粤东印谱考》于一九三六年五月初刊于《岭南学报》第五卷第一期"。［参见冼玉清著，陈莉、谢光辉整理《广东印谱考》（校订本），文物出版社 2010 年版，第 1 页。］王美怡在《冼玉清与广东文献整理研究》一文中说，"民国二十五年（1936）七月，冼玉清成名作《粤东印谱考》（后易名为《广东印谱考》）刊布于《岭南学报》第 5 卷第 1 期"。（参见王美怡《冼玉清与广东文献整理研究》，《开放时代》2011 年第 12 期。）事实上，冼玉清曾于该文末称，文章于 1936 年 5 月 10 日"脱稿于岭南大学之碧琅玕馆"，而《岭南学报》于 1936 年 7 月在该刊第 5 卷第 1 期刊发了《粤东印谱考》全文。（参见冼玉清《粤东印谱考》，《岭南学报》第 5 卷第 1 期，1936 年 7 月。）
⑤ 黄炳炎、赖适观主编：《冼玉清文集》，中山大学出版社 1995 年版，第 63 页。
⑥ 程焕文：《序》，冼玉清著，陈莉、谢光辉整理：《广东印谱考》（校订本），文物出版社 2010 年版，第 1 页。

《广东女子艺文考》等研究表现得更为突出。考察《广东艺文志》内容，该书将广东前贤著作按四库全书分经、史、子、集四类排列，附有提要及作者小传，"相当于广东艺文的总汇，大大有利于研究广东艺文的参考"。① 而《广东女子艺文考》更是借鉴参考了阮元《广东通志》、戴肇辰《广州府志》、吴荣光《南海县志》、郑烊《南海县续志》、林星章《新会县志》、屠英《肇庆府志》、祝淮《香山县志》、周硕勋《潮州府志》、郭汝诚《顺德县志》、杨霁《高州府志》、孙铸《电白县志》、卢蔚猷《海阳县志》、蒋廷珪《石城县志》等大量方志文献，堪称博览广东地方志的集大成之作。

毋庸置疑，《广东艺文志》《广东女子艺文考》等著作的问世，显然与冼氏担任通志馆艺文一门的纂修有关。而在《广东女子艺文考》序言中，冼氏毫不避讳地表示，"余年来纂修省志，博搜群书。妇女专集，轧有过眼。随手编目，所积渐多。爰有《广东女子艺文考》之作。计得书一百零六种，作者凡百家"。② 1938 年 12 月，近代广东著名的藏书家、版本学家和文献学家徐信符为该书作序时，亦称赞冼玉清"纂修省志，浏览妇女专集，爰有广东女子艺文考之著"，为保存"乡土艺文志"不遗余力。③ 近代藏书家、文献学家黄佛颐在作序时不仅表扬冼氏"善集志乘，旁稽载籍，考定存佚"，"有功于吾粤文献"，更是将其提升到振兴中国"女学"的高度，显示了冼氏关注妇女文化发展的殷切情怀。④

---

① 黄任潮：《冼玉清教授传略》，广东省政协文化和文史资料委员会编：《广东文史资料精编》下编第 5 卷《广东人物篇》，中国文史出版社 2008 年版，第 117 页。

② 《后序》，冼玉清：《广东女子艺文考》，商务印书馆 1941 年版，第 1 页。另：庄福伍所撰《冼玉清先生年表》认为，1938 年"商务印书馆出版《广东女子艺文考》"。（参见黄炳炎、赖适观主编《冼玉清文集》，中山大学出版社 1995 年版，第 872 页。）此有误，实则该书于 1941 年 7 月由商务印书馆初版。

③ 《徐序》，冼玉清：《广东女子艺文考》，商务印书馆 1941 年版，第 1 页。另：庄福伍在《冼玉清先生年表》中称，1939 年 12 月，徐信符为《广东女子艺文考》作序。（参见黄炳炎、赖适观主编《冼玉清文集》，中山大学出版社 1995 年版，第 872 页。）此有误，从序文内容来看，徐氏撰序时间应为 1938 年 12 月。

④ 《黄序》，冼玉清：《广东女子艺文考》，商务印书馆 1941 年版，第 1 页。另：为该书作序者除徐信符、黄佛颐二人外，还有曾任国史馆撰修、编纂《南海县志》等志书的桂坫，据庄福伍所撰《冼玉清先生年表》称，"1941 年 4 月，桂坫为先生《广东女子艺文考》一书作序"。（参见黄炳炎、赖适观主编《冼玉清文集》，中山大学出版社 1995 年版，第 873 页。）此有误，实则桂坫作序时间为"己卯四月"，即 1939 年 4 月。（参见《桂序》，冼玉清：《广东女子艺文考》，商务印书馆 1941 年版，第 1 页。）

除此之外，冼氏还撰写了《宫闺艺文志》（别集）、《宫闺经籍志》（别集）、《广东艺文志解题》（20卷）、《广东文献丛谈》等。综观这些论著可以发现，重视广东地方文献是冼氏从事学术研究的一大特色。黄任潮在评价冼玉清的学术研究时说：“冼玉清作为一个文史学者和广东文献专家，有她的深厚根底。但她不搞通史、断代史，而是喜欢搞史料整理和介绍，其中主要是有关广东的历史人物、著作和金石、书画、丛帖、篆刻、戏剧、民歌、宗教等等，对象是比较复杂和有地方性的。”[1] 秦牧在为《冼玉清文集》作序时亦称，“她对广东文献研究得很到家，除了对历代书籍广泛涉猎外，她研究过居廉、梁廷楠、招子庸、李明彻、康有为、黄遵宪等清代的广东著名人物”，“她的《广东文献丛谈》《广东艺文志》一直是很有价值的后起学者的参考书”。[2]

其五，罗香林与华南客家学、民族学研究。作为“客家研究的集大成者”，罗香林于1933年出版《客家研究导论》，在该书中罗氏考镜客家源流，厘清客家宗教、民间信仰与风水观念的历史渊源，开创了客家华侨人物研究的历史先河，因此被后人视为“客家学”的奠基人。[3] 而早在1930年从清华大学历史系毕业后，他即拟就一份客家调查计划书，准备开展“客家问题”与“民族问题”的研究。[4]

1932年，正在华南地区进行实地调查的罗香林，接到广东中山大学校长邹鲁的委托书，其内容是委托他“调查华南民族诸问题”，“以解决华南各地历史语言人种诸问题，及明了与中国北中二部之关系”。[5] 颇为凑巧的是，同年朱希祖亦应邹鲁之邀南下，担任国立中山大学广东通志馆委员，负责志书的发凡起例工作。不久，邹鲁聘请罗香林为校长室秘书兼

---

① 黄任潮：《冼玉清教授传略》，广东省政协文化和文史资料委员会编：《广东文史资料精编》下编第5卷《广东人物篇》，中国文史出版社2008年版，第116页。

② 秦牧：《关于岭南女诗人冼玉清》，黄炳炎、赖适观主编：《冼玉清文集》，中山大学出版社1995年版，第3页。

③ 吴永章、冷剑波：《“纪念罗香林诞辰一百周年学术研讨会”综述》，肖文评主编：《罗香林研究》，华南理工大学出版社2008年版，第5页。

④ 罗香林：《乙堂札记》，罗260-17，vol.11，“华南诸族系调查与测验纪略”，转引自程美宝《罗香林早年人种学与民族学的理念与实践》，《中山大学学报》（社会科学版）2008年第6期。

⑤ 《委托罗香林调查华南民族诸问题》，《国立中山大学日报》1932年4月13日。

通志馆纂修，由此促成了罗香林与朱希祖在中大的一段交往。① 据罗志田先生考证，"1932 年 9 月，其年谱说罗先生在广东考察粤东人种时，被中山大学聘为校长室秘书，遂中止其学生生涯。但更可能是追随他未来的岳丈朱希祖"。② 这一论断不假。据朱希祖日记载，1932 年 10 月 15 日，即朱氏来粤当天，即晤见罗香林，得知罗从"清华大学史学系毕业，今为中山大学通志事而来"，并且早已"在此久候"，两人"相与欢谈而别"。③ 此后，朱氏与罗香林互相来往甚丛，两人时常畅谈学术、交流心得。仅朱氏日记所载，至是年底，两人面谈达 12 次之多。

罗香林追随朱希祖来通志馆任职，体现了其对学术孜孜不倦的追求精神。而朱希祖亦对他寄予厚望，不仅与之讨论通志体例、总目等，还从 11 月 19 日起，请其"协助"撰写《广东通志略例总目》及《说明书》等材料。④ 根据珠海文史研究所学会编的《罗香林教授著作目录》，1933 年罗氏曾"拟修《广东通志总目说明书》"。⑤ 1932 年 12 月 24 日，朱希祖"嘱其拟《〈民族略〉〈侨务略〉〈外务略〉征集材料书》"。⑥ 对此罗香林不负重托，借助其民族历史研究方面的基础，不久便拟定稿件，将其交给朱希祖。

不仅如此，在通志馆任职期间，罗香林还向中大二、三、四年级学生开设地方志研究选修课程。据《广东省志·人物志》（下），罗香林

---

① 关于罗香林受聘中山大学和广东通志馆的时间，王濯巾在《罗香林年谱》中称，罗香林"1932 年 10 月，接受国立中山大学聘书，任校长室秘书，兼广东通志馆纂修"。（参见王濯巾《罗香林年谱》，肖文评主编：《罗香林研究》，华南理工大学出版社 2008 年版，第 591 页。）而据《罗香林先生年谱》，罗香林是于 1932 年"九月，应国立中山大学之聘，任校长室秘书，兼广东通志馆纂修"。（参见罗敬之编《罗香林先生年谱》，台北"国立编译馆"1995 年版，第 22 页。）显然，前者有误，罗氏受聘时间应当是 1932 年 9 月。

② 罗志田：《〈古史辨〉的学术和思想背景——述罗香林少为人知的一篇旧文》，《社会科学战线》2008 年第 2 期。

③ 朱希祖：《朱希祖日记》，中华书局 2012 年版，第 157 页。

④ 朱元曙、朱乐川撰：《朱希祖先生年谱长编》，中华书局 2013 年版，第 366 页。

⑤ 《罗香林教授著作目录》，珠海文史研究所学会编：《罗香林教授纪念论文集》，（台北）新文丰出版股份有限公司 1992 年版，第 141 页。另据朱偰《先君逖先生年谱》称，罗氏所拟为《广东通志十二略说明》，后经朱希祖"删改"，"共成《总目说明书》二册"。（参见朱偰《先君逖先生年谱》，海盐县政协文史委编：《文史大家朱希祖》，学林出版社 2002 年版，第 425 页。）但据朱希祖自称，罗香林所拟为《广东通志总目说明书》，1932 年 12 月 5 日，罗将"《广东通志总目说明书》下半卷"交给朱希祖。（朱希祖：《朱希祖日记》，中华书局 2012 年版，第 183 页。）

⑥ 朱希祖：《朱希祖日记》，中华书局 2012 年版，第 190、191 页。

曾在中山大学"讲《方志研究》，为中国大学开设此课程之始"。① 林天蔚的《述恩师罗元一先生之学》一文认为，罗香林在通志馆"负责撰述民族略，是以转而研究方志，一九三四年在中山大学讲授'方志研究'，为我国大学中最新之课程"。② 这一观点还出现在林氏所作《罗香林传略》中，称罗香林"因研究民族史，涉及各民族之分布及风俗，必须旁及方志之研究，民国二十三年（1934），遂在中山大学讲授'民族史'与'方志研究'，是我国大学开设此课程之始"。③ 罗敬之在《罗香林先生年谱》中则称，1933 年罗香林"讲授方志研究"。④ 显然，上述论著关于罗香林讲授方志研究课程的时间不一，事实上早在 1932 年罗香林即开设"地方志研究"课程。根据《国立中山大学文学院廿一年度全院教员担任课目总表》，朱希祖开设的"地方志研究"为选修，课程设定每周 2 课时，该课所据教材为章学诚"志隅二十篇及文史通义中方略例三卷"，"又以本校新修广东通志为实验"，即将"地方志研究"课程与通志编修实践结合起来，达到学以致用、用以促学的目的。⑤ 1933 年"地方志研究"课程授课对象扩大至全系二、三、四年级学生。⑥ 至 1934 年上学期，罗香林所开设的华南民族研究和地方志研究两门

---

① 广东省地方志编纂委员会编：《广东省志·人物志》（下），广东人民出版社 2002 年版，第 840 页。

② 林天蔚：《述恩师罗元一先生之学》，罗敬之编：《罗香林先生年谱》，（台北）"国立编译馆" 1995 年版，第 228 页。

③ 林天蔚：《罗香林传略》，《罗香林教授纪念论文集》，（台北）新文丰出版股份有限公司 1992 年版，第 4 页。

④ 罗敬之编：《罗香林先生年谱》，（台北）"国立编译馆" 1995 年版，第 26 页。需要指出的是，《年谱》认为，罗香林受聘为中山大学文学院副教授的时间是 1933 年。此有误，其任副教授的时间应当是 1934 年 9 月 1 日。参见《中山大学聘书》（1934 年 9 月 1 日），广东省立中山图书馆、香港大学冯平山图书馆编：《罗香林论学书札》，广东人民出版社 2009 年版，第 3 页。

⑤ 《国立中山大学文学院廿一年度全院教员担任课目总表》，国立中山大学文学院编：《国立中山大学文学院课程总目》，国立中山大学出版部 1932 年版，第 3、20 页。

⑥ 国立中山大学文学院编：《国立中山大学文学院课程总目》，国立中山大学出版部 1932 年版，第 16 页。据国立中山大学文学院院长吴康称，1933 年上半年的课程系"去秋 9 月编辑"，其时，因吴氏适"由欧归国"，仓促间制订课程"总纲"，"于十月一日公布上课"，后配以说明文字，遂成《国立中山大学文学院课程总目》。可见，课程总目制定者主要为各学系主任，而"史学系则朱谦之"主持。参见吴康《序》，国立中山大学文学院编《国立中山大学文学院课程总目》，国立中山大学出版部 1932 年版，第 1 页。

课程被列为"停开课目",才停止方志研究课程的讲授。①

此外,在通志馆期间,罗香林相继撰写了一批关于华南民族与客家问题的研究论著,仅 1933 年前后,即在《国立中山大学文史学研究所月刊》发表《民族与民族的研究》《古代越族考上篇》《古代越族考上篇(续)》《唐代蜑族考》等学术论文,为编纂广东通志稿"民族略"志稿奠定了基础。

需要补充的是,罗氏早在青年时期,就计划编撰一部《广东志书考》,打算将广东通志及各府州县志,"无论存佚,概为考其编纂沿革,修撰经过,内容编制,史源得失,诸家叙录,及其他有关系事项,博综条贯,以为专书。其有原志尚存者,则为注明庋藏人地,以为研究广东人文演进,地方异宜之参考"。② 对此,蒋志华的《罗香林与广东地方文献》一文认为,"由于人事拘牵,这个计划未能完成"。③ 事实上,1933 年罗香林所在的中山大学文史学研究所,亦计划由他负责编纂《粤方志考》和《华南民族志》两部专著。④ 这在某种意义上表明,罗氏利用担任通志馆编纂的机会,将注意力放在广东方志整理与研究上。而从通志馆职员分工安排来看,罗负责通志"民族略"志稿的编纂,至 1937 年"已成草本"。⑤其中部分文稿还以《广东通志民族略论系篇(初稿)》为题刊发,可谓上述研究计划的探索与实践。⑥

综观上述,广东通志馆取得地方志编修模式上的创新与发展,似与兼任通志馆馆长的国立中山大学校长邹鲁的大力倡导不无关联。对此,1944

---

① 国立中山大学文学院编:《国立中山大学文学院二十三年度上学期课程表》,国立中山大学出版部 1934 年版;黄义祥:《客家研究专家罗香林教授》,《岭南文史》2006 年第 3 期。

② 罗香林:《序》,李景新编著:《广东研究参考资料叙录·史地篇初编》,(台北)学生书局 1970 年版,第 1 页。

③ 蒋志华:《罗香林与广东地方文献》,《学术研究》2005 年第 5 期。

④ 《文史学界消息:国立中山大学接修广东通志》,《国立中山大学文史学研究所月刊》第 1 卷第 1 期,1933 年 1 月 15 日。另:该刊在报道这则消息时称,《华南民族志》的编辑者为罗香林,而《粤方志考》的编辑员为中大文史学研究所的"佛应"。据罗志田考证,"佛应"其实就是罗香林本人。参见罗志田《〈古史辨〉的学术和思想背景——述罗香林少为人知的一篇旧文》,《社会科学战线》2008 年第 2 期。

⑤ 国立中山大学秘书处编辑:《国立中山大学现状》,国立中山大学出版部 1937 年版,第 441、442 页。

⑥ 罗香林:《广东通志民族略论系篇(初稿)》,《国立中山大学文史学研究所月刊》第 1 卷第 4 期,1933 年 4 月 25 日。

年 6 月 15 日，该校《中山学报》一篇纪念邹鲁的文章称，邹鲁校长"鼓励员生努力研究社会国家与世界之问题，故今中大之略有之贡献于学术界者，不少造端于此。先生又提倡生产教育，与乡村服务，以打破社会自社会，学校自学校之隔膜"。① 此语可谓是对邹鲁的修志理念以及广东通志馆同人谋求学术研究转变与编修模式创新历史的一个注解，由此折射出民国通志馆兴办背景下，修志者以学术研究为基础推动修志模式鼎革与创新的历史场景。

需要说明的是，广东通志馆的创设与运作并非个案。两年后，河南大学承担《河南通志》的编纂，即是中山大学主持修志示范效应的体现。而西南联大史学系发起纂修《呈贡县志》，西北联大教授黎锦熙主纂《城固县志》等，堪称近代"大学修志"的典型事例。一些参与修志的大学教授积极总结修志经验，将其升华为修志理论，形成颇具学术价值的理论著作，并且在大学开设方志学课程，为培养修志人才不遗余力，由此进一步增强了近代"大学修志"的历史价值与意义。

第三，构建修志机构长效机制背景下的多业并举模式。地方志编修模式的鼎革还表现为修志业务的拓展、修志机构的建设与人才队伍的培养等，综观这一时期创办的民国通志馆，包括奉天、安徽、湖北、广东、上海等省市通志馆同人，均开展了资料整理与汇编、史志点校与出版、社会宣传与服务等活动，显示了通志馆在运作模式上求新求变的倾向。尤其是上海市通志馆同人，在中国方志发展史上，建立起一个以修志为主业，编鉴、创刊、兴社、办报、讲学等多业并举的发展格局，由此从修志机构的业务拓展、人事运作与发展动力三个方面，展示修志机构长效化运作在近代方志发展史上的积极意义。

其一，创办方志专业期刊。由上海市通志馆主持的《上海市通志馆期刊》（以下简称《期刊》），是馆长柳亚子在 1933 年初与馆内同人商议创办的。该刊自 1933 年 6 月创刊至 1935 年 3 月止，每三个月出版一期，共刊八期。每出满四期，即重新校订后汇订成册，出版"汇订本"。作为当时通志馆的机关刊物，柳亚子亲自"题字"，并在《发刊词》中，对刊物创办缘由与宗旨做了简要说明。② 概言之，《期刊》乃是同人就所撰通

① 《中山大学与邹校长》，《中山学报》第 2 卷第 5 期，1944 年 6 月。
② 柳无忌编：《柳亚子年谱》，中国社会科学出版社 1983 年版，第 89 页。

志初稿"请教学者"与征求"大众的批评"的重要平台。①

时至 1933 年初,通志初稿在馆内同人努力下,已编成法租界、学艺、社会事业和金融四编,而公共租界、外交、沿革等编也即将告竣。为发动学界人士对通志的批评,促进志书整体质量的提升,同人决定将志稿以适当的形式"呈于当代学者之前请求指政",经众商议后,决定采取期刊论文的方式,向学术团体、大学院校及知名学者免费赠送。

诚然,柳亚子所述期刊出版之目的在于为通志初稿征求意见,但具体说来则有更深一层的考虑,即为通志馆同人的努力做一"宣传"。尤其是自 1932 年 7 月通志馆创立以来,时间将近一年,包括市政机关、新闻媒体在内的社会大众对通志馆同人所做努力知之甚少,这显然不利于民众"认识上海市通志的重要",以及通志馆各项工作的顺利开展。对此,柳亚子经与馆内同人商议,决定创编期刊,并以赠送的方式向各界发行,达到扩大声势与影响力的作用。

就刊物的内容而言,因其旨在向专家学者征求关于通志稿的意见,因此均为通志编纂者在不同阶段所撰稿件。从《期刊》所发表文章情况来看,内容囊括上海地理、天气、政治、经济、外交、教育、文化、金融、工业、社会事业、公共租界等,而将文章内容与上海通志稿对比可以发现,两者有着高度的一致性,表明文章作者与志稿编纂者有着一定的关联,显示了通志馆同人以编修书书为基础,开展上海研究的学术导向。《期刊》一经出版即受到各地新闻媒体、学术刊物的广泛关注。据不完全统计,对《期刊》出版发行进行报道的媒体有《申报》《出版消息》《华年》《国论》《图书馆学季刊》《国衡》《学术世界》《厦大校刊》等。其中《申报》为各大报刊中报道数量最多,且篇幅较大者,该报不仅对每一期出版的《期刊》做跟进式报道,而且详细介绍各期的论文标题、发行范围,而其关于《期刊》汇订本的出版时间和售价的报道,甚至有广告宣传的迹象,这不仅显示了各界对《期刊》的关注和重视,还在某种意义上表明同人以发行《期刊》扩大宣传的方式收到良好效果。

基于《期刊》在新闻界、学术界与方志界影响力的不断增强,通志馆同人的努力日益得到社会人士的广泛认可。当时各期《期刊》一经发行,便赠送一空,许多前来索取者往往空手而归,"殊为遗憾"。尤其是

---

① 《发刊词》,《上海市通志馆期刊》第 1 卷第 1 期,1933 年 6 月。

"金融界、出版界、实业界等，需要该刊极殷"。对此柳亚子组织馆内同人，每四期出满便汇订成册，于 1934 年 5 月推出第一年期刊"汇印精装三百部出售，以应需要"。①

　　其二，编纂《上海市年鉴》。年鉴作为舶来品，随着近代西学东渐传入中国。就上海市通志馆同人而言，较早倡议编纂年鉴者，无疑是通志馆筹备委员会委员瞿宣颖、汤济沧、赵正平等人。1931 年 8 月 10 日，瞿氏等人呈请上海市政府，倡议以年鉴的形式将上海市政治、经济、教育等资料汇编成书，后因上海政局变故而无果。时至 1934 年底，通志馆同人在柳亚子倡导下，于 11 月拟订《上海市年鉴编辑计划》，对年鉴的"定名"、"记载的时间范围"、"字数"、"编辑时间"与"编辑方法"等做了说明，并拟定 24 编的总目和子目。② 12 月中旬，同人发起成立年鉴委员会，以徐蔚南为主席，吴静山、胡怀琛、蒯世勋、席涤尘、胡道静、郭孝先、蒋慎吾、李纯康、董枢、顾南农等 10 人为委员，由此正式宣告《上海市年鉴》编纂的启动。

　　关于设立年鉴委员会的原因，显然与通志馆同人谋求机构"长久"存在的长效化运作机制有一定联系。据胡道静称，1934 年通志馆同人通过两年的志料征集、整理与志稿编纂工作，"逐渐培养起了对上海史的兴趣，产生了一个共同的愿望，那就是长久从事上海历史的纪录工作"，然而通志馆并非常设机构，志稿完成即面临被裁撤的命运，届时"不仅大家失业，而且以前所积累的一切也付诸东流了"。基于这一考虑，同人将此"愿望"告知馆长柳亚子，而经柳氏与编纂主任徐蔚南"反复商议，要为事业、为同人谋后路"，于是想出编纂年鉴的办法。之所以考虑采用编纂年鉴的办法，是因为"年鉴是每年要出的。只要年鉴一年一年出下去，通志馆也就可以因此而长期存在"。③ 可以说，通志馆同人谋求机构"长久"存在的长效化运作机制，是《上海市年鉴》编纂工作启动的重要原因。

　　事实上，柳亚子为《上海市年鉴 1935》所撰序言中，即从志书与年鉴相互联系的角度，对同人发起年鉴委员会之原因做了精妙阐述。柳氏认

---

① 《上海市通志馆近讯》，《申报》1934 年 5 月 28 日第 4 张第 15 版。
② 上海市通志馆编：《上海市年鉴编辑计划》，上海市通志馆 1934 年铅印本，第 1、2 页。
③ 胡道静口述、袁燮铭整理注释：《关于上海通志馆的回忆》，《史林》2001 年第 4 期。

为，试观历代"中国方志之书"，大多为未经整理的史料，取材无非报刊言论，文献价值相对较低，遂从研究上海的视角出发，通过对政治、经济、社会、文化、历史等的专题考察，提升通志的整体质量，就此而言，"上海市通志馆实为以科学方法研究地方史料之首创者，允宜列为永久机关"。既作为"永久机关"，待到通志成稿之日，就当以编纂年鉴为续，所续者即通志所记载时间的下限，如此"岁辑一编，永永无休止"。[①] 可见，柳亚子以创立"永久机关"为宗旨，通过志书与年鉴的对接，突破方志记载的时间限制，实现修志机构的可持续发展。

而《上海市年鉴1935》的《弁言》，则对年鉴委员会设立的详细经过做了交代，并为厘清柳亚子与委员会的关系提供了线索。1934年通志馆编纂部拟具《上海市年鉴编辑计划》，交柳亚子"审查准可"。12月中旬，在柳亚子推动下，通志馆同人即组织上海市年鉴委员会，"从事年鉴之编纂及关于年鉴之一切事务"，而在启动年鉴编辑工作之前，同人还清理了馆内有关志料，以备年鉴编纂之需，并且派员赴各机关团体搜集有关上海统计资料，而考虑到年鉴内容的时间要求，同人还以"最近"为原则，强调所搜集资料的时效性。[②]

一切筹备妥当后，年鉴委员会同人自1935年1月1日起，正式启动1935年年鉴编纂事宜。而从委员会成员情况来看，多为通志馆编纂部人员，由此决定了参与年鉴编纂者也以编纂部人员为主。为争取年鉴的早日出版，委员会同人"以全力从事于编纂"，一度将"每日工作八小时延长至十小时焉"。[③] 经过同人持续奋力工作，至是年4月，上海历史上第一部年鉴完稿并由中华书局印行出版。

综观这部1300余页、180多万字的年鉴，表现出内容翔实、图表丰富以及各类广告夹杂其中的特点。而柳亚子等人坚持将内容和质量视为年鉴编纂的关键，谋划一年一鉴的"永久"发展。从1935年编纂第一部年鉴起，委员会均拟订年鉴编辑计划书，根据收集资料的情况，确定年鉴的体例、体裁、体量、内容和版式等事项，并逐年加以改进，以促进年鉴质

① 上海市通志馆编：《上海市年鉴1935》，上海书店出版社2014年版，第5、6页；柳亚子：《〈上海市年鉴〉序》，中国革命博物馆编：《磨剑室文录》（下），上海人民出版社1993年版，第1163页。

② 上海市通志馆编：《上海市年鉴1935》，上海书店出版社2014年版，第23页。

③ 《上海市年鉴出现》，《申报》1935年5月3日第4张第15版。

量的提升。

其三，兴办上海通社。如果说创编《上海市通志馆期刊》与成立年鉴委员会的目的是促进修志工作，那么兴办上海通社之举，则是在修志之外另觅一条推动机构"永久"存在与发展的途径。作为一个民间学术团体，上海通社的成立缘于通志馆编纂主任徐蔚南与《大晚报》总编辑曾虚白的一次洽谈，所谈内容为在《大晚报》上开辟《上海通》周刊，而随着《上海通》周刊的正式创刊，上海通社也宣告成立。据胡道静称，"建社出于忧患意识"，即通志馆同人以为"姓'公'的通志馆一建立起来后，就处在风雨飘摇之中，注定了是长不久的。志修成了馆是要撤的。没有修成，政府的经费拮据（对文化事业就会叫穷）拨不下款来也是要短命的"。① 时至 1934 年初，上海市通志馆在柳亚子主持下，收集了大量的资料，柳氏认为"通志馆是官方机构，一旦政府经费不足，或者上海通志稿修成，就面临着停办的危险。为保存资料，继续研究上海，他提出建立一个民间研究机构——上海通社"。② 可见，上海通社的设立，是为了给通志馆将来被裁撤留一条后路，显然这与成立年鉴委员会的目的一样，旨在共同配合通志馆修志工作，"三块牌子，一套班子"，三位一体式地谋求"长久"发展。

值得注意的是，胡道静的上述说法提及"经费"问题，而事实上，"经费不足"是促使通志馆兴办上海通社，谋求多业并举发展格局的一个重要原因。就此而言，对"经费"问题的研究与考察，是探讨相关问题的题中应有之义。1935 年 1 至 4 月，通志馆每月经费为 3000 元。③ 据《上海市通志馆职员级俸比叙表》，编纂主任、编纂、课长月薪 180 元到 400 元不等，助理编纂、事务员、采访员、书记月薪 55 元到 200 元不等。④ 作为上海市政府的专门机构，通志馆经费直接由市政府拨发，根据上述职员薪俸情况，编辑主任徐蔚南月薪 200 元，编辑胡怀琛月薪 100

---

① 《上海通社纪事本末》，胡道静著，虞信棠、金良年编：《胡道静文集　序跋题记　学事杂忆》卷 7，上海人民出版社 2011 年版，第 312 页。

② 《上海通志馆及上海通志稿》，胡道静著，虞信棠、金良年编：《胡道静文集　序跋题记　学事杂忆》卷 7，上海人民出版社 2011 年版，第 302 页。

③ 《审计部上海市审计处审核上海市通志馆 24 年度 1、2 月份普通会计经常支出计算》，上海市档案馆藏，档案号：Q123 - 1 -1857。

④ 《审计部上海市审计处审核上海市通志馆 24 年度 3、4 月份普通会计经常支出计算》，上海市档案馆藏，档案号：Q123 - 1 -1858。

元，青年编辑胡道静只有 60 元，全馆人员月薪总计 1200 多元，职员薪俸开支总体不大。然而当时市政府"拨款时经常要克扣拖欠，员工的工资拖欠尤甚。大约从一九三四年起，几乎月月欠薪，短则迟发半个月，长则一个多月。外加国民党政府捐税繁多，今天飞机捐，明天赈济灾民捐，每月工资都要打折扣，再加拖欠，职员生活自然发生问题。因此，柳亚子在担任馆长的七年中，最最操心的倒不是资料收集和编辑质量问题，而是经济状况"。为此柳亚子"决心领导通志馆全体人员一起力挽狂澜，扭转这个局面，于是出现了一个新的学术机构——'上海通社'"。① 可以说，正是迫于"经费"方面与日俱增的压力，柳亚子等人为日后发展另辟蹊径，创办以上海研究为主要特色的上海通社。

需要强调的是，同人之所以取名"上海通"，一是表示"通晓上海的历史"，二是"暗示了它与通志馆的关系"。② 而与普通学术团体不同，上海通社是先在媒体宣传造势，后有社名，通社的成员主要来自上海市通志馆编辑部同人，作为民间团体，其社员并不享受上海市政府的经费支持。③

通社一经成立，同人便以"上海研究"为己任，借助于《大晚报》《申报》《时报》《时事新报》等报刊媒体，迅速掀起一场"以客观的立场，用科学的方法"，研究上海历史文化的热潮。1934 年 2 月 5 日，《上海通》周刊问世，刊中主要登载上海掌故历史的文章，以及有关上海自然、地理、政治、社会、人物、传记等，因文章创作基于通志编纂的材料与经验之上，具有史料扎实、言之有物、可读性强等特点，受到时人的广泛欢迎。1935 年 11 月 19 日，上海通社同人在《时事新报》开辟《老上海》版块；④ 1936

---

① 孙继林：《柳亚子为上海市通志馆克服困难》，中国人民政治协商会议上海市委员会文史资料工作委员会编：《上海文史资料选辑》第 57 辑，上海人民出版社 1987 年版，第 51、52 页。

② 胡道静口述、袁燮铭整理注释：《关于上海通志馆的回忆》，《史林》2001 年第 4 期。徐蔚南在《上海通序》中亦称，"上海通"名称的由来，是同人"要为周刊取个简单的名称，一方面要表示周刊的性质，一方面又要表示是上海市通志馆同人办的。后来便将上海市通志馆这个名称里的市字和志馆两字划去，取'上海通'三字为名"。参见徐蔚南《上海通序》，上海通社撰：《上海通》，上海透视出版社 1948 年版，第 1 页。

③ 柳亚子在《上海研究资料叙》中称："上海通社是徐蔚南、吴静山几位先生所发起的，通志馆编辑部的同事们差不多完全加入。"参见柳亚子《上海研究资料叙》，上海通社编：《上海研究资料》，上海书店 1984 年版，第 2 页。

④ 《发刊告白》，《时事新报·老上海》第 1 期，1935 年 11 月 19 日。

年 1 月 15 日，在《民报》的《民话》专刊上创办《上海研究号》版块，该版块后于 1937 年 1 月 9 日改名为《上海通》；① 此外，上海通社同人还在《申报》《时报》《大美晚报》等报刊发表有关上海研究的稿件，借助众多媒体的宣传造势，上海通社的名声也逐渐为广大读者所熟知。

为进一步扩大上海通社的影响，柳亚子还凭借其身份和名望，出面邀请蔡元培、黄炎培、章士钊、王晓籁、吴开先等上海名流担任董事。与此同时，通社同人还以整理出版上海文献等方式，扩大在学界的影响力。如上海市通志馆编纂兼通社社员胡怀琛等人在"搜访遗佚"、访寻"乡贤著作"的基础上，汇编整理《上海掌故丛书》，于 1935 年 8 月由中华书局刊行。② 这套丛书包括 14 种珍本古籍，分别为：陈椿《熬波图泳》一卷、张鼐《吴淞甲乙倭变志》二卷、叶梦珠《阅世编》十卷、杨光辅《淞南乐府》一卷、褚华《沪城备考》六卷、《水蜜桃谱》一卷、张春华《沪城岁事衢歌》一卷、曹晟《夷思备尝记》二卷、《红乱纪事草》一卷、《觉梦录》一卷、黄本铨《枭林小史》一卷、王萃元《星周纪事》二卷、曹骧《上海曹氏书存目录》一卷。丛书由陈陶遗和黄炎培分别作序，胡朴安题签。③ 黄炎培在序中称述上海通社同人"以科学方法"汇辑乡邦掌故所取得的成绩，陈陶遗更是高度评价丛书在"史志"研究中的重要价值。④

对于丛书的出版，通社同人寄予厚望，即"以客观的立场，用科学的方法，整理上海历史，研究上海现代文化"。⑤ 而在当时学术界看来，《上海掌故丛书》版本（有稿本、钞本等）精良，"材料至为丰富"，"属

---

① 《〈上海研究号〉改称〈上海通〉》，《民报·民话·上海通》第 1 期，1937 年 1 月 9 日。

② 《上海掌故丛书广告》，上海市通志馆编：《上海市年鉴 1935》，上海书店出版社 2014 年版，第 15 页。

③ 《柳亚子年谱》称，丛书由柳亚子作序并"题签"，但查阅该书，并不见柳氏所撰之序，题签也由胡朴安所作。（参见柳无忌《柳亚子年谱》，中国社会科学出版社 1983 年版，第 95 页。）另据胡道静说，《上海掌故丛书》最初由上海通社出版，采用中国传统线装书方法，用宣纸排版印刷，十分精美，但受经费所限，印数不多，后由中华书局出版重印本。（参见《上海通社纪事本末》，胡道静著，虞信棠、金良年编：《胡道静文集　序跋题记　学事杂忆》卷 7，上海人民出版社 2011 年版，第 319 页。）

④ 上海通社辑：《上海掌故丛书》，《中国方志丛书·华中地方》（第 404 号，江苏省），（台北）成文出版社 1983 年版，第 2、4 页。

⑤ 《上海掌故丛书广告》，上海市通志馆编：《上海市年鉴 1935》，上海书店出版社 2014 年版，第 15 页。

罕见秘册"，史料价值颇高，"为搜集方志者与留心上海掌故者必备之要籍"。① 以《图书季刊》《图书展望》为代表的出版界则认为，通志馆上下"专以搜集上海史实为职志"，所整理出版的《上海掌故丛书》和《上海研究资料》均为"研究上海之要籍"，其内容"或为政治史之重要材料，或为文化史之重要材料，或为商业史之重要材料，咸有参考浏览之价值者也"。②

利用 1934 年和 1935 年在各大报刊"所发表之文字"，上海通社同人还于 1936 年 5 月出版了《上海研究资料》一书。③ 而在《上海市年鉴1935》的一则广告上，同人自称"以集团的力量，科学的方法，重以搜集史料之富，专事以研究上海为对象"，这可以说是为《上海研究资料》出版的宗旨与方法做了很好的注解，而其广告中的"研究上海之权威"一语，则道破了同人努力的方向与目标。④

正是本着这一方向与目标，随着通志编纂工作持续推进，1937 年上海通社同人又将 1936 年前后发表在各大报刊的文章，汇编成《上海研究资料续集》，受抗战爆发影响，该书延至 1939 年 8 月由中华书局出版。⑤

虽然编辑出版《上海掌故丛书》和《上海研究资料》正、续集的稿费不多，"也不够全体编辑的生活开支，但由于柳亚子出面请到这些名流赞助，也就影响了吴铁城的态度，勉强允许通志馆再办下去，答应职工

---

① 《上海掌故丛书》，《考文学会杂报》1937 年第 1 期。
② 《上海研究资料续集》，《图书季刊》新 2 卷第 2 期，1940 年。《图书展望》亦称，通志馆同人"以科学方法整理上海过去之历史，凡所纪载，多可征信"。参见《上海研究资料（上海通社）》，《图书展望》第 1 卷第 11 期，1936 年。
③ 《柳亚子年谱》称《上海研究资料》于 1936 年 1 月出版。（参见柳无忌编《柳亚子年谱》，中国社会科学出版社 1983 年版，第 98 页。）而据《柳亚子史料札记》所载，以及查阅中华书局出版的《上海研究资料》，该书应为"民国二十五年五月发行"，即 1936 年 5 月。（参见张明观《柳亚子史料札记》，上海人民出版社 2008 年版，第 173 页。）
④ 《上海通丛书出版预告》，上海市通志馆编：《上海市年鉴 1935》，上海书店出版社 2014 年版，第 14 页。
⑤ 关于《上海研究资料》正、续集的出版时间，一些文献记载有误。如胡道静在《上海通社纪事本末》中称，《上海研究资料》"续集在一九三七年五月出版"。（参见《上海通社纪事本末》，胡道静著，虞信棠、金良年编：《胡道静文集 序跋题记 学事杂忆》卷 7，上海人民出版社 2011 年版，第 317 页。）陈鸿在其硕士学位论文《乱世修志——上海市通志馆研究》中亦称，"1937 年，又由中华书局出版了《上海研究资料续集》"。（参见陈鸿《乱世修志——上海市通志馆研究》，华东师范大学硕士学位论文，2009 年。）

薪金不减，其他开支则紧缩三分之一"。① 而在通志馆工作因抗战爆发而中断后，上海通社同人利用发表与出版的稿费，办了一份"抗日宣传的报纸——《通报》"，可谓是通志馆同人"为国家民族而打的最后一仗"。②

其四，举办公众宣讲、公开展览等社会服务活动。作为"以科学方法研究地方史料之首创者"，上海市通志馆同人不仅通过上海地方史研究促进通志编修，还积极拓展相关业务，构建起创刊、编鉴、兴社、办报多业并举的发展格局，为修志机构的"永久"发展进行了卓有成效的探索。而在上述业务积极推进之时，同人系统整理与甄别上海史料，以科学方法研究上海历史，取得了丰硕成果。

据笔者统计，刊载于各类期刊上的由上海市通志馆同人撰写或翻译的文章，共有17篇。作者分别是：钟贵阳（1篇）、董枢（3篇）、徐蔚南（4篇）、蒋慎吾（2篇）、席涤尘（1篇）、蒯世勋（1篇）、吴静山（5篇）。这些文章在各类期刊上发表时，作者均承担上海通志稿的编纂任务，而将其与《上海市通志馆编纂任务分工表》逐一对照发现，上述刊发论文均与编纂者所承担的志稿有一定关联。如承担通志"沿革编"和"概势编"的徐蔚南，所发表的《上海在太平天国时代》《上海的倭寇》《上海如何发展到今天的样子》等文章，均与上海的历史沿革与发展有关；承担"地文编"和"农林渔牧编"志稿任务的吴静山，所发表的《上海的春天》《上海的夏天》《吴淞江的历史》《黄浦江的历史》等文章，均与上海气候、地理等有关；董枢所发表的《上海法租界法商水电公司营业状况》《公教进行会史话》等文章则与其承担的"法租界编"和"宗教编"等志稿编修任务相关；钟贵阳发表的《不景气中的上海面粉业》属于其所承担的"工业编"志稿范畴；蒋慎吾发表的《上海市政组织的变迁》属于其所承担的"政治编"志稿范畴；席涤尘发表的《上海各国领带馆史语》属于其所承担的"外交编"范畴；蒯世勋发表的《上海公共租界华人参政运动的回顾》属于其所承担的"公共租界编"范畴，

① 孙继林：《柳亚子为上海市通志馆克服困难》，中国人民政治协商会议上海市委员会文史资料工作委员会编：《上海文史资料选辑》第57辑，上海人民出版社1987年版，第53页。
② 《上海通社纪事本末》，胡道静著，虞信棠、金良年编：《胡道静文集 序跋题记 学事杂忆》卷7，上海人民出版社2011年版，第320、321页。

由此显示了通志馆同人编研相长的良好工作模式。[①]

同人所发表的文章，还以史料翔实、学术性强等特点，而为学界所推崇。徐蔚南《上海的倭寇》在《逸经》刊发时，还将其征引文献一一附上，而文中征引文献数量众多，包括历代《上海县志》等数十部志书。刊物主编谢兴尧在介绍该文时，毫不掩饰地表示，该文"用科学方法"开展研究，"在学术上是篇极重要的文章"，显示作者关于此一问题的研究之深与披览文献之广。[②]

需要强调的是，上述席涤尘、蒯世勋、吴静山、董枢、蒋慎吾等人在《播音二周刊》上发表的文章，均为他们在广播电台专题讲座的整理稿件，即同人不但就上海研究发表学术论文，还通过播音、讲座等方式，扩大同人在上海研究中的影响。

通志馆同人所做播音或演讲引起《申报》等媒体的关注，如 1935 年 1 月 16 日，蒯世勋应上海市教育会之邀，进行题为《上海公共租界究竟是什么》的"国际智识讲座"，该主题显然与蒯氏承担通志稿编纂任务中的"公共租界编"有关。而关于此次讲座，《申报》以"（市）通志馆蒯世勋主讲"为要点，做了预告，表现了社会大众对通志馆同人讲座的关注。[③] 不仅如此，以编纂主任徐蔚南为代表的通志馆同人，还致力于上海研究成果进校园的推动工作。1935 年 12 月，徐蔚南应上海光夏中学之请，为该校师生做"题为《洋泾访古》"的讲座，"徐氏讲演情形发挥尽致，听者动容"，所讲内容丰富有趣、深入浅出，"青年受益匪浅"，讲座收到了良好效果。[④]

另据统计，1936 年通志馆同人演讲达 38 次，演讲内容既有政治、经济、教育、文化、地理等专业知识，又有气候、公共场所、古史杂谈等大众宣讲，且均为上海市辖区内发生之事，具有明显的地域特征。而随着上海无线电广播电台的迅速发展，借助"广播电台特有的宣传效能"，到 1930 年代"人们对这个现代化的宣传工具已经熟悉"；尤其是通志馆同人，通过与上海市广播电台的合作，举办有关上海历史的专题演讲，

---

① 上海市地方志办公室、上海市历史博物馆编：《民国上海市通志稿》第 1 册，上海古籍出版社 2013 年版，第 381—406 页。

② 徐蔚南：《上海的倭寇》，《逸经》1936 年第 8 期。

③ 《市教育会第四次国际智识讲座》，《申报》1935 年 1 月 15 日第 4 张第 13 版。

④ 《各校消息：光夏中学》，《申报》1935 年 12 月 17 日第 3 张第 12 版。

从而为通志馆在扩大上海历史普及与宣传上取得了重要成绩。[1] 另据统计，从 1936 年 4 月 2 日上海市广播电台开辟《上海历史》专栏起，至 1937 年 7 月 21 日，上海市通志馆同人演讲 61 次，播音总时长 30 多个小时。

1937 年全面抗战爆发前后，通志馆同人积极筹办"上海文献展览会"。5 月 18 日，胡怀琛、吴静山参加上海市博物馆等各界人士出席的常务理事会，讨论征集展品、筹办展览的计划。[2] 经过近两个月的筹备，展览会于 7 月 7 日举行，当天展出中"关于历史部分展览品之征集、陈列，悉由本馆编辑部同人所规划布置，深得当时参观人士之赞许"。需要指出的是，展览会召开之日，恰逢"卢沟桥事变"爆发当天，自此中华民族的抗日战争全面启动。受抗战影响，原计划举行 9 天的展览会，"未及届终止展览之日，即行提前结束"。[3]

总之，民国通志馆大规模兴办背景下，各省市通志馆人士根据时代要求与地方特征，在修志模式的选取上，在志书体例、篇目与内容等的制定上，在修志理念尤其是方志学理论的形成上，均实现了不同程度的继承与创新。一方面，在传统修志模式的基础上，逐步探索形成了"合县为省"的编修模式、方志编修与学术研究互动模式，以及构建修志机构长效机制背景下的多业并举模式。另一方面，以通志编纂为中心的方志理论的研讨与互动，以通志馆为中心的学术传承与理论创新，以及各省市通志大规模编纂背景下方志学理论的发展与转变，三者共同推动了方志学理论的创新与发展。而从这一时期的方志编修过程与修志成果来看，主持修志者的修志宗旨、思想与理念的差异往往影响到方志体例、类目、内容与修志原则及方法，由此使得近代方志转型的历史过程与影响因子更趋多元，折射出近代方志转型的复杂历史场景。

二、方志学理论的创新与发展

1930 年代前后，各省市通志的大规模纂修，以及所形成的研讨修志

① 冯皓、吴敏：《旧上海无线广播电台漫话》，上海市文史馆、上海市人民政府参事室文史资料工作委员会编：《上海地方史资料》（五），上海社会科学院出版社 1986 年版，第 119、121 页。

② 《文献展览会常务理事》，《申报》1937 年 5 月 19 日第 3 张第 10 版。

③ 胡朴安：《市通志馆之过去与现在》，《上海市政府公报》第 3 卷第 8 期，1946 年。

问题的良好风气，有力地推动了方志编纂理论的发展，大量有关方志研究的论著应运而生，方志学理论由此得到了空前的发展。这一时期方志学理论的创新与转变，主要表现在以通志编纂为中心的方志理论的研讨与互动，以通志馆为中心的学术传承与理论创新，以及各省市通志大规模编纂背景下方志学理论的发展与转变。

第一，围绕通志的编修事宜，通志馆内外人士通过书信、函电或报刊撰文等方式进行修志理论的研讨，而馆内主持修志者难免存在修志理念的冲突，由此影响到方志编修理论与实践。

各省市通志馆所聘请的编纂人员来源广泛，总体而言，既有本地的贤达之人，也有全国各地的硕学之士；既有科举出身、旧学功底深厚的饱学之士，也有海外学成归来的新式学人；既有具有丰富社会文化事业主管经验的行政官员，也有精通诗词、书画、版本、目录、金石、考据等学的专家学者。不同的学识背景、人生履历和社会经历，无疑会塑造出宗旨各异的学术理念和修志理论，这在各省市通志馆中表现得尤为明显，而对通志馆同人修志理念冲突与互动历史过程的考察，或可为探究近代方志转型的学术渊源与内在动因提供重要借鉴。

1930—1931 年发生在安徽方志界的一场关于通志编纂的讨论，颇具典型意义。安徽通志馆成立后不久，馆长江彤侯向社会各界广泛征求修志意见，时有安徽学人凌纯池致函称，"方志为专门之学"，不应仅仅视为"地志"或"类书"，而应当保持"方志之独立性"，即构建"确定之立场，自成一精密之系统"。显然，凌氏鉴于近代科学日昌，包括社会、经济、人类、地质等均已成为具有体系的"独立之科学"，而史学亦"以科学方法整理史料，确立体例"，通过史籍之纂辑"指陈社会进化之迹象，并阐明其因果关系"，因此认为"方志学亦当藉史学之助，而成一专门之学"。[1]

凌纯池在上述信函中提出的"方志学"应当成为一项"专门之学"，其宗旨是记述"社会进化之迹象"，其关键在于确保方志学学科的"独立性"，并且强调"其体例亦当另行确定"，这些观点既涉及方志的性质与功用，又为《安徽通志》编纂在体例、门类、内容与编纂方法上的革新

---

[1] 林潜夫：《与江彤侯先生论修通志书》，《学风》第 1 卷第 3 期，1930 年。

提供了借鉴与参考。① 对此，馆长江彤侯复函时从方志性质的角度立论，认为"方志之综合性，似为任何学术所未有"，故其是否为一"独立学术"，尚待考究，若以学科论之，则或可称为"综合科学"，"或称其为近代社会学之鼻祖亦可也"。尽管江氏将方志学归为"社会学"仍有可探讨之处，但他明确提出应当"采取科学方法"修志，具体而言，在修志资料的收集与整理、方志体例的拟定与修改等方面，均要"具有社会科学眼光；而修志者亦应保守客观以志载，而切忌主观以评判"。可见，安徽通志馆馆长江彤侯在回信中就方志的性质、作用、编纂方法等进行了探讨，而这两封信相继在《学风》杂志上发表，引起了当时方志学界的巨大反响。②

1933 年 2 月 10 日，河北省政府秘书长瞿宣颖出任河北通志馆馆长。25 日，孙楷弟、傅振伦、王重民三人联名致函瞿宣颖，以"发辉光大'方志学'"为宗旨，就诸如方志资料的征集、志书体例的革新、通志馆运作模式的选取等问题提出意见。③ 瞿氏接到信函后立即予以回复，对上述三人所提旧志体例"当续、当补、当削、当改"的意见表示赞同，对征集资料的范围与主要内容则提出异议，即认为不仅应当访求碑刻、著述资料，还应当高度重视"官府档案"的收集、整理与保管，指出"部令设立文献委员会，其精意实在改良县府保存档案之法，章氏所谓立志科亦意在于此"。④

需要指出的是，瞿氏上述回信发出后，傅振伦、王重民二人遂于 4 月 3 日再度拟具长信一封，其中诸如"通志为一省之史""方志之书，则兼详于今""方志不惟征文献于既往，实所以资考镜于方来"等观点，显示了傅、王二人对"修志之道"的深入思考，而他们对方志体例革新、修志方法变革所做条理清晰、内涵深刻的阐述，可从下文看出端倪。

（七）修志之道，先严体例，义不先立，例无由起。振伦愚见当别为论著，早经刊布，兹举其条目：1. 宜略古详今，侧重现代。2. 宜博采详志，注意实用。3. 宜特详悉于社会方面。4. 宜侧重在物质

---

① 林潜夫：《与江彤侯先生论修通志书》，《学风》第 1 卷第 3 期，1930 年。

② 彤侯：《复潜夫论志书性质》，《学风》第 1 卷第 4 期，1931 年。

③ 《傅振伦等三君来函》，《河北》第 1 卷第 4 期，1933 年。

④ 《瞿馆长复函》，《河北》第 1 卷第 4 期，1933 年。

方面。5. 门类宜广增科目，而注重在科学方面。6. 采择贵广，先作长编，以备后日之抉择。7. 应广增图表。8. 须据事直书。9. 文人不可与修史志。①

上述关于修志体例、方法等问题的理论探讨，在某种意义上揭示了"修志之道"，而其中包括志书内容宜详今略古、注重实用，尤其是注意社会方面、物质方面和科学方面的记述，以及注重图表的应用和新兴门类的增设，对当时乃至今天修志仍具有重要的启示意义和借鉴价值。

第二，来自全国各地的专家学者以通志馆为中心，有力推动老辈与后辈之间学术传承，共同促进方志理论的创新发展。在民国各省市通志大规模编修的背景下，来自各地的专家学者以通志馆为中心，就修志理论问题互相研讨，对方志的体例、门类、篇目、内容等的革新做了积极的探索，形成了方志界敬重老辈、相互研讨、共同创新的良好氛围。

在奉天通志馆中，总纂金梁是总裁张学良的老师；馆长白永贞既是张学良自幼得益于国学基础的恩师，也是继任总纂金毓黻在辽阳求学时的县立启化高等小学堂校长，有师生之谊；同时，金毓黻借来馆之机不时与吴廷燮、金梁等通志馆同人相商。如在给总纂吴廷燮的书信中，金氏以弟子身份，报告其"近来赶修《通志》，将旧稿加以增补，大约大事、沿革两志不日即可定稿"的情况，并就"疆域、山川、选举、职官、金石、艺文诸志"所遇资料缺失问题，恐"为人指摘"等忧虑，请吴氏"予以督教"。② 通志馆内尊师重道的良好风气，形成了师生间交流互动的良好风尚，这不仅有利于固有学术的传承，还使修志理念在老辈们的指导下得以发展创新。

值得一提的是，金毓黻编纂"大事志""沿革志"时，曾就编纂体例问题进行过一番思索，认为历代修志多采用纪传体、编年体、纪事本末体等，其中纪传体是仿正史而作，其体例是目以类归，层次较为明晰；编年体是以年代为线索编排史事的体例形式，常见于史书、大事记、沿革志中；纪事本末体是以事件为主线，将有关专题的记事和材料集中在一起的体例形式。由于"大事志"和"沿革志"等最初由总纂吴廷燮负责，金

① 《傅振伦王重民两君第二次来函》，《河北》第 1 卷第 4 期，1933 年。
② 金毓黻：《静晤室日记》第 5 册，辽沈书社 1993 年版，第 3547 页。

毓黻续任总纂后，虚心向前辈请教，在体例上延续吴氏"旧稿而略有增损"之法，并不时就编纂方法与体例问题向吴氏致函请益。[①] 金氏还虚心接受吴氏教导，在"大事志"的编纂体例上"用编年体"，认为此体例"颇有条理可寻"。[②]

与此同时，各地修志人士经常围绕志书编纂问题相互请益，方志界交流互动日益频繁。1935 年，张国淦所撰《中国方志考》脱稿。是年 5 月，张氏置身于"北平图书馆阅览室"，为该书撰叙时，对"方志之义例"、"方志之学"以及"方志目录"等问题做了深入阐述。[③] 而在主持《奉志》编纂工作期间，金毓黻经探听得知，远在北平的张国淦"近年专研方志之学"，遂与其保持书信往来，就志书编纂问题互相探讨，据其 1935 年 11 月 15 日日记称，"近得来书谓所撰《地方志考》已脱稿"，遂与张氏联系，请其"寄来《辽东志》补页二张，此系自顺德李氏藏本钞出，日本红叶山文库本缺此页，兹得补出，则成完璧矣"。[④] 可见，金毓黻积极倡导尊师重道的良好风气，不仅拜通志馆内老辈学人为师，向其虚心请教学习，还与国内方志界人士广泛联系，通过书信往复、学术交流，实现修志思想与方法的发展创新。

与奉天通志馆同人以师徒相称，互相敬重的情况不同，广东通志馆内温廷敬、陈梅湖和饶宗颐三人关系却显得颇为错综复杂。详考三人关系，首先应当论及饶宗颐来馆原因。据饶氏自称，当年他整理其父所撰《潮州艺文志》，将其在广州《岭南学报》发表，"因为此书在这两个大的专号上刊载，我在广州就很有地位了，大家说我目录学功夫很深，因此我就有机会到中山大学广东通志馆作专任的纂修"。[⑤] 考饶氏来馆时间为 1932

---

① 金毓黻：《静晤室日记》第 5 册，辽沈书社 1993 年版，第 3547 页。

② 金毓黻：《静晤室日记》第 5 册，辽沈书社 1993 年版，第 3040 页。

③ 张国淦：《中国方志考叙》，张国淦著、杜春和编：《张国淦文集》，北京燕山出版社 2009 年版，第 489—498 页。

④ 金毓黻：《静晤室日记》第 5 册，辽沈书社 1993 年版，第 3736 页。

⑤ 饶宗颐述，胡晓明、李瑞明编：《饶宗颐学述》，浙江人民出版社 2000 年版，第 10 页。另有坊间传闻，称："为平息非议，让年仅十七之饶宗颐再次顺利进入通志馆，温公丹铭将自己所著《潮州艺文志》以饶宗颐与其父饶锷父子名义抄袭后刊于《岭南学报》，并由黄仲琴帮作伪序一篇。"其间虚实，有待进一步考证。但黄氏为其作序，盛赞他"年仅十八，续成父书"，确属事实。参见黄仲琴《黄序》，饶宗颐：《饶宗颐二十世纪学术文集》卷 9，中国人民大学出版社 2009 年版，第 157 页。

年，而《岭南学报》发表《潮州艺文志》是在 1935 年 9 月，其来馆时间在文章发表之后，与上述饶氏所言矛盾，显然有自我溢美之嫌。①

事实上，促成饶宗颐以弱冠之龄来馆之人，是同为大埔县人的陈梅湖和温廷敬。1932 年饶宗颐父亲去世，被托付给陈梅湖。陈梅湖当时正受聘于广东通志馆，饶氏遂跟随陈梅湖进入广东通志馆。据称，饶宗颐来馆后，"为提携后进，梅湖公将己撰《韩公治潮事迹》之卷三中'庙祀'部份，布置饶宗颐在馆内志书中查找各朝代所建庙祀地点及时间作《潮州韩文公祠沿革考》"。② 同时陈梅湖还向温廷敬大力推荐饶宗颐，而饶宗颐之父饶锷曾授业于温廷敬，因此饶、温二人同乡之外又多了一层师徒情谊。温廷敬任通志馆主任后，决意重组修志人员，将原有挂名纂修、征访员等人除名，仅留 27 人在馆，其中就有陈梅湖和饶宗颐。应当指出的是，通志馆内人脉关系的错综复杂，无疑会导致馆内人事变动，并进而影响到志书的编纂工作。

第三，民国通志大规模编修实践为方志学理论的发展奠定了重要基础，而通志馆同人在修志实践中颇为注重"科学方法"的应用，由此推动方志学重心从重视"编纂之学"向以"专门学问"为旨归转变。

在方志界交流互动的良好风气下，大量有关方志研究的论著应运而生，这有力地推动了近代方志理论的创新与发展。1932 年河南省通志馆纂修蒋藩发表《方志浅说》，提出修志的"三要"：才、财、材，即修志人才、经费与资料；"三长"：才、学、识；"二纲"：采访、编纂；"四术"：躬亲、专治、择要、耐劳；"四则"：采访得人、材料丰富、取舍精审、文字简洁；"成书三期"：校理旧志、编辑长编、刊定成本。应当指出的是，蒋藩的修志理论虽然受到章学诚的影响，但他注意结合修志实践加以创新，显示了"能澄观时变，不甚固守旧章"的特点。③

1933 年，河北通志馆馆长瞿宣颖撰写长达两万余字的《志例丛话》，在"引言"中瞿氏历述他于 1932 年"上海市府筹备通志馆"的实践经验与教训，以及主持河北通志馆后对方志体例等实际问题的思考，期以探索

① 饶锷辑，饶宗颐补订：《〈潮州艺文志〉卷一》，《岭南学报》第 4 卷第 4 期，1935 年 9 月。
② 陈端度：《点校〈韩公愈治潮州事迹〉有感真言》，http：//club. kdnet. net/dispbbs. asp？ page =1&boardid =2&id =8721811。
③ 申畅：《河南方志研究》，中州古籍出版社 1991 年版，第 268—275 页。

"方志之学所以终不明，而志例所以多不轨于正"的内在原因，以及从理论上解答"方志者果何物乎"的疑问。①

1935年李泰棻《方志学》由商务印书馆出版，该书以十四章的篇幅，论述方志"定义""定名""沿革""编体""用途""内容""资料"等问题。《方志学》一书出版后，引起包括金毓黻在内的广大修志者的高度关注。金氏通读全书后指出，李泰棻阐述的修志理念"颇有助于修志"。②同时，金毓黻还注意到李氏"颇精于古代甲骨金石文字之学"，但书中关于"记录的资料之鉴定法""记录以外的资料之鉴定法""记录资料之整理方法""记录以外的资料之整理法"占据四个章节，虽"谈甲骨，文字极详"，但所述内容竟达整部专著的一半之多，以致令读者产生"似方志学之所重在此者，则失之喧宾夺主矣"。可见，金毓黻在借鉴和吸收李泰棻方志学理论之时，还根据其自身学识与修志经验加以审视。而其日记所述"近日又读李泰棻《方志学》"，以及数度记载阅后感想，则进一步表明金氏对方志学理论的关注与重视。③

无独有偶，1935年傅振伦的《中国方志学通论》也由商务印书馆出版。④金毓黻通览全书，并将其与李泰棻《方志学》进行对比，认为傅振伦的《中国方志学通论》"其分疏之明，条理之密，实胜于李泰棻之《方志学》。盖李氏之作，纯任主观，属于方志学之要项，多未道及，不若傅氏之多任客观，取材较为丰富也"。⑤

1936年湖北通志馆总纂王葆心的专著《方志学发微》定稿，该书分取材、纂辑、导源、派别、反变、赓续、义理等篇章，近五十万言，对方志源流、派别、体例、性质、用途等做了理论上的阐发，尤其是关于方志体例的因革与创新问题，"在综合各家之所长的基础上，发拙新机，断以时宜，为方志的推陈出新，架桥铺路"，从而构建了方志学理论的基本框架。⑥

---

① 瞿宣颖：《志例丛话》，《东方杂志》第31卷第1号，1934年1月1日；瞿宣颖：《志例丛话》，《河北》第1卷第1期，1933年。
② 《金毓黻学术年谱》，吉林省社会科学院编：《学术研究丛刊》（1987年增刊），吉林省社会科学院印刷厂1985年版，第84页。
③ 金毓黻：《静晤室日记》第5册，辽沈书社1993年版，第3707页。
④ 傅振伦：《中国方志学通论》，商务印书馆1935年版。
⑤ 金毓黻：《静晤室日记》第5册，辽沈书社1993年版，第3811页。
⑥ 王葆心：《方志学发微（注析本）》，湖北省地方志编纂委员会办公室1984年版，第3页。

上述以时间为线索，概述这一时期各省市通志馆同人在方志学理论上的成就与观点。需要强调的是，这些方志学论著形成于修志实践，分别就志书取材、志书体例及编纂方法等问题做了系统总结，有力推动了方志学理论的发展，并在某种意义上促进了近代方志的转型发展。

在方志学理论不断发展之时，因应于西方"分科治学"的影响，全国学界还就方志学究竟是一项关于编纂问题的"专门学问"，抑或是具有近代科学性质与学术意义的"独立学科"进行了深入探讨，由此使得近代方志学的内涵与外延均发生转变。

1931年顾颉刚和朱士嘉共同发起《研究地方志的计划》，该计划针对中国旧学问"是片面的，是散漫的，而不是系统的；是文学的，是艺术的，而不是科学的"状况，建议大力发掘中国地方志这一文化宝藏，由此倡导将"各丛书、各大藏书家所有的志书，汇合编纂"，以此作为研究地方志的"先决问题"，进而将地方志"编纂"与"研究一种学问"结合起来，为方志编纂学赋予了新的内涵。①

同时，傅振伦因应于民国《北平志》编纂的需要，撰写发表《编辑北平志蠡测》，详述"编纂《北平志》之意义"，旨在阐释"唯物史观"兴起以来，"历史之科学化"背景下，方志编纂学所面临的新动向，即"凡独自成为专门之学者，亦应叙其源流，详其嬗变之理"，而作为"专门之学"的方志编纂学，其新修志书的体例、篇目、内容等，应当由"专门学者"来从事"专门之研究"。② 如前所述，1932年2月，傅振伦联合孙楷第、王重民二人，向因著述《方志考稿》而被时人誉为"发辉光大'方志学'"的瞿宣颖致函，告以"在通志编纂时期，则文献馆为通志馆之粮台"，即强调文献在编纂中的基础作用，并从"采辑方法""编纂条例"等入手，阐释方志编纂学的理论体系。③ 4月3日，傅氏与王重民再次函告主持河北通志馆的瞿宣颖，称："编纂则应求专门人士，主持规划，非是莫办也。至若特别专一之事，或委之各厅，或分聘名家，均无不可。"可见，当时学界主张方志学以"专门学问"为旨归，通过将志书

① 顾颉刚、朱士嘉：《研究地方志的计划》，《社会问题》第1卷第4期，1931年。
② 傅振伦：《编辑北平志蠡测》，《地学杂志》第19辑第1、2合期，1931年。
③ 傅振伦：《与孙楷第王重民致瞿宣颖函》（1932年2月25日），《傅振伦方志文存》，黄山书社1988年版，第55—57页。

编纂工作委诸"专门人士",实现"方志编纂学"的推陈出新。①

与前述方志理论不同的是,1935 年由李泰棻撰写的《方志学》是近代中国第一部以"方志学"冠名的学术专著,该书"讨论要点凡四:(一)方志之性质,(二)旧志之偏枯,(三)方志主张,(四)方志编法"。而在《方志学》中,李泰棻还对《武功县志》《朝邑县志》《吴郡志》等在内的七种旧志进行批判,详述章学诚修志的六个"不当",目标直指章氏修志"志例之驳议"。②

李泰棻以近代方志转型的理念,批判地继承前人修志思想,对方志本质有了新的认识,无怪乎当时有书评称:"方志之本质安在,迄今罕有论述;有之,自李泰棻之《方志学》始。"③ 可见,李氏主张的"方志学",不仅承袭传统方志学的研究理路,而且从"编纂之学"的角度,对近代方志学理论做了新的诠释。对此,瞿宣颖在评论李氏《方志学》时,亦不无赞叹地说,"李君这部书,还是讲方志学的第一部完整著作"。④

那么,瞿宣颖说的"方志学"究竟是后人所说具有条理系统的方志学学科,还是指方志编纂之学?显然,这个问题涉及方志学的历史渊源,其探讨将有助于厘清近代方志学的渊源流变。对此,梁园东在评论李氏《方志学》时表示,"专论方志编纂,此书尚为创作。读者可以借此略知昔日地方志之大略,志书之体裁内容,及应有之编纂方法"。⑤ 显然在梁氏看来,李泰棻所论"方志学"属"方志编纂"范畴。

在时人所撰有关方志学的论著或书评中,万国鼎的《方志体例偶识》颇有见地。该文从"方志编纂学"的视角,系统考察梁启超、瞿宣颖、李泰棻、傅振伦的方志学理论,认为章学诚以编纂《和州志》《永清县志》《亳州志》《湖北通志》等,"于方志最负盛名",可见梁启超"谓方志学之成立自实斋始,诚非虚语"。而瞿、李、傅氏所论方志学,均强调编纂方法之重要,即"方志体例及各门之应如何编纂,似为方志学之中心"。可以说,包括万国鼎在内的当时学人视"编纂"为"方志学之中

---

① 傅振伦:《与王重民二次致瞿宣颖函》(1932 年 4 月 3 日),《傅振伦方志文存》,黄山书社 1988 年版,第 58—62 页。

② 李泰棻:《方志学》,商务印书馆 1935 年版。

③ 高迈:《书评:方志学》,《出版周刊》1935 年第 128 号。

④ 瞿兑之:《读李氏方志学》,《禹贡》第 3 卷第 6 期,1935 年。

⑤ 梁园东:《读书提要:方志学》,《人文月刊》第 6 卷第 9 期,1935 年。

心"，这反映了"编纂之学"在修志中的核心地位，进一步确立了"方志编纂学"这一"专门学问"的历史地位。

近代以来，传统修志理念的革新与近代科学方法的应用，促使渊源于"方志编纂"的方志学理论发生变革，由此时人在修志实践中逐渐注重"科学方法"的应用。如《广东通志馆期成计划书》指出，修志之要"在合乎近代精神，运科学之方法以求古今变迁演进之文化"。① 同时，修志者尝试科学技术的应用，在志书中大量运用科学仪器测绘地图，这显示了修志方法与技术的变革，引发了修志理念的革新。

在"科学方法"运用于修志实践的持续影响下，时人亦从"科学"立场出发，对方志学予以重新审视。1934 年，张树棻纂辑《章实斋方志论文集》，认为梁启超之所以提出"方志学之成立，自实斋始也"的论断，显然是"以今日所谓科学方法，用以治史"的结果。而在"科学方法"的推动下，学界"以史学之大，以治方志之微，至方志学说，大放光彩"。张树棻此语道出了"科学"之于"方志学"发展变迁的重要影响，强调章氏方志学"极尽科学之目光"的独特之处，但"反复展读"章氏方志学说的张树棻，在探索方志学发展变迁之时，并未注意到学科构建这一重要趋向。②

事实上，在西方"分科"理念的影响下，时人致力于方志学理论构建时，已经涉及"方志学学科体系"建设这一重要议题。1935 年 12 月，傅振伦的《中国方志学通论》由商务印书馆出版。该书以篇章形式系统阐述方志的名称、种类、起源、发展、性质、功用、价值、地位等，为构建方志学科学体系进行了初步尝试。王葆心也于 1936 年撰成《方志学发微》，该书"导源篇"从地理学、史学、经学、文学等学科角度考察方志的历史根源。1938 年，甘鹏云的《方志商》刊行，该著从修志实践出发，系统论述了修志的相关问题，形成一套较为完整的修志理论与方法。在当时"各部门学科，均须以科学方法整理之"的学术背景下，方志学论著层见叠出，这使得方志学理论不断深化，为方志学学科体系的构建奠定了重要基础。③

反观这一时期的修志实践，在方志学学科体系不断演进的影响下，其

---

① 《广东通志馆期成计划书》，广东省档案馆藏，档案号：20 - 001 - 74 - 070 - 074。
② 张树棻：《章实斋方志论文集序》，张树棻纂辑、朱士嘉校订：《章实斋方志论文集》，瑞安仿古印书局 1934 年版，第 1—22 页。
③ 张师惠：《关于方志之我见》，《河北月刊》第 4 卷第 6 期，1936 年。

重心亦由重视"编纂之学"向以"科学"为旨归转变。庄为玑在《方志研究刍议》中专论"新方志之编修"时指出，凡新修方志，"必有划一之体例，以便修行编纂"；其编纂的要旨，尤应明确"目前科学日进，史地遂以分家"的事实；为此他提出"新方志者乃合来原演变分布联系为一之科学，非如昔日附庸于历史之书也"的重要论断，并将其视为"理想中之新方志"。① 与庄为玑视新方志编纂为一门"科学"的观念颇为相似的是，胡行之亦于 1936 年发表《论方志的编辑》，提出方志编纂须聘请"通晓社会科学之人，才能胜任"，尤其是擅长"形而上的科学"与"形而上的制度"之人，"担当编辑之任"，即认为具有"科学"思想内涵的方志学，"方是崭新的方志学"。②

随着近代学术研究"专业化"的盛行，一些参与修志实践的教授也在大学开设方志学课程。如河北通志馆馆长瞿宣颖曾在南开、燕京、清华等校讲授"方志概要"和"方志学"课程；③ 朱希祖与罗香林分别在国立中山大学讲授地方志研究课程；④ 顾颉刚在复旦大学史地系开设"方志实习课"等。⑤ 同时，在"分科治学"理念的影响下，构建方志学"独立学科"的呼声日益高涨。而在西方"分科"观念的持续影响下，学术研究"专科化"大行其道，伴随着近代方志学学科体系的形成，方志学亦趋于成为一门"独立学科"。

总之，在民国通志馆兴办的背景下，渊源于"方志编纂"的方志学理论，借助于各省市通志大规模编修实践的推动，其概念的内涵与外延均有了新的变化。而受西学影响，"分科治学"大行其道，这无疑有利于方志学学科体系的形成。随着近代大学教育的专业化发展，"分科教学"与"分科治学"的理念不断深化，由此构建方志学"独立学科"的呼声日益高涨，方志学学科体系不断演进，方志学的重心亦由重视"编纂之学"，向以"科学"为旨归转变。

---

① 庄为玑：《方志研究刍议》，《厦门大学学报》1936 年第 6 期。
② 胡行之：《论方志的编辑》，《文化建设》第 2 卷第 12 期，1936 年。
③ 田吉：《瞿宣颖年谱》，复旦大学博士学位论文，2012 年，第 111 页。
④ 朱希祖：《朱希祖日记》，中华书局 2012 年版，第 202 页；《国立中山大学文学院廿一年度全院教员担任课目总表》，国立中山大学文学院编：《国立中山大学文学院课程总目》，国立中山大学出版部 1932 年版，第 3、20 页。
⑤ 顾潮编著：《顾颉刚年谱》，中国社会科学出版社 1993 年版，第 321 页。

三、志书体例的继承与创新

民国通志馆的大规模兴办，助推了各省市方志的编修。尤其是在侵华日军到来前，国民政府所主持的社会文化事业获得较为良好的发展机遇。从修志成果来看，这一时期完成编修工作的有安徽、河南、绥远、陕西、甘肃、察哈尔六家通志馆。毋庸置疑，这些修志成果的取得难能可贵，而以这几部志书为样本，对志书体例进行深入考察，或可看出近代方志体例继承与创新的历史面相；与此同时，那些尚未完成编纂任务、正致力于方志编修的通志馆同人，也纷纷就方志编纂的宗旨、原则与方法等问题进行激烈的探讨与交锋，影响所及，牵动整个通志馆上下及内外人士，由此折射出近代方志转型的复杂历史场景。

首先，方志编修宗旨与理念的转变是这一时期志书体例创变的先决条件。方志编修宗旨与理念既与时代要求、地域特征等有关，又与主持者或实际编纂者的学识、履历与经验等不无关系。尤其是志书的时代特性，得到了当时社会普遍关注。如1928年奉天省长公署向奉天通志馆发出通令，强调"时代变迁，形势殊异"，编修通志须注意志书因革与时代变化的关系，并且以社会形势"日异月新，随时进化"为由，提出志书体例当有所变的建议。①

无独有偶，在编纂宗旨上，广东通志馆馆长邹鲁秉持"编纂适应时代的省志"的要求，力求志书反映社会时代风貌。② 例如在地理门类中，要求附有广东各县地图，分别采用手描、蓝印、石印、油印、彩印等近代新式科学方式绘制而成。从某种意义上来说，邹鲁以中山大学名义接收广东通志馆，并且亲自主持志书编纂工作，与他一贯主张"使学校负起社会事业的责任"理念分不开。反映在志书的门类上，邹鲁不仅同意朱希祖"出国华侨与近代中国关系至巨"的主张，创设了外交、教育、宗教、财计等新门类，而且根据广东濒临南洋，侨迁历史悠久、侨居范围广泛以及侨民数量庞大的特点，专门设立"侨务略"，将侨迁、侨民、侨政、侨

---

① 《奉天省长公署为通志馆成立并启用关防的通令》（1928年11月17日），辽宁省档案馆选编：《编修地方志档案选编》，辽沈书社1983年版，第109页。

② 邹鲁：《邹鲁回忆录》，东方出版社2010年版，第273页。

难、治侨等囊括其中，对此，朱希祖在《广东通志总目说明书》中称，设置"侨务略"一门，虽"非敢以创例自居，要亦时至事起，势所当书云尔"。① 由此表达时转势移，志书体例不得不有所反映的编纂理念，而此恰与邹鲁"务求适应近代潮流，成为最新之通志"的编纂宗旨相呼应。②

与此同时，时人的修志宗旨与理念往往因学识、履历、经验等不同而产生矛盾冲突，这在广东通志馆表现得尤为突出。广东通志馆朱希祖、温丹铭两人作为通志编纂负责人，其修志宗旨、思想与理念的差异，导致在方志体例上的着力点各有侧重，由此折射出近代方志转型的复杂历史场景。

1932 年 10 月 5 日，朱希祖应邀自北平南下，拟赴中山大学任教。15日抵达广州，当天校长邹鲁即"言《广东通志》今归学校纂修，本日正成立委员会，请担任纂修通志委员"，下午二时召开通志馆委员会，"议决本日成立委员会，由校长发聘书，敦请修志，由委员会负全责"。③

朱希祖甫一到校，中山大学即成立通志馆委员会，足见校长邹鲁对其来粤寄予厚望。对此，朱希祖在其日记中有详细记载，11 月 4 日，邹鲁主持召开通志馆委员会议，"主任徐甘棠提出修志条例讨论"。其后又分别于 10 日和 14 日讨论通志体例，在 14 日的大会上，邹鲁提出由朱希祖"及吴康、朱谦之、李沧萍起草"。而在 17 日的"《广东通志》条例目录起草委员会"上，与会者"公推余一人起草"。④ 由此通志体例起草重任落到朱希祖一人身上。

对于邹鲁等人的期望，朱希祖也不负重托，到校伊始即着手体例制定事宜。一方面，他与罗香林、李履堪、谢贞盘等人商讨体例问题。朱氏来粤当天，在了解到罗香林从"清华大学史学系毕业，今为中山大学通志事而来"后，即与之进行接触，直至"相与欢谈而别"。⑤ 11 月 4 日，通

---

① 朱希祖:《广东通志总目说明书》，朱希祖:《中国史学通论；史馆论议》，中华书局 2012 年版，第 252—255 页。

② 《中山大学概况》(在西南各机关联合纪念周报告)，邹鲁:《回顾录》，岳麓书社 2000 年版，第 317 页。

③ 朱元曙、朱乐川撰:《朱希祖先生年谱长编》，中华书局 2013 年版，第 372 页。

④ 朱希祖:《朱希祖日记》，中华书局 2012 年版，第 170、175、177 页。

⑤ 朱元曙、朱乐川撰:《朱希祖先生年谱长编》，中华书局 2013 年版，第 372 页。

志馆委员会议召开前，朱希祖"至罗香林寓午餐，商酌《广东通志体例》"；次日晚上，罗香林来朱家，"谈广东通志条例"；10日通志馆开会"讨论《广东通志条例》"之前，朱氏再"至罗香林寓，取所作《广东通志条目》"。17日，下午开"《广东通志》条例目录起草委员会"前，罗香林又来朱家，"谈广东通志条例"。① 两人数次来往商谈，所议之处不仅关系《广东通志体例》，还涉及《广东通志总目》的内容，为通志编纂总体思路与办法奠定了基础。

另一方面，朱希祖广泛查阅《南疆逸史》《广东通志》等典籍，为撰写《广东通志体例》等做准备。早在南下广州时，朱希祖就沿途购置广东方志，据其1932年10月12日所列《至广州时新购书目》，就有同治《韶州府志》、民国《乐昌县志》等志书。② 11月5日，朱氏查阅《南疆逸史》，详考其人物传记，"并摘录附传各人姓名籍贯，以便补查各处县志"，作为"修通志之用"。14日，朱氏期待已久的"道光《广东通志》"（即阮元所修，称《阮志》）由"九经阁书店"送到。③ 该志书共334卷，120册。主纂者阮元以谢启昆《广西通志》布局合理、层次清晰而作为参照，在编纂时还针对广东实际情况，做了增删损益，使得全志既追本溯源，又彰显现状，被梁启超赞许为"良著"。④ 收到志书的当天，朱希祖即"阅其体例"。次日，朱氏详考志书《训典》《郡县沿革表》等后，"论其体例，辩其利病"。17日，朱希祖又"阅《广东通志》中《职官表》《选举表》《封建表》，并作札记"。⑤ 事实上，在撰写《广东通志略例》《广东通志总目》《广东通志说明书》等时，朱希祖对阮元《广东通志》（包括舆地略、山川略、建置略、经政略、前事略以及列传等）做了反复、细致的考察，其过程可谓贯穿于其任职国立中山大学广东通志馆的始终。

应当指出的是，通志馆方面对《阮志》颇为看重，尤其是校长邹鲁，在11月4日主持召开第一次委员会议时，虽然认为"阮志原文谬误者可

① 朱希祖：《朱希祖日记》，中华书局2012年版，第170、171、173、177页。
② 朱希祖：《至广州时新购书目》，樊昕编：《南京图书馆藏朱希祖文稿》，凤凰出版社2010年版，第380—383页。
③ 朱希祖：《朱希祖日记》，中华书局2012年版，第171、175页。
④ 梁启超：《中国近三百年学术史》，东方出版社1996年版，第373页。
⑤ 朱希祖：《朱希祖日记》，中华书局2012年版，第175、176页。

删改辨证之","历史长而阮志未包者，可悉记其原委"，并且"补采明末清初事补阮志之缺"，但在体例问题上仍赞同徐甘棠等人"各事项续阮志"之议。① 显然，此议与朱希祖所持理念有较大差异。在朱氏看来，新志应"不专续阮元之志，须新定体例，包括新旧各事业，阮志所无增之，阮志误谬辩正之"，即在体例上进行"新"的变革。由此，修志理念之争初现端倪。②

对于馆内同人的异议，朱希祖在详细考察和探究阮元《广东通志》后，于11月24日开始"拟《广东通志略例》"，经过反复的撰写与"改正"，至12月初，大体写成。③ 在《略例》中朱氏直言"专续《阮志》"之弊，力陈方志体例"当变通"之由有二：一是"通志之名，媲于通史"，全志应当考究"自封建而变为郡县，由帝制而改为民主"之渊源，将"非常变革网罗一书，乃足观其会通"，而不应存有"今续修通志，应迄清亡为止，民国改步，当别立新裁，非旧志条目所能统摄"之念。二是志书应当理清近代以来广东政治、社会制度等发展变化的脉络。"清季以来，新制繁兴，民国肇建，政体丕变，然内外制度，半沿清季，民党巨业，囊括中夏，虽盛极于近祺，亦胚胎于清季，斯皆断代之所不便述，亦《阮目》之所不能包。王言建典，官司列禄，尊王之义，今所不需。姓氏方言，侨民客籍，前贤所忽，今所必增。是则《阮志》条目势须增减。"④ 显然，朱氏在《略例》中强调方志的"时代"特征，应与时俱进地反映社会制度的演变，实现"通"的宗旨。

朱希祖这番话应当是有感而发，揭示了近代以来方志编修的弊病，矛头更多指向馆内执意沿袭《阮志》体例之人。为此，在《略例》中他还将谢启昆《广西通志》与阮元《广东通志》对比，认为两者都以典、表、略、录、传总其纲，而《阮志》这五类均有可议之处。

第一，删削"训典"。考《阮志》"训典"二卷内容，"专载清代皇言，无论与当今政体不能相容"，故当"废除此典"，将与广东省有关的谕旨、诏令等，"酌量节取，散入各门"，加以解决。第二，《阮志》之

① 冯双：《邹鲁年谱》，中山大学出版社2010年版，第526页。
② 朱希祖：《朱希祖日记》，中华书局2012年版，第170、171页。
③ 朱希祖：《朱希祖日记》，中华书局2012年版，第179页。
④ 朱希祖：《广东通志略例》，朱希祖：《中国史学通论；史馆论议》，中华书局2012年版，第224页。

"表"，"考订最精"，体裁亦美，则"仍其名而补其遗"。第三，重定"十二略"，使其合乎"时异势殊"之境。"《阮志》十略，或宜会并，或宜扩张，或宜增设"，其原则是合乎民国"时异势殊"的环境。此外，应当改"前事略"为"大事纪"，并提至"首篇"。之所以不用"前事"，"以事无巨细，皆为前事"，改"前事"为"大事"，"则随时随地皆可自立标准，以定取舍"。第四，废"录"入传。《阮志》虽列录类，但其体例与传无异，其差别在于录用于"官师"，传用于"民庶"，以显尊卑之别。民国肇建，民主时期自不应当做此分别，故"拟将宦绩、谪宦并入于传，废除录名"，"以除名异实同之弊"。第五，分解《阮志》"传"类。据本省人、外省人（或外国人）之别，分内传与外传，内传又以个人、社群之别，分为专传与汇传。其中专传包括先进、忠义、孝友、隐逸、列女，汇传有学林、艺苑、教门、货殖，外传有名宦、谪宦、流寓、外侨。①

从朱氏上述增删、修改《阮志》体例情况来看，几乎涉及原志编修宗旨、体例、方法的方方面面，其修改力度可谓非常大。而考察朱氏《略例》全文，表面上只是将原来的"典、表、略、录、传"五种变为"纪、表、略、传"四类，但实际上不仅删除了"典""录"等不合时代要求的类目，并且坚持有沿有革的理念，对其他几类做了不同程度的修改。而文中数次提及民国政治、制度等与前代不同，提倡进行合乎时代标准的变革，表现出朱氏求"新"求"变"的修志理念。

1933年1月15日，《国立中山大学文史学研究所月刊》公布了略例总目。文后所附说明称，朱氏所拟总目"义例严明，卓识创见，为前此各省通志所未有"。需要强调的是，该总目之后的说明称，当前通志总目"大概已定"，细目则"尚系举例性质，不过略示范围，未为定称也"，将来务必要修改四处，即"传"类的耆旧拟改先达，学术拟改学林，艺术拟改艺苑，宗教拟改教门，其他细目"恐将来尚须修改"。②《国立中山大学文史学研究所月刊》的这则消息，并未提及通志馆内关于方志编修宗旨与理念的争执，但其总目后所附说明，以"大概""未为定称""恐将

---

① 朱希祖：《广东通志略例》，朱希祖：《中国史学通论；史馆论议》，中华书局2012年版，第224—231页。

② 《文史学界消息：国立中山大学接修广东通志》，《国立中山大学文史学研究所月刊》第1卷第1期，1933年1月15日。

来尚须修改"等字样，或隐或显地透露各方的僵持与纠结。

如果说在编委会第一次会议上，通志馆上下已在修志理念上产生分歧，那么随着温廷敬的加入，修志理念之争因牵涉人事、学术与个人见解而变得更加扑朔迷离。早在许崇清任广东通志馆馆长之时，温廷敬即出任总纂，邹鲁主持通志馆后，遂聘温氏为专任编修。查邹鲁与温氏同为大埔人氏，同乡情谊甚笃之余，邹还视温为"岭东宿儒"，对其相当倚重。1932 年 12 月 18 日，邹鲁专门"邀请温廷敬游览白云山黄婆洞"。① 两人游览之时究竟说了什么，现在无法查知，但两天后，当朱希祖"赴中山大学文学院"时，恰逢温廷敬"来会"，温氏所来究为何事？两人又发生了怎样的交锋？对通志馆后续工作又将产生什么影响？

事实上，温廷敬此行正是为朱氏"所拟《广东通志略例》及《总目》已发表"，准备找朱希祖"相与商榷"，两人相见后，温氏开宗明义地"主张续《阮志》"，并称"其前为通志馆总纂时已如此主张也"。② 虽然朱希祖当场未做激烈辩解，但此次"商榷"可谓是两人交锋的预演，为日后通志馆的人事变动做了铺垫。

12 月 22 日，邹鲁主持召开编委会第二次会议，讨论"起草委员会所提略例与总目应如何审订案"。值得一提的是，这次参会者名单有所变动，即"专任编修温廷敬列席"会议，应当指出的是，温氏不仅列席会议，还就朱希祖所拟《广东通志略例》及《广东通志总目》做了针锋相对的驳斥。尽管会议最终将《略例》"照所拟通过"，《总目》亦"大致照所拟通过"，但对于朱、温两人的分歧，馆长邹鲁也难以调解，只好采取权宜之计，将"其中关于'录'一部分交朱希祖委员，'传'一部分交温廷敬先生另行拟具意见再提出讨论"。③

至此，朱、温二人在修志理念上的争执持续升温。观其矛盾焦点，似乎仅为"录"与"传"的细节问题，而在朱希祖看来，问题可能更为严重。据朱氏日记称，当天会上，关于"传中《列女》一传，温丹铭先生主张移置《杂传》，不与《列士》一传并立，颇乖男女平视之旨，且《列女传》既移于下，则《列士传》之名不得不改"，此议显然与时代要求不

---

① 冯双：《邹鲁年谱》，中山大学出版社 2010 年版，第 537 页。
② 朱元曙、朱乐川撰：《朱希祖先生年谱长编》，中华书局 2013 年版，第 367 页。
③ 冯双：《邹鲁年谱》，中山大学出版社 2010 年版，第 538 页。

相符合。僵持之际，朱希祖深感"温氏顽固不化，渠盖力主专续《阮志》"，一气之下，"乃请馆长令温别拟一全传条例"，而对于朱氏基于义愤之议，温廷敬居然"默允"，两人交恶进一步深化。①

朱、温二人在修志宗旨与理念上的僵持、矛盾升级与恶化，牵动通志馆上下，朱谦之、罗香林、李履堪、谢贞盘等人或来问候、或就《略例》与《总目》相商，试图予以调和化解。需要强调的是，12月28日，就在"李履堪来谈《广东通志略例》"之后，朱希祖不顾身患疾病，坚持撰写《废止"六录"书》，并且"写信复邹校长，说明废弃新拟《通志》中六录理由，及善后规划"。②至1933年1月7日通志馆编委会第三次会议召开前，朱氏还拟就"《温廷敬〈广东通志列传拟稿〉献疑》五条"，准备向温氏发起全面反击。随后，朱希祖不仅以书面形式说明《略例》与《总目》之要义，还在编委会第三次会议上详细阐述废除"六录"之由。尽管当时温氏提议恢复《阮志》宦绩、谪宦，"传则亦以'列传'冠首，而以《儒林》《文苑》等旧式列传代'汇传'"，但是朱希祖不依不饶，"力陈'录'与'传'文体不殊，应废'录'而并入'传'，而'汇传'中《学术》（儒林为学术之一）、《艺术》（文苑为艺术之一）、《教门》、《货殖》四传缺一不可"，所言引经据典、有理有据，终于赢得其他与会人士的赞同，遂议决通过朱氏提议，而"温案大抵废弃"。③

至此，朱希祖在这场修志理念的争执中，似已大获全胜。然而，事情远非如此简单。1933年1月12日，《国立中山大学日报》公布了上述会议召开情况。虽然这则报道对朱、温二人争执只字未提，但明确表示温氏主张的"'录'全部废弃之"，并称"前次会议通过之新志略例中关于'传'一部分亦有修改之必要，决交朱希祖委员负责"。④

上述报道所述不假。在编委会第三次会议召开当晚，朱氏即"修改《通志略例》中'录'与'传'两条，传之略例中有温氏主张，插入颇不相称，且不谛，当尚须提议修改，因而未成"。可见，朱氏承担的通志略例起草工作已受阻滞。而与温廷敬在修志宗旨与理念上的争执，使得身患疾病的朱希祖又"因作文费神，睡颇不能安眠"，随着温氏在诸如体例、

---

① 朱元曙、朱乐川撰：《朱希祖先生年谱长编》，中华书局2013年版，第367页。
② 朱希祖：《朱希祖日记》，中华书局2012年版，第192页。
③ 朱元曙、朱乐川撰：《朱希祖先生年谱长编》，中华书局2013年版，第392、393页。
④ 《本校附属广东通志馆最近要讯》，《国立中山大学日报》1933年1月12日。

类目问题上的不断介入与干预，朱希祖除了"写广东通志馆馆长邹海滨书，驳正温丹铭"之外，还与来访的谢贞盘"评论温丹铭所作《潮州明季忠逸传·辜朝荐传》"，借此抒发不满情绪。①

尽管体例制定工作受阻，但朱希祖仍坚持承担通志发凡起例事宜。1933 年 1 月，朱希祖历时数月所撰的《广东通志总目说明书》在《国立中山大学文史学研究所月刊》全文发表。就此而言，朱氏修志宗旨、理念与方法，可谓得到了通志馆上下的广泛认同。然而，随着 1934 年初朱氏远走南京，罗香林亦于是年 10 月"辞去中山大学本兼各职"。② 继而通志馆主任徐甘棠"因病出缺"，温廷敬遂被聘为通志馆主任，在校长邹鲁看来，温廷敬"就席之后，锐意进行"，其中一个重要变革，即是将被朱希祖删除的"录"重新恢复。③ 由此以人事变动影响志书体例、类目乃至修志宗旨、理念与办法，从而使国立中山大学广东通志馆的各项工作蒙上了一层挥之不去的阴影。

需要补充的是，朱希祖离粤后，邹鲁曾数次去电"劝回校主持"，但从朱氏给罗香林的信中，可以发现朱氏对于邹鲁之劝明确表示拒绝，并说让温廷敬"主持甚好"，而其本人却以"既已辞职不便再言"为由，不为温氏主持修志之事写推荐信。显然，朱氏信中所言，暗藏玄机，个中意味，颇值得玩味。④ 而广东通志馆同人关于修志宗旨、思想与理念的矛盾冲突并非个案，事实上这一时期各省市通志馆同人由于治学旨趣、学术涵养、教育背景、人物性格与气质的不同，往往会产生修志宗旨、思想与理念上不同程度的差异，由此导致各人在方志编修时着力点各有侧重，这使得近代方志转型的历程更加复杂多元，进而折射出近代方志转型的复杂历史场景。

其次，方志体例、类目、内容等的变革与创新，是近代方志转型最直观的体现。这一时期编纂完成的安徽、河南、绥远、陕西、甘肃、察哈尔六省通志，以及尚处于编纂过程中的奉天、广东、上海等省市通志，均在体例、类目与内容上有所革新，表现出近代方志转型的具体面相。现择要

---

① 朱希祖：《朱希祖日记》，中华书局 2012 年版，第 197、198、201、202 页。

② 罗敬之编：《罗香林先生年谱》，（台北）"国立编译馆" 1995 年版，第 26 页。

③ 国立中山大学秘书处编辑：《国立中山大学现状》，国立中山大学出版部 1935 年版，第 257 页。

④ 朱希祖：《朱希祖复罗香林书》（1934 年 3 月 24 日），广东省立中山图书馆、香港大学冯平山图书馆编：《罗香林论学书札》，广东人民出版社 2009 年版，第 303、304 页。

概述如下。

一是"变通旧通志体例",即通过增设新门类,加强对社会经济内容的记载,并注重反映民众生活状况。如《安徽通志稿》设立教育、司法、民政、财政、交通、外交诸篇,显示了对社会时代问题的重视,尤其是该志《大事记》稿,针对旧志详于政府而略于社会民众情况记载的弊端,提出"今省志之有大事记,意在纪载一省中之政治兴革",避免旧志"详于中朝而略于地方",以及"详于兵争而略于政变与民事"。①《甘肃通志稿》亦设立建设、民族、民政、财赋、教育、交通、外交、选举等门类,其中"民族"是"本志所创",其宗旨在于"立族姓以详所出,移徙以考转移,户口以表生聚,宗教、学艺以纪文物进化,而实业则生事所需,吾民族所赖以生以养者也",故要求对征访而来的资料与旧志所载史实"俱依新定类例按目编收",表现出对社会民生问题的关注。②《绥远通志稿》亦设立城市、工业、农业、牧业、矿业、林业、渔业、商业、关税、金融、户口、垦务、水利、教育、留学、民族、宗族、自治、政党、法团、会社、司法、警政、邮电、铁路、公路等新兴门类,并且删汰旧志"星野"等不符合"科学要求"的部类,其《凡例》首条即做说明称:"大多方志稿首述星野之说,各省旧志多与疆域沿革并载,盖以示天文与地域之关系,本志稿视其实无科学根据,故只述疆域,不涉星野";同时,该志还根据绥远地域特征,将民族、宗教、垦务、移民及工业、农业、矿业、林业、渔业、商业等"创例编入",以期详细记载"地方发展之实况"。③《察哈尔省通志》则结合本省地理、气候与社会文化情况,采用"三宝体"作为修志之纲,三宝者即土地、人民、政事;其《凡例》认为,"一省即国家之具体,况边省与强国为邻,尤宜注重此三者,故通书以此三者为经,以事物分隶之为纬",另外增设堤坝、桥梁、沟渠、土质、交通、气候等门类,同时设立农业、工业、商业、学校、财政、党务、法院等新兴门类,特别是"学校"篇目之下设立"中学、小学、师范学校、职业学校、社会教育"等子目,"毕业生表"篇目之下设立"国外留学毕业生、大学毕业生、专门学校毕业生、中学毕业生"等子目,

① 安徽通志馆编纂:《安徽通志稿·大事记》,民国二十三年铅印本,第1页。
② 刘郁芬修,杨思、张维、慕寿祺纂:《甘肃通志稿》,民国二十五年钞本,《中国西北稀见方志》第1册,中华全国图书馆文献缩微复制中心1994年版,第1、2页。
③ 绥远通志馆编:《绥远通志稿》,内蒙古人民出版社2007年版,第1页。

显示了修志理念与社会时代要求的紧密结合。① 陕西通志馆同人鉴于
"各省通志多有新纂之编，体例讲求颇臻详备"，将"实事而求其是"
视为编纂《续修陕西通志稿》的宗旨，删除星野、封爵、帝系等旧志门
类，增设荒政、水利、名胜古迹、金石考古等具有较高史料价值的内
容。②

　　广东通志馆同人较为注重对社会民生问题的记述，从通志总目情况
来看，通志总目首列"大事纪"，在写法上循着"一主详赡，推究始末"
的原则，既有所承继，又以"民国改建，事尤复杂"，大胆摈弃"一偏之
见，运以至公之心"，加以创新。具体说来，大事纪"前代专以政治为
主，今世则以社会为主"，重点记载时代与社会事物。在"职官表"方
面，《阮志·职官表》考证"精审"，"今可依其体例，补道光以后迄于
清末。民国改建，官制屡更，官位屡易"，应当"早为详载"。至于"选
举表"，也应当注意"民国创造，制度虽更，而名实异同之间，当善为比
例，慎于措置"。"地形"类不仅详记本省地形之大概，还应当注重记载
地形、地势、地貌等与民众生活的相互联系，"凡平原地带之构成状况及
其与人民之影响，皆宜详记"。记载"政制"，应当理清"清季改变政
制，行政、司法、立法，俨然鼎立"的历史脉络，把握"民国以来，官
人之法，迥异乎前代"的原则。著录"民事略"，要着重反映"民众社
会"，包括"社会组织、人民行业与夫市廛农村"，尤当"考求民生之舒
惨"，并且认为"一切事业，于社会民生至有关系"，从而将"民生"问
题正式纳入志书范畴。与此同时，针对一些新生事物与社会现象，力求
在志书中加以反映。如新增的地质类"为新创之例"，物产类则关系"国
计民生"，"民事略""民族略"等类目更是关乎"国家民族"。此外，
"户口则改入《民事略》，风俗则改入《民族略》，如此，则可以去除
《阮志》分所不当分，合所不当合之弊"。另外，将传统类目赋予新的内
容，如旧志的"衙署"，不仅沿袭旧志体例，记载建筑、官府等，还将
"近日新建政务、警务、司法等衙署，皆著于此篇"。又适应现实状况，
改《阮志》"经政略"为"财计略"，下分税收、度支、币政、实业等，

---

① 宋哲元修，梁建章纂：《察哈尔省通志》，民国二十五年铅印本，第1—4页。
② 杨虎城、邵力子修，宋伯鲁、吴廷锡纂：《续修陕西通志稿》，陕西通志馆民国二十三年铅印本，
　　第1—6页。

总之"凡财政诸大端，皆入于此"。至于旧式"书院"与新式学校的记载，尽管"民国改建，书院虽已废除"，但书院在中国教育史上仍具有重要地位，如"近代之学海堂，人才辈出，学风不变，其影响至于今而未衰"，故在通志类目上，既保留"书院"，又将记载重点放在"今之大学、研究院"等，对其"详为叙述"，从而在传承历史的基础上彰显时代特性。

二是提倡修志为用，坚持"最近者为切用"原则，强调"修志为取裨政治之用"。如奉天通志馆同人设立"交通志"，记载驿站、水陆路等传统交通，反映近代以来新式交通工具的产生，以及代表西方工业文明的轮船、火车、汽车等交通工具引进中国，所带来的社会文化的巨大变革。以邮局取代驿站为例，邮局的出现推动了近代邮政的形成，由此"制度为之一变，交通行政以利便行人为主"，加之"近世汽车畅通，铁路之外，尚须辅以公路"，更加验证了"近世科学发达之效"。鉴于交通对人们生活所产生的重要影响，以及由此带来的社会文化的巨大发展，《奉志》以"路政""电政""邮政""船政"为篇目，专门记载该省交通状况。值得一提的是，随着近代水、陆、空交通系统的立体发展，"航空"亦成为交通事业的重要组成部分，通志馆同人出于为现实需要的考虑，所定体例"航政中包有航空一项"。《河南通志稿》亦从实用角度出发，对流过省境的黄河做了较为科学的测量与记载，该志"舆地志"记载"水系"时首载"黄河"，称黄河"在本省境（自金陡关至铜瓦厢）计长九百二十九里，两岸自武陟、荥阳以下有堤，水面宽约一二里至三四里不等，水底深约一二丈不等"，尤属难能可贵的是，该志梳理历代以来省境内黄河决口与泛滥的历史，总结出"河水势益横故泛滥溃决之患亦愈多"的经验，对后人治理黄河水患具有重要的参考价值。①

三是注重反映时代特性与地域特征。如上海通志馆同人鉴于近代上海租界林立之状况，重视租界历史的记载。租界是近代中国特殊时代背景下的产物，尤其是在上海这样一个近代港口城市，十里洋场的各国租界打下了深深的烙印，对上海政治、经济、社会、文化等产生了重要影响。对此，柳亚子在拟订篇目时显然"考虑了上海在近代史上的特征"，专门设立"公共租界"和"法租界"两篇，认为"租界的设置是半封建半殖民

---

① 河南通志馆编纂：《河南通志稿·舆地志稿》，民国三十一年铅印本，第1、2页。

地的产物，是历史的污点，但不能不承认它，采取视而不见听而不闻的态度是不行的"。为此，通志馆同人对上海租界的档案、史料及各国文字材料进行系统搜集，加以"缜密的分析研究"，旨在对租界的形成、发展与影响等做客观翔实记载。①

最后，修志原则与方法的改进。一是强调"详今略古"的修志原则。"详今略古"作为志书编修的一项重要原则，广泛应用于当前修志实践，其要旨是在有限的志书体量中，对过去的历史状况仅做沿革式梳理，而不进行深入探究与记述，重点记载现代地情状况。而早在 1930 年代上海市通志编修之时，柳亚子等人即将"详今略古"视为编纂的原则之一，对上海历史沿革略予介绍，重点记述"辛亥革命时代的上海"以及民国以来"北洋军阀时代的上海""国民革命时代的上海""一二八及其后的上海"，由此增强志书的史料价值与参考价值。②

二是根据内容决定形式的原则制定篇目，并指出篇目需要加以调整的事实。地方志记载一地历史文化与社会状况，具有显著的地域性与时代性。而志书编修者面对复杂的地域划分和内容差异，在取舍记载的深度、广度与详细程度时，往往有偏重形式的倾向，造成不客观的模式化和形式主义，影响到志书的整体质量和价值。对此，上海通志馆同人从上海市地情状况出发，摒弃不客观的模式化和形式化，采取内容决定形式的原则，并对需要加以调整的篇目予以明确交代。为此，在《敬告阅者》的说明中，通志馆强调所拟门类及总目，"系依假定之门类而假定者，均未经专门家之审阅"，为此呼吁"国内学者"来信来函，就篇目不妥之处"能赐以切实之批评"，显示了同人"史以求实，志以存真"的修志理念与价值追求。③

三是创设无题概述，以此增强志书的整体性，使其与正文互相照应、互为补充、相得益彰。无题概述又称无题小序、无题引言、无题导言、无题前言，其特征是以简要文字引出丰富的内容，目的是从宏观角度对各层次所记述的内容进行概括和提炼，使读志者对正文内容有一个较清晰的总

---

① 胡道静：《柳亚子与上海市通志馆》，《中华文史资料文库》卷 14，中国文史出版社 1996 年版，第 608 页；《上海市通志馆全志大纲已定》，《申报》1932 年 11 月 9 日第 4 张第 14 版。
② 《上海市通志馆全志大纲已定》，《申报》1932 年 11 月 9 日第 4 张第 14 版。
③ 胡道静口述、袁燮铭整理注释：《关于上海通志馆的回忆》，《史林》2001 年第 4 期；《上海市通志馆全志大纲已定》，《申报》1932 年 11 月 9 日第 4 张第 14 版。

体认识。奉天通志馆同人对此进行了初步尝试，而考察各门类志首概述的写作方法，大致可以分成六类，即浓缩式、纵述式、策论式、特点式、阐明义例式、综合式。其中，基本采用纵述式的有大事志、沿革志、氏族志、职官志、教育志、人物志、选举志、军备志、金石志，约占全志卷数的 62%；阐明义例式的有疆域志、建置志、礼俗志、田亩志、交通志、艺文志，占全志卷数的 23%；特点式的有山川志、物产志，占全志卷数的 9%；策论式、综合式的有实业志、民治志、财政志，仅占全志卷数的 6%。

奉天通志馆同人于各分志中设置无题概述，无疑具有积极意义。而考察各分志无题概述设置情况可以发现，大事志首先陈述设立该门类的原因与历史依据，以阐释志书"非先纪大事无以明经纬"的观点；其次介绍大事志内容的编排方式，即采用"编年体"将历史事件按年、月、日时序排列，由此达到该省大事记述时序脉络清楚、内容简明扼要的目的；再次介绍大事志征引文献、断限等情况。山川志概述首先阐述设立该门的重要性，介绍其广泛参考《水经注》《万山纲目》《水道提纲》等文献，并且以"近年各县方志"为参照，佐以"东三省测量局所绘奉省地图"，在综合各方资料文献的基础上，达到"穷源竟委，得其条理"的目的。建置志则首述记述范围与原则，在记述范围上虽"古今兼纪"，但"以今有其迹者为主，无其迹者附之"；随后以举例方式，论证采取此项记述原则之因。礼俗志概述奉天三大礼俗，即"先民之故俗"、"中原之新俗"和"沿习之礼制"，并且以总分的方式，介绍该门类所含典礼、风俗、节令、岁时、婚嫁、丧葬、祭祀、神教、居室、衣服、饮食、器用、方言 13 目。物产志则重点介绍大豆、高粱、煤、铁、人参、鹿茸、断肠草等具有代表性的奉天乃至东北物产，并且以总分的方式，介绍该门类所含植物、动物、矿物、庶物、贡物等细目。

四是志书编纂方法推陈出新，提倡近代科学方法的应用。随着近代"科学之进步"，一些新式学科与知识、科学方法与技术逐步应用于修志实践。如安徽通志馆同人在志书凡例中明确指出，"考欧西史志，类以科学方法，取政治变革之交割分时代"，故在修志过程中强调运用科学方法，"别定纲目，缀为长编"，"长编之目，迥异新志，因革损益，靳合政情"。①

①《拟〈安徽通志·凡例·目录〉草案》，安徽省地方志编纂委员会编：《安徽省志·附录》，方志出版社 1998 年版，第 496、497 页。

　　在具体编纂方法上，以广东通志馆同人著录姓氏为例，在实际编纂过程中，通志馆同人倡导"破除门第贵贱之见"，"以笔画简繁为序"，重新排列。而在考察事物源流时，注意借鉴中外学者最新研究。以编纂"民族略"为例，由于广东是一个多民族杂居之省，"大别言之，可分汉、傜、黎、疍四种。而汉族又分广府、客家、福老三系"，在记录这些民族时，不仅要考其源流，还应当"参酌中外论述民族研究之义例"，尤其是要注意"中外学者对此问题之研究及见解"，力争改《阮志》"仅为旧籍之丛钞"而为"有系统之叙录"。至于西方新式学科与知识，也应当在修志时加以借鉴。如"近世文化学家、地理学家咸公认之美人韩廷敦氏（Ellsworth Huntington）更以地方温度、雨量之变迁，解释一切文化之升降，论者叹为特识"，对于这些科学知识，在记载"灾变"时，应当加以借鉴和吸收。① 至于广东出国华侨，不仅数量众多，而且"与近代中国关系至巨"，在记载"侨迁"问题时，应当参考"法人黎柱荷芬著《支那交通史》"。此外，在记载广东"方言"时，"参酌语言学方法"；在著录《金石略》时，借鉴"考古学之研究"。总之，凡是"外国之哲学、社会科学、自然科学等，皆可分派叙入"，成为指导修志的重要方法。②

---

① 此处提及的"美人韩廷敦氏"，即近代美国地理学家伊斯沃思·亨廷顿（Ellsworth Huntington，1876—1947），曾于1915年出版 Civilization and Climate（《文明与气候》），阐述气候从根本上影响文化，进而对人类历史具有重要影响；1924年又出版 Character of Races（《种族特性》），进一步提出影响人类进步的三个因素为气候、人的素质和文化。罗香林深受这些观点的影响，在论述客家民族时，经常引用亨廷顿的论著。据此结合朱希祖草拟《广东通志总目说明书》时常与罗氏商谈，或可判断朱氏所拟《广东通志总目说明书》吸收了罗香林的一些意见。
② 朱希祖：《广东通志总目说明书》，朱希祖：《中国史学通论；史馆论议》，中华书局2012年版，第233—262页。

第三章　战时修志与方志文化的形成

　　日军侵华战争及其带来的社会动荡，打破了民国通志馆运作的稳定局势。以往学界对中国人民抗日战争的时间界定，是以 1937 年 7 月 7 日卢沟桥事变为起点，至 1945 年 8 月 15 日日本投降共八年，史称"八年抗战"；近年来，研究者越来越倾向于将 1931 年 9 月 18 日（即九一八事变）作为中国抗日战争的发起时间，由此提出"十四年抗战"的说法。事实上，无论是"八年抗战"还是"十四年抗战"，无非是说明近代中国人在日军侵略下顽强不屈、奋起反抗的悲壮历史，而这段悲壮历史背后所展现的，却是一段社会动荡、经济凋敝、人民困苦的"乱世"，由此使得包括各省市通志编修在内的社会文化事业受到极大的摧残和打击，"乱世修志"亦成为民国时期修志的典型特征。

　　需要指出的是，民国各省市通志馆运作的历史逻辑并不是严格按照上述时间界定，而是随着日军侵华的演进与中国人民抗日战争的展开，呈现出动态调整修志业务的历史面相。而在各省市通志馆总体趋于停顿的背景下，包括奉天、上海等省市通志馆却在日本特殊的文化侵略政策下得以接续或改组，以奉天通志馆为代表的被迫任职于伪政府的修志者，基于保存中华文化等的考量，艰难地在伪政权与侵华日军的双重控制下开展修志工作，由此展现出民国通志馆中辍背景下"文化抗争"的特殊历史面相。

　　近代方志转型与发展的内在理路，既受时局及各种内外因素影响，又与通行的历史线索相背离。换言之，抗战初期通志馆经历严重打击大多陷于停顿后，其恢复与重建并非延迟至战后，而是在抗战期间就已经开始，这显然并非遵循惯常的抗战历史叙述逻辑，而是有其特定的历史背景与内在的转型发展理路。具体而言，随着抗日战争战略相持阶段的到来，社会局势出现重大转变，在此背景下，"抗战建国"成为社会民众的共识，而广大方志界人士在加入"抗战建国"战线的同时，掀起了一场关于战时是否修志、编纂什么样的方志，以及如何编纂方志等问题的争鸣，由此对战时修志的必要性与可行性做了充分探讨，并在一定程度上为战时方志编纂宣传造势，进而将抗战文献纳入"方志文化"的范畴，由此将其视为抗战时期创办通志馆的重要依据，有力推动了抗战中后期江西、四川、广西、云南、浙江、宁夏诸省通志馆的创办与恢复，"方志文化"的价值与重要意义亦随着各通志馆业务的开展而日益彰显。

第一节　战时通志馆的艰难运作

一、日军侵华与通志馆中辍

1931 年 9 月 18 日，日本关东军炸毁沈阳北郊柳条湖南满铁路后，反诬中国军队所为，以此为借口炮轰东北军大本营，进攻沈阳城，制造了武装侵略中国东北的九一八事变。事变发生后，由于国民政府奉行"安内攘外"方略，并不进行实际抵抗，日本关东军得以长驱直入，于次日占领沈阳，并相继侵占长春、安东、凤城、本溪、辽阳、鞍山、海城、复县、盖平、营口、抚顺、铁岭、开原、昌图、四平等地。① 在此情势下，辽宁省政府"各机关都被霸占和破坏"，"省城各商号关门闭户，路上行人断绝，已陷于无政府状态"。② 受此影响，辽宁通志馆所有工作陷于停顿。

九一八事变后，热河境内时常遭到日军侵犯，一些小规模的战事也时有发生。目前各方文献难觅有关热河通志馆运作的记载，推其原因，当与日军对热河的军事进犯不无关联，尤其是 1938 年 1 月，侵华日军向驻守在山海关的中国军队发起进攻后，热河省会承德遭到袭击，短短十余日即

---

① 「支那事変ノ原因・径過・前途」、日本外務省外交史料館所藏記録、アジア歴史資料センター復製：Reel No. A-0218。

② 中央档案馆、中国第二历史档案馆、吉林省社会科学院合编：《日本帝国主义侵华档案资料选编：九一八事变》，中华书局 1988 年版，第 342 页。

告陷落，这对修志在内的社会文化事业无疑造成巨大打击。

1935 年日本发动旨在蚕食中国华北地区的"华北事变"。1 月中旬，侵华日军借故制造"察东事件"，迫使南京国民政府承认察哈尔沽源以东地区为"非武装区"。5 月初，日本关东军借口中国当局破坏《塘沽协定》，迫使南京国民政府电令何应钦与日方谈判，最终与日军华北驻屯军司令官梅津美治郎签订《何梅协定》，由此日本实际取得对华北的控制权，这一系列事件又被称为"华北事变"。

"华北事变"前后，由于动荡不安的社会局势，河北通志馆所有业务实际上已处于停顿状态，至 1936 年 2 月通志馆总裁王树楠去世后，张国淦继任总裁，继续主持志稿编纂工作。张氏针对前志之弊，以"网罗古今，别创体例"为旨归，革新修志方法，即"因其旧者而益其无，增其新者而续其未有，择诸志之善者而从之，其旧志所未妥者而改之"，从而使其后编修志稿的体例与内容趋于新式。[1] 在战乱频仍的时局下，修志业务受到严重挫折，尽管部分河北通志馆同人坚持工作，如谢家荣的《地质志》《矿产志》于 1937 年 6 月完稿，但至 1937 年 7 月 7 日卢沟桥事变爆发后，通志馆被迫仓促闭馆。

"张北事件"是"华北事变"的系列事件之一，在该事件中日方借机提出无理要求，迫使察哈尔省民政厅长秦德纯于 1935 年 6 月 27 日与日方土肥原贤二签订《秦土协定》，规定将率部参加长城抗战的察哈尔省政府主席宋哲元予以撤职，国民政府从该地区全部撤退，由此整个察哈尔境内成为日军控制的区域。作为察哈尔通志馆创办与运作的主要支持者，宋哲元的撤职无疑是对通志馆的巨大打击，而受时局影响，通志馆同人不得不于是月匆匆结束志稿编纂工作。由于仓促成书，志稿中存在不少问题，正如《大公报》以"新书介绍"形式刊登的论评指出，动荡的时局不仅导致通志馆同人"搜集资料困难"，还使整部志稿存在记述内容详略失当、个别地区资料缺失等问题。概言之，一方面，"有应详而不详者"，如该志"政事编"与"蒙古编"，内容"均极简略"。另一方面，"有应略而不略者"，如该志"物产编"有关家畜的记载过于详细。此外，由于"搜集资料困难"，加之受时局掣肘仓促完稿，"有令人不能满意处"，如多伦县情况"几乎全无记载"，沽源县的村庄、户口等的调查表过于简略等，

---

[1]　张国淦著，杜春和编：《张国淦文集》，北京燕山出版社 2000 年版，第 512 页。

由此造成志书内容上的重大缺失。①

1936 年 11 月，伪蒙古军在日本关东军的怂恿下发动了对绥远的进攻，中国军民奋起反抗，开展了轰轰烈烈的绥远抗战，沉重地打击了日本侵略者的嚣张气焰。然而，1937 年 10 月 14 日侵华日军先后占领归绥、包头等城市，绥远大部分地区沦陷。归绥沦陷后，包括绥远通志馆在内的社会文化机关被迫暂停，尽管此时通志稿编竣处于审校阶段，但在战火侵袭下馆内底稿大部分散失。所幸继任通志馆总纂、负责审核志稿的傅增湘曾携带志稿抄本回北平，邀请吴廷燮、夏仁虎、瞿宣颖、谢国桢、史念海、张国淦等对志稿进行全面审核与修订，因此这部被日伪军秘密查找的《绥远通志稿》得以暂时留存。为了掌握绥远地方情况，更好地实施侵华战略，在日伪军的控制下，伪蒙古联盟自治政府驻京办事处处长敖云章欲以重金请傅增湘续修志稿。1938 年秋，伪蒙古联盟自治政府顾问黑泽隆盛造访傅氏，承诺恢复通志馆，并要求其出任总纂。出于保存志书的考虑，傅氏应允修志事宜，遂聘请当时著名学者张星烺、王光纬、吴丰培、孙楷第、韩敏修、刘文兴等校阅志稿，约半年完成，成书 116 卷。清稿誊就后计划送北平京华厂印制，后因该厂印刷技术及时间问题，改为"南满洲铁道株式会社"奉天印刷厂排印，后又担心战事风险而改送日本东京文化研究所影印。1945 年 5 月，志稿印成装订完毕之际，恰逢太平洋战争后期美国空军袭击日本东京，在密集的轰炸下印刷厂被夷为平地，成书及原稿在炮火中损毁殆尽。② 这部凝聚着诸多学者多年心血的志稿历经劫难而屡屡幸免，但终究难逃战火的侵袭而毁于一旦，堪称民国通志馆在日军侵华战争中惨痛经历的一个缩影。

河南省会所在地开封亦遭到侵华日军的炮火袭击。自 1938 年 4 月 9 日起，日军展开对开封的轰炸；6 月 6 日，在日军十四师团土肥原贤二部的猛烈攻击下，开封被攻陷。开封沦陷后，侵华日军设立军、警、特组

---

① 《新书介绍：察哈尔省通志》，《大公报》1936 年 6 月 25 日第 11 版。

② 张万仁：《五十年来未能问世的一部珍藏——〈绥远通志稿〉》，《中国地方志分论》，中国地方史志协会、吉林省图书馆学会 1981 年版，第 58—64 页。需要说明的是，抗战结束后，绥远省政府派员面见傅增湘，带回傅氏所存《绥远通志稿》第一稿残缺本，共 113 册（缺 7 册），后又经寻访傅氏遗物，得到《绥远通志稿》第二稿的残缺稿，保存于内蒙古图书馆。参见鲁阳《绥远通志稿的修纂经过及其内容》，张守和主编：《内蒙古方志概考》，吉林省地方志编纂委员会、吉林省图书馆学会 1985 年版，第 33 页。

织，扶植汉奸势力，建立各级伪政权机关，而通志馆所在地河南大学亦被日军占领，该校大礼堂一度被日军当作马厩，礼堂内的座椅也被日军拆除作为他用。虽然早在 1937 年底《河南通志稿》已编竣，但是印刷工作受到日军入侵的严重干扰。根据国民政府命令，河南通志馆同人所撰志稿及其他资料，由总纂胡石青运往四川，保存于重庆郊区，而通志馆西撤至平顶山市鲁山县后，虽然坚持开馆办公，但由于日军侵略下通志馆同人被迫四散，通志馆工作几乎处于停顿状态，志稿排印工作更是无从开展。①

安庆作为民国时期安徽省的省会，由于居于武汉和南京之间，战略位置举足轻重。而在日军攻陷南京后，安庆成为进犯武汉的必经之地。1938 年 6 月 1 日，侵华日军展开"安庆攻略战"，10 日晚集结大批兵力准备向安庆进攻，至 12 日安庆在日军密集的炮火攻击下沦陷。尽管安徽通志馆同人的编纂计划未能完成，但根据各卷单独成书的办法，已先期印刷了部分志书，而尚未完成的志稿也不在少数。为保存修志成果，通志馆同人将各类志稿、征集而来的资料以及馆内藏书运至桐城县小龙山花山中方寺密藏。1942 年 5 月，日军对包括桐城在内的广大地区发动"大扫荡"，这直接威胁到密藏的志书、志稿及各类文献资料。12 月 2 日，迎江寺住持率众僧将藏书秘密转运回安庆，庋藏于迎江寺振风塔第三层，从而使这批志稿转危为安得以幸存，但自此之后通志馆编纂以及志稿排印工作再也未能重启。②

上海市通志馆早在筹备期间即受到侵华日军炮火的严重干扰。1930 年 1 月 24 日，上海市政府第 148 次会议决定设立通志馆筹备委员会。在委员会的积极推动下，通志馆筹备工作进展顺利，但迟至 1932 年 7 月 14 日，上海市通志馆才正式成立，推其原因，则不得不提及 1932 年 1 月 28 日日军发动侵略上海的"一·二八"事变。据统计，此次事变造成大量人员伤亡和财产损失，上海市"教育机关因沪变而全部停顿"，市财政"自事变以迄最近全部收入减少约在 75% 至 80%"。③ 事变发生后，国民

---

① 王守中：《民国年间河南通志馆始末》，中国人民政治协商会议河南省委员会文史资料研究委员会编：《河南文史资料》第 12 辑，河南第二新华印刷厂 1984 年版，第 151、152 页。

② 江贻隆：《漫谈民国时期的安徽通志馆》，《黑龙江史志》2013 年第 15 期。

③ 另据统计，"一·二八"事变造成上海市损失达 15.6 亿美元，受直接损害民众达 180816 户 814084 人，占全市人口的 45%，其中死亡者 6080 人，失踪者 10400 人。参见《国民党中央党部统计处编上海市区内沪变损失初步（1932）》，中央党史研究室第一研究部、中国第二历史档案馆编：《国民政府档案中有关抗日战争时期人口伤亡和财产损失资料选编》第 3 册，中共党史出版社 2014 年版，第 1121—1123 页。

革命军十九路军奋起抵抗，中日之间的谈判直到当年 5 月 16 日才以签订停战协定的方式宣告结束，由此导致通志馆直至是年 7 月才得以成立。

如果说上海市通志馆筹备期间受到侵华日军干扰只是一个历史小插曲的话，那么 1938 年上海沦陷后，日本扶植的伪上海特别市政府则是特殊时局下的"变态"产物。1938 年 8 月 13 日，侵华日军大举进攻上海，中国军民奋起抵抗，"淞沪抗战"爆发。"八一三"事变后，上海市通志馆奉上海市政府令停止所有业务，馆内同人被迫遣散。通志馆工作全面停顿后，日本扶植的伪上海特别市政府于 1938 年 10 月 16 日成立。1940 年 3 月，改隶汪伪国民政府，陈公博于是年 11 月 20 日担任伪上海特别市政府市长。沦陷期间，伪上海特别市政府曾于 1942 年 8 月 12 日设立"通志馆筹备处"，地址为辣斐德路 557 号，陈麟瑞为筹备处主任。自 1942 年 8 月起，每月由特别市政府经费下拨 4 万元。[1] 值得一提的是，陈麟瑞是柳亚子的女婿，他于 1930 年获得美国威斯康星大学文学学士学位，次年又获取哈佛大学硕士学位。[2] 1934 年 1 月，陈氏与柳亚子之女柳无忌，在上海大东酒楼结婚。[3] 原馆长柳亚子竟然以这样一种方式与通志馆发生关系，可谓"乱世修志"背景下的一种变态现象。而作为特殊时局下的"变态"产物，通志馆筹备处成立不久即无疾而终。

上海沦陷后，侵华日军为封锁中国的海上交通线，又于是年 10 月发动对广州的进攻。12 日，日军在大亚湾登陆。21 日，日军由从化、东莞进占广州，在密集的炮火攻击下广州沦陷。在此过程中，日军对广州市区进行了狂轰滥炸。据统计，日军从 1937 年 8 月 31 日首次空袭至 1938 年 10 月 21 日广州沦陷，共出动飞机 900 多架次，炸死居民 6000 多人，炸伤近 8000 人，炸毁房屋 4000 多间，其中尤以 1938 年 5、6 月间最为猛烈。侵华日军的狂轰滥炸与战争威胁无疑给包括广东通志馆和国立中山大学等在内的教育文化事业造成严重影响，在财政方面通志馆处于崩溃的边缘，1937 年 8 月馆长邹鲁不得已再度向广东省政府财政厅发出求援信函，随函还将通志馆所需经费预算书等文件一一呈上，然而处于时局动荡背景下的广东省政府亦对之无能为力，通志馆被迫结终已成定数。9 月 11 日，

---

① 《日伪上海特别市政府关于通志馆组织的文件》，上海市档案馆藏，档案号：R1 - 18 - 758。
② 魏桥主编：《浙江省人物志》，浙江人民出版社 2005 年版，第 716 页。
③ 柳亚子：《柳亚子自述》，群言出版社 2014 年版，第 31 页。

中山大学发出《关于通志馆暂行停办一事的训令》称，通志馆因校款支绌，加之时局动荡，"修志事项，应暂停顿，以资节省"，尽管训令表示一旦"时局安定，校款充足，再行规复"，但通志馆闭馆、职员解聘、所有事项停办已成事实。[①]

至于通志馆的善后问题，训令亦要求，将馆内所有"文卷公物"，交由助理纂修何乃文保管。职员方面仅留工人一名，协助何乃文料理后续事宜，其他职员"一律停职解雇"。而馆内图书资料，凡"借来者，应即照数送还"，借出者则"应即开其书名，及借用人部别姓名，暨借用日期，详表送校，由校分函追问"。[②] 训令还开列了停职人员名单，如表3-1。

表 3-1　国立中山大学广东通志馆停职人员名单（1937 年 9 月 11 日）

职位	名单
助理纂修	陈铁魂
征访员	杜哲全、温克瑶、李介丞
庶务	李杰
办事员	吴汉光、尹柱显
缮校员	陈昆鹏
事务员	陈经纶
图书管理员	张丽玉
书记	张迳之、张维生、丁之玙、吴惠卿、蔡雪珠、郭照严、黄策

资料来源：《国立中山大学关于通志馆暂行停办一事的训令》，广东省档案馆藏，档案号：020-001-74-054-062。

由上述名单可以发现，所列停职人员除助理纂修陈铁魂外，并未见各门类的编纂人员名单。事实上，包括通志馆主任温廷敬，纂修人员冒鹤亭、陈梅湖、黄仲琴、饶宗颐、饶聘伊等人也已全部解职。

时局动荡不安，社会经济也因日军南下而急剧恶化，对于通志馆职员

---

① 《关于暂行停办通志馆的文》，广东省档案馆藏，档案号：020-001-74-063-064。关于通志馆的闭馆时间，《广东通志考略》称，"于民国二十四年散馆"，即 1935 年闭馆，显然有误（参见李默《广东方志考略》，吉林省地方编纂委员会、吉林省图书馆学会 1988 年版，第 18 页）。倪俊明在《中国地方志总目提要》中亦认为通志馆于民国"二十四年结束"。金恩辉等编：《中国地方志总目提要》，（台北）汉美图书公司 1996 年版，第 19-9 页。

② 《国立中山大学关于通志馆暂行停办一事的训令》，广东省档案馆藏，档案号：020-001-74-054-062。

来说，闭馆无疑是一个沉重的打击。为了筹集"安置家室"经费，以及解聘后的"往返川资"，通志馆职员萧汉槎、饶聘伊、李杰、吴汉光、杜哲全、尹柱显、温克瑶、张迳之、郭照岩、张维生、吴惠卿、张丽玉、丁之玙等人联名写信，诉以"非常时期，本馆奉令结束，职等亦一律解职，此种苦衷，经已洞悉，然职等月薪多者不过百拾元，少者仅足维持个人生活，平素已乏积蓄"，一旦解职，将无以为继。为此众人函告通志馆主任温廷敬，请其转呈中大校长邹鲁，希望"依照常例加给恩俸一月，藉资润涸"，以示体恤。① 通志馆职员生活窘蹙之状，由此可见一斑。馆员辞退后不久，通志馆馆舍也很快被挪作他用。10 月 14 日，广东蚕丝改良局向中大致函，要求"借用原广东通志馆房屋三间"，作为养蚕之用，并且要求将馆舍外墙的白色"改涂灰色，以避敌机"。对此，校长邹鲁回函答复，除保留办公厅及图书室外，其余均借与充当蚕室。② 1938 年 3 月 25 日，广东蚕丝改良局再度来函，以"蚕造瞬将开始"为由，请求"多拨借通志馆房舍，以为蚕室"，虽然中大答称通志馆现有房舍"存放文稿、图书、家具甚多"，"势难再行拨借"，但是通志馆恢复之日遥遥无期，其历史也随着中山大学因战局恶化西迁而正式终结。③

日军进攻广州，不仅是要封锁中国海上交通线，切断中国的国际物资补给线，而且是为了配合武汉会战，企图通过攻占武汉这座当时全国军事、政治、经济中心城市，达到迫使中国政府屈服的目的。广州沦陷后，驻扎在长江北岸的日军立即攻占黄冈、阳逻等地，至 10 月下旬初结束武汉外围作战。10 月底，侵华日军先后占领汉口、武昌、汉阳，武汉三镇被攻占，标志着武汉正式沦陷。沦陷期间，武汉的人民生命和财产安全受到严重威胁，据统计其间房屋被毁 43025 间，被屠杀的民众达 13508 人。武汉会战前夕，湖北通志馆同人正在大力采访和收集修志资料，尤其是在总纂王葆心的带动下，通志馆同人通过"携带纸笔，查抄结合"，"广泛涉猎，旁征博采"，"反复比较，取长避短"等办法，在资料收集方面取得了积极成效。然而，随着武汉会战的爆发，以及日军大举压境的逼

---

① 《关于请准依照常例加给一个月恩俸的文》，广东省档案馆藏，档案号：020 - 001 - 74 - 068 - 069。

② 《国立中山大学关于广东蚕丝改良局请借用通志馆房屋等情的文》，广东省档案馆藏，档案号：020 - 005 - 161 - 021。

③ 《关于拨借通志馆房舍为蚕室之用的文》，广东省档案馆藏，档案号：020 - 005 - 161 - 006 - 007。

迫，"此时葆心年达七旬，身体不佳，湖北省政府决定西迁恩施，志馆人员人心浮动。王葆心感到有些力不从心了。为了防止千辛万苦搜集到的资料散失，他几次召开会议，号召大家把资料收藏好，其后向领导机关写了辞呈，退归大别山罗田故里"，而湖北通志馆的所有工作遂陷于停顿。①

除上述提及因所在城市沦陷而被迫结束修志工作的通志馆外，抗战初期包括昆明等未沦陷的城市，通志馆工作亦遭受巨大影响。1938 年 9 月 28 日，日军展开对云南的空袭行动，上午 9 时许，随着防空警报的响起，昆明市内在日军飞机的轰炸下化为一片火海。而在抗战期间，日军共计向昆明地区出动飞机 1089 架次，投掷炸弹 3043 枚，造成了大量的人员伤亡和财产损失。② 在日本飞机的轰炸威胁下，通志馆同人被疏散到他处，编审方国瑜亦"搬到昆明北郊的白龙潭住了一月余"，云南通志馆遂被迫闭馆。③

总之，侵华日军对民国各省市通志馆的正常工作造成了严重干扰和打击。据统计，除奉天通志馆仍坚持在伪政权下开展地方志编修工作外，包括热河、河北、察哈尔、安徽、上海、广东、湖北等省市通志馆或被迫闭馆、或仓促结束、或名存实亡；而绥远、甘肃、河南等省志稿编竣后，因战火侵袭、时局动荡不安而未能印行。因此，日军侵华造成的社会动荡与民族危机，使编修地方志这项中华民族优秀文化传统被迫中断。

二、伪政权控制下的奉天通志馆

九一八事变后，日本帝国主义在东北推行殖民政策，并加紧筹建所谓满蒙新的独立政权的活动。由于地方志具有极其重要的综合性资料文献作用，举凡一个地方的地理、政治、经济、社会、教育、文化等无所不载，这既是研究中国问题的重要资源，又是日军企图掌握的重要情报，因此在对中国实施军事侵略的同时，日方还专门组织人员在中国调查研究各地修志情况。如为强化对中国文化机关的控制，日本防卫省防卫研究所曾组织

① 叶贤恩：《王葆心传》，崇文书局 2009 年版，第 161—164 页。
② 云南省课题组编著：《云南省抗战时期人口伤亡和财产损失调研成果选辑》，中共党史出版社 2010 年版，第 12 页。
③ 方福祺：《方国瑜传》，云南大学出版社 2001 年版，第 69 页。

人员调查并掌握包括上海市通志馆在内的"学术文化机关及文化团体"的信息，并且根据这些情报信息编撰《关于中国"教育、思想、宗教、宣传、外国势力"报告书》，其中详细记载了上海市通志馆的馆址、主管者、藏书及研究情况。① 与此同时，日方通过扶植和利用伪政权控制通志馆业务，而以金毓黻为代表的奉天通志馆同人从保存中国历史文化的角度出发，坚拒伪政权所有职务的同时，毅然承担起修志重任，其时金氏自称"日尽十纸，偶有寸得，郁抱为开，书卷之外，别无所乐"，由此形成了一段伪政权控制下通志馆曲折发展的历史。②

在侵华日军的控制下，1931 年 12 月 16 日，伪奉天省政府成立，臧式毅于是日就任省长。③ 次年 2 月，辽宁通志馆恢复工作，其名称又改为奉天通志馆。由于伪奉天省政府受日本控制，相关人事亦随"政府改组"而大为变动，3 月 30 日，奉天通志馆向时任伪奉天省政府主席臧式毅致函，"所有总裁一席，仍请继续兼任，以利进行"。④ 即函请由臧式毅总揽奉天通志馆一切事务。

随后通志馆人员得以重组，时至 7 月 27 日，通志馆编制的履历表显示，经历事变后的通志馆，其内设机构仍分纂修、事务二处，处长下有事务员、雇员若干人，其详情如下：馆长白永贞、副馆长袁金铠，两人均于1932 年 1 月 1 日到馆履职；吴廷燮任总纂兼纂修处处长，事务处处长由通志馆会计主任牛锡之充任，吴、牛二人均于是年 7 月 1 日到职。通志馆事务员主要有史锡华、王经佐、杨缙云；雇员有王学维、唐学尧、李长洲、刘英秀；夫役有黄义、郑子卿、石玉林、石秉衡。⑤ 需要指出的是，受客观条件所限，通志馆人员变动较为频繁，由此影响到通志馆的分工安排与编修进度等事宜。

8 月 2 日，通志馆关防由伪奉天省教育厅颁发，这标志着九一八事变

---

① 日本防衛省防衛研究所、中支那に於ける「教育、思想、宗教、宣伝、外国勢力」『に関する報告書』（第 1 篇　教育）：Ref. C11111946000。

② 金毓黻：《静晤室日记》第 5 册，辽沈书社 1993 年版，第 3409、3425 页。

③ 《臧式毅就任伪奉天省长的布告》（1931 年 12 月 16 日），辽宁省档案馆编：《奉系军阀档案史料汇编》第 12 册，江苏古籍出版社 1990 年版，第 502 页。

④ 《通志馆为仍请继续兼任本馆总裁致臧式毅函》（1932 年 3 月 30 日），辽宁省档案馆编：《奉系军阀档案史料汇编》第 12 册，江苏古籍出版社 1990 年版，第 586 页。

⑤ 《奉天通志馆人员履历表》（1932 年 7 月 27 日），辽宁省档案馆编：《奉系军阀档案史料汇编》第12 册，江苏古籍出版社 1990 年版，第 643 页。

后一度中断的通志馆工作得以正式恢复。① 馆内人员到位后，随之进行了分工安排。据《奉天通志馆函送编定职员夫役一览》，馆长白永贞与副馆长袁金铠共同"主管馆内一切事务"，两人不仅负责"纂修志稿"，还根据通志编修方案"进行计划事项"；总纂兼纂修处处长吴廷燮"总纂编成志稿，兼掌管纂修事项"；事务处处长牛锡之负责"掌管银钱收支暨杂务等项"；事务员方面，秦育夫负责"收掌图书"，宋湘忱"校勘志稿"，杨缙云"测量缮绘事项"，方维汉"征访志料"，王经佐"专拟稿件"，姜佐周"专司庶务、会计事项"；雇员方面，李锦轩、曲一民、刘秀岩、李长洲、唐学尧、刘英秀、王学维等"专司缮写"工作。②

在人员到位、分工安排妥当后，通志馆同人加快志稿编纂进度，以期早日完成编纂工作。随着志料征集工作的顺利推进，通志拟目也悉数确定，共分 21 门，分别为大事志、沿革志（附沿革表）、疆域志、山川志、建置志、礼俗志、氏族志、田亩志、物产志、实业志、官制志（附职官表）、民治志、财政志、教育志、选举志、交涉志、交通志、军备志、人物志、艺文志、金石志。在分工方面，吴廷燮负责大事志、沿革表、职官表，金梁负责疆域志、建置志、氏族志、人物志，金毓黻负责山川志，王树楠负责礼俗志，陈思负责田亩志、物产志，伦明负责实业志、交涉志，胡景文负责民治志、选举志，王树翰、于省吾共同负责财政志，赵家干、陶明浚共同负责教育志，许宝蘅、钟广生共同负责交通志，世荣、金魁钧共同负责军备志，袁金铠、栾骏共同负责艺文志，此外袁金铠还与王光烈共同负责金石志。③

值得一提的是，上述通志拟目还根据志料征集情况，经历了一番调整与修改的过程。以礼俗志为例，原计划在其下设立"宗教志"，并拟将佛、道、基督等教在奉天省的情况予以详细记载。"为编辑各宗教志"，考虑到奉天清真寺掌教张子文"于教中各项事实定能详悉"，"特延聘为名誉征访员"，为此开列需要征访志料的"宗教事项"，包括"教之缘起

---

① 《教育厅为刊发东北大学故宫博物馆奉天通志馆三处关防致奉天通志馆函》（1932 年 8 月 2 日），辽宁省档案馆编：《奉系军阀档案史料汇编》第 12 册，江苏古籍出版社 1990 年版，第 640 页。

② 《奉天通志馆函送编定职员夫役一览》（1932 年 8 月 14 日），辽宁省档案馆编：《奉系军阀档案史料汇编》第 12 册，江苏古籍出版社 1990 年版，第 643、644 页。

③ 《各门类编纂分工情况》（1933 年 10 月），辽宁省档案馆选编：《编修地方志档案选编》，辽沈书社 1983 年版，第 134 页。

及宗旨"，"本省及属县等处清真寺之组织"，"省及属县清真教户口若干"，"清真教之礼俗"，"清真教各处学校若干及生徒数并学款之征收"等情况，希冀张氏"按照单开各项逐一查明缮清送馆"。① 然而，由于宗教志料"相形简陋"，"而掌教张子文也不能在清真寺以外增详其他宗教"，故不得不放弃单独设立宗教志的方案，而"将宗教附于礼俗志，称神教，与礼俗中居室、衣服等并列"。② 可见，志料征集情况是设立门类的先决因素，而开馆之初，通志馆同人对志料征集的困难估计不足，征集办法过于单一，认为集本省县志，采各地志料，"合县为省"后即可成书，直到工作遇阻之后才发现，实际情形与预计悬殊，由此不得不修改所设门类、调整编纂计划。

事实上，在编纂过程中，部分志稿因志料征集工作成效甚微，相关内容严重不足，造成"稿中有简陋不全，亟待修辑"的情况。③ 为早日完成志书编修工作，经会议协商，通志馆同人决定对各门类的分工予以调整，其中建置志、财政志交由吴廷燮重编，实业志交由白永贞重编，教育志交由韦焕章、胡景文、依艮藩合编，礼俗志交由金毓黻重编，交通志由史仁华重编，人物志由白永贞重编。

分工调整还受制于馆内人员的变动。1933 年 2 月，王树楠因受河北省政府之聘主持"修河北通志"事宜而远走。④ 总纂金梁因故去职，通志馆三名总纂仅剩吴廷燮一人。除总纂工作外，吴氏还承担"大事志""沿革表""职官表"三项任务，编修任务较重。而早在 1928 年受聘通志馆总纂之时，吴氏即开始"辑沿革志"和"职官志"；次年，他又"辑补奉天大事志"。至 1930 年，吴氏经过不断的辑补，"先成奉天大事志"；从内容上来看，吴氏所辑"大事志"较"初辑者自嘉庆至光绪"，记载时限已上溯下延，堪称"历代皆备"，其内容也更为丰富完整。1932 年通志馆恢复后，被继聘为通志馆总纂的吴廷燮"复辑奉天志职官表稿"，因自从"嘉庆

---

① 《聘张子文为名誉征访员》（1933 年 10 月 25 日），辽宁省档案馆选编：《编修地方志档案选编》，辽沈书社 1983 年版，第 117、118 页。

② 陈加等编：《辽宁地方志论略》，吉林省地方志编纂委员会、吉林省图书馆学会 1986 年版，第 76 页。

③ 《各门类编纂分工情况》（1933 年 10 月），辽宁省档案馆选编：《编修地方志档案选编》，辽沈书社 1983 年版，第 134、135 页。

④ 王树枏撰：《陶庐老人随年录》，中华书局 2007 年版，第 95 页。

以后，档案不存，搜求缙绅邸报补之，不能完备"。次年，吴氏"仍辑奉天志金石志稿"和"建置志稿"。①

可见，总纂吴廷燮对志稿编修工作进行动态管理和持续推进。而从吴廷燮编纂志书情况可以看出，在长达四年多的修志时间里，吴氏参阅了大量档案文献，而受时局动荡所困，编修工作也是时断时续、历经曲折。需要指出的是，吴氏的方志编修经历并非个案，负责山川志编修工作的金毓黻，亦于复馆后致力于志稿编纂工作。1933 年 3 月，金氏通读"《奉天通志》艺文志叙"后，开始"补辑《奉省方志考》"，在此过程中，除补录"十一种"方志外，他还得到张国淦的帮助，辑录大量奉天省历代方志。在此基础上，金毓黻自 4 月起纂辑"《奉天通志·礼俗志》稿"，对此金氏在查阅文献资料后，"认为可取的资料极少，又组织得太疏漏，似需重编"，遂根据资料情况，将纂辑重点确定为"典礼篇"和"衣葬篇"，并仓促动笔。②

由于"通志系传信后世之书，细目浩繁，必须考证翔实，采择完备，方足以昭永久"，故在志稿编纂过程中，通志馆同人制定了一套较为科学、严密的编纂程序。③首先，经过前期征访志料、制作资料长编及形成各门类初稿后，即呈送馆长初次审阅；经审阅的志稿交由雇员抄稿，抄写完毕后再由总纂做第二次审阅。志稿经总纂修改、补辑后，再交办事员缮清，最后由馆长做第三次审阅，经馆长校勘、校对后，再交办事员缮清完成。④可见，通志馆同人对各门类志稿严格要求，总纂和馆长层层把关，而整部志稿编纂工作经历三审之后，方可定稿。

时至 1933 年 10 月，总纂吴廷燮与通志馆同人总结编修工作时发现，志稿存在三种状态：一是定稿，即大事志、沿革表、物产志、实业志、财政志、官制志、民治志 7 门，经馆长、总纂"详校成定稿"；二是待校稿，即山川志、建置志、氏族志、田亩志、职官表、礼俗志、选举志、交

---

① 吴廷燮：《景牧自订年谱》，《国史馆馆刊》1948 年第 4 期。
② 《金毓黻学术年谱》，吉林省社会科学院编：《学术研究丛刊》（1987 年增刊），吉林省社会科学院印刷厂 1985 年版，第 65 页。
③ 《各门类编纂分工情况》（1933 年 10 月），辽宁省档案馆选编：《编修地方志档案选编》，辽沈书社 1983 年版，第 134 页。
④ 《编纂顺序表》（1933 年 10 月），辽宁省档案馆选编：《编修地方志档案选编》，辽沈书社 1983 年版，第 133 页。

通志、人物志 9 门，经编纂人员"编出志稿尚待校阅"；三是拟纂稿，即疆域志、教育志、交涉志、军备志、艺文志、金石志 6 门，或处于"征集材料"阶段，或"正在编纂期间"。[①]

由上述可见，尽管志稿存在拟纂稿、待校稿和定稿三种状态，但这一成果的取得可谓来之不易，其中不仅总纂吴廷燮承担了志稿编纂任务，其他纂修人员也克服时艰、大力开展编纂工作，通过持续不断的努力，已完成全部门类的三分之一，其他尚未定稿的门类也已取得进展。因此，通志编修计划虽因时局动荡不安、志料难以征集、人员变动频繁等有所延缓，但若无较大变故，全志完稿指日可待。

然而，正当通志编修工作进展顺利之际，编纂计划却因经费问题的日益严重而遭受重挫。为全面了解通志馆经费状况，以下纵述经费来源及数额的动态变化，借此呈现经费问题产生的来龙去脉，进而把握经费问题影响志书编修的历史样态。早在 1928 年 10 月，通志馆尚在筹备阶段，白永贞即呈请时任奉天省省长翟文选拨付现洋 500 元，作为通志馆开办经费。颇为意外的是，翟文选责成财政厅厅长张振鹭直接拨付大洋 5000 元，这是白氏所申请经费的 10 倍，由此显示了奉天省长公署对通志馆的大力支持。

1929 年初，通志馆应省长公署要求，编制本年度经费预算清册。所编预算分为两项，一是"经常经费"，全年 21660 元，其中"人员薪费、夫役工资"每月需款 1090 元，"文具、邮电、购置、消耗及杂费等项"每月需款 775 元；二是"临时经费"，全年 38400 元，其中"开支经费"2000 元，"修书酬金"20000 元，"调查费"6000 元，"缮绘费"2400 元，"购书费"8000 元。通志馆 1929 年度所需经费预算达 60060 元，"所造预算册列各数，均以现大洋计算"，这在当时显然是一笔较大的数目，尽管最初奉天财政厅厅长张振鹭以"库款正值支绌"为由，仅答应从临时经费"酌发半年数"，但在省长翟文选的推动下，上述预算均于当年全部拨付。[②]

---

① 《各门类编纂分工情况》（1933 年 10 月），辽宁省档案馆选编：《编修地方志档案选编》，辽沈书社 1983 年版，第 134、135 页。另注，《编修地方志档案选编》收录这件档案时，将民治志误写成"民活志"，应为编书时录入错误。

② 《奉天财政厅拨付通志馆半数临时经费的函》（1929 年 1 月 10 日），《奉天通志馆函为请领开办费事及财政厅呈拨解办理情形与奉天省》，辽宁省档案馆藏，档案号：JC010 - 01 - 30412。另外，根据通志馆经费拨付办法，"经常经费按月具领"，故无须一次性拨给。参见《财政厅为拨发通志馆修志经费的呈文》（1929 年 1 月 10 日），辽宁省档案馆选编：《编修地方志档案选编》，辽沈书社 1983 年版，第 143、144 页。

1930 年度，通志馆志料征集与各门类志稿编纂步入关键时期，所需经费因人员、办公、调查、征集、购置等费用的增加而有所上涨。尽管关于该年度的经费预算或开支情况缺乏详细资料，但从一份通志馆给省政府的函电中，可以探知该年度通志馆总预算经费（含经常费用和临时费用）"约计十余万元"。① 显然，预算经费较 1929 年度有大幅增长。

然而，通志馆经费充裕的好景不长，到 1931 年因时局紧张，通志馆预算经费被大幅削减，据该年度经费预算，通志馆全年经费仅 23460 元，其中职员薪俸 13080 元，办公费 9396 元，设备购置费 864 元。需要指出的是，受总预算经费大幅削减的影响，包括馆长在内的职员薪水随之锐减，如馆长、副馆长由月薪 300 元降为 100 元，下降幅度约 67%；同时，办公经费也仅限于一些纸张、笔墨、邮电等开支，而在当时图书资料严重不足，大量书报、文献、器具等需要购置，以及各类志稿亟待修缮的背景下，全年 864 元购置费可谓是杯水车薪，远远不能满足修志所需。②

时至 1931 年，由于侵华日军大举入侵造成的时局动荡，尤其是九一八事变爆发后，包括财政厅在内的省政府机关一度陷入紧张状态。受此影响，辽宁省教育厅全年经费仅 50000 元，其中办公经费 9440 元，仅比通志馆的年度经费多 44 元。③ 省政府机关经费拮据之状，由此可见一斑。

1932 年 3 月 1 日，日本扶植的傀儡政权伪满洲国成立。在日本关东军和满铁等侵略机构的策动下，一批汉奸组成的维持会等团体酝酿所谓"满蒙独立运动"。恢复办公的通志馆虽受伪满控制，但职员薪俸有所提升。当年，伪奉天省教育厅拨付通志馆的职员薪俸总额为 18120 元，其中馆长、副馆长均恢复到每月 300 元的薪俸标准，事务处长、纂修处长为每

① 《通志馆关于名称的变更和总预算的函》（1930 年 12 月 1 日），辽宁省档案馆选编：《编修地方志档案选编》，辽沈书社 1983 年版，第 145 页。另外，《编修地方志档案选编》根据档案制作的《通志馆历年修志经费预算表（1929—1934 年）》称，该年度经常经费为 13988 元，临时经费空缺。显然，此表所列经费与前述档案数额悬殊。[参见《通志馆历年修志经费预算表（1929—1934 年）》，辽宁省档案馆选编：《编修地方志档案选编》，辽沈书社 1983 年版，第 146 页。] 具体情形，有待进一步发掘档案加以证实。
② 《辽宁通志馆填送民国二十年度各项经常费用支付概算书》（1931 年 5 月），辽宁省档案馆编：《奉系军阀档案史料汇编》第 11 册，江苏古籍出版社 1990 年版，第 662 页。
③ 《辽宁省教育厅为报送二十年度经费概算书给省政府呈》（1931 年 5 月 2 日），辽宁省档案馆编：《奉系军阀档案史料汇编》第 11 册，江苏古籍出版社 1990 年版，第 629 页。

月 250 元，事务员每月 85 元。[①] 需要补充的是，从一份题为《奉天通志馆人员履历表》的档案来看，总纂吴廷燮因兼任萃升书院主讲，每月另有薪俸 600 元，这显然比通志馆薪俸要高，而这份制作于 1932 年 7 月 27 日的统计表，还列出职员的家庭成员情况，其中馆长白永贞有子嗣 3 人，副馆长袁金铠有子女 6 人，显然家庭负担较重。[②] 而其他职员的家庭负担亦因成员较多而相对沉重，由此反映了当时通志馆职员薪俸提升后，仍面临着十分沉重的家庭负担之状况。

1933 年度，通志馆职员薪俸为 21660 元，额度较上年度又有所增加，而受伪满当局的控制，通志馆工作并未得到有效保障。尤其是财政上，虽仍由伪教育厅拨付经费，但受制情形颇为严重，如差旅费一项未列支，而临时经费亦由上年度的 6000 元削减至 80 元，削减幅度达 98.67%。[③]

1934 年，通志馆因志稿编纂之需，增加工作人员，但该年度的职员薪俸总额仅为 17620 元，削减幅度达 20%，更为严重的是，该年度临时经费被全部取消，由此造成通志馆工作举步维艰的困难局面。[④]

经费问题所造成的一个重要影响，即严重制约了通志编纂工作的开展。同时，与通志馆相关的业务工作也受到影响，如通志馆印行《满洲实录》之事，即因经费支绌而陷入困境。1929 年夏，通志馆因修志工作需要，借用沈阳故宫所藏《满洲实录》写本，由于该书"为清朝开国第一部实录，关系历史、舆地、文学、美术甚大，尤与我东北文化有关"，具有重要的文化价值；与其价值形成强烈反差的是，该书一直藏于故宫，"向为清廷世传官书秘笈，只此一部，外人罕见"，后虽屡经人拍摄复印，但终因篇幅巨大、需费过多未能公开印制。通志馆同人有鉴于此，遂从"保存古籍之意"出发，组织力量加以影印，"以广流传"。然而，同人虽计划付印，却"限于款项，所印无多"，为此不得不于 1930 年 5 月 20 日函告省政府，以每部书现洋 25 元定价，"酌收书价以资弥补"，并请省政

① 《奉天通志馆职制及馆员薪俸表》（1932 年 8 月），辽宁省档案馆选编：《编修地方志档案选编》，辽沈书社 1983 年版，第 125 页。
② 《奉天通志馆人员履历表》（1932 年 7 月 27 日），辽宁省档案馆编：《奉系军阀档案史料汇编》第 12 册，江苏古籍出版社 1990 年版，第 636 页。
③ 《通志馆历年修志经费预算表（1929—1934 年）》，辽宁省档案馆选编：《编修地方志档案选编》，辽沈书社 1983 年版，第 146 页。
④ 《通志馆历年修志经费预算表（1929—1934 年）》，辽宁省档案馆选编：《编修地方志档案选编》，辽沈书社 1983 年版，第 146 页。

府转令各县，"凡县政府及教育局、图书馆均应各存一部"，"以垂永久"而"宣扬文化"。①

　　值得一提的是，通志馆上述函件所附《拟发满洲实录附图各县各机关及部数开列清单》，详细列出拟购买《满洲实录》影印本的名单，共计58 个市县，而据通志馆所拟出售计划，每县政府、教育局、图书馆均应购置一部，预计将售出 174 部，以每部 25 元计，当可得售书款 4350 元，显然是一笔不小的收入。然而就是这样一个影印古籍略以创收的计划，即使得到省政府的大力支持，却因各县种种情况而未能顺利实施。如 1931年 6 月 9 日，瞻榆县县长庄昭裕来函，以该县"教育局前已奉令归并，图书馆尚未成立"为由，仅订购一部。② 15 日彰武县政府来函，以该县"款项支绌"为由，要求"缓订《满洲实录》"，而据省政府调查表明，该县所述情况属实，故缓订之议获批。③ 其他诸县要求缓订、少订或不订的函件亦源源不断。此外，通志馆还向省政府"赠《满洲实录》"。消息传开后，一些政府或文化机构要求免费赠送的函电亦纷至沓来。如国民政府立法院财政委员会于 6 月 10 日来函，以"立法工作端赖参政资料之详备"为由，"拟请检惠一部，以供参考"。④ 通览该函，不见有关费用问题的只言片语，而其"检惠"一词，则使要求免费赠送之意跃然纸上。

　　在影印《满洲实录》的同时，通志馆还奉命刊印《李忠节公奏议》。李忠节公即辽宁海城李秉衡（字鉴堂，1830—1900），曾任广西按察使，于 1885 年与冯子材抗击法军入侵，取得谅山大捷。1900 年八国联军侵华，李氏由江苏率兵北上，保卫京师，后因兵败退至通县，服毒自尽，谥忠节。通志馆总裁翟文选藏有李氏奏稿 22 册，为"表扬耆贤"，宣扬李氏以身殉国的情怀，经翟文选提请辽宁省政府委员会第八十三次会议，决议将全稿"交由通志馆校正刊印"，并拨付 2000 元作为校刊费用。时至1931 年 5 月，经通志馆同人努力，全稿"校印竣事"，共 16 卷，200 余万字。⑤ 值得一提的是，此次奏稿刊印 2000 部，对于这样一部鸿篇巨制，2000 元的校刊经费显然不足开销，早在校稿阶段，即因"开支缮写、纸

① 《函请续借实录圣训参考由》，辽宁省档案馆藏，档案号：JC010－01－022977。
② 《函请续借实录圣训参考由》，辽宁省档案馆藏，档案号：JC010－01－022977。
③ 《函请续借实录圣训参考由》，辽宁省档案馆藏，档案号：JC010－01－022977。
④ 《函请续借实录圣训参考由》，辽宁省档案馆藏，档案号：JC010－01－022977。
⑤ 《关于各县购存李忠节公奏案》，辽宁省档案馆藏，档案号：JC010－01－012794。

张、笔墨等费外,所余之款无多,不敷印书之用",而据省政府议案,后续开支因"省库支绌"不能为续,只好由通志馆"设法筹借",所借款项待书成出售后方能偿还。① 为此,通志馆将每部书定价 8 元,请省政府转令各县,"每一等县购置三部,二等县购置二部,三等县购置一部"。② 显然,这是一份根据各县经济状况划分等级后实行摊派售书的方案,但即使是这样一份由省政府训令各县的售书计划,亦不能完全贯彻实施,通志馆因此再次"亏欠",导致本已竭厥的经济问题益形严峻。

时至 1934 年初,根据通志馆对志稿各门类编纂情况的统计,除大事志、沿革志(附沿革表)、物产志、实业志、民治志、财政志六门类已全部完稿外,其他门类分别处于校阅、编纂甚至搜集资料阶段,尤其是礼俗志,虽开列了典礼、风俗、节令、岁事、婚嫁、丧葬、祭祀、神教、方言、居室、衣服、饮食、器用等要项,但所成稿件仅为全部内容的三成。而教育志更甚,仅完成二成,礼俗、教育两志初稿则因资料过于"简陋","须另编辑"。③

鉴于全志"门类太繁,材料太多,整理编订极费时日",而多达 100 余卷的志稿编修重任,更与修志经费的锐减形成强烈反差,对此总纂吴廷燮与馆内职员亦"望洋兴叹"。在此背景下,通志馆不得不从人事、编纂计划等方面予以调整,遂增聘精于"文献掌故之学"的金毓黻为总纂,请其"与吴总纂协同办理",同时制定"增聘纂修专员,缩短成书时日"的办法,期以"最短期间可望成书,更拟于略事整理之后,筹备付印"。④

需要指出的是,通志馆之所以聘请金毓黻担任总纂,各方文献众说纷纭,而据郭君的《东北文献学家金毓黻》称,"由于编辑人员大多离去,余下的少数人年已皆老,馆长白永贞六十八岁,总纂吴廷燮年过七旬,很难承此重任,急需得力人员从事志稿后期工作,否则志稿有散佚之虞。此时金毓黻年方四十有六,正当壮年,又有渊博的学识和丰富的修志经验,

① 《关于各县购存李忠节公奏案》,辽宁省档案馆藏,档案号:JC010 - 01 - 012794。
② 《关于各县购存李忠节公奏案》,辽宁省档案馆藏,档案号:JC010 - 01 - 012794。
③ 《各门类编纂进行情况》(1934 年 1 月),辽宁省档案馆选编:《编修地方志档案选编》,辽沈书社 1983 年版,第 136—138 页。
④ 《聘金毓黻为总纂》(1934 年 7 月 10 日),辽宁省档案馆选编:《编修地方志档案选编》,辽沈书社 1983 年版,第 118、119 页。

在白永贞、袁金铠的推荐下，担任了通志的专职总纂"。①

不管金毓黻以何种原因出任总纂，其主持编修工作后，通志成书有望，确是客观事实。根据金氏日记所载，7月14日，他收到奉天通志馆的邀请函，次日即先后与总纂金梁、馆长白永贞商讨"人物志"编纂问题。② 而从8月8日起，金氏"逐日到通志馆办事"。③ 自8月11日起，又"逐日整理通志稿"。④ 随后金氏将工作重点放在"大事志""沿革表"的撰辑上，直至12月初，才将"大事志"10卷全部完成。

值得一提的是，1934年成立的"国立奉天图书馆"收纳"东北大学、冯庸大学、萃升书院等各处藏书"，并将张邸、沈阳故宫博物馆有关书籍移至图书馆，由此其馆藏"文溯阁四库全书旧档史料""善本书志"，以及新购"殿本""满蒙文""八旗人著作"等图书总量达2080种，88344册。⑤ 通志馆馆长袁金铠、总纂金毓黻分别担任图书馆馆长、副馆长，纂修陈思也受图书馆所聘。他们不仅致力于图书馆书籍购置工作，还利用该馆丰富的馆藏，为编纂通志奠定良好的资料基础。

与此同时，金毓黻以撰辑"大事志"为契机，广泛参阅通志馆所藏《清德宗实录》（417册）、《宣统政纪》（43册）等文献，还借来馆之机不时与吴廷燮、金梁等通志馆同人相商。而在撰辑志稿期间，他一度"宿于志馆"，持之以恒，加以撰稿，"日尽十纸，偶有寸得，郁抱为开，书卷之外，别无所乐"。⑥ 可见，金氏以修志为业，显示出专心撰辑的敬业精神。事实上，金氏之所以将修志视为志业，与他所处环境似有关联。据金氏自称，其一生志趣所在，不在政治，而在中国历史文献的保存、整理与研究，虽误入政途，但一心向学，尤其是1931年日本入侵东北后，金氏不愿为伪政权所用，遂借编纂通志之名，辞去伪政府的所有职务。

经过金毓黻与馆内同人的努力，至1934年9月17日，全志尚有119册"应缮之稿"，约297.5万字，而全部志稿清缮完毕，其工作量以字数

---

① 郭君：《东北文献学家金毓黻》，《文献》1987年第1期。
② 金毓黻：《静晤室日记》第5册，辽沈书社1993年版，第3381、3382页。
③ 金毓黻：《静晤室日记》第5册，辽沈书社1993年版，第3398页。
④ 《金毓黻学术年谱》，吉林省社会科学院编：《学术研究丛刊》（1987年增刊），吉林省社会科学院印刷厂1985年版，第75页。
⑤ 《国立奉天图书馆概况》，《国立奉天图书馆季刊》第1期，1934年12月。
⑥ 金毓黻：《静晤室日记》第5册，辽沈书社1993年版，第3409、3425页。

计，当在 727.5 万字，据此推算，修志任务颇为艰巨。① 为加快志稿成书速度，金毓黻等人决定采取 "且编且印办法"。而在纂辑 "大事志" 的同时，他还就吴廷燮等人所辑 "东三省沿革表" "人物志" "沿革志" "艺文志" "金石志" 等加以校阅或补辑。

至 1935 年 6 月，沿革志、氏族志、田亩志、礼俗志、职官志、物产志、实业志均已校成定稿，拟提请付印。大事志、山川志、民治志、选举志、交通志、人物志也 "行将脱稿"，而艺文志、金石志、建置志、疆域志、财政志、教育志、军备志则由金毓黻召集馆内同人，加以 "补辑"，金氏本人还亲自承担 "艺文志" 的撰辑工作。②

按照 "编印兼行" 办法，预计 "需二年期限。即使积极进行，提前完成，至少亦需一年半之期限"。③ 然而，伪满当局以志书延期为借口，于 1935 年编制财政预算时，根本没有把通志编纂经费列入其中，后虽经再三恳请，伪满当局勉强答应补拨本年经费，但明确表示修志 "经费自康德三年一月以后即不支给"，通志馆工作 "势难再行延期"，不得不 "及早办理用资结束。倘届期不能完竣时，亦决于本年十二月底实动封闭"。④

在伪满当局的高压下，通志馆同人唯有克服各种困难全力编纂志稿，经过编修人员半年的努力，历经劫难的《奉天通志》终于问世。成书后的《奉天通志》，共刊印了 260 卷 10 函 100 册，洋洋数百万言。从 1928 年 11 月开始，到 1935 年编竣，《奉天通志》的编纂历时 7 年之久，前后参与编纂工作者 80 余人，其中担任总纂者 7 人，纂修 17 人，分纂 10 人。上述人士或是学界泰斗，或是政界名流，或是社会贤达，一些还是学界政界兼顾人士，他们不惧侵华日军造成的紧张时局，齐聚通志馆，共同推动志书的编印刊行，生动地诠释和演绎了民国通志馆在伪政权控制下曲折发展的历史。

---

① 《志稿应缮册页字数》（1934 年 9 月 17 日），辽宁省档案馆选编：《编修地方志档案选编》，辽沈书社 1983 年版，第 139 页。

② 《各门类纂修完成情况》（1935 年 6 月 10 日），辽宁省档案馆选编：《编修地方志档案选编》，辽沈书社 1983 年版，第 140—142 页。

③ 《各门类纂修完成情况》（1935 年 6 月 10 日），辽宁省档案馆选编：《编修地方志档案选编》，辽沈书社 1983 年版，第 140—142 页。

④ 《奉天省公署致函通志馆限于十二月末结束馆务》（1935 年 10 月 21 日），辽宁省档案馆选编：《编修地方志档案选编》，辽沈书社 1983 年版，第 142、143 页。

三、抗战中后期通志馆的创办与恢复

1. 江西通志馆

1939 年 3 月 20 日，侵华日军攻占江西奉新县和南昌外围，江西省政府主席熊式辉决定迁移省会至吉安，27 日南昌沦陷。在动荡的社会局势中，江西通志馆筹备委员会于 1940 年 8 月 1 日成立，吴宗慈、胡先骕、陈仲骞等被聘为筹备委员，其中吴宗慈为筹委会主任，辛际周为总干事，由此开始江西通志馆筹备事宜。① 根据筹备方案，从 8 月 1 日至 12 月 31 日"为筹备期间"，筹备结束后，拟于 1941 年元旦成立通志馆，启动《江西通志》编纂工作，并且以五年为期限，至 1946 年元旦志稿"编竣付印"后结束。②

1941 年初，中国人民抗日战争进入激烈而又残酷的相持阶段。是年 3、4 月间，江西省境内爆发了时人称为"抗战以来最精彩的一战"的上高战役。此次战役日军出动兵力"共五万余人，附以大量飞机、坦克，分路向江西赣西北重镇——上高大举进攻"，中国军民奋起抗击，击退来犯的日军，并且收复高安等阵地，中日双方转入相持状态。③ 战事平息后不久，远在百余公里之外的泰和县橘园村于是年 4 月创办江西通志馆，吴宗慈为馆长兼总纂，辛际周为协纂兼总务主任，程学恂为协纂，陈任中、萧辉锦为分纂，协修由江西省政府委员、省党部委员以及各行政区督察专员兼任，各县县长兼任分修，另聘中正大学教授担任生物调查员、江西省地质调查所职员担任地质调查员。④

根据江西省政府会议讨论通过的《江西省通志馆组织规程》，通志馆

① 李泉新《江西通志源流试探》称，"1940 年 12 月江西通志馆开始筹备"。此说有误。参见李泉新《江西通志源流试探》，《赣图通讯》1986 年第 1 期。

② 《省通志馆开始筹备》，《江西地方教育》1940 年第 192、193 期合刊。

③ 邹继衍：《上高战役亲历记》，薛岳、岳星明：《闽浙赣抗战》，中国文史出版社 2015 年版，第 220 页。马齐彬等编：《中国国民党历史事件人物资料辑录》，解放军出版社 1988 年版，第 143、144 页。另据《江西省抗日战争时期人口伤亡和财产损失》统计，此役日军实际出动 4.2 万兵力，战斗中中国官兵伤亡 2 万人，毙伤俘敌 2.4 万人。参见江西省委党史研究室编《江西省抗日战争时期人口伤亡和财产损失》，中共党史出版社 2014 年版，第 13 页。

④ 吴宗慈总纂：《江西通志稿》第 1 册，江西省博物馆、民国《江西通志稿》整理组 1985 年影印本，第 26 页；《江西省通志馆协修名单》，江西省档案馆藏，档案号：J046 - 1 - 0009 - 0134。

设编修部、编纂部、总务室，其中编修部负责修志设计事宜，编纂部办理修志实施事宜，总务室办理文书、庶务、出纳、监印、校对、保管档案图书事宜。馆内设专任工作人员 22 名，其中编纂部总纂 1 名（由馆长兼任），协纂 2 名，分纂 2 名，采访员 4 名，文书 2 名，出纳 1 名，庶务 1 名，书记 8 名，会计 1 名，分纂陈任中、萧辉锦二人因年事已高未到任，馆内实际专任工作人员 20 名。[1]

需要强调的是，江西通志馆的创办是与其制度化建设同步进行的。尤其是在馆长兼总纂吴宗慈的主持下，制定了一系列有关馆内职责分工和薪酬发放标准的规范性文件。而通志馆制度化建设的标志性事件，是 1941 年 4 月通志馆提交的《江西省通志馆协修分修条例》《江西省通志馆甄选采访员条例》《江西省通志馆计绩论酬规则》等文件经省政府会议讨论通过。根据《江西省通志馆协修分修条例》，列名通志馆协修的省政府委员、省党部委员以及各行政区督察专员，与列名分修的各县县长均负有执行"主修交派或咨询事项"、"保持充分联络之精神"、协助通志馆"函请调查事项"以及为馆员提供"切实之赞助及便利"的责任。[2]

相对而言，通志馆对采访员的遴选要求较为严格，根据《江西省通志馆甄选采访员条例》，"国内外大学毕业及有同等学力"为采访员遴选的"必备之条件"，其对学力要求之高可见一斑，而面试考核采访员时，还要求撰写"对修省通志采访意见文一篇"，并就"本省关于文献一事项作采访员报告一篇"，足见对采访员资质与学识的要求并非限于学力一项。此外采访员正式就聘后一律"不许兼职"，专事专人专办要求的提出，无疑有助于确保修志资料征访的高效率。[3]

为了广泛动员馆内外人士积极从事资料征集与整理、社会调查与采访、志稿撰写与修改等工作，通志馆研究制定《江西省通志馆计绩论酬规则》，采取"计卷论酬""计件论酬""计字论酬""例外"四种办法，以求达到"实事求是，迅赴功期，款不虚糜，人无旷职"的目的。例如"计卷论酬"，适用于馆内协纂与分纂，凡"成书一卷即致送酬金"，发放

---

① 《江西省通志馆组织规程（三十年一月省务会议通过）》，谢军：《江西省方志编纂志》，方志出版社 2001 年版，第 280 页。

② 《江西省通志馆协修分修条例》，江西省档案馆藏，档案号：J046 - 1 - 0009 - 0138。

③ 《江西省通志馆甄选采访员条例（三十年四月省务会议通过）》，谢军：《江西省方志编纂志》，方志出版社 2001 年版，第 282 页。

额度则以"所撰述之价值为衡"。①

上述修志规章条文的制定为通志馆有效运作奠定了重要基础。与此同时，吴宗慈主持制定修志《江西省通志馆五年计划工作简表》，并且编写《江西通志体例述旨》，由此从时间与方法上，为修志资料的征集与整理、志书体例的选取与规范、修志计划的制订与实施提供了明确指导意见。

根据同人制定的《江西省通志馆五年计划工作简表》，通志馆工作主要分为行政、编纂和采访三项，以五年为运作期限，其中：1941 年（即第一年）的主要工作为人员聘请、分工安排及修志规章条文的制定；第二年进行赣南与赣东地区的资料采访、修志材料的整理工作；第三年除继续采访赣东材料外，工作重点转向修志资料整理与志稿编纂，并且开展"绘图表工作"；第四年除继续补充采访与整理修志资料外，全面开展志稿编纂工作，并且完成绘图表工作；第五年为通志馆预计运作的最后一年，工作重点是对志稿进行"全编审查，审查完毕，即可付印"。②

由通志馆五年工作计划可以看出，1941、1942 年的主要工作是修志资料的采访、征集与整理，而以江西文物社主办的《江西文物》杂志、江西《民国日报》等报刊媒体为平台，通志馆广泛发布征求志材启事，向省内外人士征集有关江西省辛亥革命、抗战历史、名人传略等资料，并且聘请专家对"地质、生物、方言等属于专门科学者"进行实地调查和采访，务期详搜博访，以供志稿编纂之用。③

馆长吴宗慈还主持拟定《江西省通志》纲目，其中包括纪（国父遗训纪、总裁方略纪、历代大事编年纪）、图（地质图、地形图、全省山脉图、全省水系图、全省现行行政区域全图、各县现行行政区域分图、历代疆域沿革图、清代旧府属分图、南昌省会图、战时省会图）、表（历代疆域沿革表、职官表、选举表、人物表）、考（地质考、舆地考、水道考）、略（财政略、经济略、教育略、礼俗略、氏族略、方言略、宗教略、艺文略、生物略）、录（金石录、宦绩录）、传（列传、列女、学艺）、征（典例征、文征）和志余。

以上述通志纲目为依据，吴宗慈主持制定编纂人员工作任务与实施办

---

① 《江西省通志馆计绩论酬规则》，江西省档案馆藏，档案号：J023－1－01387－0011。
② 《江西省通志馆五年计划工作简表》，江西省档案馆藏，档案号：J046－1－0009－0131。
③ 《江西省通志馆征求志材启事》，《江西文物》第 2 卷第 1 期，1942 年 2 月 1 日。

法，然而由于抗战局势纷乱，资料征集工作颇难开展，而修志经费亦相当紧张，加之办公条件不佳，图书资料利用不便，事实上 1941 年的编纂计划并未按时完成。1942 年 5 月 13 日，通志馆向江西省政府提交《修正本馆组织规程全案》，呈报通志馆运作一年多以来因"环境推移，事实演变，即感困难多端，无法展布"之窘境，提出延长通志编修期限和修改组织规程两项意见。关于延长通志编修期限的原因，显然与抗战时期修志资料征集困难，导致修志进度难以达到预期目的有关，尤其是在修志资料尚不充分的情况下，通志完成期限"不宜过于匆促"，将原定五年期限延长两年，即编纂工作从 1941 年 4 月起，至 1948 年 4 月通志全部编纂完竣，"拟于七年完成"。

修正通志馆组织规程亦提上议事日程。1942 年 6 月 30 日，江西省政府召开第 1474 次省务会议，讨论并通过了通志馆提出的组织规程修正案。而对比修正前后的两个版本可以发现，一是总务室增加了鉴印、校对志稿的任务，这与通志编纂完成后需要校对、排版和印刷有关；二是馆内增设会计室，聘请专门人员办理岁计、会计等事项；三是改分纂为编纂，并且将其编制增至 4—6 人，以加强志书编纂的力量。显然，上述三项修正内容均与通志馆当时及以后需要解决的问题有关，而馆内同人希冀通过组织规程的修正，化解一年来运作成效不尽如人意的困境，亦成为当时工作的重心。

时至 1942 年 6 月，江西省内战事仍然十分频繁，迫于时局紧张，通志馆奉令搬迁至江西西南边陲的遂川县。因选择馆址与修建馆舍等工作，迟至是年 10 月通志馆才恢复工作。需要指出的是，尽管面临时局、经费与志料征集上的种种困难，通志馆同人仍在资料整理与志稿编纂方面有所进展。据统计，至 1942 年底已完成初稿的有《江西全省前志溯源》《宋末江西忠义录》《太平军在江西全省军事编年纪》《本省历代名人荣谥表》《历代编年大事记》《南丰县人物列传》《万载分宜靖安龙泉各县人物列传》等。

1943 年，通志馆因修志经费限制而核减工作人员，馆内编纂分工亦有所调整，其中总纂吴宗慈仍负有指导各部门编纂、兼任人物列传等志稿编写以及审查志稿之责，编纂主任辛际周协助总纂指导各部门工作并兼任各县人物列传编纂工作，编纂卢荣光担任江西省山脉、河流志稿编纂工作，杨士京、刘扶青、杨向时担任人物列传编纂工作，邱彬担任艺文志编纂工作，杨向时还担任江西先贤剿倭史迹编纂工作，蔡敬襄担任金石略的编纂工作，杨铁生担任氏族略的编纂工作。

在方志编纂理论与方法上，吴宗慈倡导"方志之有实体效用"，故颇为重视有关社会经济事物的记载，尤其是对相关史料的收集与整理，可谓不遗余力。对于什么是"方志之实体效用"，以及如何达到"方志之有实体效用"问题，吴宗慈在《论今日之方志学》中一言概括之，即"今日之作方志者，正宜研求其如何与现代事理相应之道"。① 正是本着方志讲求实用这一理念，通志馆同人齐心协力编纂志稿，至 1943 年底《江西先贤剿倭史迹》（上）初稿整理完毕，《江西省历代人物荣谥汇表》亦完成初稿，全省 41 个县完成人物列传初稿。

上述修志成果的取得，可谓是江西通志馆同人共同努力的结晶。尤其是在抗战进入紧张而激烈的战略反攻阶段，全省物价飞涨，人民生活举步维艰，通志馆馆舍被迫数次搬迁，并一度遭到日本飞机轰炸，馆内收藏的图书资料也被不同程度地损毁，通志馆职员黄裳、江瑞芝因此身负重伤，而馆长吴宗慈更是右眼被飞机轰炸的弹药熏伤，一度双目失明，严重影响到修志工作的开展。② 尽管如此，吴宗慈与通志馆同人坚持工作，至抗战胜利前夕，已积稿数百册。

2. 四川省通志馆

1942 年前后，在各方的催促下，四川省通志馆筹建一事提上议事日程。③ 然而，通志馆的筹备虽早早进行，却迟迟未能定议，其中馆长人选

---

① 吴宗慈：《论今日之方志学》，《江西文物》第 2 卷第 2 期，1942 年 4 月 1 日。

② 李泉新：《江西通志源流试探》，《赣图通讯》1986 年第 1 期。

③ 关于通志馆的筹备时间，现有记载有 1942 年夏开始筹建说。据曾在通志馆任职的陶元甘回忆称："1942 年夏初，张澜和李璜向川省主席张群提议设立机构，续修省志。张群答应了，即于是年夏开始筹备，九月初正式成立四川省通志馆。"（陶元甘：《记四川通志局及四川省通志馆》，中国人民政治协商会议四川省委员会文史资料研究委员会编：《四川文史资料选辑》第 32 辑，四川人民出版社 1984 年版，第 167 页）《四川地方志纂修源流述略》也沿袭这一说法，认为："民国第二次议编修四川省志始于 1942 年，是年夏初，中国民主政团同盟主席张澜和李璜向四川省主席张群提议设立机构，续修省志。"（吉正芬：《四川地方志纂修源流述略》，《中国地方志》2011 年第 10 期）上述关于通志馆筹备时间始于 1942 年夏初之说值得商榷。事实上，通志馆筹备一事开始较早，在 1942 年 3 月 17 日的四川省政府委员会上，即正式讨论并确定了通志馆的馆长人选问题。当天，考虑到通志馆"筹备整理事宜未便久延"，在省政府主席张群的倡议下，会议表决通过"聘本府委员李肇甫暂行兼任馆长"的决定（《四川省政府委员会第 555 次会议决议案》，四川省档案馆藏，档案号：资 1－12/4－279）。

就是一个棘手的问题。筹备期间，鉴于杨沧白①在政界文坛的声望，"馆长一席拟聘杨沧白先生担任"。然而，杨氏早在 1925 年就已淡出政界，长期闭门治学，故于四川省政府的邀请一再"谦辞"，通志馆筹设一事遂被搁置。②

为解决馆长人选问题，以便适时启动省志编修工作，1942 年 3 月 17 日四川省政府委员会召开第 555 次会议，与会人员就通志馆馆长人选问题进行了讨论。由于通志馆"筹备整理事宜未便久延"，在省政府主席张群的倡议下，会议表决通过"聘本府委员李肇甫暂行兼任馆长"的决定。③

馆长人选甫一确定，四川省通志馆的筹备工作即紧锣密鼓地展开。经过一个多月的筹备，1942 年 5 月 21 日通志馆正式成立。④ 据曾任四川省通志馆采访组组长陶元甘回忆，"通志馆只设了采访、总务两组，每组约有工作人员十人。另设会计员一人"，通志馆并未修建馆舍，时值抗战激烈交火，"因省府为避免空袭，早迁至外西茶店子办公。乃将督院街原省府空房拨了几间，供通志馆使用"。⑤ 可以说，成立之初的通志馆在机构、人员、经费、设施等方面均面临严重问题。

---

① 杨沧白，四川巴县人，早年曾追随孙中山进行革命，先后担任财政部部长、广州大元帅府秘书长、广东省省长、四川省省长、北京政府司法总长等职；在文坛，他以诗词、文章、书法和文物鉴赏见长，著有《天隐阁诗集》《邠斋文存》及英文著作《译雅》等。参见许彤《诗文书法　举国著名——忆杨沧白先生及其捐献珍贵古籍》，《理论界》2010 年第 3 期；杨泽本：《杨沧白及其抗战诗歌》，《四川文物》1987 年第 2 期。

② 《四川省政府委员会第 555 次会议决议案》，四川省档案馆藏，档案号：资 1 - 12/4 - 279。

③ 《四川省政府委员会第 555 次会议决议案》，四川省档案馆藏，档案号：资 1 - 12/4 - 279。

④ 关于四川省通志馆的成立时间，现有资料记载大多有误。《四川省志》在叙述民国时期《四川通志》编修情况时，称："1942 年 9 月，四川省主席张群接受中国民主政团同盟主席张澜和国民政府参政员李璜的续修省志建议，成立'四川省通志馆'委派省政府秘书长李肇甫兼任馆长。"（四川省地方志编纂委员会编：《四川省志·附录》，四川科学技术出版社 2003 年版，第 428 页）《四川通史》亦称："1942 年 9 月，张群应张澜、李璜等人所请，批准成立'四川通志馆'。"（贾大泉、陈世松主编：《四川通史》卷 7《民国》，四川人民出版社 2010 年版，第 561 页）事实上，自 1942 年 3 月 17 日四川省政府委员会第 555 次会议确定馆长人选后，通志馆的正式筹备工作即紧锣密鼓地展开。经过一个多月的筹备，所有公函、文件、印章等制定妥当，1942 年 5 月 21 日通志馆正式成立，不久馆长李肇甫将通志馆筹办情况报送国民政府内政部备案（《四川省通志馆抄送内政部关于筹设省市通志馆纂修通志的公函》，四川省档案馆藏，档案号：民 042 - 02 - 2781）。

⑤ 陶元甘：《记四川通志局及四川省通志馆》，中国人民政治协商会议四川省委员会文史资料研究委员会编：《四川文史资料选辑》第 32 辑，四川人民出版社 1984 年版，第 168 页。

从 1942 年 5 月 21 日通志馆成立，到该年底为止，通志馆始终未能制订省志编纂计划，甚至连全馆上下人员的职责权限都未明文规定。直到 1943 年 1 月 18 日，历时半年多，《四川省通志馆组织规则》"经第六七次省务会议通过并公布"。①《规则》对馆内人员职责、编制、经费等，予以明文规定。

事实上，由《四川省通志馆组织规则》可以看出，通志馆的组织架构有一个重大缺陷，即尚未设立"编纂部"。尽管通志馆在制定《四川省通志馆组织规则》时认为，编纂部有"旧志修改及删订"、"新辑资料之编纂"、"新志体例之商订"以及"新志稿之草拟"等职责，所承担的工作可谓是通志馆的核心事务，但认为须等到"修志时设编纂部"，因此通志馆建立半年多，却迟迟未能推选主持编纂工作人士。②

上述状况得以改变的契机，是国民政府内政部的一则函电。1943 年 1 月 19 日，即《四川省通志馆组织规则》公开刊发的次日，通志馆收到国民政府内政部的函电，要求四川省通志馆务必将通志馆成立时间、经费、馆长和总编纂简历等报内政部备案，由此促成了通志馆总编纂人选的确定。关于总编纂人选，馆长李肇甫原拟聘请四川大学教授李培甫出任此职，然而"李辞谢，推荐庞石帚"，即曾为川大教授的庞俊。③尽管庞俊因故不肯就职，但通志馆仍以"总编纂"名义，将其名单及略历等函电至国民政府内政部备案。④

至此，四川省通志馆上至馆长、总编纂、主任秘书、总务组组长、采访组组长，下至馆员、办事员等职员人选悉数确定，随后报请四川省政府下达委派令，将通志馆人员名单初步确定。⑤详见表 3-2。

表 3-2 所列通志馆职员均有较高学历，显然修志人员的学识、涵养等成为选聘入馆的重要标准。总体而言，四川省通志馆在选聘工作人员方

---

① 《四川省通志馆抄送内政部关于筹设省市通志馆纂修通志的公函》，四川省档案馆藏，档案号：民 042-02-2781。
② 《四川省通志馆组织规则》（1943 年 1 月 18 日），《四川省政府公报》1943 年第 151 期。
③ 陶元甘：《记四川通志局及四川省通志馆》，中国人民政治协商会议四川省委员会文史资料研究委员会编：《四川文史资料选辑》第 32 辑，四川人民出版社 1984 年版，第 168 页。
④ 《通志馆复内政部公函》，四川省档案馆藏，档案号：民 042-02-2781。
⑤ 《四川省通志馆委派令存根》，四川省档案馆藏，档案号：民 042-4-6195。

表 3 - 2 四川省通志馆职员名单

到职时间	姓名	职务	到职时间	姓名	职务
1942 年 3 月 17 日	李肇甫	馆长	1942 年 8 月 1 日	张本隆	二级组员
1942 年 5 月 1 日	舒君实	主任秘书	1942 年 8 月 1 日	印 襄	三级组员
1943 年 5 月 17 日	曾科澄	总务组组长	1942 年 8 月 1 日	勾靖亚	三级组员
1942 年 8 月 1 日	陶元甘	采访组组长	1943 年 5 月 2 日	陈光域	三级组员
1942 年 8 月 7 日	李 铸	一级组员	1942 年 8 月 1 日	韩宽夫	办事员
1942 年 8 月 1 日	李慕传	一级组员	1942 年 8 月 1 日	左 杰	办事员
1942 年 11 月 1 日	汤雅铭	二级组员	1943 年 5 月 2 日	舒芸芳	办事员
1942 年 8 月 1 日	罗芸荪	二级组员	1942 年 8 月 1 日	冯藻光	办事员
1943 年 5 月 7 日	周式衡①	二级组员	1942 年 8 月 1 日	王佩如	雇员
1942 年 8 月 1 日	尹介泉	二级组员	1943 年 5 月 1 日	胡宅安	雇员

① 1943 年 5 月所委派的人员名单中"漏列二级组员周式衡",故在四川省通志馆的要求下,省政府于 5 月 7 日将其委派令"补发"。《四川省通志馆公函》,四川省档案馆藏,档案号:民 042 - 02 - 2781。

面,较为注重学历层次,不仅馆长李肇甫曾留学于日本明治大学①,馆内职员也大多有在高等学府学习或深造的经历,有的还曾专门从事文职工

① 据四川省档案馆藏《四川省通志馆馆长及总编纂略历》,馆长李肇甫就读于"日本早稻田大学",其完成学业状况为"毕业"(《四川省通志馆馆长及总编纂略历》,四川省档案馆藏,档案号:民 042 - 02 - 2781)。然而,《巴县历史人物》和《九龙文史》均认为李肇甫"入明治大学学习法律"(巴县县志编纂委员会编:《巴县历史人物》第 1 辑,巴县县志编纂委员会 1988 年版,第 133 页;重庆市九龙坡区政协学习文史委员会编:《九龙文史》第 11 辑,2003 年,第 202 页)。《中国近现代名人图鉴》进一步提出,李氏"清末以官费留学日本,明治大学法科毕业"(熊治祁主编:《中国近现代名人图鉴》,湖南人民出版社 2002 年版,第 94 页)。《临时政府职官传略》与《现代中国政界要人传略大全》则指出,李肇甫于明治大学法科"肄业",而非"毕业"(刘刚、焦洁编著:《临时政府职官传略》,广东人民出版社 2003 年版,第 68 页;廖盖隆等主编:《现代中国政界要人传略大全》,中国广播电视出版社 1993 年版,第 372 页)。对此,笔者查阅"中国国民党党史委员会"编纂的《革命人物志》,内称:李氏于"民国纪元前七年东渡日本,入明治大学法科肄业"。[杜元载主编:《革命人物志》第 10 集,(台北)中央文物供应社 1972 年版,第 148 页。]需要强调的是,该书"将历年搜集之革命先烈先进资料,编为《革命人物志》,分集出版",其目的是"一则将已有之资料,提供考订;而主要在借以引发海内外史家学者之注意,共同致力于广度与深入之搜求,翔实考订,俾臻至善",为此"《人物志》所据之资料,均采用已成之传记、行状、行述、墓碑,或墓表等",资料的丰富程度保证了所载史实的可信度,同时此说也与前述文献记载相符 [杜元载主编:《革命人物志·凡例》第 10 集,(台北)中央文物供应社 1972 年版,第 1 页]。据此可以判断,李肇甫于 1905 年就读于日本明治大学,其完成学业状况为"肄业"。

作，具有较高的文字水平。而从所见档案资料来看，通志馆职员国外留学者1人，国内专科以上13人，中等学校2人，清代科举出身1人。就专业而言，毕业于法政系5人，文学系1人，国学系1人，史学系1人。就职业而言，报社3人，大学教师1，中学教师2，小学教师1人。

至此，四川省通志馆已设秘书室、总务组和采访组三个部门，《四川省通志馆组织规则》已正式发布，相关人员也已配备到位。虽然尚未设立编纂室，但随着1943年7月1日正式聘请庞俊为总编纂，通志馆创办工作告一段落，修志工作正式排上议事日程。

通志馆成立一年多，却并未开展具体工作，"因为没有展开工作，各方多有訾议，如当时的四川大学文学院长向仙乔（即向楚）就曾在一次宴会上当面指责过李肇甫"。而总编纂人选迟至1943年7月才正式确定，更是因此"受到舆论界的指责"。①

面对社会期待和舆论指责，馆长李肇甫倍感压力而不得不采取措施，正式筹备修志事宜。1943年8月20日，李肇甫向四川省政府委员会第639次会议提交《四川省通志馆采访计划书》，与会人员审查后表决通过，从而为通志馆的资料征集工作奠定了基础。②根据《四川省通志馆组织规程》，通志馆采访组的工作任务是调查与搜集修志所需资料，并且对相关资料进行整理汇编及保管。

在征访资料过程中，通志馆采取了接收省政府有关部门的档案文献、购置图书资料、登报征求资料、向有关部门索求资料、向各县索取县志以及派遣采访员寻访资料等举措，可见馆内同人做了种种努力，但迫于经费、时局等困难，总体而言所征集的资料甚少。事实上，通志馆的"采访工作并不顺利，需要的图书及资料都难于到手"，以致采访组组长陶元甘不胜感叹道："四川省通志馆，最困难的是不易采访到资料。"资料既无从征集，编纂省志工作则无法开展。③

与此同时，通志馆面临经费问题、人事变动与机构变迁三重难题，而三者既直接相关，又互相影响，成为决定通志馆业务开展与发展走向

---

① 陶元甘：《记四川通志局及四川省通志馆》，中国人民政治协商会议四川省委员会文史资料研究委员会编：《四川文史资料选辑》第32辑，四川人民出版社1984年版，第168、169页。
② 《四川省政府委员会第639次会议决议案》，四川省档案馆藏，档案号：民042－02－2781。
③ 陶元甘：《记四川通志局及四川省通志馆》，中国人民政治协商会议四川省委员会文史资料研究委员会编：《四川文史资料选辑》第32辑，四川人民出版社1984年版，第169、170页。

的重要因素。一方面，通志馆的经费面临种种困难，主要是职员工资的微涨或不涨与物价持续上涨甚至暴涨之间的矛盾，业务拓展与办公经费不能正常拨付之间的矛盾，以及机构扩大与经费未能相应增加之间的矛盾。另一方面，经费问题影响了修志队伍的稳定，不仅造成人员的频繁更替，而且滋生请托与说情等人事管理的弊病。与此同时，通志馆在机构调整中日趋行政化，机构内部职能部门不断扩增，但修志工作却几乎陷于停顿。

3. 广西通志馆

早在 1932 年 3 月 26 日，广西省政府第六次省务特别会议讨论通过《广西省修志局组织简章》，决定创办广西省修志局。修志局"受省政府之监督，办理编修广西省志事务"，其经费由省政府核发；局内设督办一人，由省政府主席黄旭初兼任，综理全局事务；马君武为修志局总纂，封祝祁为协纂，蒋敦世、吕一夔、刘介、吴尊任等为分纂。修志局成立后，同人开展资料采访与征集、地方文献整理与研究等工作，并且组织人员拟定《广西通志稿》篇目。① 1936 年 10 月，广西省政府迁往桂林。是年冬，修志局亦随迁至桂林。1938 年因抗战局势影响，修志馆停办。

1942 年，广西省政府"鉴于通志为一省文献所关，未便久辍"，遂在桂林设立广西省志编审委员会，封祝祁、吕一夔分别被聘为正、副主任委员，另聘委员若干人。次年 1 月，广西省志编审委员会改称广西通志局。不久又根据国民政府内政部《修志事例概要》，于 1943 年 3 月将通志局改称广西通志馆，馆址位于桂林中北路，由此重新启动《广西通志》的编纂工作。②

根据《广西通志馆组织章程》，通志馆聘请封祝祁为馆长，吕一夔为副馆长，二人"承省政府之命总理馆务，审定志稿"；梁岵庐、蒙起鹏、刘介、周萧、白日新等 12 人为编纂，主要承担编纂工作；张祖武、汤松年等 15 人为襄辑，负责"搜集志材，襄助编辑事件"。通志馆内职员分为两组，其中第一组的主要工作为管理图书、报刊、志稿，搜集修志资

---

① 秦邕江：《广西通志馆沿革述略》，《广西地方志》1992 年第 6 期；广西大百科全书委员会编：《广西大百科全书》，中国大百科全书出版社 2008 年版，第 698 页。

② 《广西通志馆沿革述略》称广西通志局"依照国民政府内政部颁布的'各省通志馆组织章程'"改称通志馆，显然有误。参见秦邕江《广西通志馆沿革述略》，《广西地方志》1992 年第 6 期。

料，此外还承担登记、保管、校对、绘制图表等工作；第二组主要负责收发文件，撰拟文稿，缮校志稿，办理出纳、庶务、交涉等事项。①

通志馆相关人员聘定后，馆长封祝祁将创办经过情形呈报广西省政府备案，随即启动《广西通志》目录的拟定工作。关于通志目录的拟定，在馆长封祝祁的主持下，基于"古今时代不同，通志目录，所列亦与曩时迥异"宗旨，采取"因革损益"办法，"抉择去取之方"，由此确定了地理、社会、政治、文化、经济、军事、党史、抗战、胜迹、宦绩、人物、大事记、附录十三编。②

根据上述通志目录，结合通志馆编纂的学识所长，馆内同人分配了明确的任务。其中，编纂蒙起鹏主编地理，刘介主编社会，梁岵庐主编大事记和文化的金石部分，蒋永初主编列传，唐毅主编文化，雷叔鸣主编政治，莫一庸主编附录和地理编之山川、物产，陈百芳主编党史，刘君翼主编经济。襄辑马白洋襄编经济，余维炯襄编列传，叶鸣平襄编地理和大事记，张祖武襄编政治，汤松年襄编文化，杜东权襄编大事记，吴期仁襄编社会，文伯毅襄编宦绩，莫浑远、王志德、方卓烙、李秉训等人负责采访。③

1944 年 1 月 10 日，通志馆召开全体职员大会，对涉及《广西通志》编修的核心问题进行研究和讨论，相关问题主要包括：一是志书名称，经与会者讨论后一致同意定为《广西通志》；二是志书性质，究竟是采用古今贯通的"创修"，还是接续上一次修志下限的"续修"，经与会者研究决定，"本志定为创修"；三是志书凡例，凡例是关于修志的宗旨、原则，以及对志书的名称、体裁等的说明，起着纲领性的规范作用，通常置于志书之前，会议决定《广西通志》凡例按照副馆长梁岵庐所拟定的草案执行，若将来"工作进行或完成后需要修改时，再为订定"；四是编纂任务的分配与调整，如前所述，通志馆成立后即根据拟定的目录分配编纂任务，至 1944 年初，受通志馆人事变动等原因影响，志书各部类的编纂任务需要进行调整，具体而言，馆长封祝祁等人共同承担人物的编纂工作；梁岵庐、吕一夔共同承担大事记部分；王焕承担社会的人

---

① 《广西通志馆组织章程》，广西壮族自治区档案馆藏，档案号：L037 - 002 - 0901 - 0001。

② 《广西通志稿目录》，《广西通志馆馆刊》1948 年第 1 期。

③ 《广西通志馆概况》，广西壮族自治区档案馆藏，档案号：L037 - 002 - 0899 - 0001。

口部分，以及政治的政治制度、自治和司法部分；刘介承担社会的民族、氏族、方言、礼仪、宗教、社团等部分；关黁、吕集义共同承担文化的艺文部分；张先辰承担经济所有内容，并由襄辑杨贵朝协助相关工作。此外，卢象荣承担军事，吕一夔承担党史，周黁承担胜迹，编纂蒙起鹏承担宦迹。

广西通志馆运作的一大特色是坚持"例会"制度，即通过定期召开馆内职员办公会议来研究和讨论相关问题的解决办法。1944 年 2 月 13 日下午二时，通志馆召开第一次例会。① 而根据《广西通志馆历次常会决议案摘要》，至 1949 年通志馆结束时，此类常会就开了 50 余次，其他各种大小会议更是随时需要随时召开，由此对志书目录、体例、内容等问题以及编纂原则、方法等问题进行了富有成效的商讨，这不仅有利于通志馆内各编纂的交流和沟通，也在一定程度上为推动修志方法的推陈出新奠定了重要基础。②

1943 年 7 月，由于抗战时局紧张，通志馆全体职员被迫"疏散"，修志工作遂暂停。次年，侵华日军为了挽救太平洋战争败势，发起一场为打通中国大陆通往东南亚各国交通干线的战略性进攻，其中由日军大将冈村宁次指挥的第六方面军，集结重兵对桂林进行攻击。③ 为了对抗日军的疯狂进攻，白崇禧、张发奎在桂林召开第四战区高级将领会议，制订部署对日作战计划，是年 10 月底，一场轰轰烈烈的桂林保卫战爆发，至 11 月上旬，由于日军大量增援，中国守军终因伤亡惨重而被迫撤退，10 日桂林沦陷。④

4. 云南通志馆

云南省因地处偏远，所受日军战火侵蚀与影响相对较少。1943 年6 月，云南省政府会议决定成立通志审定委员会，通志馆遂恢复正常

---

① 《广西通志馆例会第一次纪录》，广西壮族自治区档案馆藏，档案号：L037 - 002 - 0910 - 0001 - 0019。

② 《广西通志馆历次常会决议案摘要》，广西壮族自治区档案馆藏，档案号：L037 - 002 - 0911 - 0001 - 0016。

③ 广西壮族自治区委党史研究室编：《广西抗日战争时期人口伤亡和财产损失》，中共党史出版社 2014 年版，第 130 页。

④ 李时新：《壮烈殉国三将军——桂林保卫战纪实之一》，《桂林文史资料》第 26 辑，漓江出版社 1994 年版，第 19—24 页。

工作。① 在云南省政府主席龙云主持下，云南省立昆华图书馆馆长秦光玉被聘为主任委员，梁之相为常务委员，张华澜、缪尔纾、方树梅、方国瑜、于乃义为委员，他们从是年 7 月开始，对云南通志馆同人所编纂的志稿进行校核、修订和查漏补缺工作，其中一些烦冗之处得以删除，一些重要内容也添加了引注，审订工作至次年 3 月完成。②

由上述可知，尽管原通志馆人士恢复办公，其主要任务是审定、校核志稿，但显然是在新成立的通志审定委员会之下进行。值得一提的是，经过审定委员会同人的细致审订，志稿仍有部分未能定稿，而此时原通志馆馆长周钟岳改任国民政府委员兼考试院副院长，并于是年底回云南休假，遂利用休假之机，将志稿全部检阅一遍，订正和修改了相关内容，使得志稿更加完善。

志书定稿后，其印行过程却是一波三折。1944 年 8 月 29 日，在云南省政府召开的第 913 次省务会议上，省政府主席龙云提议《新纂云南通志》"应即付印，以广文献"。③ 随后会议决定由省企业局出资 8000 万元印刷费，由印刷局负责印制，拟先期印行 600 部志书，并专程委派通志审定委员会常务委员梁之相负责相关事宜，然而印刷工作尚未开展即因故中辍。

5. 浙江省通志馆

1937 年 10 月底，侵华日军集结三个师团兵力，于 11 月 5 日从杭州湾北岸登陆，打开了侵略浙江的大门。④ 随着抗日战局急转直下，12 月 24 日杭州沦陷。⑤ 在日军大肆侵略之下，尽管受到战火的严重侵袭，但浙江省政府仍然重视包括文献保存与整理在内的社会文化事业。

---

① 由于《新纂云南通志》体例新颖、内容丰富，包括"航空委员会"在内的机构或部门均将其视为重要的参考资料，并且纷纷发送函电，向云南省政府索取志书。对此云南省政府只能告以"本省通志，现尚在编纂中"，而这在某种意义上推动了志书的整理与印行。参见《云南省政府公函》，《云南省政府公报》第 15 卷第 22 期，1943 年。

② 《云南省通志本年底完成》，《中华图书馆协会会报》第 17 卷第 5、6 期合刊，1943 年；秦光玉：《新纂云南通志序》，李春龙、牛鸿斌点校：《新纂云南通志》第 1 册，云南人民出版社 2007 年版，第 6 页。

③ 李斌等点校：《新纂云南通志》第 10 卷，云南人民出版社 2007 年版，第 600 页。

④ 浙江省委党史研究室编：《浙江省抗日战争时期人口伤亡和财产损失》，中共党史出版社 2014 年版，第 141 页。

⑤ 楼子芳：《浙江抗日战争史》，杭州大学出版社 1995 年版，第 27 页。

　　抗战时期浙江省历史文献的大规模征集，肇始于 1942 年 "浙江省史料征集委员会"① 的成立，而该会也是民国浙江省通志馆筹备成立的先声。

　　4 月 15 日，余绍宋出任浙江省史料征集委员会主任委员一职，这标志着史料征集委员会的正式成立。该会组成人员主要有蒋麟振、叶渭清、刘祝群、邵裴子、陈训慈、胡健中、查猛济、袁道中、黄百新、姜卿云、王松渠、余铁山、沈复生、褚辅成等，尽管一些委员因各种原因未能到会，但根据委员会工作计划，所有委员与主任委员均需负责浙江省文献资料的征集与整理工作。②

　　浙江省史料征集委员会（以下简称委员会）下设采访、审查等股，分别聘请专人担任其职。委员会中有干事、助理干事、事务员、录事、会计若干人。从委员会成员的履历来看，除个别委员为政府人士外，大多为文化界人士，一些人还具有修志经历。然而，由于时局动荡不已，许多委员无法到任，相关工作主要由余绍宋和少数人员坚持完成，其中关于《浙江省通志馆组织规程》的制定工作，为通志馆的正式成立奠定了重要基础。③

　　1943 年 8 月 16 日浙江省通志馆正式成立，馆址位于云和县城郊大坪

---

① 关于机构的名称，各方文献表述不一。《中国地方志总目提要》称 "民国三十一年，浙江省设立省志史料征集委员会" ［参见金恩辉等编《中国地方志总目提要》，（台北）汉美图书公司 1996 年版，第 11—9 页］。余昊在《学者书画家余绍宋》一书中认为，成立的机构名称为 "浙江省征集史料委员会"（参见余昊《学者书画家余绍宋》，海峡文艺出版社 2003 年版，第 58 页）。而据 1946 年《图书季刊》一篇关于浙江省通志馆概况的文章介绍称，机构名称是 "浙江省史料征集委员会"（参见《学术消息：浙江省通志馆概况》，《图书季刊》1946 年第 3、4 期合刊）。汉口《教育通讯》一篇同名文章亦认为机构名称是 "浙江省史料征集委员会"，值得一提的是，该文后署名一个 "洪" 字，疑是通志馆分纂洪焕椿所撰 ［参见《浙江省通志馆概况》，《教育通讯》（汉口）复刊第 5 卷第 4 期，1948 年］。另查浙江省通志馆档案，《图书季刊》和《教育通讯》所称 "浙江省史料征集委员会" 当属正确（参见《浙江省史料征集委员会 1942 年 12 月份员额俸薪调查表》，浙江省档案馆藏，档案号：L050 - 000 - 021）。

② 关于浙江省史料征集委员会聘请委员的人数，《浙江省通志馆在云和（1943—1945）》、余昊《学者书画家余绍宋》均认为是 13 人，应当有误 ［参见云和县史志研究室《浙江省通志馆在云和（1943—1945）》，内部印刷，2013 年，第 14 页；余昊：《学者书画家余绍宋》，海峡文艺出版社 2003 年版，第 58 页］。具体人数叶渭清《上黄主席却聘第二书》称，根据委员会组织规程，拟聘请 15—21 人，截至叶氏拟具信函的 1942 年 3 月 21 日，委员 "名单中已有十七人"（参见叶渭清《上黄主席却聘第二书》，《浙江省通志馆馆刊》创刊号，1945 年 2 月 15 日）。

③ 《浙江省通志馆组织规程》，浙江省地方志编纂委员会整理：《重修浙江通志稿》第 1 册，方志出版社 2010 年版，第 9 页。

村的省临时参议会内。① 当天，馆长余绍宋正式履职。随后，他致电国民政府内政部，将通志馆"成立日期"、"地点"、馆内主要职员略历及经费情况报请"备案"。② 通志馆的创办，标志着人才聘请、志料征集等一系列关乎省志编修的工作正式启动。

事实上，早在通志馆筹备之时，余绍宋即将人才延聘视为重点与难点事项，通过各种途径联系与聘请学识渊博的修志人才。1943 年 9 月 1 日，通志馆聘用了一批人员，从通志馆档案情况来看，这些人员包括编纂、分纂、事务员和课员各 1 名，雇员 2 名。其中编纂孙延钊原为浙江省史料征集委员会委员，在被聘者当中具有一定的资历；分纂包赍毕业于中国公学文史系，曾在浙江省立湘湖师范文史系任教，文字功底较好。课员姜静庵、雇员梅中阳曾为政府公职人员。从被聘用者籍贯来看，大多来自云和县，这与通志馆馆址设在云和便于延聘当地人才有关。11 月底，通志馆相继聘用李友梅为雇员、胡维检为总务课长。12 月底又聘请张天放为编纂。③ 一系列的人才招聘举措，为确保通志馆修志人员到位奠定了基础。

1944 年初，浙江省通志馆实施第一期工作计划，即对馆务工作、志料采访和志稿编辑做出统一安排与部署。一方面，大力加强馆务工作，主要涉及"征借图书"、"编印馆刊"和"促进各县重修县志"事宜。一是"征借图书"。通志馆同人除接收浙江省史料征集委员会的图书外，还向浙江省立图书馆借阅"省志参考用书"三千余册。而为了有效开展图书征集工作，通志馆制定了《捐赠图书及借用图书奖励办法》，以鼓励社会人士向馆内踊跃捐赠图书。二是"编印馆刊"。为将征集到的各类资料以及通志馆业务进展情况及时向社会公布，通志馆临时借用《东南日报》④副刊为发表平台，并且考虑在经济条件宽裕时以季刊的形式发行专刊。三是"促进各县重修县志"。为促进各县重修县志，通志馆同人以省政府通令的形式，向各县政府提出"重修"的要求和意见。值得一提的是，通

① 《浙江省通志馆代电》（1943 年 8 月 16 日），《浙江省通志馆馆刊》创刊号，1945 年 2 月 15 日。另注：1942 年 5 月，侵华日军发动浙赣战役，浙江省政府被迫搬迁至西南部的云和镇。参见陶士和《浙江民国史研究通论》，中国社会科学出版社 2007 年版，第 18 页。
② 《浙江省政府快邮代电》，《浙江省通志馆馆刊》创刊号，1945 年 2 月 15 日。
③ 《本馆职员略历》（1943 年 9 月 1 日），浙江省档案馆藏，档案号：L050-000-013。
④ 《东南日报》原名《杭州民国日报》，由浙江省党部于 1927 年 4 月创刊，1934 年 6 月改名《东南日报》，董事长为国民党中央组织部部长陈果夫。参见胡健中《东南日报小史》，何扬鸣主编：《浙江文史资料》第 61 辑，浙江人民出版社 1997 年版，第 309、310 页。

志馆视"县志为省志之基"，即将县志编修提升到关乎省志编纂的基础地位，显示了通志馆对各县志书编纂的关切和重视。①

另一方面，通志馆同人积极开展采访工作。在余绍宋主持下，同人不仅广泛聘请全省"留心文献之士"为特聘采访，还函请浙江省政府通令全省各县，督促限期成立"浙江志料采访委员会"，从而借助行政推动之力，使志料征集工作步入正规化、常态化的运作轨道。②

而在志稿的编辑方面，通志馆按照编纂大纲的类目，分别聘请驻馆与馆外两类编纂人员。其中，驻馆编纂拟从旧志删削、考、略、传、文征五方面入手，进行专题性的资料长编编辑，以为将来志稿编纂之基础。馆外编纂（或特聘编纂）则担任志料的专题性编纂工作，具体包括：大事记、疆域、地理、民族、社会、艺文、古迹、教育、实业、交通、宗教、建置、人物、列女、宦绩、选举、职官、文与诗词等。③

根据上述计划，通志馆分别制定《浙江省通志馆关于特聘编纂采访及各县市采访员办法》《浙江省通志馆馆务会议规则》《浙江省通志馆征集图书办法草案》等规章，这些规章条文的制定与实施，为通志馆人才聘请的规范化、日常工作的制度化以及资料征集的程序化奠定了基础。

伴随着通志馆各项规章制度的颁布实施，馆长余绍宋还大力聘请学识优长之士，以充实通志馆在资料征集和整理方面的力量。从1944年1月1日起，通志馆分别聘请游樟辉、陈明铨为雇员，王端为编纂，褚强为事务员，陈明铨为录事。④　与此同时，余绍宋还将馆内业务人员项宅仁、项钰清、李素贞三人派往临海县，充任"临海办事处事务员"。⑤　此举为日后通志馆筹建分支办事机构做了准备。

2月17日，通志馆召开第一次馆务会议。余绍宋首先回顾了近半年来通志馆的办理情况，认为由于通志馆馆址为临时租借性质，加之经费方面的困难，人才聘请"尤属不易"，志稿编辑业务无法正常展开，"时间上实延误多日"，导致半年来"工作实乏表现"。⑥　需要强调的是，余绍宋

---

① 《本馆之进行计划》，《浙江省通志馆馆刊》创刊号，1945年2月15日。
② 《本馆之进行计划》，《浙江省通志馆馆刊》创刊号，1945年2月15日。
③ 《本馆之进行计划》，《浙江省通志馆馆刊》创刊号，1945年2月15日。
④ 《本馆职员略历》（1943年9月1日），浙江省档案馆藏，档案号：L050-000-013。
⑤ 《办事处人事动态》，浙江省档案馆藏，档案号：L050-000-052。
⑥ 《本馆第一次馆务会议纪录》，《浙江省通志馆馆刊》第1卷第3期，1945年8月15日。

所述并非谦辞，在当时包括馆舍问题、经费问题、人才聘请问题，在在困扰着通志馆业务工作的正常开展。

针对上述问题和困难，馆务会议讨论并议决了制定规章、聘请人才、征集资料和创办馆刊等事项。在制定规章方面，与会人员研讨了《编纂大纲》《文征编辑略例》《事业进行进度表》《各县修志事例概要》《馆刊办法案》等材料；在聘请人才方面，针对所聘人士难以按时到任情况，通志馆决定设立"特聘编纂或采访"，旨在以灵活、变通的方式聘请专门人士为通志馆服务；在征集资料方面，虽然文献资料散布各地，浙江省"各县在在皆有，自应普遍采访"，但由于战乱频仍、时局动荡，严重制约了志料征集工作，对此通志馆决定先在非游击区各县"设置县采访员，就地采访"资料，待战事平息后再"继续设置"；至于馆刊办理事宜，则由馆务会议推选祝鸿逵、王惠民、张天放"主持编纂"事务，在推出专刊前，拟"函商《东南日报》社或《浙江日报》社，每半月另辟一栏，登载馆刊"。①

显然，馆务会议将志料征集视为通志馆当时工作的重点，以此为目标，通志馆广泛聘请各县采访人员。而随聘书一同发出的，还有通志馆修订的《编纂大纲》和《采访须知》，其目的在于使采访人员"就本馆所定编纂大纲、所列举事项，随时随地采辑"志料。② 从 1944 年 3 月起，通志馆陆续聘用吴藻汪、毛擁粹、龚壮甫、毛存信、毛以成、罗霞天等人，被聘者大多以"采访要攻关征集志载"，能正常到任并勤于采访。③

可见，"通志馆在云和的那两年主要是收集资料、采集资料、发现人才，各县发现一些人，发现一些事"。④ 而以政府官方为背景的浙东、西办事处，通过政府行政手段，聘请知识人士、广泛征集文献资料，并且推动宁海县修志馆等县志编修机构的创办，使得通志馆的修志宗旨、体例、方法等深入影响到基层社会。换言之，通过修志这一文化工程，政府官方的制度规范、价值理念等也逐步向基层社会延伸，实现了国家文化张力的向下延伸，由此促进国家控制与基层社会的互动与联系，形成了两者之间的合力。

---

① 《本馆第一次馆务会议纪录》，《浙江省通志馆馆刊》第 1 卷第 3 期，1945 年 8 月 15 日。

② 余绍宋：《浙江省通志编纂大纲草案》，浙江省地方志编纂委员会整理：《重修浙江通志稿》第 1 册，方志出版社 2010 年版，第 13、14 页。

③ 《各县采访员动态》，浙江省档案馆藏，档案号：L050-000-088。

④ 唐家仁口述，陶慧明记录：《回忆抗战时期的省通志馆》，2011 年 6 月 25 日，未刊。

为了商议问题、总结经验以及进一步确保相关工作的顺利开展，浙江省通志馆于 1944 年 12 月 20 日召开了第二次馆务会议，出席会议者 15 人，其中馆长余绍宋为大会主席，浙东、西办事处主任项士元、张天放悉数到场。余绍宋首先在会上陈述了当时通志馆业务工作中存在的困难和问题，与会者对此逐项商议，共同寻求解决办法。应当指出的是，第二次馆务会议研究实际问题，共同商议与寻找解决办法的举措颇具成效，尤其是通过制定《职员请假办法》《雇员考勤办法》等规章，进一步提升通志馆的办事效率。

以第二次馆务会议为契机，通志馆同人积极创办通志馆馆刊，为加强修志宣传以及与外界沟通联络，迈出了重要一步。1945 年 2 月 15 日，《浙江省通志馆馆刊》创刊号正式发行。为进一步阐释馆刊的宗旨，余绍宋还于创刊号首页发表《发刊词》，将实现上述宗旨的方法与步骤分解为"采访之甄录""幽潜之阐发""掌故之整理""文化之宣扬""学术之绍述""风雅之扬抟""遗文之搜集""新旧之沟通"八项要素，由此结合"抗战建国之需要"，与促进"社会学术风气之襄替"，实现省志编修"上为政府施政之准绳""下供人民日常之参考"的目的。①

6. 宁夏通志馆

早在 1937 年初，宁夏省政府为筹备宁夏通志馆，组织人员征集史料，并发起志稿编纂的准备工作，惜因抗战爆发而被迫停止。1940 年宁夏省政府临时参议会第一届大会召开，与会者提出编纂省志的议案；次年召开第三届大会时，复有议员提出此案，省政府遂于是年设立了以政府主席马鸿逵为督修的宁夏省志筹备委员会。

经过近两年的筹备，1943 年 11 月 15 日，宁夏通志馆正式成立。张维被聘为通志馆总纂，负责主持制定通志馆规程，发布征集志料、编纂志稿的相关通知与要求，并且拟订两年内成书的编纂计划。据高树榆等主编的《宁夏方志述略》称，民国时期宁夏方志仅为一部，即王之臣主持编纂的《朔方道志》。② 需要强调的是，《朔方道志》是在曾任宁夏护军使马福祥主持下编纂的，而 1933 年马氏之子马鸿逵就任宁夏省政府主席后，仿照

---

① 余绍宋：《发刊词》，《浙江省通志馆馆刊》创刊号，1945 年 2 月 15 日。
② 高树榆等：《宁夏方志述略》，吉林省地方志编纂委员会、吉林省图书馆学会 1985 年版，第 11 页。

其父先例，支持《宁夏通志》的编纂工作，不仅成立宁夏通志馆，还邀请饱学之士担任编纂、助编，聘请各县教育科和县党部负责人从事资料搜集与采访工作。其中，赵敬五为通志馆秘书长，负责馆内勤杂事务；苏盛华负责民族部类的编纂工作。由于馆内除《朔方道志》《朔方备乘》以及几部外省县志外，并无相关资料可供参考，志稿编纂工作自然难以展开。事实上，由于时局紧张、政局变动，通志馆成立后不久即因故停办，上述通志编纂计划未能完成。①

第二节　体例因创与文化抗争

奉天通志馆在伪政权下的艰难运作，无疑是日军侵华后通志馆曲折发展的一个特例。而在东北全境沦陷后，日本帝国主义的殖民统治、伪政权的倒行逆施与近代中国社会文化的转型进程不可逆之势的矛盾冲突愈演愈烈。在日方的强压下，委身于通志馆的金毓黻等人，为对抗伪政权关于方志编修为日本帝国主义服务根本宗旨的要求，坚持以编修地方志作为保存中国历史文化的实际行动，由此吹响文化救亡的号角，形成中华民族抗日背景下文化抗争的历史图景。而受日本帝国主义和伪政权的管控，通志馆同人所纂志稿呈现守旧与创新交叉并存的特点，"似因实创"可谓是对其体例与内容记述特征的总体概括，而从《奉天通志》的体例因创问题入手分析，或可探究这一特征的总体面貌，进而揭示其形成的深层次原因。

在探讨《奉天通志》（以下简称《奉志》）体例变化之前，有必要对志书全貌做一概览。全志门类依次为大事志（50卷）、沿革志（9卷）、疆域志（8卷）、山川志（19卷）、建置志（9卷）、礼俗志（4卷）、氏族志（6卷）、田亩志（2卷）、物产志（5卷）、实业志（9卷）、职官志（20卷）、民治志（3卷）、财政志（4卷）、教育志（5卷）、选举志（7卷）、交通志（7卷）、军备志（5卷）、人物志（50卷）、艺文志（30

---

① 需要补充的是，由于宁夏通志馆成立后不久即因故停办，关于其创办与运作的论著付诸阙如，而有关通志馆的档案文献资料至今仍难觅踪迹。笔者曾于2015年8月赴宁夏回族自治区档案馆，查询档案目录，亦未见到相关材料，有关宁夏通志馆创办与运作的经过情形，有待日后档案文献的进一步发掘。

卷)、金石志 (8 卷),共 20 门,260 卷。将其与编纂方案所拟门类比较可以发现,受志料缺失或经费匮乏等客观条件所限,"官制志"改为"职官志","交涉志"则被直接删掉。而从方志体例变化角度通览全书,可以发现增设无题概述、创新门类篇目,以及提倡史为志体、修志为用、资料翔实、行文雅训等显著特征,以下分述之。①

一是借鉴章学诚修志理论,推崇"方志为一方之史",进而提倡史为志体。通志馆副总裁臧式毅为志书作序时称,"奉志虽用旧例,统名曰志,而叙大事、人物甚详,盖参用章氏之法,以备一方之史"。以大事志冠首,"方志为一方文献所寄,具如史裁,非先纪大事无以明经纬"。②

而观《奉志》大事志、职官志、氏族志、教育志、军备志、人物志等,均严格按照历史发展顺序予以记述。其中,人物志以"方志为地方史,其体一如国史"为旨归,倡导"国史以人为主",并阐发"名曰方志,实史体也"的观点,借以论证方志设立"人物志"的必要性。大事志则从秦、汉、魏一直写到清宣统年间,而职官、教育、军备诸志更是设立"近代"部分,显示了该志倡导史为志体、史志合一的体例特点。如教育志在记载近代教育时,不仅介绍清末科举停废后,学校创办因经费不足,乡村教育未能普及的历史状况,还阐述民国肇建后扩充教育经费,全省"学校林立"的显著变化,以及概述从"沈阳高等师范学校"到"东北大学"创办的历史脉络,旨在厘清该省"学校系统完全成立"的历史事实,具有较强的史学意义与价值。③

与此同时,通志馆同人倡导史为志体,认为"志者史也",并视旧志的"纪、传、录、略、表、图皆为志之一体,志为大名,而图不可与之并称也",故《奉志》疆域志借鉴《元和郡县图志》"图亡而志存"、《新疆图志》"图略志详"的先例,以史为志体的办法,予疆域志以彻底改造。④

二是各门类前增设无题概述,以此增强志书的整体性,使其与正文互

---

① 王树楠、吴廷燮、金毓黻等纂:《奉天通志》第 1 册,东北文史丛书编辑委员会 1983 年版,第 16 页。
② 王树楠、吴廷燮、金毓黻等纂:《奉天通志》第 1 册,东北文史丛书编辑委员会 1983 年版,第 1 页。
③ 王树楠、吴廷燮、金毓黻等纂:《奉天通志》第 5 册,东北文史丛书编辑委员会 1983 年版,第 128 页。
④ 王树楠、吴廷燮、金毓黻等纂:《奉天通志》第 1 册,东北文史丛书编辑委员会 1983 年版,第 6 页。

相照应、互为补充、相得益彰。无题概述又称无题小序、无题引言、无题导言、无题前言，其特征是以简要文字引出丰富的内容，目的是从宏观角度对各层次所记述的内容进行概括和提炼，使读志者对正文内容有一个较清晰的总体认识。从《奉志》各门类情况来看，均设置了无题概述，并以有述有论、夹述夹议的形式予以展开。剖析《奉志》各门类志首概述的写作方法，大致可以分成六类，即浓缩式、纵述式、策论式、特点式、阐明义例式、综合式。其中，基本采用纵述式的有大事志、沿革志、氏族志、职官志、教育志、人物志、选举志、军备志、金石志，约占全志卷数的 62%；阐明义例式的有疆域志、建置志、礼俗志、田亩志、交通志、艺文志，占全志卷数的 23%；特点式的有山川志、物产志，占全志卷数的 9%；策论式、综合式的有实业志、民治志、财政志，仅占全志卷数的 6%。

关于各分志无题概述情况，大事志首先陈述设立该门类的原因与依据，以阐释志书"非先纪大事无以明经纬"的观点；其次介绍大事志内容的编排方式，即采用"编年体"将历史事件按年、月、日时序排列，由此达到该省大事记述时序脉络清楚、内容简明扼要的目的；再次介绍大事志征引文献、断限等情况。山川志首先阐述设立该门的重要性，介绍其广泛参考《水经注》《万山纲目》《水道提纲》等文献，并且以"近年各县方志"为参照，佐以"东三省测量局所绘奉省地图"，在综合各方资料文献的基础上，达到"穷源竟委，得其条理"的目的。建置志则首述记述范围与原则，在记述范围上虽"古今兼纪"，但"以今有其迹者为主，无其迹者附之"；随后以举例方式，论证采取此项记述原则之因。礼俗志概述奉天三大礼俗，即"先民之故俗"、"中原之新俗"和"沿习之礼制"，并且以总分的方式，介绍该门类所含典礼、风俗、节令、岁时、婚嫁、丧葬、祭祀、神教、居室、衣服、饮食、器用、方言十三目。① 物产志则重点介绍大豆、高粱、煤、铁、人参、鹿茸、断肠草等具有代表性的奉天乃至东北物产，并且以总分的方式，介绍该门类所含植物、动物、矿物、庶物、贡物等细目。

三是革新方志体例，扩充志书门类，注重关系国计民生的"实业"、

---

① 王树楠、吴廷燮、金毓黻等纂：《奉天通志》第 4 册，东北文史丛书编辑委员会 1983 年版，第 28 页。

"财政"和"民生"内容的记载。近代以来，国人在列强经济侵略的强烈刺激下，亟起谋求变法图强，张謇等实业人士认为"富民强国之本实在于工"，提出中国须振兴实业的口号，由此致力于民族工商业的发展，推动近代国人实业救国思潮的兴起。① 显然，"实业"作为一个近代词语，泛指农、工、商、矿等行业，它们在国家经济和社会发展中的地位越来越重要。在此时代背景下，南京国民政府"为制定全国性的实业发展规划，责成实业部国际贸易局举办全国实业总调查"，并于 1932 年 7 月提议编写"全国实业志"，由此促成近代"实业志"产生。② 奉天通志馆同人为加强对该省"农、工、商、矿诸业"的记载，依据奉天省实业状况依次开列农业、工业、商业、矿业、林业、渔业、牧畜、蚕业等门类，其内容注重反映"人民勤朴耐劳"的本质。由于实业牵涉大量经济数据，编纂人员颇为慎重，凡征引文献"以南满铁路会社所调查者为详，兹取以为基本，而以各官书册籍辅之，述实业志"。③

与"实业志"形成比翼之势的是"财政志"，两者的出现无疑反映了修志者对社会经济内容的重视，这与历代方志重人文政典的记述特征显然有别。"财政志"无题概述开宗明义地提出，历代志书以"食货"或"度支"为题，记载盐、铁、赋税等关涉社会经济的内容，虽然"食货"或"度支"具有食足货通之义，泛指直接或间接参与经济活动及采取经济措施，但由于当时的社会经济活动比较单一，所体现的内容也较为简略。而近代"财政"一词出现，尽管是戊戌时期维新派引进西洋文化思想的结果，却更符合时代需求与近代社会经济发展。"财政志"的篇目则依据该省社会经济情况，分设租赋、税捐、关税、盐法、官业收入、协饷等。

《奉志》还专门记载民生问题，注意反映民众生活状况，其中"民治志"堪称代表。鉴于民国肇建，政风民情更易的时代背景，通志馆同人本着"今昔异制，未可同也"的编纂理念，设立"民治志"以记载社会民生状况。考虑到"近世司民政者，则于察吏安民之外，兼及自治、警

---

① 《代鄂督条陈立国自强疏》(1895 年 7 月 19 日)，李明勋、尤世玮主编：《张謇全集》第 1 册，上海辞书出版社 2012 年版，第 22 页。

② 山西省地方志办公室编：《民国山西实业志》，山西出版传媒集团·山西人民出版社 2012 年版，第 1 页。

③ 王树楠、吴廷燮、金毓黻等纂：《奉天通志》第 3 册，东北文史丛书编辑委员会 1983 年版，第 215 页。

察、市政、卫生、振恤诸政"，遂将记述门类设为"议会""自治""警察""保甲""卫生""灾振""市政""报馆"八项。其中议会、自治乃"自清季变法而始有之"，属社会新兴事物；"古无警察，而有保甲"，将两者保留，以使读者察悉"制度虽有变更，而其质固未易"；"市政之制，昉自欧美"，是西学东渐以来的社会新生事物；以"报馆者又人民之喉舌也"，故设"报馆"专记。①

志书内容的拓展不仅体现在门类或篇目上，还在具体记载内容上注重时代性，体现社会变迁过程中产生的新事物。如"教育志"不仅记述奉天历代社学、义学、书院等传统教学机构，还着重记载清末"罢科举，设学堂，明定教育宗旨，学制因而一变"的历史变迁及其影响，反映科举变革后新式教育的推广普及。② 尤其是民国以来新式教育的发展，"教育精神则以智育、体育、德育为指归，并侧重实业、普通中学之外，于农、工、商各专门教育，尤加提倡"，体现了近代教育理念的发展变迁。

四是提倡修志为用，坚持"最近者为切用"原则，强调"修志为取裨政治之用"。如设立"交通志"，记载驿站、水陆路等传统交通，还记载因近代以来新式交通工具的产生，以及代表西方工业文明的轮船、火车、汽车等交通工具引进中国，人们出行效率、数量迅速提升，社会流动性增大，公共活动空间也不断扩大，由此带来社会文化的巨大变革。以邮局取代驿站为例，邮局的出现推动了近代邮政的形成，由此"制度为之一变，交通行政以利便行人为主"，加之"近世汽车畅通，铁路之外，尚须辅以公路"，更加验证了"近世科学发达之效"。鉴于交通对人们生活所产生的重要影响，以及由此带来的社会经济的巨大发展，《奉志》以"路政""电政""邮政""船政"为篇目，专门记载该省交通状况。值得一提的是，随着近代水、陆、空交通系统的立体发展，"航空"亦成为交通事业的重要组成部分，通志馆同人出于现实需要的考虑，虽因资料缺乏"未及言"，但所定体例"航政中包有航空一项"。③

此外，《奉志》倡导资料"翔实"而"征信"，行文"高简"而"雅

---

① 王树楠、吴廷燮、金毓黻等纂：《奉天通志》第 2 册，东北文史丛书编辑委员会 1983 年版，第 73 页。
② 关晓红：《科举停废与近代中国社会》，社会科学文献出版社 2013 年版，第 329、330 页。
③ 王树楠、吴廷燮、金毓黻等纂：《奉天通志》第 5 册，东北文史丛书编辑委员会 1983 年版，第 112 页。

驯"。显然，"似因实创"是对《奉志》体例的总体概括，而臧式毅不厌其烦地在序文中提及志书"非续修而为改作"，强调志书记载"往昔数千年之事迹宜增补其漏略"，表明志书具有高度的资料文献价值。考察《奉志》体例因革与创变的原因，似可发现以下三个要项。

第一，通志馆同人的主动求变与政府的行政推动。体例是决定志书优劣的要项，其科学制定与完善程度关涉志书内容、价值与质量，引起通志馆同人的高度重视。早在大规模征集志料之时，同人即把体例问题提上修志的议事日程。1930 年 3 月 20 日，通志馆就志书体例等问题函告辽宁省政府，称通志馆成立之初，体例即"照从前各省通志办理"，国民政府《修志事例概要》颁布后，"查修志事例概要列举各条，与旧例修志颇有出入"，故"应照部咨办理"，体例有所变通。①

而查国民政府《修志事例概要》，其对修志资料、文字、图表等做了明确要求：凡"所采材料遇有关系党务及党义解释须向中央请示"，"志书文字但求畅达、无取艰深"，"志书舆图应由专门人员以最新科学方法制绘精印、订列专册"，"志书中应多列统计表，如土地、户口、物产、实业、地质、气候、交通、赋税、教育、卫生以及人民生活、社会经济各种状况，均应分年精确调查，制成统计比较表编入"。② 依照国民政府《修志事例概要》，《奉志》体例有所更易。对此，1930 年 5 月 1 日，辽宁省政府在给通志馆的复函中，肯定了通志馆变通体例的做法，并且提出方志体例应结合地方实情，"可不拘定部咨事例概要办理，略予变通"；该函还指出，奉天更名辽宁，省名虽变，但不影响志书记载，故要求"民元以后迄至现在事迹，均在编纂之内"。依照上述指示，通志馆对编修计划加以调整，其中"变通体例"与调整"起止时间"为重点，并加快志书编纂的进度，"以期早日蒇事"。③

可见，辽宁省政府在推动方志体例"变通"方面影响颇大，而省政府对通志馆的直接介入，似与通志馆较高的行政级别有一定关联。1933年 1 月 18 日，奉天通志馆致函省教育厅，告以通志馆"系本省最高机关

---

① 《通志馆为通志起止时间给省政府的函》（1930 年 3 月 20 日），辽宁省档案馆选编：《编修地方志档案选编》，辽沈书社 1983 年版，第 110、111 页。

② 《修志事例概要》，《法规》1930 年。

③ 《辽宁省政府给通志馆的复函》（1930 年 5 月 1 日），辽宁省档案馆选编：《编修地方志档案选编》，辽沈书社 1983 年版，第 111、112 页。

为纂修全省通志而设，正、副馆长及总纂、纂修，均由省长延聘，与行政机关迥不相同，开馆以来，与各机关往复文件，不分阶级，概用公函，虽省长公署，亦从未有呈令之制"。① 函件提示了通志馆官方机构的特殊性，坐实了行政级别较高之说。总之，通志馆的主动求变，以及政府的行政推动，两者合力共同促成了《奉志》体例的变革。

第二，通志馆同人既借鉴和吸收前辈修志思想，又因地制宜地加以革新与改造。一方面，副总裁臧式毅积极借鉴章学诚修志理论，根据时代特征与地方实情，对志书体例加以革新与改造。对此，在《奉志》叙言中，臧式毅毫不讳言地表示，"《奉志》虽用旧例，统名曰志，而叙大事、人物甚详。盖参用章氏之法，以备一方之史，似旧实新"。另一方面，总纂金毓黻主张借用章学诚的方志思想，认为章氏在《方志立三书议》中提出"仿纪传、正史之体而作志"等，"此虽创论，实洞制作之原"。为此，金氏不仅大力提倡史志合一，还在章学诚三书（志、掌故、文征）之外，创设"四例"，即专著、杂志、文征、存目，认为"三书立而方志之体始备，四例创而丛书之用始宏"。②

金毓黻不仅在修志理论上推陈出新，辩证地吸收前人修志经验，还在《奉志》编修实践中，注重志书体例的创变与革新。如在编纂"沿革志"时，他积极借鉴"近代考沿革者"；既参考杨丕"表"的用法，又吸收李兆洛、杨守敬设"图"的办法，以达到"考辨颇详，体裁亦善"的目的。③

而在1934年主纂"大事志"时，金毓黻更是在志书体例上求"新"、求"变"，充分借鉴清代谢启昆所修《广西通志》的体例形式，认为"《广西通志》大变旧体"，以"人物志"取代"列传"，"宦绩志"取代"宦绩录"，"此诚创举，亦厘然有当于人心也，《奉天通志》亦用此体，以示不泥旧法"。④ 可以说，正是这种"不泥旧法"、大胆求变的编纂理

① 《通志馆为往复公文不受训令事给教育厅的函》（1933年1月18日），辽宁省档案馆选编：《编修地方志档案选编》，辽沈书社1983年版，第115页。
② 金毓黻：《静晤室日记》第5册，辽沈书社1993年版，第3351—3353页。
③ 王树楠、吴廷燮、金毓黻等纂：《奉天通志》第1册，东北文史丛书编辑委员会1983年版，第35页。
④ 《金毓黻学术年谱》，吉林省社会科学院编：《学术研究丛刊》（1987年增刊），吉林省社会科学院印刷厂1985年版，第76页。

念，促使《奉志》体例的重大变革，而以金毓黻为代表的修志思想与理念的创变，在某种意义上揭示了近代方志转型的历史面相。

需要强调的是，奉天通志馆同人之所以坚持"似因实创"的体例创变模式，有其特殊的历史背景，即日军与伪政权控制下提出的方志编修遵循为日帝服务的无理要求，而这显然与近代方志转型的内在理路产生矛盾。面对方志近代化的大势所趋与侵华日军实施文化殖民政策的冲突，通志馆同人不得已采取"似因实创"的体例创变模式。

就总纂金毓黻个人经历而言，九一八事变后，金氏被日寇拘押三个月，获释后坚拒伪政权的职位，表现出坚贞不屈的爱国情怀，后虽因出于保存中国历史文化的考虑而出任通志馆总纂，但一直坚持与伪政权提出的为日帝服务的根本宗旨相抗争，通过"似因实创"这一隐而不显的斗争方式，推动抗战时期方志体例的变革与创新。

1936年，金毓黻借文物考察之名，假道日本东京转至上海，终于摆脱了侵华日军的束缚，而他的这一段身陷日寇营中"百无聊赖"却潜心致力于地方志编纂的经历，则描绘出近代方志转型的曲折面相，书写了文化上与侵华日军相抗争的生动历史。[①]

第三节　抗战建国与方志文化

民国时期"方志文化"命题的提出，有其特殊的历史背景与近代方志转型发展的内在逻辑，概言之：一方面，编修地方志本身是一项中华文化传统，尤其是各省市编纂的通志，是对一定地域范围内政治、经济、社会、文化、教育等的全面记载，具有较高的历史文化价值和学术研究价值。另一方面，抗战背景下社会文化资源遭受毁灭性打击，与教育知识界人士关于保存文化的要求之间的矛盾越来越突出，由此催生了通过设馆修志方式保存地方文化的局面。

如前所述，民国通志馆创办与运作的历史逻辑与研究者关于抗战历史的界定颇有出入，尤其是起始于抗战最为紧张而又激烈的相持阶段的通志

① 金毓黻：《静晤室日记》第5册，辽沈书社1993年版，第3547页。

馆恢复重建期，其产生的历史原因却与"方志文化"有着重要的渊源。概言之，1943 年前后，正是中国人民抗日战争由战略相持阶段转向战略反攻的关键时期，举国上下正集中一切力量支援抗战，方志界人士亦加入抗战建国的战线，掀起了一场关于战时是否要修志、编纂什么样的方志以及如何编纂方志等问题的争鸣，由此使"方志文化"的基本内涵与重要价值得以阐扬。

吴宗慈认为，当此抗战焦灼之时，国家各项事务千头万绪，"最重要者言，一曰国防之整备，一曰文化之推进"，那么此时是否要开展方志编纂工作呢？在他看来，若所修志书"能切合于今日之用，则千钧之值"，一方面，所修志书详细、准确地记载国家的山河水势，"斯于现在及未来之国防政策，举而措之可也"。另一方面，关于各地的特产、人文情况详加调查与记载，使"方志修志其道，则精神文化之发扬，物质文化之培育，早有切合时代之调查与统计，斯于文化之继续推进，亦举而措之可也"。[①] 可见，开展修志工作将对战时国防整备及文化建设大有裨益，故只要方法得当、注重实用，则应当大力提倡修志，借以振兴包括"方志文化"在内的中华优秀文化。

徐征也赞成战时开展修志工作，并且强调抗战建国时期方志应"为地方建设重要的参考资料"。其中，"第一步是在材料的采访"。而在采访资料之前，应当聘请采访员、测量员、摄影员、绘图员、统计员、书记员等，采访员要知识丰富，能说会道，熟悉当地风土人情，测量员、摄影员、绘图员、统计员则应当经过"特别训练"，书记员要求文笔通顺、书法工整，并且"略谙校勘方法"。在材料采访过程中，要注重"地方性与时代性"，"把平日所见所闻所传闻的材料，整个地搜集拢来，加以分类保存"，达到保存地方文化的目的。[②]

钟禄元则批评旧志"每斤斤于文字之雕饰，抹煞事实，以古论今，忽略时代精神，征之往志，所在多有，如志孝弟则云生有至性，志行义则云性好施予，品皆曾史，治书龚黄，学必汉儒，贞皆姜女，庐山面目，沙河拣金，虽曰志乘，曷补实用"；主张"际此抗战建国之大业"，"方志文

---

① 吴宗慈：《论今日之方志学》，《江西文物》第 2 卷第 2 期，1942 年 4 月 1 日。
② 徐征：《怎样编纂新方志》，《江苏文献》1942 年第 3、4 期合刊。

化"的发展应当以"实用"为宗旨。①

卢建虎认为"惟今战事方殷，和平未届"，不宜"因陋就简"，"贸然修志，仓卒成书"，强调发展"方志文化"是关系中华文化存续的长远事业，应当统筹规划、慎重行事。不过，在《战后修志问题》一文中，他提出"既不得率尔操觚，亦不可因噎废食，要当于战事结束以前，即令各地豫筹准备"，主张"志料之征集，在战时即宜开始措办"，将各类文献资料"广为甄采，严加抉择，什袭而珍藏之"，以为战后修志之用。②

甘鹏云则视保存地方文化为"急务"，强调由于抗战以来地方著述大都流失，目前虽然抗战尚未结束，但正宜于此时"四处搜罗"，将各种因战事而损坏的"断简残编"悉数保留，虽然仅得"片纸只字"，但也大有利于日后"征文考献之人"。而在调查、采访、搜集与整理基础上编纂而成的"方志文献"，无疑是保存地方文化的上佳途径。③

由上述可见，学界人士所论对象虽然各不相同，但均认为修志有利于保存地方文化，并且于抗战建国有重要意义，这无疑为战时方志编纂宣传造势，进而将"方志文化"纳入中华优秀文化的范畴，由此将其视为抗战时期创办通志馆的重要依据，以及日后通志馆业务开展的重要原则。

考察恢复重建期的各省市通志馆，在其创办之初即通过章程条文的制定、调查采访的实施与文献资料的整理等方式，对与修志有关的地方文献进行较为全面性、系统化与规范化的管理，借此实现"方志文化"的振兴与发展。如1941年1月江西省政府会议讨论通过的《江西省通志馆组织规程》提出，通志馆下设总务室，负责办理文书、图书、档案保管等事项。次年1月9日，省参议会参议员伍毓瑞提交的《拟请政府充实江西省通志馆组织迅速完成本省文献案》经省政府委员会讨论通过，对此通志馆同人在致省政府的呈文中称："钧府暨本省人士对本省文献维护期望之殷切，无任兴奋，爰特遵照钧府指示意见第一点，谨将本馆组织规程加以修改。"④可见，政府及社会各界人士对地方文化的关心与支持，为江

① 钟禄元：《整理川省通志刍议》，《文史教学》1942年第5期。
② 卢建虎：《战后修志问题》，《东方杂志》1944年第10期。
③ 甘鹏云：《修志答问》，黎锦熙、甘鹏云：《方志学两种》，岳麓书社1984年版，第186页。
④ 《江西省通志馆组织规程》，江西省档案馆藏，档案号：J046-1-00310-0099；《修正本馆组织规程全案（三十一年五月十三日呈）》，谢军：《江西省方志编纂志》，方志出版社2001年版，第280页。

西通志馆的创办与运作提供重要保障。

作为文化载体的地方文献，是编修方志的重要基础，而以吴宗慈为代表的民国通志馆人士，将"方志文化"提升至关乎中华"文化之盛衰"的地位，强调通过保存地方文献来发展"方志文化"，进而实现中华文化的振兴。[①] 事实上，考察江西省通志馆创办之因，即"为整理本省文献起见，提经省务会议决议，设立江西省通志馆"。[②] 而在 1942 年 1 月 31 日，馆长吴宗慈在给江西省政府的呈文中，明确提出"通志为一省文献之总汇"的理念，并且将收集与整理方志文献作为通志馆同人的"编纂原则"。[③] 而在志书编纂宗旨与实践方面，馆长吴宗慈对发展"方志文化"工作十分重视。在吴氏所撰《论今日之方志学》中，他针对"世亦有言方志学者，其笼统观念，则曰文献所存而已"的弊端，提出注重"方志之实体效用"的主张，而在具体修志实践中，吴氏着力解决抗战时期"文献无征"问题，强调"方志文化"是关乎中华"文化之推进"的重要内容。[④]

如果说通志馆成立之初，吴宗慈关于"方志文化"的理解尚停留在实践探索阶段，那么到 1946 年吴氏关于方志学的系统研究《修志丛论》完稿时，他已经对"方志文化"与"中华文化"的关系做了深刻理论阐述。而在《修志丛论》的"修志以实用为归"主题中，吴宗慈将"方志文化"划分为"物质文化"和"精神文化"两个方面，其中，金石、考据、氏族、语言以及各种有价值之文献，均属于精神方面，强调"本省旧文献及新文化"均是方志文献的重要内容，应当引起修志者的高度重视。[⑤]

无独有偶，四川省通志馆同人亦将发展方志文化视为业务开展的重要内容。1943 年 1 月 18 日，《四川省通志馆组织规则》正式颁布实施，其中强调通志馆创办之因是通过"保存文献续修通志"来谋求方志文化的发展，其中采访组负责修志"所需资料之调查搜集事项"，以及"资料之

---

① 吴宗慈：《论今日之方志学》，《江西文物》第 2 卷第 2 期，1942 年 4 月 1 日。
② 《呈请转咨内政部备案全案文》（1941 年 7 月 22 日），谢军：《江西省方志编纂志》，方志出版社 2001 年版，第 284 页。
③ 《江西省通志馆呈省政府文》，江西省档案馆藏，档案号：J023 - 1 - 01387 - 0011。
④ 吴宗慈：《论今日之方志学》，《江西文物》第 2 卷第 2 期，1942 年 4 月 1 日。
⑤ 吴宗慈：《修志丛论》，1946 年铅印本，第 3 页，藏于江西省图书馆特藏文献库。

整理汇编及保管事项"。① 在实际运作中，四川省通志馆同人以发展方志文化为宗旨，利用所征集的文献资料，取得了文献整理、汇编与保存等方面的丰硕成果。

其一，编纂《四川省方志简编》。《四川省方志简编》的编纂肇始于主任秘书舒君实，当时他阅读商务印书馆出版的《江苏六十一县志》有所启发，便建议仿照该书编纂一部小型省志。此议得到全馆上下的一致同意，尤其是馆长李肇甫，"慨文献之无征，惧公币之虚耗，乃建议于馆长李伯申先生，而有四川省方志简编之纂修"，并立即安排人员着手编修事宜。②

采访组全体及总务组个别人员参与到该志的编纂工作中来。按照志书的架构设计，在具体分工上，《总论》部分由采访组长负责编写，即概述四川全省情况；《分论》则以每县列一专节的形式，分别交给其余人员分任。1944 年全志编纂完成，共 9 册，60 多万字。③ 志书完稿后，由主任秘书舒君实润饰文字，采访组长陶元甘校阅全稿。④

其二，缮写《四川省方志简编》。陶元甘等人在编纂该书时，曾向四川大学借阅了几十部乡土志稿本，同时以通志馆所征集的方志和资料为参考，加上该书《总论》部分侧重于研究，如"曾将四川历代人口及正史中有传的川人作出统计"，所载内容全面、可信，因此具有重要的历史文献价值。⑤

然而，《四川省方志简编》编纂完成后并未印行，通志馆"限于经

---

① 《四川省通志馆组织规则》（1943 年 1 月 18），《四川省政府公报》1943 年第 151 期。
② 李肇甫：《四川省方志简编序》，《四川省方志简编》，中华书局 2008 年版，第 1 页。
③ 陶元甘在《记四川通志局及四川省通志馆》一文中回忆称，"全书约三十余万字"（陶元甘：《记四川通志局及四川省通志馆》，中国人民政治协商会议四川省委员会文史资料研究委员会编：《四川文史资料选辑》第 32 辑，四川人民出版社 1984 年版，第 171 页）。但据通志馆档案记载，该书"共六十余万言"，此记载与后来通志馆缮写情况对比，大致符合。故陶氏回忆似有误（《四川省通志馆公函》，四川省档案馆藏，档案号：民 042－02－2781）。
④ 值得一提的是，在编纂《四川省通志简编》时，通志馆应国民政府设立《党务》的相关要求，在《总论》中增加《党务》一节，简述国民党在川成立党部的经过。四川解放后，陶元甘等人担心"《党务》一节可能要出问题"，建议将其删除。事实上，在此之前馆员何域藩出于同样的考虑，"叫人将这一节抽掉了"。陶元甘：《记四川通志局及四川省通志馆》，中国人民政治协商会议四川省委员会文史资料研究委员会编：《四川文史资料选辑》第 32 辑，四川人民出版社 1984 年版，第 171 页。
⑤ 陶元甘：《记四川通志局及四川省通志馆》，中国人民政治协商会议四川省委员会文史资料研究委员会编：《四川文史资料选辑》第 32 辑，四川人民出版社 1984 年版，第 170 页。

费，无款雇人缮写"，出于保存地方文化的考虑，只好交由馆内职员抄写。由于通志馆决定"以抄写之多寡为成绩之殿最，酌予奖叙"，故馆员们抄写颇为勤奋，至 1944 年 8 月，全志抄写完毕。按照奖励办法，馆长李肇甫于是月 11 日，呈请省政府人事室，对相关抄写人员予以奖励，其中办事员冯藻光还因"抄录方志简编成绩甚著"擢升为三级组员。①

其三，抄写乡土志。乡土志能激发青少年爱国爱乡情怀，早在清末即开始大规模编纂，民国时期更是达到一个新的高峰，仅 1912 年到 1926 年间就编纂乡土志 113 部。1930 年，南京国民政府教育部发布训令，要求各地迅速搜集有关史地沿革、古今人物、风俗习惯、词曲歌谣等资料，用以编定乡土志，补充学校材料。抗战爆发后，中国国民党临时全国代表大会于 1938 年 4 月制订《战时各级教育实施纲要》，提出应注重各地乡土史地教育的要求，此举进一步强化了抗战时期乡土志的编纂。

四川省通志馆编纂《四川省方志简编》时，曾向四川大学借阅"几十部各县《乡土志》稿本"。② 考虑到抗战建国背景下，乡土志不仅能普及民众乡土历史与地理知识，而且可以激发民众爱国、爱乡情怀，唤起民众救亡图存的责任心，通志馆决定从 1944 年起，组织人员集中抄写乡土志。需要强调的是，通志馆在选用抄写人员时，特别注意书法、文辞的考察。为此还向省政府呈递专文，以"书法端楷"为由聘用张令则为办事员，以"文理清顺、书法端整"为由聘用王启斌为办事员。③ 至 1945 年 4 月，乡土志抄写工作取得了丰硕成果。其中，办事员张令则抄写最多，达 16 万余字，王启斌抄写 15 万余字，两人分别受到了擢升或记功的奖励。

其四，整理旧档。1944 年秋，采访组组长陶元甘在成都督院街省府空房内，见一位叫降绍荣的工人点火吸烟的纸捻上有印泥痕迹，展开后发

---

① 《四川省通志馆呈》，四川省档案馆藏，档案号：民 042 - 02 - 2781。四川解放后，《四川省方志简编》全部书稿移交四川省图书馆保存，据陶元甘说"到省图书馆查阅方志时，还特意借来看了一下。看见志稿中只掉了一张记载历代人口的附表，其余完好无缺"。陶元甘：《记四川通志局及四川省通志馆》，中国人民政治协商会议四川省委员会文史资料研究委员会编：《四川文史资料选辑》第 32 辑，四川人民出版社 1984 年版，第 171 页。

② 陶元甘：《记四川通志局及四川省通志馆》，中国人民政治协商会议四川省委员会文史资料研究委员会编：《四川文史资料选辑》第 32 辑，四川人民出版社 1984 年版，第 170 页。

③ 《四川省通志馆呈》，四川省档案馆藏，档案号：民 042 - 02 - 2781。

现盖有大汉四川军政府的印章。① 经指引，他在附近一间空房内找到了摆满大汉四川军政府卷宗的档案架。陶氏将情况向馆长李肇甫汇报，并且建议由通志馆接收整理这批档案。建议得到李氏赞同，并立即组织通志馆人员着手整理。②

经逐件整理发现，这批旧档包括大汉四川军政府档卷、四川巡按使公署档卷、省长公署及督军公署档卷以及刘文辉任省政府主席时的部分档卷。其中大汉四川军政府档卷"多是民、刑诉讼案件"的文卷；四川巡按使公署档卷则是四川巡按使陈廷杰时代的档案，内有关于袁世凯与国民党人士史事的卷宗；省长公署及督军公署档卷为刘存厚任四川巡抚史事的记载，同时"有少量熊克武时期的督军公署档卷"；至于刘文辉任省政府主席时的档卷，则有少量呈文。③ 整理工作包括整编和抄缮两个部分，全部工作原计划于 1945 年底竣事，"因各组员、办事员咸能勤奋从事，故于十月底即已提前完成"，并且编写了一本档案目录册。④

与上述江西、四川省通志馆通过保存地方文献来谋求方志文化发展不同，浙江省通志馆同人在馆长余绍宋的主持下，尝试将"方志文化"理念纳入修志资料的调查、采访、搜集与整理，由此使得浙江省通志馆的方志文化工作开展得颇有声色。

鉴于抗战以来地方文化饱受摧残，各类文化资源"丧失甚多"，尤其是沦陷区，其文化机构遭受摧毁，文献资料亟待抢救，1939 年浙江省"战时教育文化委员会"提出地方文献"攸关民族文化学术发明"，"文献之征集与保管尤为重要"的主张，随后该会函告浙江省"抗日自卫会"，倡议设立"浙江省沦陷区域流亡文献征集委员会"，旨在加强对沦陷区地方文化的保护。抗日自卫会收到函件，立即召集会议进行专门研究，并将

---

① 大汉四川军政府于 1911 年 11 月 27 日成立，由四川谘议局议长蒲殿俊任都督，朱庆澜任副都督，设军政府于皇城。次年，大汉四川军政府与重庆蜀军政府合并，组成四川军政府。

② 陶元甘在《记四川通志局及四川省通志馆》一文中回忆说，发现这批旧档的时间为"1944 年或 1945 年秋"（陶元甘：《记四川通志局及四川省通志馆》，中国人民政治协商会议四川省委员会文史资料研究委员会编：《四川文史资料选辑》第 32 辑，四川人民出版社 1984 年版，第 171 页）。据四川省通志馆档案，1945 年 10 月才将这批摆满整个"厅房"的档案整理完毕，据此可知，这批旧档的发现时间应当是 1944 年秋。

③ 陶元甘：《记四川通志局及四川省通志馆》，中国人民政治协商会议四川省委员会文史资料研究委员会编：《四川文史资料选辑》第 32 辑，四川人民出版社 1984 年版，第 171—173 页。

④ 《四川省通志馆呈》，四川省档案馆藏，档案号：民 042 - 02 - 2781。

此议提交浙江省政府第六次会议讨论。经省府会议议决，虽认为当前时局艰难，不适宜设立委员会，但对文献保护与文化振兴事业十分重视，决定通令全省各县对"各种历史上有价值之文献"加以重视，建议私人收藏的文献交由当地或省图书馆代管，由"政府协助搬迁"工作，并且要求"战时教育文化委员会"对全省文化事业情况进行调查，如发现"确有关于历史文化之各种价值之文献"，直接上报给省政府，以便及时采取征集与保管措施。①

1939 年 11 月 6 日，余绍宋向浙江省第一届临时参议会第二次会议提交《拟请省政府设委员会征集通志、县志材料》的提案，建议"由省政府通令各县，聘请有学识士绅数人，组织一委员会"，"省会则由省政府聘请淹通博雅士绅若干人，组织委员会"，以便收集与整理地方文献，在为编修通志做准备的同时，谋求地方文化的保护和发展。② 据时任浙江省民政厅厅长阮毅成回忆称，余绍宋素来关心和留心地方文化建设，希冀通过发展"方志文化"来实现"社会文化"的振兴，"在提出本案之前，曾和我谈过，与我平素的意见相同"。为此，阮氏还于 1941 年在浙江省政府委员会召开的会议上提交议案，建议"先行设立浙江省史料征集委员会，以为续修浙江省通志的准备工作"。阮氏此议的提出一方面是由于其本身十分"注意地方的文献"，认为浙江省自"清乾隆以后，没有修过省志"，各县志书因时局、战乱等影响，"重修得更少"；另一方面他还积极号召"各县征集旧志，以便续修"，即通过广泛发动旧志征集活动，为将来续修省志和发展方志文化奠定资料基础。③

抗战时期浙江省地方文化发展的重要契机，是 1942 年"浙江省史料征集委员会"（以下简称"史料会"）的成立，而该会也是民国浙江省通志馆筹备成立的先声。是年 2 月 20 日，经阮毅成倡议，由余绍宋担任史料会主任委员，负责有关筹备事宜。④ 次日，阮毅成函告余绍宋，嘱其"即速组织，全权办理"委员会的筹备工作。在余氏看来，史料会的筹备

---

① 《浙省规定保管文献办法》，《申报》1939 年 1 月 31 日第 3 张第 9 版。
② 余子安：《亭亭寒柯：余绍宋传》，浙江人民出版社 2006 年版，第 183 页。另参见云和县史志研究室《浙江省通志馆在云和（1943—1945）》，内部印刷 2013 年，第 11 页；黄国平、余晓主编：《余绍宋日记》，中华书局 2012 年版，第 1564 页。
③ 阮毅成：《记余绍宋先生》，赖谋新等编：《余绍宋》，团结出版社 1989 年版，第 31、33 页。
④ 《本馆职员略历》，浙江省档案馆藏，档案号：L050 - 000 - 013。

工作"非面商后不能进行",遂于 25 日"作书与立民(省政府秘书长李立民——引者注)、毅成言史料会事"。两天后,又"约慕韩饮,杨维寅来,与商开办史料会事"。3 月 8 日,余氏为经费和会址问题赴云和,与时在县政府的省政府秘书长李立民"商办史料会事,省府原定每月经常费四千元殊不敷用,因议自下年度起增加,否则不能办也。会址决在上圩头"。① 在解决经费和会址问题后,4 月 15 日,余绍宋正式出任史料会主任委员一职。②

史料会自成立以来,该会同人即致力于浙江省地方文化的保护与发展事业。一方面,派员调查省和各县档案情况;另一方面,通过向省内各机关发出征集史料的通知,广泛征集包括图书馆在内的地方志书和文献资料。需要指出的是,委员会所倡导的资料征集来源较为广泛,但就种类而言,主要倾向于政府档案和官方文书。

在大力征集文献资料的同时,省政府民政厅长阮毅成还致函主任委员余绍宋,询问"可否由史料征集委员会办理"通志馆筹设事宜,余氏在得知省政府筹设通志馆的计划后,遂拟定《筹设通志馆意见书》,就有关情况建言献策。在《意见书》中,余氏首先称述"史料征集会本为通志馆之预备",其主要工作在于保存和发展地方文化,但由于"全省文献散在各县",加之时局动荡、战火不断,征集情况不容乐观,尤其是各县方志文献征集工作,堪称"最为困难者"。为此,余氏建议"以省府主席为馆长",将文献资料征集工作纳入各州县的政府"考成",并通过"购办书籍""征集外省通志""征齐本省县志"等措施,进一步加强地方文化资源的征集、整理与保护。③

1943 年 8 月 16 日浙江省通志馆正式成立,在浙江省政府支持下,通志馆同人大力推动各县的方志文化工作,其中《浙江省各县修志事例概要》(以下简称《概要》)的制定与颁布便是关键之一。根据概要,各县自"民国以来未经重修县志,或系志稿未完全者",须于 1944 年内成立修志机构。此外,各县修志机构成立后,还须制定《凡例》《编纂大纲进

---

① 黄国平、余晓主编:《余绍宋日记》,中华书局 2012 年版,第 1666、1668 页。
② 关于浙江省史料征集委员会的成立时间,余昊在《学者书画家余绍宋》中表示,"1942 年冬,经浙江省政府委员阮毅成、许绍棣议定成立浙江省征集史料委员会"(参见余昊《学者书画家余绍宋》,海峡文艺出版社 2003 年版,第 58 页)。此有误。
③ 余绍宋:《杂录:筹设浙江通志馆意见书》,《浙江省通志馆馆刊》创刊号,1945 年 2 月 15 日。

行计划》以及确定成书年限等，以便有计划地开展县志编修工作。

可见，基于对方志文化重要价值的共同认识，浙江省各县在省政府的行政推动下开展修志工作，而综观《概要》全文，其最核心内容是关于志书体例的要求，其中不乏革新之处，显示了方志文化视域下传统修志理念的近代转型。

一是对旧志进行细致的"考证"，漏者补之，误者正之，繁者删之，精者存之。《概要》指出，明代及清初县志，大多空洞浮泛，清中叶以后的志书，又多依照旧浙江通志体例所修，显然不符合时代要求，因此要求对旧志原文"逐一加以考证"，尤其是明清"鼎革"之际，其事实往往湮没不彰，须"博考群书"，甚至稗官野史也一并查阅，以做翔实考证。二是以"科学方式"革新方志。针对旧志关于"迷信"的内容，《概要》提出"概应删除"的方案，并建议用"科学方式"予以"合理明了"的记载。同时，将传统方志"编年体"与近代"纲目体"的新型编排方式相结合，综合运用于《大事记》中，使各类史事按年编排，每述一事均有提纲，使全志纲举目张，实现编纂方法的优化组合。三是注意修志之"新"，旨在反映社会时代新风尚。民国"政制"鼎革，"社会变动尤剧"，诸多新生事物具有鲜明的时代特征，这就要求修志者依据不同时代事物增减"门类"，以便准确记载。例如，随着时代发展，志书中有关妇女"节烈"的内容应当删除，同时"凡妇女之有相当学术技能及事业者"，应择优立传。在删去旧志门类的同时，还注意根据时代变化增加门类，如设立"实业"篇，要求将"工商事业以及民国来物价升降情形"详细记载。值得强调的是，《概要》认为实业（或工商事业等）与"民生"休戚相关，由此将修志的价值与意义提升到关涉"民生"问题的高度。四是强调存史功能。在文献资料方面，日军侵入浙江以来，各类文化资源遭到严重摧残，应当注意各类文献的收集与保护；在社会实情方面，要求对各县"社会情形必须切实考查"，其中关于浙江民众抗战"实况"以及"社会变动、人物损失情形"应当详细记载，为学术研究提供翔实的史料；在照片与地图方面，将拍摄的照片"制版附入"志书，至于山川地图等，则要求聘请专业人员"测制专图"。五是注重修志为用。鉴于日军侵华以来，中华民族遭受到严重危机，中华文化之存续问题成为时人关注的热点。为保护中华文化，实现中华民族的振兴，《概要》提出各县修志时必须设民族篇，并要求"依据宗谱，详考其源流与迁徙之迹"，

"以为他日讲求民族复兴之资"。六是要求修志者秉笔直书，以成信史。鉴于旧志记载当地官吏往往详美略恶，《概要》提出"美恶并书"的要求，认为只有将好坏两方面都做记录，才是真正意义上的"存实录"；而对官场不良风气与恶习的记载，将为惩恶扬善、宣扬社会良好风尚起到重要作用。①

《浙江省各县修志事例概要》制定后，由通志馆函请浙江省政府，通令各县依照办理，并且提出各县修志机构在遵照内政部《修志事例概要》的同时，还可参照通志馆所订《概要》，"网罗事实，编为续志，或改编新志"。通志馆随函附上《概要》76份，请省政府转发各县政府机关。②《概要》的制定及省政府的转发，无疑为督促相关条款的实施提供了重要保障，而各县修志机构的成立，进一步推动了县志的大规模编修，这既是省志编纂的重要前提，也为方志文化的发展奠定了重要基础。

在制定和实施相关规章条文之时，浙江省通志馆同人还致力于馆刊的创办。1945年2月15日，《浙江省通志馆馆刊》正式印行。馆刊发行后，其宗旨及栏目内容经《图书季刊》《教育通讯》等介绍，进一步扩大了刊物的影响。③ 与此同时，宋慈抱等人就馆刊问题发表意见，一些关心修志的社会人士也纷纷致函，就"方志文化"的重要价值与意义，与余绍宋等人展开对话，由此形成文书往复、函电交锋的历史场景。

宋慈抱刊发《读贵馆馆刊后之意见》，提出省志编修应重视"方志文献"的四项主张：一是认为"民国以来，风气渐开，方志家之目光稍变"，应更加注意"关系国计民生者"，故应重视经济类文献的搜集；二是要重视历代文献资料，建议"志馆第一步工作"是详细审订民国初年沈曾植主持编纂的《续修浙江通志稿》，并提出将志书门类与所拟进行对比，过时者删之，适宜者存之，新生者补之，如此在沈志基础上废旧补新，"则于全书可得其半矣"，再将沈志未载的晚清至民国部分，通过采访稿、图书文献等志料补齐，"于全书又得其半矣"；三是应当重视人物资料，建议人物志入选当以"其人有事功或学术，可以造时势开风气"为标准；四是主张借鉴历史文献学研究方法，尤其是人物志编纂，"宜仿

① 《浙江省各县修志事例概要》，《浙江省通志馆馆刊》第1卷第3期，1945年8月15日。
② 《浙江省通志馆公函》，《浙江省通志馆馆刊》第1卷第3期，1945年8月15日。
③ 《学术消息：浙江省通志馆概况》，《图书季刊》1946年第3、4期合刊；《浙江省通志馆概况》，《教育通讯》（汉口）复刊第5卷第4期，1948年。

史传为是"。①

应当指出的是，创办于民国初年的浙江通志局，在沈曾植的主持下，聘请缪荃孙、王国维等一批文彦硕学参与续修通志工作，虽然"求书甚艰，成绩不易"，但撰成志稿300余册，为保存浙江历史文化起到了重要作用。② 对这部志稿，余绍宋颇为重视，将其视为省志编修的重要参考，故在给宋慈抱的回信中，余氏表示"对馆刊发抒意见，极所欢迎"，而对其所提"第一步工作程序"，亦表赞同。至于人物志稿撰写，余氏以其编修《龙游县志》为例，提出所载人物"应直书其名"，这显然与宋慈抱的主张颇为相符。③

在上述回函中，余绍宋还阐发了馆刊创办的意旨，指出"馆刊之为用，旨在发扬文献，报告馆务状况，以唤起社会对于兹业之注意"，激励社会各界人士就省志编修与方志文化发展问题"讨论辨难"；同时，所刊载的一些有关浙江的地方文献，不仅是省志编修的重要基础，还可满足"各县修志之需"。④ 需要补充的是，上述有关宋慈抱与余绍宋来往信件全文刊登在馆刊中，以此鼓励社会各界人士向馆刊投稿，或就省志编修问题建言献策，促使他们重视方志文化的价值，并且更加关心省志编修工作。

需要指出的是，由于时局动荡，一些早已获聘的采访员虽经采访积累了大量志料，却因战乱时常出现志料被毁或遗失的情况。如新登县采访员楼秋实，将其"采访所得缮录成本"，准备寄至浙西办事处，但当时因"匪军骚扰或因此遗失尤大，舍间经匪一再洗劫，所有各种书籍及文稿等件均被狼藉"。⑤

采访工作开展之难，还在于时局动荡背景下社会参与热情不高。据嘉善县采访员杨钝汉称，"采访员工作不为人所重，只为人所忌，欲详细访问，非以特殊人情关系不可，再采访时一无凭证，有时难免遭受拒绝，有此诸端困衷，以之延而再延，搁之又搁，此种情形想来决非一地如此，其他各县有同感者，恐亦不少"。⑥ 杨氏所述虽然为个别现象，但当时普通

---

① 宋慈抱：《读贵馆馆刊后之意见》，《浙江省通志馆馆刊》第 1 卷第 4 期，1945 年 11 月 15 日。
② 许全胜撰：《沈曾植年谱长编》，中华书局 2007 年版，第 435 页。
③ 余绍宋：《复宋墨庵先生书》，《浙江省通志馆馆刊》第 1 卷第 4 期，1945 年 11 月 15 日。
④ 余绍宋：《复宋墨庵先生书》，《浙江省通志馆馆刊》第 1 卷第 4 期，1945 年 11 月 15 日。
⑤ 《楼秋实致浙江省通志馆函》，浙江省档案馆藏，档案号：L050 - 000 - 31。
⑥ 《杨钝汉致浙江省通志馆函》，浙江省档案馆藏，档案号：L050 - 000 - 31。

民众对地方文化的价值认识不到位，加之受客观条件所限，文献资料的采访工作难以在基层开展，确是不争的事实；而省政府的行政推动并非工作常态，且偶有因缺少工作证件而征访文献资料遇阻之事。种种弊端，在在困扰着征访工作的顺利进行。

值得一提的是，杨氏在上述函电中提出相应的解决方案，即建议采访员应分两种，一种为有给职，"以每一旧府属一名为原则，依照省标准待遇，经常在规定地区访采必要资料"；一种为无给职，"以每县一人或二人专为协助或指导有给职采访员工作"。其有给职者称"采访员"，无给职者称"协访员"，并各发证章，以利"采询"。为确保采访工作有效实施，还可请省政府通令各级机关"切实协助"，凡采访员到达一县征访志料时，先会见协访员"商讨进行方针"，采访后亦与协访员"研讨核实"，如此采访工作可以有效推进，修志之事"亦可以如期完成"，否则"任凭催促，恐难如愿"。① 可见，设立采访员和协访员的办法，能将政府官方与基层民众有效联系起来，起到上下沟通、消除阻滞的作用，而通过印发证章的办法，无疑增强了外界对志料采集工作的认可度，并为科学解决志料采集问题，以及提升普通民众对方志文化的认识提供了有效途径。

从有关资料来看，虽然通志馆对有关人士的意见或建议并未完全采纳，但这些意见或建议仍然为解决文献资料的采访问题提供了重要参考，其中采访人员改设专任采访和特聘采访，即是上述建议的一种变通办法。与此同时，一些关心方志文化的社会人士，也纷纷向通志馆举荐人才，并就地方文化的保护与各类文化资源挖掘问题建言献策。如桐乡县采访员梁元鸿于1945年4月25日向通志馆致电，称述该县自沦陷以来，"前辈凋谢，各机关档案又多遭散失，采访事宜颇感不易"，建议在全县范围内广泛聘请采访人员，进行"分区采访"，为此推荐该县李吟秋、吴鸿初、何吉芳等五位"熟悉本县史地"者，请通志馆"一律聘为特聘采访员，以收普遍之效"。梁氏尽管认为大量聘请采访员，"于馆章核有未符"，但坚持认为此举有效结合桐乡县文化资源繁杂的实际情况，"似宜酌予通融"。②

与梁元鸿以陈述事实的方式举荐人才不同，分水县采访员何竹溪则根

① 《杨钝汉致浙江省通志馆函》，浙江省档案馆藏，档案号：L050 - 000 - 31。

② 《梁元鸿致浙江省通志馆电》，浙江省档案馆藏，档案号：L050 - 000 - 31。

据通志馆《采访员注意事项》等章程，逐条分析章程内容，推荐相关采访人员。例如，何氏按照《采访员注意事项》第八条"采访员得遴举就地熟悉史地、热心文献人士"，推荐该县张鹤翔为采访员；又据第十条"各县采访员每县二人，得以给商分工合作"的原则，推荐邵金绶为采访员。通志馆在考察上述推荐人选时，也以其与章程条文相符，聘为采访人员或名誉采访。显然，这种从规章条文入手，加以推荐人才的办法，效果颇为明显，由此显示了制度的内在张力与控制力。①

曹玉卿则从"现代"科学方法立论，认为"各县县志内容各异"，在开展方志文化相关工作时，应就省志编纂体例与内容等，制定科学的采集办法，借以督促各县"将有关史料平时摘录簿中，备作将来采访纂修志料之用，可免日人遗散不实之弊，如此州县皆有专司，五年一小修，十年一大修，珍贵史料不难一令搜集而罗获"。曹氏建议在当时条件下虽未必能见诸实施，但他从现代科学方法立论，强调采用现代科学方法发展方志文化，颇具启示意义。②

与此同时，为了掌握抗战以来浙江省"遭受文物损失"情况，通志馆同人还制作《战时文物损失表》，以便向省内各机关团体及个人做"详尽之调查"，所调查的范围相当广泛，"凡具有历史艺术及学术价值之建筑、器物、图书、美术品、古迹、古画等被劫被毁者，均在调查之列"，调查目的在于将损失情况写入省志，"永为沉痛纪念"，使国民知晓侵华日军对地方文化之摧残，启迪后人亟起谋求中华文化之振兴。③

上述调查方案还依据不同的对象而有所侧重，如通志馆同人向省立杭州蚕丝职业学校发出的调查表，重在对具有学术价值的图书、照片等文献资料的调查，尤其是"具有历史艺术及学术价值古建筑、古器物、图书及美术品"，是调查工作的重点。其中，"关于图书一项，系指珍贵之抄稿本、旧刻本及坊间不易购得者"，将这些难得一见的文献征集回来，摘录有价值的内容到省志，无疑是实现地方文化保存的有效途径。④ 而国立英士大学因应于通志馆"广搜志料、征求图书目录"的公函，虽然该校图书因战乱"损失几半"，有关图书目录正在编制，但仍先将"抄写目录

---

① 《何竹溪致浙江省通志馆函》，浙江省档案馆藏，档案号：L050 - 000 - 31。
② 《曹玉卿致浙江省通志馆函》，浙江省档案馆藏，档案号：L050 - 000 - 31。
③ 《关于催送战时文物损失表函》，浙江省档案馆藏，档案号：L050 - 000 - 31。
④ 《浙江省通志馆致省立杭州蚕丝学校函》，浙江省档案馆藏，档案号：L050 - 000 - 31。

寄送一份，以供暂时检查"，并告以待全目编成后，"再行奉赠"，以示对方志文化工作的支持。①

通志馆"业务首重采访"，而采访效果（即采访到的文献资料数量与质量）是关键。从通志馆同人所得到的反馈情况来看，在各县采访人员的大力推动下，县一级的基层情况较好，如崇德县采访员魏成称，关于该县"公私文物损失"情况，不仅由县政府"转饬各组长、镇公所及各级学校分别调查"，还以专函向各乡镇的"热心人士调查"，在行政手段的层层推进下，地方文化的调查工作进展较为顺利，调查结果"不日即可汇奉"。② 然而，省级机关团体的征集工作效果并不理想。尽管通志馆同人"积极着手"、多方征访，但"仅两浙盐务管理局能如要求随时见告，且极详尽"，而"浙江省社会教育研究会"也仅寄该会所编期刊《社教通讯》一册，其他机关团体则"均难如愿，多数久不见复"，经反复函催，"即复亦属推诿延约"，以致通志馆"苦于资料缺乏"，导致"业务进行大有阻误"。对此，馆长余绍宋知悉省级机关工作推动之难，尤其是属于临时性文化机关的通志馆，既无行政、监督、审查之权，也缺乏法律规制的硬性保障，唯有向接替黄绍竑担任省政府主席的沈鸿烈致函，请他以省政府训令的方式，向全省各机关团体阐明方志文化的重要价值，"使各机关明了省志重要性"，进而"切实协助"方志文化工作，以期编修"省志早日完成"。③

各省市通志馆对方志文化的高度重视，既是地方志本身的文化载体性质决定的，又与国民政府大力倡导有着重要联系。综观民国时期国民政府颁布的修志法规，均不同程度地强调了方志文化的重要价值。其中内政部于1929年12月颁布的《修志事例概要》强调对地方文化的调查与保护，指出"收编诗文词曲，无分新旧，应以有关文献及民情者为限"。④ 1944年5月2日行政院通过的《地方志书纂修办法》进一步强调了方志文化的重要价值，并将上述内容修改为"编列诗文词曲，无分新旧，但以有

---

① 《国立英士大学公函》，《浙江省通志馆馆刊》第2卷第1期，1946年3月1日。
② 《崇德县名誉采访员魏成致通志馆函》，浙江省档案馆藏，档案号：L050-000-31。
③ 《浙江省政府训令》，浙江省档案馆藏，档案号：L029-004-0012。
④ 《内政部咨发修志事例概要》（1929年12月25日），辽宁省档案馆选编：《编修地方志档案选编》，辽沈书社1983年版，第83—86页。

关文献及民情者为限，歌谣戏剧亦可甄采"。①

  各类文献征集、保管与利用，是方志文化建设的重要内容。对此，国民政府相关部门极表关切，并且通过行政法规手段，将各省市通志馆改称为"文献委员会"，借以表达对地方文献的高度重视。1944 年 5 月 2 日，国民政府行政院第 660 次会议通过《市县文献委员会组织规程》，要求各市县政府根据规程要求设置文献委员会，"掌理市县文献材料之征集保管事宜"。② 需要指出的是，规程还对文献调查的事项、文献征集的范围，以及文献保存、利用和刊发的办法等做了明确要求，从而使各省市方志文化建设的实施有章可循，并为抗战胜利结束后各省市文献工作的开展奠定重要基础。

---

① 《地方志书纂修办法》，赵庚奇编：《修志文献选辑》，北京燕山出版社 1990 年版，第 162 页。
② 《市县文献委员会组织规程》，赵庚奇编：《修志文献选辑》，北京燕山出版社 1990 年版，第 163、164 页。

第四章　战后重建与方志转型的延续

抗战结束后，各省市通志馆的重建与运作，是抗战中后期通志馆恢复与创办进程的一种延续，尤其是江西、四川、广西、云南、浙江通志馆，于抗战结束后或搬迁馆址另谋发展、或更改编纂计划革新体例、或调整人事制度锐意进取。然而，国民政府于 1946 年成立的南京通志馆并未开展修志工作，1948 年成立的台湾通志馆也只是昙花一现，可以说战后修志工作未及全面展开，即走向了历史的终结。随着国民党败退台湾，以及台湾通志馆改组为"台湾省文献委员会"，民国通志馆的历史也宣告结束。

值得注意的是，各省市通志馆恢复与重建之时，通志馆人士纷纷致力于"方志文献"的搜集、整理与保存，并且将"科学方法"积极应用于修志实践，由此推动方志体例、篇目、内容等的创新，以及编纂方法与技术等的革新，实现了近代方志转型的延续和发展。

然而，战后动荡的社会局势与日益严峻的通货膨胀，使得社会经济处于崩溃的边缘。在此背景下，经费短缺成为制约通志馆正常运作与发展的严重问题。另外，随着战后国民政府派系斗争的加剧，各种政治势力的明争暗斗引发通志馆易长风波，由此导致通志馆人事纠葛的日趋复杂化，层出不穷的问题预示着民国通志馆走向终结的同时，亦折射出国民政府难以逆转覆亡的政治走向。

第一节　通志馆的恢复与重建

一、江西通志馆

抗战胜利后，江西通志馆于 1945 年 9 月迁回南昌市，馆址位于象山路包家大屋。① 回迁南昌后，通志馆同人继续开展志稿编修工作，相继完成《江西明清两代之民族问题》、《江西前贤世系籍里及姓氏考略》、《江西新人物志稿》（第一辑）、《张天师世家》、《江西鼎甲考》、《江西人物谥法考》、《清乾隆朝江西文字狱案汇编》、《清季江西交涉要案汇编》、《辛亥江西光复大事记长编》、《江西八十三县历代沿革地图集》、《江西八十三县历代地理沿革考略》等初稿的编写，其中《江西省古今政治地理沿革总略·八十三县沿革考略》《江西省古今政治地理沿革图》《江西辛亥光复大事记》《江西近代人物志》《江西鼎甲考》《张天师世家》等作为单册铅印出版。②

1947 年 4 月 20 日，根据国民政府行政院《市县文献委员会组织规程》要求，通志馆改组为江西省文献委员会，续聘原通志馆任职的吴宗慈、周蔚生、蔡敬襄、熊冰、陈颖昆、杨不平、任师尚、李中襄、周邦道、萧蘧、陈肇英、王枕心等为该会委员，其中吴宗慈为主任委员，周蔚生为副主任委员。③

文献委员会在通志馆同人工作的基础上继续推动志稿的编纂，历时近两年，终于编纂完成《江西通志稿》，然而全志并未全部印行，大多为稿本。1949 年 4 月，中国人民解放军大举南下，5 月 22 日南昌宣告解放。江西省文献委员会一度迁至南丰县，江西省人民政府成立后，吴宗慈奉令迁回南昌，相关资料及志稿移交江西省博物馆保存。

---

① 《江西省通志馆公函》，江西省档案馆藏，档案号：J023 - 1 - 01379 - 0053。
② 《江西省方志编纂志》编纂委员会编：《江西省方志编纂志》，方志出版社 2001 年版，第 26 页。
③ 《江西省文献委员会公函》，江西省档案馆藏，档案号：J023 - 1 - 01387 - 0042。

二、四川省通志馆

早在抗战结束前夕，四川省通志馆就深陷经费短缺、人事更迭与业务难以开展的泥潭。抗战结束后，通志馆业务并无起色，尤其是 1947 年前后，所有业务几乎陷于停顿，随着四川省政府主席张群去职，作为张派重要人物的李肇甫随即卸任包括省政府秘书长、通志馆馆长在内的所有职务。

馆长李肇甫去职后不久，在四川省府主席王陵基的运作下，邀请陈廷杰来川继任馆长。1949 年 4 月 1 日，陈氏正式到职。应当指出的是，陈廷杰以编修通志"事关文献"为职守，在通志馆的运作方面可谓尽心尽力，而他所经办的第一件事即是重新选定馆舍。① 不久即开展通志馆图书、设备的搬迁工作，相关工作甫一完成，陈廷杰即着手组织人员，准备开展省志编纂工作。而在编纂部设立后，他还向省政府申请，修改《四川省通志馆组织规程》，正式设置"总编纂一人，副总编纂二人，编纂七人"，明确编纂部编制人数。② 由此，编纂人员的聘请事宜，成为工作的重心之一。值得一提的是，陈氏在聘请修志人员方面可谓不遗余力。他不仅亲自出面聘请林思进为总编纂，向楚、路金坡二人为副总编纂，还召开编纂工作会议，广泛征求意见，接受众人"公推久任川大、华大教授之彭云生、庞石帚两先生为编纂"的决定。同时，还将蒙文通、罗也昭、张怡荪、邓少琴等"学具专门"的学者"聘为志馆编纂"，使通志馆的编纂部力量大为充实。③

尽管陈廷杰上任后，以修志"事关文献"为宗旨，在选定馆舍、改革机构、聘请人才等方面做了富有成效的努力，但最终经历了易长风波的通志馆，因时局纷乱、经费短缺而未成新志，而陈氏的种种努力所带来的通志馆短暂发展也只是回光返照而已。1949 年 12 月，刘伯承、邓小平和贺龙指挥的"成都战役"，瓦解和歼灭了国民党军队主力。12 月 13 日，蒋介石在国民党政权土崩瓦解情势下秘密飞逃。随着国民政府的分崩离

---

① 《四川省通志馆公函》，四川省档案馆藏，档案号：民 59 - 2153。
② 《修正〈四川省通志馆组织规程〉第七条条文》，四川省档案馆藏，档案号：民 59 - 2153。
③ 《陈廷杰致王陵基的呈》，四川省档案馆藏，档案号：民 59 - 2153。

析，四川于 27 日全境解放。"解放后，陈廷杰改任他职，编纂部工作未再进行"，这一局面维持到 1950 年，通志馆的命运终于宣告结束。①

三、广西通志馆

受战局和时局影响，广西通志馆于抗战胜利后才开始恢复工作。1946 年 4 月拟复馆，但因原馆址毁于战火无法使用，遂"租赁东镇路李经潮之房屋为临时馆址，恢复办公"。复馆后，通志馆同人面临经费短缺、图书资料损毁、办公设备亦十分简陋的困境，尤其各编纂前期收集的资料文献、编纂的志稿等"大半遗失"，为了解决修志资料不足问题，馆长封祝祁经与桂林图书馆协调，"所有参考图书均系向桂林图书馆借阅"。

这一时期广西政局相对稳定，在广西省政府的大力支持下，修志经费也得到了较好的保障。根据一份 1946 年 12 月通志馆同人薪水表，馆长封祝祁、副馆长吕一夔的月薪均为 600 元，梁岵庐、刘介、蒙起鹏、罗尔纲等编纂为每月 490 元，周萧、余维炯等襄辑为 400 元。② 可见，通志馆同人薪水维持在一个不低的水平，尤其是广西省政府主席黄旭初对修志工作的大力支持，为修志经费提供了较为充足的保障。

基于修志经费的保障，以及时局的相对稳定，通志馆同人制订了抓紧有利时机"赶速成书"的计划。然而不幸的是，通志馆在人才队伍建设上遭遇挫折。1947 年 1 月 26 日，副馆长吕一夔赴黄旭初春节之宴后因脑充血逝世，修志工作一度受到影响。③ 所幸经广西省政府委员会第 944 次会议讨论，副馆长一职决定"改聘该馆编纂梁岵庐充任"，从而使副馆长空缺问题得以妥善解决。④

---

① 陶元甘：《记四川通志局及四川省通志馆》，中国人民政治协商会议四川省委员会文史资料研究委员会编：《四川文史资料选辑》第 32 辑，四川人民出版社 1984 年版，第 174 页。

② 《广西通志馆民国 35 年 12 月份员役薪饷册》，广西壮族自治区档案馆藏，档案号：L037 - 002 - 0968 - 0006。

③ 陈家盛：《吕一夔先生逝世的前后》，《陆川文史资料》第 2 辑，中国人民政治协商会议陆川县委员会文史资料编辑委员会 1986 年版，第 13—16 页。另注：吕一夔，广西陆川县人，曾加入中国同盟会，追随孙中山进行辛亥革命，历任广州军政府秘书、广西省财政厅厅长、广西省临时参议会议员等职。

④ 《聘梁岵庐为广西通志馆副馆长由》，广西壮族自治区档案馆藏，档案号：L005 - 001 - 0128 - 0101。

需要强调的是，这一时期，通志馆内除人事方面有所调整之外，有关修志资料的采访与整理、志稿的编纂与校核等工作亦积极开展起来。一方面，通志馆派员向图书馆、各机关资料室等部门"抄借图书档案，供应各编纂纂辑采用"，另一方面大力推动通志馆的行政化运作，其中将通志馆职员纳入政府公务员范畴成为此项工作的重心。

尽管通志馆同人行政化运作之努力，因广西省政府人事室以"未奉中央核定以前应仍暂缓送审，而被摒弃于公务员之范围外"，但馆长封祝祁仍坚持向省政府表明"以公正立场执笔修志，以完成发扬本省文献之重大任务"的决心，这无疑显示了通志馆同人"秉笔著信史"的宗旨与追求。①

为加强馆内人士与社会各界的联系互动，借以督促和推动修志事业的顺利开展，馆长封祝祁经与馆内同人协商，于1948年1月创办通志馆机关刊物《广西通志馆馆刊》。封氏在该刊的发刊词中，概述"志馆同人，或久共丹铅，或接席伊始，虽到馆先后不一，而意志无不相符"，共同致力于志料征集与志稿编纂的事实，坦言当前修志进展颇不顺利，其中最大原因为修志资料的缺乏，称"本省私家著述，与夫墓碑家谱，亦苦寥寥，屡经丧乱，旧闻之放佚者，益复不易搜寻，稽诸档案而杳然，资诸采访而茫然，考诸图书而缺然，询诸父老而默然"，由此产生"志材之不充"问题，导致修志工作难期进展。②《广西通志馆馆刊》创办后，每三个月出版一期，共出五期，其中第四、五两期为合刊，刊物内容主要探讨修志理论与实践问题，并且汇集了大量关于广西地理、民族与社会等方面的研究成果。

针对修志资料缺乏问题，通志馆同人向全省各县发布档案资料征集的公告，不仅四处征集、调查和采访资料，还借助广西省政府的支持，以行政手段推动资料收集工作，期以克服时艰，早日纂成志书。③　与此同时，考虑到"欲待志材之完全无阙，恐不可期"，馆长封祝祁遂采取针对性措施，即：制定和实施《通志馆办事细则》，对包括"图书报刊之搜集、编

---

① 《广西省通志馆事务工作报告》，广西壮族自治区档案馆藏，档案号：L037 - 002 - 0751 - 0001。
② 封祝祁：《发刊词》，《广西通志馆馆刊》1948年第1期。
③ 广西省政府对通志馆工作颇为支持，省政府主席黄旭初曾公开发表《修纂通志之意义》，称"柱海之文物，且将藉斯巨制"，阐发通志在文献上的重要意义，并明确表示在修志经费上，"凡属修辑所需，亦当尽力筹维，俾能藏事，以期无负乡邦"。参见黄旭初《修纂通志之意义》，《广西通志馆馆刊》1948年第1期。

目、登记、保管事宜"，"志稿材料之搜集、分配、登记、查对、保管事宜"等进行了明确的分工安排和职责划分，要求馆内职员"一律须依照规定时间到馆办公，应于考勤簿亲自签到，不得迟到早退"，至于"星期日及各种例假日循例休息，但遇有紧要事件，得由长官临时召集"。从而在制度上为加强修志资料的收集与整理、志稿的编纂与校核以及业务工作的研究与商讨等提供了重要保障。①

与此同时，通志馆同人以《广西通志馆馆刊》为平台，对内刊发关于修志理论与编纂方法的文章，如封祝祁撰《纂修广西通志之我见》、周萧撰《略谈修志》等，旨在"使修志同仁，有正确之认识"。②对外则刊登有关通志馆历史沿革、组织机构、工作进展等情况，以使社会各界了解编纂工作"积极进行"之情形，知晓"编纂省志，并非如局外人所理想之简单"，借此谋求各界人士对修志工作的大力支持。③

在修志业务问题上，如遇有难以取舍问题时，通志馆常召开会议，详为讨论。如关于入志人物问题，章学诚主张"生不立传"，而李泰棻在《方志学》中提出"生人不得立传之商榷"，认为"非特循吏现存，无论在官在籍，均可立传，即地方人物现存者，如卓行中能指出行如何卓，文苑中能指出文如何优，儒林中能指出有功何经、见推士林，孝友中能指出敬事父兄、歙服乡党，如此人物，虽未盖棺，亦可暂定以地方修志"。④对此，通志馆于1948年11月4日下午召开第48次常会进行研讨，如关于郑孝胥的事迹，"分见于政治军事及大事记各编，不另立传"。⑤馆长封祝祁则以"鹤君"为名撰文指出，"近人李泰棻著有方志学一书，多以章氏之学为宗，惟谓生人不得立传，章氏之说不可尽从，仆则以为不然。论定盖棺，古今不易，如为生人立传，设有垂老而变节者，何以处之？且名位赫奕之人，其果贤耶，事业名字，炳耀千秋，后世必有述之者，若吾侪为之论列，世之读是书者，或以为慕趋权势，或以为情感素孚，其人所成就转为所掩，甚无谓也"。可见，封氏认为对于生人是否立传问题，应当

① 《广西省通志馆办事细则》，广西壮族自治区档案馆藏，档案号：L037 - 002 - 0751 - 0031。
② 《编后》，《广西通志馆馆刊》1948 年第 1 期。
③ 《馆务报导：广西通志馆工作报告》，《广西通志馆馆刊》1948 年第 1 期。
④ 李泰棻：《方志学》，河北人民出版社 1990 年版，第 57、58 页。
⑤ 《广西省通志馆馆务会议第 48 次常会会议录》，广西壮族自治区档案馆藏，档案号：L037 - 002 - 0751 - 0036。

"慎之又慎"，至于"生存人之著作，则择其确有价值者，附于著述汇载中，不得因其人尚存，遂置而不录"。①

上述关于修志业务问题的探讨不一而足，事实上通志馆同人常以召开例会、发表论文或书信往来的方式交换意见，借此推动修志工作的顺利开展。② 然而，通志馆原定两年成书的修志计划并未实现，至 1949 年初，也只是编纂了部分志稿，是年 6 月至 11 月，通志馆同人将所撰志稿油印装订成册，形成 18 册的《广西通志稿》，其中包括"地理篇""社会篇""政治篇""文化篇""胜迹篇""宦绩篇"等，从而为后人保存了重要的方志文献。③

四、云南通志馆

抗战胜利后，云南通志馆恢复工作，原通志馆人士悉数归位。1945年 8 月 21 日，通志馆原馆长周钟岳向省政府主席龙云提议，在省政府内部设立专门机构，负责志书校印工作。11 月，省政府召开第 959 次会议，决定成立《新纂云南通志》校印处。12 月 1 日，校印处正式成立，梁之相为校印处处长，处内另有总校、分校、办事员多人。在校印处的协调推动下，企业局、印刷局相互配合，通志校印工作正式启动。然而，不久省政府改组，企业局被合并，印刷局也面临人事变故，加之印费短缺、印资紧张、货币贬值等原因，志书印刷工作再次搁浅。④ 1945 年 12 月 1 日，卢汉继任云南省政府主席，在他的主持下，志稿印行工作于 1947 年 3 月正式开工，至 1949 年 8 月才告完成。⑤ 正式印行的《新纂云南通志》，共800 部，266 卷，140 册，约 648 万字。该志设纪、图、表、考、传，并且附设 98 张表格，78 幅插图，198 张地图，志末附轶事、异闻和编纂校印

---

① 封祝祁：《纂修广西通志之我见》，《广西通志馆馆刊》1948 年第 1 期。

② 据不完全统计，广西通志馆召开的例会达 54 次，讨论问题涉及志稿目录、格式、体例等。参见《广西省通志馆历次常会决议案摘要》，广西壮族自治区档案馆藏，档案号：L037 – 002 – 0911 – 0016。

③ 秦邕江：《广西通志馆沿革述略》，《广西地方志》1992 年第 6 期。

④ 李景煜：《我们是怎样整理出版〈续云南通志长编〉的》，《志说》，云南民族出版社 1995 年版，第 319—321 页。

⑤ 杜聿明：《蒋介石解决龙云的经过》，《文史资料选辑》第 2 卷，中国文史出版社 2011 年版，第 21—34 页。

始末，体裁丰富，内容全面，由此该志成为研究云南社会文化与历史的重要资料。

《新纂云南通志》断限至 1911 年，而民国以后的记述，由通志馆编纂人员另编一部《续云南通志长编》，时间断限由 1912 年至 1931 年，全稿 80 卷，20 门，内容以时间为序排列，含大事纪、气象、议会、内政、财政、教育、建置、交通、盐务、司法、外交、社会、农政、水利、工业、商业、宗教、人物、金石、田粮、军务 21 类，由周钟岳订正，但未能印行。根据张晖的考察，《续云南通志长编》在编纂宗旨、内容和方法上有着明显创新，即：一是在编纂宗旨上，注重反映近代以来的民主政治，体现民主共和的政治制度；二是在编纂内容上，注重对经济状况和社会生活的记载，专门设立财政、农业、工业、商业等反映社会经济状况的门类；三是在编纂方法上，通过实地测量、专门绘制等手段，制作了大量图表。基于《续云南通志长编》在编纂宗旨、内容和方法上的诸多创新，及其内容上的丰富性与资料来源的广泛性，该志对于研究云南历史具有较高的价值。[1]

五、浙江省通志馆

1945 年 8 月 15 日，日本政府宣布无条件投降。在蒋介石的授意下，国民党陆军总司令部发出训令，要求各省市政府主席、市长及行政长官主持接收该省市辖区内日伪一切行政及事业机构。[2] 随后，浙江省政府机关、党政接收委员会和敌伪产业管理局驻浙办事处等部门对在浙的日伪财产予以接收。[3] 而伴随着浙江省行政机构接收工作的展开，包括通志馆同人在内的各部门人员陆续从云和返回杭州，这标志着通志馆人才聘请、志料采集、志稿编纂等各项工作即将步入新的历史时期。

首先，关于修志资料的采访与征集，借助浙江省政府的行政推动与经费支持，相关工作取得了重要进展。据浙江省通志馆所征志料清册目录，方志体例所列的纪、考、略、传、谱和杂记等共征集资料 199 卷，其中大

---

① 张晖：《一部研究云南近代史的资料汇编——〈续云南通志长编〉评述》，林超民主编：《西南古籍研究》，云南大学出版社 2002 年版，第 204 页。

② 楼子芳：《浙江抗日战争史》，杭州大学出版社 1995 年版，第 363 页。

③ 陶士和：《浙江民国史研究通论》，中国社会科学出版社 2007 年版，第 19 页。

事记 3 卷，疆域（含沿革、经纬度数）2 卷，地理（含全省形势、气候、雨量、潮汐、地质、省县市沿革）6 卷，民族（含民族、人口、方言、外侨）4 卷，社会（生活习惯、职业概况、谚语歌谣、婚丧礼俗、岁时礼俗、地方习俗、慈善事业）7 卷，田地（含农田、山地、农户、田地山价、水利）5 卷，灾害 1 卷，物产（含矿产、农产、水产、特产）4 卷，艺文（含著述、艺术）2 卷，古迹（含公共建置、公共建筑、碑碣、故宅、名胜、陵墓、古物）7 卷，党务（含省市县党部、青年团、民众团体、动员工作）4 卷，议会（含省议会、县自治参议会）6 卷，一般行政（含省市县各级组织、地方自治行政、地政、警察、会计、救济、卫生、劳役、一级行政总类）15 卷，司法（含法院、诉讼案件、监狱、会计师、惩处战犯汉奸）5 卷，教育（含机关组织、学校制度及经费、社会教育、留学、印刷局、报社、训练、教育总类）10 卷，实业（含银行、合作、公共企业、农业、渔业、矿业、盐业、森林、工业、商业、物价、封锁政策、实业总类）16 卷，交通（含铁路、公路、水路、驿运、电报电话邮政、航空、交通总类）7 卷，财务（含预算、决算、税务、海关、盐务、公债、专卖、公款公产、财务总类）15 卷，粮政（含田赋、仓廒、运输、备荒、外患、内乱、治安、接收复员、战时地方通讯、军事总类）15 卷，宗教（含佛教、道教、回教、耶教、异教、宗教总类）6 卷，建置（含桥梁、海塘、祠庙、建置总类）5 卷，人物（含合传、列传、人物表、人物杂录）10 卷，列女 1 卷，官绩 1 卷，选举（含历代制度、考试人员表、议员表、选举总类）4 卷，职官 1 卷，杂记（含杂记、地图）2 卷，总类（含各县概况调查、敌伪报剪存、剪存资料、各项刊物、县志志目存考、摄影、文献汇刊）14 卷。可见，上述有关通志馆所征志料目录，不仅种类丰富、数量众多，还与通志馆所拟体例较为契合，这在某种意义上反映了当时志料征集工作已取得重要进展，从而为省志编修奠定重要基础。

为抓紧有利时机编纂与印刷志稿，浙江省通志馆一改过去修志初稿全部完成后统一刊印的办法，决定根据资料征访、编纂人员聘请及初稿撰写进度等情况，采取每完成一部即予以刊印的办法，以免陷入旧志因时局混乱而无法最终印行的结局。[①] 根据这项办法，通志馆同人研究决定，"对

---

① 余绍宋：《〈重修浙江通志〉初稿全权代表纲要及目录发刊引言》，浙江省地方志编纂委员会整理：《重修浙江通志稿》第 1 册，方志出版社 2010 年版，第 23 页。

于编纂工作，预订以三年为全部完成之期"，遂召集编纂人员，根据《重修浙江通志编纂大纲》所拟定的门类，"分为五组从事编辑"。① 每组确定主任一名，总揽该组编纂事务，配备分纂一名、协助人员若干名，并制定如下编纂方案：一是地理组，负责撰写地理、疆域、田地、建置、古迹、物产门类；二是政治组，负责撰写党务、议会、一般行政、财政、粮政、司法、军事门类；三是社会组，负责撰写民族、社会、教育、宗教、实业、交通门类；四是人物组，负责撰写人物、选举、职官门类；五是艺文组，负责撰写经籍与浙江文征。

上述编纂任务下达后，各编纂人员纷纷启动志稿编写工作。然而，正当通志馆编纂工作进行得如火如荼之际，国共内战所造成的政局动荡严重影响到修志工作的正常开展。一方面，浙江省政府要人频繁更动。以省政府主席为例，1948 年 6 月 30 日，陈仪接替沈鸿烈担任浙江省政府主席。随着国共力量强弱对比的明显变化，到 1949 年 2 月 7 日，浙江省政府迫于局势而再度改组，陈仪被免去浙江省政府主席，改由周嵒担任。短短数月间，省政府主席几易其人，这无疑反映了当时社会局势的紧张和动荡不安。另一方面，受政局动荡影响，国民政府的经济状况亦不容乐观。尤其是法币大量发行造成货币严重贬值，以及由此产生的恶性通货膨胀，导致包括国统区在内的物价疯狂上涨。据统计，1947 年国统区物价上涨了 20 至 30 倍。其中，1948 年 1 至 8 月，面粉价格上涨 1000 倍。② 经济状况的日益恶化导致修志工作难以为继。

随着国共内战的持续进行，国民政府的军费开支亦急剧增长，使得国民政府财政赤字愈发严重。在此情形下，"仅仅使物价保持一个还能忍受的涨幅都是一件非常困难的事，更不必说彻底稳定了。如何处理通货膨胀以及由此产生的社会政治经济动荡是国民党面临的最大难题之一"。③

在此背景下，通志馆修志工作已无法正常开展。1949 年 3 月 8 日，余绍宋函告浙江省政府，提出结束馆务的无奈请求，由此长达六年多的浙江省志编修工作宣告结束。尽管余绍宋在函电中婉称通志馆"暂告停顿"，但民国浙江省通志馆的命运由此终结。

---

① 《学术消息：浙江省通志馆概况》，《图书季刊》1946 年第 3、4 期合刊。
② 陶士和：《浙江民国史研究通论》，中国社会科学出版社 2007 年版，第 257 页。
③ 汪朝光：《中华民国史（1945—1947）》第 11 卷，中华书局 2011 年版，第 284 页。

随后，通志馆同人开始筹办馆务结束事宜。3月10日，余绍宋向全体编纂人员致函，不无悲痛地表示："主持馆务已历五载，诸蒙多方协助，良深铭感；原冀整理旧闻，参证新学，渐成信史，宏我乡邦，而中途停顿，殊非本怀。"然而，"值兹时艰孔亟，戎马生郊，本馆编分纂诸公均聘自旧属各府，离乡驻馆，感感不宁，敬或告警传烽，实难应变济急，况物价扶摇，未有止境，本馆办公经费，月仅二千余元，杯水车薪，所差甚巨，故不得不将两课事务人员，暂行遣散"，诸位"编分纂所有未完工作暂行从权听由诸公归乡，继续进行，以节省馆中日常所支水电各费"。考虑到处此艰难时局，同人离馆后生活将举步维艰，余绍宋决定向省政府主席陈仪请示"将诸同人薪水及实价米提前发领，各依二月份标准，一次发至本年六月底止，以便诸公立可携款备用，免受时局影响，致有延误"。① 同时，他还于当天向馆内人员致函，要求大家将"各项事业亟须赶办结束"，并且将所有领取的"证章、报务证、理发证以及一切公物，敬请于本月底交还"，② 以便馆务结束的缮后工作早日完成。

鉴于"馆务暂行结束"，3月28日，经省政府会议决定，由省政府会计处"指定人员接收兼办"后续事宜。在次日回函中余绍宋表示，对省政府会计处"兼办本馆会计业务"表示赞同。31日，余绍宋函告省政府和省银行，称通志馆"编纂工作暂停"，"在暂停期间馆务由秘书谢邦藩负责办理"，馆内人员"除留办职员外，悉行遣散"，所留职员的"经费悉由谢邦藩、孙先浩、华茂椿三员具领"。③ 值得一提的是，在上述人员的悉心照料下，尽管当时政局动荡不已，但"经员工日夜轮管，承图书文卷器具，毫无损失"，从而有效保存了所修志稿及所征集的文献资料。④

从1949年4月开始，中国人民解放军第二、三野战军南下，开始了解放浙江的进程。21日，中共浙南地委发出《迎接解放军渡江南进宣言》，号召民众动员起来，迎接与配合解放军南进行动。⑤ 5月3日，

---

① 《余绍宋致通志馆各编分纂函》，浙江省档案馆藏，档案号：L050-000-063。

② 《余绍宋致通志馆同人信函》，浙江省档案馆藏，档案号：L050-000-063。

③ 《余绍宋致浙江省政府公函》，浙江省档案馆藏，档案号：L050-000-063。通志馆工作停顿后，后续工作除交秘书谢邦藩办理外，复由省政府嘱托留馆陈光汉一同办理。参见《浙江省政府致通志馆电》，浙江省档案馆藏，档案号：L050-000-063。

④ 《本馆暂停编纂工作及遣散员工》，浙江省档案馆藏，档案号：L050-000-063。

⑤ 袁成毅：《浙江通史·民国卷》（下），浙江人民出版社2005年版，第366—368页。

杭州宣告解放。当天，浙江省通志馆发出通告称"在此动荡时期，本馆实无法继续工作"，遂决定将之前留馆的谢邦藩、陈光汉、华茂椿、唐家仁、游章辉、陈士杰、孙先浩、张乐照、龚生遂 9 人，"一律给资遣散"。①

据阮毅成称，在国民政府从浙江撤退时，"主政者竟未通知省通志馆及樾老（余绍宋）等人撤退，以致经过多年来征集的史料，与业已完稿尚未付印的志稿，及尚未完稿的资料，全部陷匪"。② 事实上，杭州解放后，5 月 7 日成立了中国人民解放军华东军区杭州市军事管制委员会（以下简称杭州市军管会）。该会作为浙江省和杭州市军事管制时期的最高权力机关，凡入城部队、党政军民机关、接管工作人员，均须接受军管会的统一指挥。而通志馆的接管工作即由杭州市军管会文教部主持。从通志馆档案来看，在杭州市军管会文教部主持下，通志馆开列"各项移交清册"后，将馆内志稿及图书资料等，悉数移交浙江省立图书馆。③

根据《浙江省通志馆移交图书文卷器具统计表》，通志馆所移交的图书 5520 本、志稿 1819 部、馆刊 1451 本、行政计划报告 3756 件；总务、采辑、人事、统计、会计各课室文件 684 件，可见通志馆所移交资料文献数量之大。然而，多年后上述资料"除初稿、资料已分类入目保管，各类档案如今还放在未编书库，散佚严重"。④ 至于通志馆同人所成志稿和采访册，于 1983 年由浙江图书馆以《重修浙江通志初稿》为题刻印出版，共 125 册，约 300 万字。1984 年又由杭州古旧书店重版。2006 年，浙江省地方志编纂委员会以浙江图书馆誊录本为底本，出版《重修浙江通志稿》，全书 15 册，包括叙例、大事记、疆域考、地理考、民族考、物产考、建置考、名胜古迹考、著述考、艺术考、党会略、议会略、司法略、行政略、财务略、盐务略、国税略、省公债略、计政略、粮政略、军

---

① 《浙江省通志馆电》，浙江省档案馆藏，档案号：L050 – 000 – 063。
② 阮毅成：《彼岸》，（台北）传记文学出版社 1972 年版，第 113 页。
③ 《浙江省通志馆致中国人民解放军华东军区杭州市军事管制委员会文教部电》，浙江省档案馆藏，档案号：L050 – 000 – 063。
④ 余子安：《亭亭寒柯：余绍宋传》，浙江人民出版社 2006 年版，第 213 页。应当指出的是，包括来往电文、信函及部分采访册在内的浙江省通志馆档案，后移交浙江省档案馆，而据笔者所见，这批档案数量庞大、种类繁多，但并未分类整理。

事略、水利略、交通略、实业略、宗教略、考选谱、人物表传、儒学表、文征，约 781.6 万字。通志馆同人所修志稿得以正式印行，这无疑为后人留存了宝贵文献。

六、上海市通志馆

抗战胜利后，上海市政府复员，市长钱大钧于 1945 年 10 月 31 日聘请胡朴安、徐蔚南为通志馆正、副馆长。① 11 月 24 日，通志馆正式恢复。根据上海市政府要求，恢复后的通志馆位于四川路 670 号的德商礼和洋行。② 1946 年 1 月 14 日，上海市政府公布《上海市通志馆组织规则》，就通志馆的行政架构、主要任务、组织结构、人员分工等做了具体规定。在行政级别上，通志馆"隶属于上海市政府"，主要任务是负责"上海市通志之编纂出版，及其有关志料之整理保存，与市政之宣扬事宜"；馆内人员分工主要有：馆长胡朴安"总理本馆一切事务"，副馆长徐蔚南"襄助馆长，处理馆务"，编纂主任吴静山"综理编纂、采访事务"，另有编纂助理、采访员、事务员、雇员若干人。通志馆下设编纂、总务两部，另设会计、人事两课；编纂部下设编辑、采访两课，总务部下设事务、文书、保管三课。③ 通志馆恢复后，原编纂胡道静、席涤尘、郭孝先、徐遽轩、蒋慎吾等人悉数回归，并增聘汪倜然为编纂，陈乃乾、李融之、柳去疾等人为分纂，胡传钰、林星垣、常厘卿、陆家梁、胡道彤、钟宪民等为采访员，加上事务员、会计、书记和工役等，馆内职员达 46 人。④

恢复后的通志馆工作，大体赓续原通志馆模式。据馆长胡朴安于 1946 年 4 月 22 日在上海市政府纪念周报告中所做的陈述，复员后的通志

① 《上海市政府人事处〈市通志馆任免迁调档〉（聘函字第 1064、1065 号）》，上海市档案馆藏，档案号：Q1-2-64。需要补充的是，胡朴安早在 1920 年代即"退而读方志，凡有关于风俗者，随笔记之，积成巨册"，即《中华风俗志》，可见胡氏对方志编纂颇有心得。参见《自序》，胡朴安编：《中华风俗志》，（台北）文海出版社 1985 年版，第 2 页。
② 《战后通志馆恢复成立情况》，上海市档案馆藏，档案号：Q124-1-5646。
③ 《上海市通志馆组织规则》（1946 年 1 月 14 日），《上海市政府公报》第 2 卷第 7 期，1946 年。
④ 《上海市通志馆公务员平时成绩考核纪录表》（1946 年）、《雇用人员三十五年上半年度考成清册》，上海市档案馆藏，档案号：Q1-3-328。

馆工作主要为征集与整理志料、筹备志稿编纂、编撰年鉴①等，并筹划上海史料搜集与研究、期刊编印、编辑《上海租界史》和《上海抗日战史》、翻刻旧志、举办广播和演讲以及举行"文献展览会"等工作。②

1946年10月17日，上海市市长吴国桢签署《上海市政府训令》，称根据内政部《各省市县文献委员会组织规程》和《地方志书纂修办法》，上海市通志馆与文献委员会"所办事项大致相同"，遂于1947年7月1日改组为文献委员会。③胡朴安、徐蔚南分别为主任委员、副主任委员，而根据《上海市文献委员会组织规程》，委员会下设编纂组、采访组、整理组、总务组和会计室。9日胡朴安因病去世，8月11日改聘徐蔚南为主任委员。然而由于社会形势的变化，文献委员会直到1950年6月划归上海市文化局，"始终也没有完成《上海市通志》，并且已写定的稿也没有出版过一本"。④

七、南京通志馆

1946年11月11日，南京通志馆正式成立，馆址位于秦淮河畔的泮宫155号，即夫子庙旁的青云楼。馆内设甲、乙两库。经过南京市市长聘任，卢前为通志馆馆长，伍崇学、任治流两人为副馆长。唐圭璋、夏仁虎、陶秀夫、蒋师辙、程先甲、吴向之等人分任编纂、协纂、采访、秘书、事务员和书记等职。⑤

上述列席通志馆编纂者大多为硕学名儒，尤其是对地方历史文化有精深研究，入馆后他们以保存地方文献为己任，致力于文献征集、整理与保

---

① 通志馆恢复后，分别编辑出版1946、1947和1948年的年鉴。参见上海市通志馆年鉴委员会编《民国三十五年上海市年鉴》，中华书局1946年版；上海市文献委员会编：《民国三十六年上海市年鉴》，（上海）源源（仁记）印刷所1947年版；上海市文献委员会编：《民国三十七年上海市年鉴》，（上海）源源（仁记）印刷所1948年版。

② 《市通志馆之过去与现在：胡朴安在市府纪念周报告》，《民国日报》（上海）1946年4月23日第3版。

③ 《上海市政府训令》（1946年10月17日），《上海市政府公报》第5卷第10期，1946年。

④ 《上海市通志馆、〈上海市通志〉及上海史料之搜集保存者》，胡道静著，虞信棠、金良年编：《胡道静文集 序跋题记 学事杂忆》卷7，上海人民出版社2011年版，第307页。

⑤ 中国第二历史档案馆编：《中华民国史档案资料汇编》第5辑第3编《文化》，江苏古籍出版社1999年版，第369页。

存工作。对此，陶秀夫在《征献楼记》中称，为了保存南京地方文献，经众集议，"于是成立南京市通志馆，礼聘参政卢君主持其事，遂即青云楼之旧址，改颜曰征献云。特是南朝为文物之邦，东壁本图书之府，奇搜秘典，富饫谟觞，册府遗编，已尽发长恩之守"。①

为广泛收集地方文献资料，从 1946 年 12 月初开始，通志馆同人利用办公时间，公开接受社会各界捐赠，组织开展抗战亲历者口述历史资料的收集与整理工作。值得一提的是，以馆长卢前为代表的通志馆同人在资料征集与采访上颇为尽力，"该馆人员为此不辞辛劳，深入社会不同阶层探访，奔波于市内各个角落寻觅线索。馆长卢前更是身先士卒，时常联络走访故交耆老、世家后人"。② 经过同人的共同努力，至 1947 年前后，馆内收藏日益丰富，其中夏仁虎《岁华忆语》、伍承钦《燊余杂咏》、冰台《征献楼谈荟》、张通之《娱目轩随笔》、唐圭璋《南唐二主词释》、刘绍祯《南京夫子庙考》等，均为珍贵的历史文献。

南京通志馆同人不仅将上述文献悉心整理、妥善保存，还通过编辑出版《南京文献》等史籍，使这些宝贵的地方文献资料公之于众，为社会各界研究和参考之用。1947 年 1 月，《南京文献》正式创刊，至 1949 年 2 月共出版 26 期，收录南京地方文献 67 种，均为元、明、清和民国时期的方志文献、文物古迹、风俗掌故、饮食风俗以及乡贤日记、年谱、家谱等资料，内容涉及南京的政治、经济、文化、历史、地理沿革、风土人情等各个方面。其中，关于南京的方志，有元代张铉《至正金陵新志》，明代《洪武京城图志》、盛时泰《牛首山志》和《栖霞小志》；关于南京乡贤著作，有王伯沆《冬饮庐文稿》等四种、张通之《金陵四十八景题咏》等五种；关于乡贤日记、年谱、家谱，有吴向之《景牧自订年谱》、汪文辉《护饷解滇日记》等；关于南京风俗掌故，有夏仁虎《岁华忆语》、卢前《冶城话旧》；关于南京饮食风俗，有张通之《白门食谱》等。此外《南京文献》还收录蒋公毂《陷京三月回忆录》、陶秀夫《倭寇祸京始末记》、陆咏黄《丁丑劫后里门闻见录》三种有关侵华日军进行南京大屠杀的资料。

---

① 南京市秦淮区地方史志编纂委员会、政协南京市秦淮区文史资料研究委员会编：《秦淮夜谈》第 16 辑，2001 年，第 142 页。

② 周安庆：《鲜为人知的南京通志馆》，《江苏地方志》2011 年第 3 期。

在编辑出版《南京文献》之余，通志馆同人还编辑刊印《征献楼金陵秘笈丛书》等文献资料丛书。可见，通志馆并非以志稿编纂为主要工作，而是以保存地方文献为己任，旨在为社会各界提供宝贵的地方文献资料。1948 年 1 月 1 日，根据国民政府内政部《各省市县文献委员会组织规程》要求，南京市文献委员会正式成立，由南京市市长聘任卢前为主任委员。文献委员会下设编纂、采集、总务三组，分别担任编纂志书、修补旧志、搜集文献、编印刊物以及办理会计、出纳、庶务等工作。①

根据《南京市文献委员会组织规程》，"在志书未完成前，通志馆隶于本会，本会组长组员均兼通志馆编纂、协纂工作"，然而综观文献委员会业务情况，仅有编印地方文献、修补旧志、搜集整理文献资料以及翻译书籍等，而编纂志稿工作显然未被提上议事日程。② 需要指出的是，这一情况的出现，应当与国民政府《市县文献委员会组织规程》关于文献委员会"掌理市县文献材料之征集保管"有关。③ 而在南京市文献委员会有关"补志创志工作"的说明中，亦明确提出"以修补旧志为中心工作"，至于"创修市志"工作，"在旧志补未完成前，随时预约海内专家编订，专志已完成者，有卢鋈先生之南京气候志"。④ 事实上，由于宗旨更易、业务范围变动，《南京通志》的编纂工作并未开展，南京通志馆由此名存实亡。

八、台湾通志馆

抗战胜利后，南京国民政府于 1945 年 8 月 29 日设立台湾省行政长官公署，任命陆军大学校长陈仪出任行政长官，负责接受日本在台湾的投降事宜。⑤ 10 月 25 日，台湾对日本的受降典礼在台北中山堂举行，这标志

---

① 中国第二历史档案馆编：《中华民国史档案资料汇编》第 5 辑第 3 编《文化》，江苏古籍出版社 1999 年版，第 369—371 页。

② 中国第二历史档案馆编：《中华民国史档案资料汇编》第 5 辑第 3 编《文化》，江苏古籍出版社 1999 年版，第 369—371 页。

③ 《市县文献委员会组织规程》，赵庚奇编：《修志文献选辑》，北京燕山出版社 1990 年版，第 163 页。

④ 中国第二历史档案馆编：《中华民国史档案资料汇编》第 5 辑第 3 编《文化》，江苏古籍出版社 1999 年版，第 369—371 页。

⑤ 《陈仪任台湾行政长官》，《中央日报》1945 年 8 月 29 日第 1 张第 2 版。

着台湾正式回归中国版图。① 1948 年台湾地方缙绅倡议编修《台湾通志》，遂于是年 6 月成立台湾通志馆。

根据台湾省政府于 1948 年 4 月 24 日发布的《台湾省通志馆组织规程》，通志馆以"编纂省志"为己任，其组织架构与内部人事、分工等参照国民政府内政部颁布《修志事例概要》执行。其中馆长林献堂，"综理馆务"，副馆长林熊祥，"襄助馆务"。② 通志馆下设顾问委员会，黄纯青、杨云萍、陈兆端等人被聘为顾问委员会委员。③ 馆内设编纂 11 人，其中林熊祥兼任总纂；协纂 6 人，秘书 2 人，馆员 8 人，雇员 6 人，会计员 1 人；另根据修志工作需要，聘请特约编纂 5 至 10 名，并雇用临时书记 5 至 10 名，担任馆内文字材料的缮写事务。④

相关规程条文制定妥当，人员聘请到位后，台湾通志馆于 1948 年 6 月 1 日正式开始办公，馆址位于台北市仁爱路三段五一巷一号。通志馆成立后不久，即在《台湾省政府公报》发布通告，借此使广大民众支持修志工作，尤其是修志资料方面，"所需参考资料甚多，特广为征集"，而借助省政府的行政力量，通志馆呼吁"各界随时指导并供给有关资料"，为修志工作奠定重要的资料基础。⑤

值得注意的是，时任台湾省政府主席魏道明对通志馆工作颇为支持，他不仅主持制定《台湾省通志馆组织规程》《台湾省通志馆顾问委员会组织规程》《台湾省通志馆办事细则》等文件，还根据通志馆同人提出的要求和修志工作的需要，召开会议对上述文件内容进行研讨和修改。1948 年 8 月 26 日，《台湾省政府公报》相继发布关于《台湾省通志馆组织规程》《台湾省通志馆顾问委员会组织规程》的修正案，内容均涉及馆内人事安排与业务拓展问题，如修正《台湾省通志馆组织规程》第五条为："本馆置人事管理员、会计员各一人，办理本馆及本馆顾问委员会之人事、会计事宜。"⑥

---

① 《陈仪抵台台降礼成》，《中央日报》1945 年 10 月 27 日第 1 张第 2 版。
② 《台湾省通志馆组织规程》，《台湾省政府公报》1948 年第 23 期。
③ 刘绍唐主编：《民国人物小传》第 6 册，上海三联书店 2015 年版，第 316、317 页。
④ 《台湾省通志馆组织规程》，《台湾省政府公报》1948 年第 23 期。
⑤ 《台湾省通志馆通报》，《台湾省政府公报》1948 年第 9 期。
⑥ 《台湾省通志馆组织规程第五条修正条文》，《台湾省政府公报》1948 年第 49 期；《台湾省通志馆顾问委员会组织规程第五条修正条文》，《台湾省政府公报》1948 年第 49 期。

对于台湾省政府主席魏道明的上述支持，通志馆馆长林献堂深有感触，在其所撰《台湾通志馆之使命》中，对魏氏"通志纂修之议"的宗旨与精髓，做了深入阐述，称"台湾光复伊始，于过去事迹，加以综合汇订，发而表之，公诸国人，用彰文采"，进而"使台胞鉴于主斯土者，盛衰递嬗之往事，葆吾所长，勉吾所短，启迪后贤，长养其敬恭桑梓之德，诱发其怀乡爱国之忱"。①

通志馆业务工作主要由其下设的编纂、资料、整理、总务四个小组负责，其中编纂组承担通志编纂计划的拟订、志稿的编纂以及各类文献专刊编纂校对工作；资料组承担修志资料的调查、征集、登记及编目工作，同时兼负资料的收藏、陈列、翻译、摄影，以及各类图表的绘制工作；整理组负责修志资料和志稿的整理、订正、保管，以及各类文献、图像、口述资料等的鉴定工作；总务组则负责馆内会议的召集与记录、文书电报的接收与发送、各类书刊的出版与发行、财务的收支与统计、物品的购置与保管等。② 可以说，四个小组的日常工作涵盖了通志馆业务的所有范围，而为确保相关工作的正常进行，每个小组均设组长一人，组长人选由馆长从编纂、秘书或协纂中挑出，负责该小组的全部工作。

需要指出的是，通志馆组织架构中增设"顾问委员会"，亦是台湾通志馆不同于各省市通志馆之处，而这仍要归功于省政府主席魏道明。对此，黄纯青在《台湾省通志馆顾问委员会感言》中指出，魏氏本着"集思广益精神"向社会各界聘请编纂人员，虽已尽力网罗修志人才，但"犹恐不足，用更置顾问委员会，用以旁蒐远罗，斯无遗材"，而顾问委员会的主要任务包括：一是协助通志馆运作事宜；二是研究通志馆发展问题；三是为通志编纂提供各种资料；四是审议通志馆编纂所撰志稿。③

通志馆正式办公后，其首要工作是征集文献资料与拟定通志纲目。在林献堂主持下，通志体例纲目的拟定工作交由顾问委员会委员杨云萍负责。经过近两个月时间，杨氏拟定通志大纲36篇，依次为：舆图、大事记、史略、地理、气象、生物、人民、山地情形、政治斗争（上、下）、光复、行政、警察、司法、军事、外事、财政、专卖、金融、商业、农

① 林献堂：《台湾通志馆之使命》，《台湾省通志馆馆刊》创刊号，1948年10月25日。
② 《台湾省通志馆办事细则》，《台湾省通志馆馆刊》创刊号，1948年10月25日。
③ 黄纯青：《台湾通志馆顾问委员会感言》，《台湾省通志馆馆刊》创刊号，1948年10月25日。

业、糖业、林业、水利、渔牧、工业、矿业、交通、社会、卫生、教育、宗教、学艺、统计、人物、志余、资料及索引。

上述通志大纲与旧志体例显然不同，概言之，具有鲜明的地方特色与时代特色。具体而言，摈弃旧志不科学、不合乎时宜的篇目，增加行政、司法、财政、金融、商业、工业、矿业、卫生等反映社会经济与民生状况的部类；而政治斗争（上：武力斗争）主要记载台湾土著与历代外来入侵者之间的抗争历史，政治斗争（下：非武力斗争）则从政治思想层面深入记述台湾土著与历代外来入侵者之间的抗争；至于第十编"光复"主要记述侵华日军投降、台湾当局受降以及国民政府收复台湾的历史经过。① 可见，通志大纲所拟篇目与部类，着重体现了台湾特殊的政治与历史面貌，具有显著的地方特色与时代特征。

通志大纲拟定后，在馆长林献堂的组织下，通志馆同人"或单独、或共同研究"，经过数次会议讨论后，又予以详细修改与校核，最后提交通志馆编纂会议表决，获得"一致赞成"后才宣布定稿。② 需要强调的是，通志大纲的拟定是修志工作开展的前提与基础，对此通志馆同人高度重视，尤其是馆长林献堂，主张通志大纲拟定后向社会各界征求意见，遂与馆内同人商议，自 1948 年 10 月 25 日起创办《台湾省通志馆馆刊》，借此向社会各界征询修志意见，并将通志馆创办与运作情况及时公开，以取得社会各界人士的关心与支持。对于这一考虑，林氏在该刊创刊词中直言不讳地称："通志馆同仁们自本年六月开始办公以来，经过四、五个月的准备期间，今已拟定台湾省通志假写纲目草案。同仁们自知才力有限，凡有关修志事宜，须俟各界专家策励指导。兹卜今日台湾光复三周年纪念佳辰，发行馆刊创刊号。"③

《台湾省通志馆馆刊》出至第三期，因通志馆改为台湾省文献委员会而停刊。1949 年 7 月，根据《文献委员会组织规程》，台湾通志馆改为台

① 《台湾通志假定纲目》，《台湾省通志馆馆刊》创刊号，1948 年 10 月 25 日。蔡政纯撰文指出，通志馆创办之时，"国民党政府正大力推行'去日本化'政策。而当时之《台湾省通志稿》的编纂，乃立于中国之一省的框架下撰写"，故该志撰写方式在一定程度上受到"政治氛围"与"官方立场"的影响。参见蔡政纯《〈台湾省通志稿〉与〈重修台湾省通志〉〈宗教篇·佛教章〉编纂之比较》，《台湾文献》第 61 卷第 4 期，2010 年 12 月 31 日。

② 《台湾通志假定纲目》，《台湾省通志馆馆刊》创刊号，1948 年 10 月 25 日。

③ 《创刊词》，《台湾省通志馆馆刊》创刊号，1948 年 10 月 25 日。

湾省文献委员会，黄纯青为主任委员，林熊祥为副主任委员兼总编纂，黄水沛、李腾岳、卫惠林、杨锡福、毛一波等为编纂。① 委员会承袭通志馆业务，继续开展资料搜集、志稿编纂等工作。② 委员会时期，通志编纂工作主要针对之前拟定的大纲进行调整，大致分为三个阶段：第一阶段，将原大纲的 36 编改为 11 卷，另增卷首、卷末，共 13 卷，11 志，58 篇；第二阶段，1950 年 11 月 20 日奉令将上述篇目修改为 12 卷，11 志，60 篇，后因委员异议较多，又恢复至 13 卷 11 志，但增至 61 篇；第三阶段，自1960 年初稿完成，至 1964 年油印出版，其间数次调整志书记载下限与篇目，至 1967 年志书全部印出，共计 24 册，约 1300 万字。③

第二节 方志文献与科学方法

抗战胜利结束后，各省市通志馆恢复与重建的同时，通志馆人士亦致力于"方志文献"的搜集、整理与保存，并且积极研讨和探索编修方志的"科学方法"，由此使恢复重建期的方志体例、篇目、内容等有所创新，其编纂方法与技术等也不断革新，实现了近代方志转型的延续和发展。

如前所述，国民政府行政院于 1944 年颁布的《市县文献委员会组织规程》，对文献调查的事项、文献征集的范围，以及文献保存、利用和刊发的办法等做了明确要求，从而使各省市方志文献工作的开展有章可循。抗战胜利后，在国民政府的行政推动下，各省市通志馆纷纷依据《各省市县文献委员会组织规程》要求，将通志馆改为文献委员会。如 1947 年

---

① 黄纯青、林熊祥主修：《台湾省通志稿》第 1 册，《中国方志丛书》第 64 号，（台北）成文出版社有限公司 1983 年版，第 5—7 页。

② 台湾省文献会除继承通志馆修志业务外，主要任务为搜集、整理和保存有关台湾省的各类文献资料，进行民间风俗习惯的调查研究，编译有关台湾的外文资料，修缮台湾史志文献，出版《台湾文献》《台湾丛书》等，可见其主要工作是以文献资料为对象的。据统计，台湾省文献会通过上述工作，共收藏图书 51000 册，期刊 200 余种，报纸合订本 1800 册，姓氏族谱 600 余种，各种历史文物图片、拓本 5000 余件，各种调查报告 6400 件。参见王云庆《台湾省文献会》，《浙江档案》1991 年第 1 期。

③ 李秉乾：《台湾省方志论》，吉林省地方志编纂委员会、吉林省图书馆学会 1988 年版，第 30 页。

4 月 20 日，江西省通志馆根据规程要求，改组为江西省文献委员会。① 同年 7 月 1 日，上海市通志馆改组为文献委员会。② 1948 年 1 月 1 日，南京市文献委员会正式成立，根据《南京市文献委员会组织规程》，南京通志馆亦隶属该会。③ 1949 年 7 月，台湾通志馆亦改制为台湾省文献委员会，需要强调的是，该会主任委员黄纯青颇为重视方志文献，早在台湾通志馆成立之初，即撰文指出"开办台湾省通志馆以征文献"的重要意义，认为"他日本志毕编，实即台湾文献总汇之第一次完成"。④

国民政府对文献的重视，不仅体现在改变了通志馆的名称、组织架构与业务方向，还体现在通过成立国史馆等举措，加强地方文献资料的征集、整理与保存，并且通过行政手段推动包括通志馆在内的各地机构的相互协作与交流。

1947 年 1 月 20 日，国史馆在南京正式成立。作为国民政府的史政机关，国史馆以修纂国史、采集与整理资料为主要任务，尤其注意"征集各地方之文献资料"，为此采取行政手段，由国史馆"分函各省市政府，调查各省市通志纂修之情形，与文献保存之实况，以便随时与各省市通志馆及文献委员会直接取得联系"，同时"函请内政部，重申前令，限各省市文献委员会及通志馆克期组织成之，以利地方文献之征存"。⑤

在加大文献资料征集力度的同时，国史馆还制订《国史资料计划大纲》，要求各省市通志及各县县志，业经全部或部分纂修完竣并已出版者，"请各纂修机关尽量寄赠以供参考"，其各省市县之志稿，业经全部或部分纂修完竣而尚未出版者，"请将已成部分目录抄寄，经本馆选择认为可供国史采撷者，函请纂修机关代为抄录见寄"。⑥ 不仅向包括四川省通志馆、湖北通志馆等国内各文化机构征求史料，还"为与各地文献征存机关密切联系起见，各该机关负责人员，如省市通志馆长、县志局长，

---

① 《江西省文献委员会公函》，江西省档案馆藏，档案号：J023 - 1 - 01387 - 0042。
② 《上海市政府训令》(1946 年 10 月 17 日)，《上海市政府公报》第 5 卷第 10 期，1946 年。
③ 中国第二历史档案馆：《中华民国史档案资料汇编》第 5 辑第 3 编《文化》，江苏古籍出版社 1999 年版，第 369—371 页。
④ 黄纯青：《台湾省通志馆顾问委员会感言》，《台湾省通志馆馆刊》创刊号，1948 年 10 月 25 日。
⑤ 朱汇森主编：《中华民国史事纪要》(1947 年 1—3 月份卷)，(台北)"国史馆"1996 年版，第 278—281 页。
⑥ 朱汇森主编：《中华民国史事纪要》(1947 年 1—3 月份卷)，(台北)"国史馆"1996 年版，第 278—281 页。

及各省市文献委员会主任委员等，得由本馆酌量聘为名誉职，随时受本馆之委托，办理指定之采访编辑事项，并可按其工作情形，酌给采访编辑费用"。①

1948 年 10 月 11 日，四川省政府根据国民政府指令，要求通志馆"为代国史馆征集资料，饬即拟具计划及概算"。馆长李肇甫随即着手编制《征集资料计划书》和《征集资料概算书》，并于 11 月 6 日呈送省政府主席王陵基。② 根据《征集资料计划书》，通志馆采取以下措施征集资料。

一是调查通志馆内有关国史文献资料，并且编制内部资料目录，范围包括民国初年的档案目录、《四川方志简编》以及宋志稿等。二是征集有关辛亥革命史实、保路运动实录等著述。三是购买有关民国史事尤其是四川大事记载的书籍，包括《辛亥四川路事纪略》《护国川军战纪》《川滇军内讧纪录》等。四是抄录私家著述，如抄录徐子休所著十万余字的《川战纪实》。五是购买《政府公报》《西安事变抗日纪录》等有关大事记载的报刊。六是调查关于四川抗战所派军队及历年征兵、征粮数目。七是调查抗战时四川征工筑路及修建盟军机场数目等情况。③

从上述《征集资料计划书》所列项目来看，馆长李肇甫准备借此次代国史馆征集资料的机会，摸清通志馆内资料情况，同时进一步加强各类资料的征集、抄录和调查工作，如果经费充足，还可以购置其他有价值的资料。可以说，国民政府倡导下的文献资料工作不仅使各文化机构加强了交流与沟通，还为通志馆业务的开展提供了重要契机，堪称民国文化史上一段别样的插曲。

在"方志文献"价值与目标的双重追求下，民国通志馆同人所编纂的志稿均具有显著的文献色彩，这既与旧志不同，与后来的新志也有所出入。如《上海通志稿》原计划编纂 25 编 250 万字，但实际完成初稿达560 多万字，是原计划的两倍多，其内容亦具有明显的文献资料特征，如已经公开出版的第一册（含前三编，共 81.8 万字），第一编为上海历史（上）沿革，共 21.6 万字，包括总说、上海溯源、上海的兴起、上海的

---

① 《国史馆近向湖北通志馆征求史料》，《申报》1947 年 6 月 8 日第 1 张第 5 版。
② 《四川省通志馆给主席王陵基的呈》，四川省档案馆藏，档案号：民 044－011－1132。
③ 《代国史馆征集资料计划书》，四川省档案馆藏，档案号：民 044－011－1132。

展开、上海的倭寇、上海的蜕变、上海的繁华、上海的开埠、上海在前期太平天国时代、上海在后期太平天国时代、上海的近代化、革命前后的上海、上海在北洋军阀时代、青天白日的上海、大上海核心的完成、结论、重要参考书目 16 章。第二编上海历史（中）第一特区公共租界，共 29.9 万字，包括总说、英美租界独立时代、英美法三国租界行政统一时代、洋泾浜北首外人租界时代、公共租界的开展、五卅惨案、公共租界的最近期、公共租界与"一·二八"战争、公共租界治理现状、结论等 10 章。第三编上海历史（下）第二特区法租界，共 30.3 万字，包括总说、法租界的诞生、太平军和小刀会、法租界的成长、民国时代的法租界、结论、附录·上海年表·补遗 7 章。可见，《上海通志稿》是一部"留存大量珍贵文献资料的典籍"，具有重要的史料价值，尤其是对于上海近代史研究者而言，该志堪称不可或缺的"重要文献和资料宝库"①。

无独有偶，《江西通志稿》亦是一部 100 册 7000 余万字的文献资料汇编，其体例包括纪、表、考、略、录、传、征、志余八大门类，志稿"门类繁多，内容丰富"，包括：历代大事记、历代疆域沿革、职官、选举、人物、地质、舆地、水道、财政、经济、庶政、教育、礼俗、氏族、方言、宗教、艺文、金石、宦绩，以及各县人物列传、文征等。其中原文照录 1946—1948 年《江西省政府施政报告》，收集当时的科学专论《江西地质工作之回顾》《江西之钨锡矿》《冰期之庐山》等，志稿的编纂可谓是为"保存江西地方文献史料作出应有的贡献"，而全志的文献资料特征亦表露无遗。②

总之，恢复重建期的各省市通志馆，其工作目标、主旨与内容等均与文献有关。一方面，馆内编纂与社会各界通过信函、电文等方式，对方志文献的内涵与意义做了深入探讨，使包括抗战文献在内的方志文献的基本内涵与范畴得以明晰，由此为通志馆的恢复重建奠定了重要的理论基础。另一方面，在国民政府行政推动下，各省市通志馆纷纷向文献委员会转型，这使通志馆的名称、组织架构、人员结构、工作内容与方向等，均发生了重要变革，方志文献的价值与意义由此日益彰显。

---

① 上海市地方志办公室、上海市历史博物馆编：《民国上海市通志稿》第 1 册，上海古籍出版社 2013 年版，第 1—5 页。
② 吴宗慈总纂：《江西通志稿》第 1 册，江西省博物馆、民国《江西通志稿》整理组 1985 年影印本，第 28 页。

　　战后通志馆人士致力于"方志文献"的搜集、整理与保存的同时，还积极运用"科学方法"编修地方志。事实上，方志界关于"科学方法"的理论探讨由来已久，早在1928年傅振伦主持编纂《新河县志》时，即已注意到方志"近世且有科学化之趋向"，认为将来修志方法必然面临一大变革。① 1931年，傅氏撰文探讨编纂《北平志》的重要意义时，对志书门类与科目应"注重科学方面"做了专题阐述，称："自唯物史观之说兴，历史始可以一定之法则解释之，而史学遂成专门之学。唯历史之科学化也，则必：第一，须为实录；第二，须注重进化方面；第三，须作真理规律之探求。此外又须兼重科学之记录。"在此，傅振伦不仅提倡科学方法在修志中的应用，还主张志书的体例、篇目与内容等均应体现"科学"属性，并强调"注意科学方面，是亦修志者应有事也"。② 傅振伦的上述修志主张还得到王重民等人的支持和认可，两人在担任河北通志馆编纂之时，曾联名上书时任河北通志馆馆长的瞿宣颖，向他提出《河北通志》的"门类宜广增科目，而注重在科学方面"的建议。③ 无独有偶，1931年顾颉刚、朱士嘉撰写《研究地方志的计划》，指出研究包括地方志在内的学问，必须"用科学的方法，把东鳞西爪的材料蒐集拢来，加以整理、比较、分析、归纳……方才有相当的成绩"。④

　　可见，抗战前夕关于应用科学方法编修方志的主张，已得到时人的认同，而这种局面的出现与20世纪初期兴起的整理国故运动不无关联。对此，张师惠在《关于方志之我见》中表示，整理国故运动影响颇为深远，"方今各部门学术，均须要以科学方法整理之"，尤其是与方志直接相关的历史学、考古学、文献学等均已步入科学的轨道，方志的科学化趋向亦是显而易见的。诚然，关于"方志果为说明之科学乎"的问题，张氏自称"未尝深究"，但他仍旗帜鲜明地提出：方志作为地方之全史，尤其要讲求编纂方法之科学，与体例、篇目、内容等的规范性。⑤

　　抗战爆发后，黎锦熙在《经世》杂志的"战时特刊"发表《方志今

---

① 傅振伦：《修志刍议》，《新河月刊》1928年12月20日。
② 傅振伦：《编辑北平志蠡测》，《地学杂志》第19辑第1—2期，1931年。
③ 傅振伦：《与王重民二次致瞿宣颖函》（1932年4月3日），《傅振伦方志文存》，黄山书社1988年版，第58—62页。
④ 顾颉刚、朱士嘉：《研究地方志的计划》，《社会问题》第1卷第4期，1931年。
⑤ 张师惠：《关于方志之我见》，《河北月刊》第4卷第6期，1936年。

议》，文中从现代学术方法入手，深入诠释章学诚的修志思想，提出地方志编纂须"悉遵科学之准绳"，尤其是面对当前"我国科学不发达，工业不振兴，而提倡科学与职业教育，又仅稗贩而不切合本国环境者"等问题，更应当注重"科学资源"的深入挖掘与详细记载。①

抗战时期，尤其是处于抗战相持阶段的方志界人士，在致力于通志馆恢复与重建之时，纷纷表示应当重视科学方法在方志编修中的重要作用。江西通志馆馆长兼总纂吴宗慈在《论今日之方志学》中，将学术分为精神和物质两个层次，认为"大抵学术之应用，有属于精神者，则哲学之范围。有属于物质者，则科学之范围也"，而方志则兼具精神和物质两个方面的作用。因此在修志人才选拔上，吴宗慈主张"须有科学常识"，至于何为"科学常识"，吴氏进一步解释道，"普通之文学科学人才，或可于相当时期，弘其造就，惟史学修养，诚未易言"。显然，在吴宗慈看来，具有一定史学修养者，才是修志的合适人选。②

如果说吴宗慈以江西通志馆馆长身份，从选人用人的角度考察方志与科学的关系，那么徐征则以"怎样编纂新方志"问题立论，旨在对方志编纂中"社会科学"与"自然科学"门类划分问题进行考察，称："方志与社会科学自然科学，都有相当的关系，因为它所赅括的门类很多，所记载的范围也很广"，因此编修方志时，应当扩大社会科学与自然科学的门类，注重相关门类的调查与研究，比如"从舆地志里，可以知道那县那省是在什么时候建立？中间经过几次改变？到现在它的面积有多少大？分辖多少区镇？在地理上它与一省或一国发生什么关系？这可说是研究地理学的好资料。从大事志里，可以明白该县该省曾经发生过什么重大的事情？经过如何？影响又如何？那种记载，有多少可以补正史的不足？诸如此类，又都是研究历史的好资料。从人物志风俗志里，可以明了这地方的人士，曾经创办过什么事业？他们的语言，是属于那一系统？那一姓那一族最为著称？有那几种职业比较最为重要？那都是研究政治学经济学民俗学所应该知道的。其他关于自然科学的材料，大都可以从物产门里得到，因为动植物的产量以及分布的状况，在这一门里，记载得最详细。至于靠近江海的省县志，往往把雨量的密度，潮汛的起伏，条分件析地记载下

---

① 黎锦熙：《方志今议》，《经世》（战时特刊）1939 年。
② 吴宗慈：《论今日之方志学》，《江西文物》第 2 卷第 2 期，1942 年 4 月 1 日。

来，这又为生物学家天文学家视为珍贵的材料"。①

由上述可见，民国通志馆运作背景下，时人从不同角度对科学方法之于方志的重要作用与价值，做了深入探讨与研究。需要指出的是，与民国通志馆大规模创办时期方志界从"方志学"理论上对"科学方法"的探讨不同，恢复重建阶段通志馆同人更多是从修志实践中探索"科学方法"的应用之道。从理论探讨到实践应用，这既是方志理论经过充分研讨后不断沉淀和升华的结果，亦是民国通志馆恢复重建背景下修志实践与理论指导相结合的必然要求。

而以浙江省通志馆为例，从文献对比分析的角度，考察浙江省通志馆将"科学方法"应用于修志实践的历史样态，并将《浙江省通志编纂大纲草案》《重修浙江通志稿》等相互比较，考察其调整与修改的历史过程，或可揭示民国通志馆同人在"科学方法"理念的指导下，其修志宗旨在实践中不断因革、调适与改造的历史面相。

当人们将余绍宋与地方志联系在一起时，首先想到的是他所主持编纂的《龙游县志》和《重修浙江通志稿》，而在浙江省通志馆公开发行的馆刊引言中，余绍宋进一步阐述了修志的宗旨与原则，即"使人所不甚重视之方志学，得以配合科学之整理方法而发扬光大之"。② 值得注意的是，此处提及"方志学"与"科学"两个颇具时代意义的关键词，那么文中所说的"方志学"究竟是今天所谓的方志学学科，抑或是方志编纂之学，其与时人所谓的"科学"之间又有哪些渊源？显然，关于这类问题的答案，需要从浙江省通志馆所倡导的修志实践中加以探寻，而历时六年所修成的志稿，则是解开这一问题的关键所在。

如前所述，以科学方法整理中国传统文化典籍，并非自方志学领域开始。早在"五四"时期，由胡适等人发动的"整理国故运动"已发其端。由于运动所倡导的整理国故"四步曲"声势浩大，其第三步即"要用科学的方法，作精确的考证，把古人的意义弄得明白清楚"，与方志编修的考证之法不谋而合，故而能够影响到余绍宋等一大批民国修志人物。③

1945 年 8 月 15 日，余绍宋以《答修志三问》为题，公开发表有关他

---

① 徐征：《怎样编纂新方志？》，《江苏文献》1942 年第 3、4 合期。

② 余绍宋：《本刊第二卷引言》，《浙江省通志馆馆刊》第 2 卷第 1 期，1946 年 3 月 1 日。

③ 胡适：《胡适文存》第 1 集，首都经济贸易大学出版社 2013 年版，第 446 页。

与读者来往信函，这进一步表明余氏以"科学方法"为指导，以"求其有裨于实用"为根本，在追求方志创新的实践中，通过"客观"求实的历史态度，辩证运用史志关系，"因时制宜"地构建了独特的方志革新理念，从而深入解答了来函者的提问，拓宽了方志编修的思路。① 以下详解余氏阐述"修志三问"的主旨与意义。

第一问主要涉及史志关系及相应的志书编修问题。余绍宋在回答第一问时，重点针对来函者所提清代与民国各自成书的建议，提出民国"国体既建共和，政体因之大变，又多仿欧西制度，皆属前代所无，而抗战以还，尤多创制，遂与旧例"相异的事实，主张不宜仿史例修志，其原因在于"史与志之性质虽同，而其主旨各有所在"，即志书强调地域性的同时，还应揭示事物产生的"因缘"与发展"嬗变"的脉络，使读志用志者掌握事物"推移进化之迹"。② 为此，余绍宋提出方志应"切合时代"和求于"实用"的观念，指出"夫作志与作史，皆应切合时代，自出心裁。不宜依傍前人，惮于创制。盖今日修志，应求其有裨于实用，正不必事事于古有征也"。③

第二问则关乎志书中对历史人物及事件的评价问题。来函者以太平天国人物及史事记载为例，指出旧志将"太平军"称为贼或匪，而视抗拒太平军者为"忠义"人士，这与民初讲求"民族大义"的时代背景与价值理念，显然格格不入。至于这一类人与事如何记载，使其"合度"而适中，则是修志的症结所在。④

余绍宋在处理这一问题时，以"科学方法"为指导，注意到"时异势殊"而修志理念"往往随之而变"的现象，认为修志者应当持"科学"与"客观"态度，秉笔直书。他以"太平天国"史事记述为例，提出"今日记载太平军事，自不必以贼或匪称之；而对于清朝死难之人，亦不可加以菲薄；桀犬吠尧，各为其主，古人已言之矣。夫兴革之际，真伪功罪本甚难言，作史志者，必宜处于第三者地位，全任客观，始能得正确之见解，而不失其真，以传信于来世，是史家之风度也"。同时，余氏大力提倡志书正确记载"民族"问题，尤其是民国倡导"五族共和"，切不可

---

① 余绍宋：《答修志三问》，《浙江省通志馆馆刊》第 1 卷第 3 期，1945 年 8 月 15 日。
② 余绍宋：《答修志三问》，《浙江省通志馆馆刊》第 1 卷第 3 期，1945 年 8 月 15 日。
③ 余绍宋：《答修志三问》，《浙江省通志馆馆刊》第 1 卷第 3 期，1945 年 8 月 15 日。
④ 余绍宋：《答修志三问》，《浙江省通志馆馆刊》第 1 卷第 3 期，1945 年 8 月 15 日。

使用含有民族"歧视"的字词，显示了他对民族问题的关切与重视。①

第三问以"修志文词"为研讨对象，论及志书的语言文字风格，并将这一问题拓展至文言文与白话文使用问题。对此，余绍宋从梳理明清以来史学流弊入手，借用章学诚对旧志文风的批判，阐述"行文但求精洁，不尚简练；但冀雅驯，不求高古，不应详者，自可从略，其应详者，固不惮笔墨之烦费"的语言文字风格。②

关于"文辞之体"（即语体问题），余氏认为"一时代有一时代之语言，自然有一时代之文字"，主张"志乘为书，包含既广，则当因时制宜，求适其用，应用文言者，则用文言，应用语体者，则用语体，一书之中，文体固不必求其一律"。为此他借用章学诚《文史通义》修志理念，提出"古人文字，贵于尔雅，非为观美，雅者，正也，尔者，迩也。文章尔雅，犹云近于同文官绥之书，不落乡曲讹言难共喻也。然世代升降，而文辞语言随之；盖有不知其然而然，圣人不能易也。三代不摹唐虞之文，两汉不摹三代之语，经史具在，不可诬也"的观念，进而阐释"宜用当时文辞"的主张。③ 对此，梁启超表示"以越园书较实斋书，其所进则既若是矣，无实斋则不能有越园，吾信之，越园宜亦伏焉；然有实斋不可无越园，吾信之，实斋有知，当亦颔首于地下也"，由此揭示了余绍宋与章学诚修志思想的承续关系。④

上述余绍宋所回答的三个问题，即当时通志馆职员所称"体例问题"、"书法问题"和"行文问题"。对此曾在通志馆任职的刘衍文回忆称，当时通志馆召开会议，专门讨论这三个问题，"讨论什么问题呢？一个是体例问题，整个浙江通志的体例问题。第二呢，是书法问题。这个书法，不是你们现在这个书法。他那个时候讲的书法问题是什么问题呢，书法问题就是立场观点"，至于"行文问题"，即"怎么样来写"志书，"因为，当时修志的时候都是会写文章的人居多，文章写得好的人不一定会写

① 余绍宋：《答修志三问》，《浙江省通志馆馆刊》第1卷第3期，1945年8月15日。
② 余绍宋：《答修志三问》，《浙江省通志馆馆刊》第1卷第3期，1945年8月15日。
③ 余绍宋：《答修志三问》，《浙江省通志馆馆刊》第1卷第3期，1945年8月15日。
④ 梁启超：《〈龙游县志〉序》，梁启超：《梁启超全集》，北京出版社1999年版，第4335、4336页。有论者指出，余绍宋"方志观虽承自章学诚，却能与时俱进，在新的历史条件下，实现了对章学诚方志思想的超越"。参见沈松平《从余绍宋看民国志家对传统方志学理论的扬弃》，《宁波大学学报》（人文科学版）2003年第4期。

律书。那么，究竟用文言，还是用白话呢，还是用文言的文字，还是用很通俗的文字。当时是先律志，先通志，应该有通志的写法"。①

可见，通志馆上下对通志体例、行文及语体问题十分关切，将其视为关涉志书编修的关键问题，为此通志馆召集"所有的南田分馆、浙东办事处、浙西办事处大家在一起，讨论这个问题。一个体律问题，一个书法问题，一个是行文问题，用什么语言大家应该要统一，这件事情是做得最好的"。② 由此形成了关于修志体例、行文与方法的新理念，促进了新式修志理念与社会时代要求的对接。

毋庸置疑，浙江省通志馆的成立以及省志编修工作的启动，堪称一省文化大事，这引起了学界人士的广泛关注，大家纷纷就修志理论与实践、修志方法与要求、修志目的与作用等问题，函电往来、鸿雁传书，通过针锋相对的激烈论战，推动了方志体例、内容及编纂方法等的革故鼎新，动态展现了近代方志转型的历史场景。而为了阐述方志的编修宗旨与观念，馆长余绍宋撰写发表《略评旧志浙江通志兼述重修意见》（以下简称《意见》）一文，从篇目、内容、编纂方式等，讨论近代方志的鼎革。在该文中，余氏将"科学方法"和"修志为用"纳入旧志革新的范畴，实现了修志理念的转变，强调"现代科学既昌，安可不采用其方法与精神，而使记述合乎其原则"，从而将近代修志思想归结为"以史为归"和"以现代为准"的历史轨则。③

处于变革时期的修志理念，由于修志实践尚未完全展开，其合理性与科学性仍需经过社会人士的广泛研究与讨论，因此在拟具意见时，余绍宋特别注明此为"个人意见"，是否科学合理且具操作性，则有待社会人士"讨议"，为此他通过信函、电文等方式，大力呼吁"热心文献人士"提供意见。④

《意见》一经刊发，即引起社会各界人士的广泛关注，大家积极建言献策，为《重修浙江通志稿》编纂提供思想源泉与智力支持，而修志者与学界人士的函电往来，形成了研究和探讨包括方志体例、内容、修志方

---

① 刘衍文口述，李新平记录：《刘衍文先生口述资料》，2011 年 6 月 23 日，未刊。此件承浙江省人民政府地方志办公室颜越虎先生提供，谨致谢忱。
② 刘衍文口述，李新平记录：《刘衍文先生口述资料》，2011 年 6 月 23 日，未刊。
③ 《略评旧志浙江通志兼述重修意见》，《浙江省通志馆馆刊》创刊号，1945 年 2 月 15 日。
④ 《略评旧志浙江通志兼述重修意见》，《浙江省通志馆馆刊》创刊号，1945 年 2 月 15 日。

法等在内的修志观念的良好氛围。在当时，竺可桢的《论通志星野存废问题》、宋慈抱的《省志问题献疑》、章乃羹的《略论修志意见》等均围绕"科学方法"应用于修志实践提出了富有针对性的意见和建议。而分析和探讨他们有关方志革新的思想理念，有助于窥探和认识近代社会剧烈变动背景下方志的转型与发展。

旧志"星野"篇的设立，反映了特定时代背景下人们认识的局限性，这与近代科学发展显然不符。对此，余绍宋在其所拟《略评旧志浙江通志兼述重修意见》中，对旧志"星野"是否删除问题，提出"须请天文学专家研究其有无价值"的建议。而在当时，身为浙江大学校长的竺可桢是公认的"国内天文学家中最有权威者"。[1] 为此，余绍宋专程致函竺可桢。1944 年 1 月 11 日，竺氏收到信函，随即加以分析研究。[2] 2 月 14 日，竺可桢以《论通志星野存废问题》为题，回复余绍宋称，"修葺通志，实为整理文献之基础"，关于旧志"星野"存废问题，应从"科学"的研究方法入手，"求之科学，全属诞妄，即稽古籍，亦多自相舛误"，即认为"星野之说不合科学"，应当予以删除。显然在自然科学家竺可桢看来，判断旧志篇目存废问题，应当以"科学"的标准来加以衡量，尤其是"近代科学日昌，方志期于致用"，更应注重科学方法的应用。[3]

宋慈抱所撰《省志问题献疑》则针对余氏所拟篇目，提出包括"疆域"宜更整、"山川"当别定、"食货"须重编、"兵事"待考证、"人物"立大传、"职官"要重编、"经籍"稽存佚、"金石"加别择八项建议。值得一提的是，旧志以"食货"统揽社会经济篇目，向被视为"民之大经"，宋慈抱注意到民国以来有关经济的"新政叠出不穷"，认为应当对包括青田冻石、龙泉烧瓷、舟山渔业、余姚盐业、吴兴茧业、平阳矾业等"各处特产"详为记载，以存"信史"。[4]

与竺可桢、宋慈抱强调篇目革新不同，拟被通志馆聘为编纂的章乃羹

---

① 竺可桢：《论通志星野存废问题》，《浙江省通志馆馆刊》创刊号，1945 年 2 月 15 日。
② 《竺可桢日记》（1944 年 1 月 11 日），竺可桢：《竺可桢全集》第 9 卷，上海科技教育出版社 2006 年版，第 9、10 页。另注：1944 年初，竺可桢因战乱避居贵州，他于 1 月 11 日收到余绍宋来信后，因忙于浙江大学校务事宜，未能及时回复，故在 2 月 14 日的复函之端称："比自归渝，获诵手翰，于役陪都，已将经月，致稽复候，甚歉于中。"参见竺可桢《致余越园函》（1944 年 2 月 14 日），竺可桢：《竺可桢全集》第 9 卷，上海科技教育出版社 2006 年版，第 589 页。
③ 竺可桢：《论通志星野存废问题》，《浙江省通志馆馆刊》创刊号，1945 年 2 月 15 日。
④ 宋慈抱：《省志问题献疑》，《浙江省通志馆馆刊》创刊号，1945 年 2 月 15 日。

注重方志的时代性与科学性，并且从资料采集与人才聘请等方面入手，深入探讨编纂方式的革故鼎新问题。关于方志的时代性与科学性，章氏指出，"一代有一代之制度，一代有一代之精神"，民国与清代社会制度不同，国民思想与精神自然也不一样，因此建议将民国与清代内容按时代划分，分别予以记载。为了确保方志的科学性，章氏认为编纂者应当保持客观的态度，"不参杂我见"，根据事物的"实际情形"秉笔直书，确保志书内容"信而有征"。在资料采集方面，章氏极其重视对图书馆资料的利用。为此，他甚至建议将通志馆搬迁至浙江省图书馆附近，如此"则征购图书之繁可省，成书之期可期"，可谓事半功倍。关于修志人才，他不仅提出在全省范围内"普遍物色"，对热爱文献工作者"宜多所引用"，还建议加强对青年修志人才的培养，认为"今日之青年即他日之老辈"，要注重在修志实践中教育和引导青年修志人才，共同负起保存"乡邦文献"之责。①

值得一提的是，章氏曾任职商务印书馆，在担任该馆编辑的数年间，参与了《辞源续编》和《中国人名大辞典》的编纂工作。② 通过工作实践他提出，编书非一人一时之功，需要有科学的规划，尤其是像《重修浙江通志稿》这种鸿篇巨制，修志方法更应"运用得其道"，为此建议参考商务印书馆的办法，"先定大纲，次及支目"，即先制定一个科学、完整的编纂大纲，然后安排具体的篇目；如此操作既"内容条理"，又方便专人编纂，则"成书可指日而待"。③ 章乃羹所提制定编纂大纲的意见，引起馆长余绍宋的高度重视。余氏不仅将其意见刊发在《浙江省通志馆馆刊》创刊号上，还将其作为通志馆开展修志业务的重要参考。

为制定省志体例，使方志编纂工作有明确的目标和规范，在馆长余绍宋的主持下，通志馆同人拟定了《浙江省通志编纂大纲草案》（以下简称《草案》），其内容针对旧志各类事项任意排比的做法，以"讲求志例"为旨归，将所有类目定为纪、考、略、传、谱五纲，这种分法既参照了历史学办法，又与内政部所颁《修志事例概要》相符，同时还借鉴章学诚《湖北通志》文征体例，将与五纲不合的内容置于"杂记"之中，以备日

---

① 章乃羹：《略论修志意见》，《浙江省通志馆馆刊》创刊号，1945 年 2 月 15 日。

② 浙江省人物志编纂委员会编：《浙江省人物志》，浙江人民出版社 2005 年版，第 140 页。

③ 章乃羹：《略论修志意见》，《浙江省通志馆馆刊》创刊号，1945 年 2 月 15 日。

后编纂《浙江文征》之需。①

就上述五纲的具体内容而言，一是纪，即用编年体所撰写的"大事记"。二为考，包括疆域、地理、民族、社会、田地、物产、艺文、古迹。其中地理、物产两项均需绘制地图或统计表，以方便志书利用者，而有关陵墓的记载，则要求制作"摄影"，留存影像资料；有关人口、社会生活、慈善事业、农户人数、田地价格等均需统计抗战以来的损失情况；此外，"考"中还注意对新生事物的记载，如关于"科学"的内容、外侨人数、租界、领事馆情况等。值得注意的是，在诸多新生事物的记载中，"新生活运动"被列为专项记载的范畴，显示了其自1934年2月以来由蒋介石所发动，旨在改造社会道德与国民精神状况，大力倡导民众在抗战时期积极加入战地服务、慰问伤兵、募捐款物以及救济难民等事务。②

三是略，包括党务、议会、一般行政、司法、教育、实业、交通、财务、粮政、军事、宗教、建置等。其中党务、议会、司法、财务、宗教等为民国以来的社会嬗变中出现的新事物（或用新名词代替，如"财务"取代"食货"、"银行"取代"钱庄"等）；救济、劳役、学校教育、社会教育、训练、农业、物价、财务预决算、盐务、粮食运输、军事、桥梁工程等均需记载抗战以来的具体情况。值得注意的是，"略"中反映出社会经济内容变得越来越重要，尽管大纲中以实业统称所有经济类目，但其中所囊括的银行、企业、农业、渔业、矿业、盐业、工业、商业等均为国民经济的支柱，通过设立这些类目来记载当时的社会面貌，由此反映社会经济的整体发展状况。③

四是传，包括人物、列女和宦迹三类。其中，"人物传"仿《史记》，分合传、列传和表，"列女"则仅列传和表，"宦迹"分特载和表。从大纲所设传的内容来看，其体例基本沿袭旧志，未做过多改设。④

---

① 余绍宋：《浙江省通志编纂大纲草案》，浙江省地方志编纂委员会整理：《重修浙江通志稿》第1册，方志出版社2010年版，第15—22页。

② 萧继宗主编：《新生活运动史料》，转引自《革命文献》第68辑，（台北）中国国民党中央委员会党史委员会1975年版，第259页；《新生活运动纲要》（1934年5月），中国第二历史档案馆编：《中华民国史档案资料汇编》第5辑第1编《政治》，江苏古籍出版社1994年版，第762页。

③ 余绍宋：《浙江省通志编纂大纲草案》，浙江省地方志编纂委员会整理：《重修浙江通志稿》第1册，方志出版社2010年版，第15—22页。

④ 余绍宋：《浙江省通志编纂大纲草案》，浙江省地方志编纂委员会整理：《重修浙江通志稿》第1册，方志出版社2010年版，第15—22页。

五是谱，包括选举和职官。其中，职官分文、武官表，以及历代职官制度情况。而选举不仅包括议员制度沿革和资政院、谘议局、参政院、国会议员、国民大会、省宪法会议代表或议员的提名情况，还将"考试"与"学制"添列其中，这似乎与过去乃至今天有关选举类目有较大区别，而考察"考试"和"学制"的具体内容，可以发现其中有关"制度沿革"、各学校（包括专门学校、大学、训练班、留学机构等）毕业生名录以及各项考试合格人员名单，显然属于教育的内容。①

大纲所附《编纂注意事项》可谓是对方志体例的补充说明，起到了类似于体例的提纲挈领作用。其中要求《重修浙江通志稿》的编修先作资料长编，以此为基础才可以"从容撰述"；而关于志书内容"详近略远"的规定，则进一步夯实了以此为特征的通志编修的思想理念，其影响所及，包括新中国成立后的首轮志书都将"详今略古"作为重要的修志准则；不仅如此，修志为用的思想理念也得到了初步体现，即志书内容但求"实用"，因此将"神异迷信"等不科学的内容悉数删去；同时，方志革新的另一个重要特点是文风的改变，即由晦涩"古奥"的文言改为"雅洁"的文字；此外，大纲要求编纂力求反映时代特征，尤其是抗战以来，日军侵略对浙江民众造成的巨大伤害，以及由此导致"社会情形，发生剧变"，其"经过事实"，应当详加记载。②

余绍宋主持草拟的《浙江省通志编纂大纲草案》一经公布，便引起了社会人士的广泛关注。1944 年 5 月 21 日，李一飞于报端阅读到大纲全文后，即具函向余氏提出针对性的意见和建议。首先，尽管李氏对《草案》所分纪、考、略、传、谱五纲表示赞同，认为设此五纲，"以纲分类，以类纲目，略远详近"，从而使得所分类目具有"纲目整然，详略得当"特点，具有一定的科学性，但在李氏看来，"方志之学，原非国史之附庸"，而是地理学（或"地学"）的分支。③ 因此他认为不必拘泥于现有类目，而应当就以下几方面予以革新。

一是针对《草案》"谱"中将"考试"和"学制"两目归入"选举"

---

① 余绍宋：《浙江省通志编纂大纲草案》，浙江省地方志编纂委员会整理：《重修浙江通志稿》第1册，方志出版社 2010 年版，第 15—22 页。

② 余绍宋：《浙江省通志编纂大纲草案》，浙江省地方志编纂委员会整理：《重修浙江通志稿》第1册，方志出版社 2010 年版，第 15—22 页。

③ 李一飞：《对通志编纂大纲之意见》，《浙江省通志馆馆刊》创刊号，1945 年 2 月 15 日。

的做法，提出明确的反对意见，认为其"与选举无与"，而应将其移至"略"类的"教育"之下，以符合当时教育事业的基本范畴。二是建议增设"高等教育"条目，以与"社会教育"相对应，其中主要记载浙江"学术研究"情况，以学术的进步来彰显"民族文化之隆替"。三是根据当时社会经济发展需要，改范围较小的"银行"为"金融"，内涵扩大后，可将"金融市场概况""票据流通情形""各地高利贷方式"以及近二十年来市场利率变化的内容纳入其中。四是建议在反映"实业"状况时，进一步扩大农业、渔业、矿业、工业等的记载范围，尤其是"主要大宗产品之产销情形"，需要详细记载；同时，"编制近二十年之生产统计"，以便读志、用志者准确掌握当地社会经济情况及走势。五是鉴于抗战时期国防建设亟待加强的状况，建议在志书中增加军事、地理及"历代用兵大略"的内容，从而为抗战提供有益的借鉴和参考。六是建议设立抗战"专章"，即采用纪事本末体，将日军侵犯浙江以来所造成的军民损伤等情况做翔实记载，以留存史料。[①]

与上述李一飞所提建议不同，在通志馆特聘编纂俞寰澄看来，《草案》不仅"新旧兼融"，还有所创新，显然较旧志体例大为改观。根据通志馆的编纂大纲，俞氏就其所承编的"水利""物产""实业"等篇目拟定了《自拟一年之编纂计划》，预计以"两年之期"，将三大类目的编纂工作全部完成。俞氏在述及编纂计划时，还提出关涉修志进展的三个关键因素，即"环境能否相安，征集材料能否应手，人手能否分配"，此语可谓道破通志馆所面临的时局动荡、资料难以征集以及修志人才不足的三大障碍，引起通志馆同人的高度重视。[②]

上述人士关于《草案》的诸多建议，为促进通志馆业务工作开展起到了重要作用。而根据《草案》，通志馆同人又拟订了编纂计划，由此明确了通志馆的职责，即"纂成浙江通志"和"编辑浙江文征"。两项任务的完成期限为八年，为此同人又以两年为期，制订了四期分计划。其中，第一期注重修志资料的征集、馆刊的宣传以及资料长编的编辑。第二期除资料的征集与采访外，还将馆刊所载的资料汇编成《浙江丛书》，并且就第一期所形成的资料长编开始志稿的"撰述"工作。第三期则在继续征集资料、

---

① 李一飞：《对通志编纂大纲之意见》，《浙江省通志馆馆刊》创刊号，1945 年 2 月 15 日。
② 俞寰澄：《自拟一年之编纂计划》，《浙江省通志馆馆刊》第 1 卷第 3 期，1945 年 8 月 15 日。

创办刊物和编纂志稿的同时，"举行大规模之浙江文献展览会"，其目的是借此"鼓起群众对文献之兴趣"，以利于征集"省志材料"。至于第四期，则是《重修浙江通志稿》完稿与印刷以及《浙江文征》出版之时。[①]

显然，上述计划结束即意味着省志编修工作的完成，而通志馆有关编纂大纲与编纂计划的制定，则为随后机构增设、人才聘请、志料征集以及志稿编纂等工作的开展，提供了行动指南。

总之，以余绍宋为代表的浙江省通志馆同人对传统方志编修思想进行了扬弃，"既保留了旧志有用的东西，又在体例上更多采用新法，强调科学性和时代精神"。[②] 对此，阮毅成亦称，志稿中"凡今日已有科学根据的资料，如天文、气候、地质、矿产资源及各种统计，均用图表方式"，"旧志中各项虚伪、荒诞、迷信的记载，全予删除。凡与时代不合的记载，如烈女、节妇等篇，亦予删去"。[③] 如果说提倡旧志革新与科学方法促使余绍宋修志理念的突破与发展，那么，《重修浙江通志稿》在体例、体裁、内容、注释、征引文献及文体上的变革与创新，则进一步反映了近代方志转型与发展的历史面相。

第三节　经费短缺与人事纠葛

战后各省市通志馆，经历了时局的动荡、政局的频繁更迭，使得这一时期的修志工作受到政治、经济、人事等因素的严重影响，表现出"乱世修志"的典型特征。一方面，战后严峻的社会局势与日益严重的通货膨胀，使得各地通志馆不同程度地出现职员生活紧张、通志馆经费短缺、文献资料搜集困难等情况，也难以避免地产生人事频繁变动、业务不时中断等问题。另一方面，由于各省市通志馆均在国民政府官方支持下创办与运作，国民政府内部的派系斗争常常影响到馆内人事安排，导致修志经费的短缺、修志计划的变更以及修志进度的中断。

---

① 《本馆之进行计划》，《浙江省通志馆馆刊》创刊号，1945 年 2 月 15 日。
② 唐家仁：《风物澄明新雨后——追怀余越园先生》，龙游县政协文史资料研究委员会、龙游县余绍宋研究学会理事会编：《余绍宋》，团结出版社 1989 年版，第 270 页。
③ 阮毅成：《彼岸》，（台北）传记文学出版社 1972 年版，第 102 页。

近代中国知识制度鼎革、社会剧烈变动背景下的方志文化，承担了传承历史文化与弘扬民族精神的重大历史使命，而对时局动荡、政局更迭及其影响下的通志馆经费短缺与人事纠葛问题的探讨，应当是考察战后通志馆运作历史的不可回避的要项。从这个意义上来说，各省市通志馆在时局动荡、政局更迭双重考验下经费短缺与人事纠葛的历史样态，不仅仅反映了乱世修志的艰难和不易，更折射出国民政府恶劣的政治生态与难以逆转覆亡的政治走向。

一、时局动荡背景下通志馆的经费短缺：以浙江省通志馆为例

抗战结束前夕，浙江省通志馆形成了一体三翼的修志格局，即浙江省通志馆及其下设的南田分馆、浙东办事处、浙西办事处。然而，战后正当通志馆志料采访、馆刊创办、理论研讨等工作逐渐恢复之际，通志馆及各地办事处却接连出现不良状况。首先是浙东办事处内部人事矛盾。1945年，余绍宋接到浙东办事处分纂许良琦的告状信，信中历数办事处主任项士元克扣其薪水后"强迫盖印"、"不设厨房"导致职员无法用餐、挪用职员生活补助费导致"米代金"迟发等七项过错。而未等余绍宋做出答复，项士元即向余绍宋致电，称述"许分纂所述各节，都由误会及激羞而成"，为此就许氏所列七项过错，逐一进行陈述辩解。[①]

值得注意的是，许良琦被聘为办事处分纂，最初是由项士元大力推荐而来，而据双方各持己见的辩词，所述内容均有关经费和人事问题，尽管项士元认为此事是"误会"造成，但仍以"妨碍纂辑实多"为由，坚持撤销许氏分纂职位，"另行聘委分纂"，显然同人之间的矛盾冲突已对办事处的正常工作造成了负面影响，其中项氏信函中关于事务员项宅仁因此事被"毁及名誉"而"萌退志"即是例证。[②]尽管余绍宋在回复中对项士元表示谅解，认为上述过错应"决无其事"，但仍对项氏"将扣发旷职工薪俸移充耆老会之用，仍令盖章"的做法表示质疑，认为其"手续未免错误"，由此导致事态严重性的扩大。通志馆内部人士的矛盾纠葛固然有

---

① 《项士元致浙江省通志馆余馆长电》，浙江省档案馆藏，档案号：L050 - 000 - 052。
② 《项士元致浙江省通志馆余馆长电》，浙江省档案馆藏，档案号：L050 - 000 - 052。

其特殊背景，但"经费支绌"以及"员工待遇"问题愈发严重，则是问题的关键所在。① 这反映出包括办事处在内的通志馆复杂的人事关系，折射出乱世修志背景下经费与人事问题所导致的严重状况。

浙东办事处内部矛盾冲突之事未平，馆舍、经费等问题又起。1945年，位于临海县立图书馆馆舍的办事处所在地，因潮湿而"地板霉坏"，简陋的馆舍还因雨天"屋瓦渗漏"，倒春寒天气所带来的大雪，使得馆舍"经此次大雪，飘摇益甚"，为此不得不"邀土木工"修缮。而据估算，其修理费至少 1 万元。尽管项士元向浙东行署申请，将上年度办事处节余的经费 5199.4 元"用作修理"，但修缮资金缺口仍然很大。②

需要指出的是，馆舍问题的根本在于经费支绌，尤其是日军侵华使浙江社会经济受到了严重损失，"原有工业基础被破坏殆尽。至 1945 年，浙江机械工业厂家只剩下 22 家。丝绸业被破坏情形更为严重，全省大小私人种场 105 家，其 90% 在战争中被摧毁，沿交通线两旁的桑树，被日军以防止中国军队袭击为由，大肆砍伐，至战争结束时，仅剩下十分之三四，以致 1946 年茧产量降为 5818.80 吨，只及战前六分之一"。③ 受战争影响，浙江省财政收入锐减，与之相对应的是军费的大量支出，致使省财政更加困难。

由于战后通货膨胀导致物价持续上涨，浙东办事处的经费问题日益突出。为了缓解经费支绌造成的困难局面，改变"各职员生活维艰"的状况，项士元不得不向浙东行署致电，吁请有必要根据物价情况，调整公职人员的待遇。以"米代金之标准"④ 为例，1945 年以前中等白米市场价额定每石 3000 元，"今临海中等白米市价每石已达六千元"，显然前后价格"相差过远"，而有必要相应调整标准。⑤

对于日益严峻的经费问题，在通志馆第二次馆务会议上，与会者集中商议应对办法，并议决"浙东西各办事处经费函请省府自三十四年度起

---

① 《余绍宋复浙东办事处主任项士元函》，浙江省档案馆藏，档案号：L050 - 000 - 052。

② 《项士元致浙东行署杜主任电》，浙江省档案馆藏，档案号：L040 - 000 - 0111。

③ 浙江省委党史研究室编：《浙江省抗日战争时期人口伤亡和财产损失》，中共党史出版社 2014 年版，第 11 页。

④ "米代金标准"即国民政府为维持战时公职人员生活，规定按中等白米市场价发放职员生活补助费。

⑤ 《项士元致浙东行署杜主任电》，浙江省档案馆藏，档案号：L040 - 000 - 0111。

照一般经费按十分之四增加"的方案,即浙东、西办事处 1945 年度经费预算在原来的基础上增加至 645840 元。① 会后,通志馆将决议呈送浙江省政府,经研究后认为可行,遂由省政府电令浙东、西行署,要求"视经济状况酌予增加"两浙办事处经费。② 至此,修志经费困难局面似迎来了新的转机。

然而,"抗战八年本省损失之大,可谓全国之冠"。在遭受如此巨大损毁之后,浙江省各县市的战后复员建设经费也十分庞大。据《国民政府行政院档案》所载,当时国民政府在教育、建设、卫生与救济方面的复员建设补助费高达 50 亿元。③

与此同时,在抗战后期通货膨胀的压力下,浙江省各市县的财政状况也窘态尽现,特别是"地处前线的浙江各县,由于承办的国家事务甚为繁重,如破坏、修筑道路机场、建筑国防工事、运输军粮实物,乃至征兵、征实、募债等,支出费用极为浩繁,实际得到上级补助的款项为数甚少,大部分均为地方临时筹派"。④ 地方财政入不敷出,县市及乡镇虽属财政自治,但当时物价因通货膨胀上涨 2000 倍左右,各地财政已然岌岌可危。⑤

财政问题直接影响到民众生活,据黄绍竑回忆称,"初退到金华的时候,一元钱可买猪肉五斤,可买米二十五斤,可买盐十斤",物价整体呈稳定趋势,但随着战事的发展,经济形势愈发严峻,与战前比较,"在战前,米价每百斤是四元,现在每百斤二千二百元(各地平均数),比较涨了八百倍。猪肉战前是二角钱一斤,现在是一百六十元一斤(各地平均数),亦是涨了八百倍"。物价急剧上涨的背后,是货币的严重贬值。在此情势下,包括通志馆职员在内的政府职员生活愈加困难,尤其是"以

---

① 《本馆第二次馆务会议纪录》,《浙江省通志馆馆刊》第 1 卷第 3 期,1945 年 8 月 15 日。根据《浙东办事处 1945 年度月支经费表》,办事处每月经费开销包括:薪饷 1120 元,办公费 3300 元,生活补助费 22400 元,米代金 27000 元,合计 53820 元。参见《浙东办事处 1945 年度月支经费表》,浙江省档案馆藏,档案号:L040 - 000 - 0111。

② 《浙江省政府快邮代电》,浙江省档案馆藏,档案号:L040 - 000 - 0111。

③ 《浙江省各县市战时损失情形及复员建设计划书》,中央党史研究室第一研究部、中国第二历史档案馆编:《国民政府档案中有关抗日战争时期人口伤亡和财产损失资料选编》第 3 册,中共党史出版社 2014 年版,第 1290—1293 页。

④ 潘国旗:《民国浙江财政研究》,中国社会科学出版社 2007 年版,第 196 页。

⑤ 杨荫溥:《民国财政史》,中国财政经济出版社 1985 年版,第 159 页。

薪俸收入为生活的公教人员，他们是受了双重的剥夺——货币贬值与物价高涨，政府虽每年都给他们增加薪俸或补助费，但无论如何，也跟不上币值的低落与物价的上涨"。①

在此背景下，纵然省政府明文要求浙东、西行署向办事处增拨经费，但时至 1946 年 3 月，浙东办事处仍分文未获。事实上，直到 4 月浙东行署才拨付 3 万元经费，与原预算每月 53820 元经费相差甚多，加之自 2 月起连续三个月未如数拨付，而在物价高企的形势下，所拨经费可谓"杯水车薪，仍难济事"，故到 5 月时，浙东办事处已难以维持正常运转。在此情形下，项士元向浙东行署主任紧急致函，诉以办事处经费连月拖欠，以致"全体员役饥渴日逼"，虽然收到拨款 3 万元，但"薪米纸笔之需，久形竭蹶"，所需经费缺口太大，办事处工作也几乎陷于停顿，为此呼吁"迅即将二、三、四各月经费如数筹拨"。②

与浙东办事处竭蹶之状相比，浙西办事处的处境更为艰难，不仅经费问题迟迟不能得到解决，至 4 月底更以"时局动荡，财粮困难"，办事处工作陷入停顿境地。4 月 24 日，浙西办事处主任张天放函告通志馆，决定自 5 月起，除保留分纂 2 人、事务员和雇员各 1 人外，其余职员全部"留职停薪"，办事处采集志料与整理文献等工作遂形停顿。③

时至 1946 年 6 月，经费问题对办事处的影响仍在继续。浙西办事处业务告停后，经费"锐减"的浙东办事处也不得不采取"紧缩"措施，决定自 6 月起实行裁员，除保留分纂、事务员、勤工各 1 人，雇员 3 人外，其余职员全部裁撤，所留职员的薪水也"一律减成发给"，由此两浙办事处业务基本上宣告中止。④

办事处业务的中止，给通志馆志料采集、方志编纂等工作造成严重影响。就办事处工作成效而言，通过划区域征集志料的方式，"办事成绩斐然可观"，若配合通志馆一边征集志料，一边加以编纂的办理方针，办事处确有继续运作的必要，为此余绍宋函告省政府，称办事处工作"于编纂省志大有裨益，若一旦撤销，则半途而止，前功尽弃，不无可惜"，而"该两办事处员额有限，经费不多，筹给尚非难事，以有限之经费，得编

<hr>

① 黄绍竑：《五十回忆》，岳麓书社 1999 年版，第 499、500 页。

② 《项士元致浙东行署杜主任函》，浙江省档案馆藏，档案号：L040 - 000 - 0111。

③ 《张天放致浙江省通志馆电》，浙江省档案馆藏，档案号：L050 - 000 - 052。

④ 《项士元致浙江省通志馆电》，浙江省档案馆藏，档案号：L050 - 000 - 052。

纂省志莫大之收获，似应仍请维持原案，以竟全功"。尽管余绍宋在函电中提出办事处经费自 7 月以后"仍循成案支给，俾免停顿"，并且事实上 7 月中旬浙东办事处确实收到浙东行署所发 5 月职员生活补助费 3 万元，但两浙办事处工作难以继续开展，已是不可挽回的局面。①

另外，通志馆大规模地聘请采访人员，虽然得到省政府的大力支持，但在抗战刚刚结束的 1946 年，浙江省各项事业百废待兴，省政府主席黄绍竑所推行的浙江省建设计划也因其卸任而只实行了半年，在此背景下通志馆又将陷入经费问题的泥塘。

关于通志馆 1946 年上半年经费情况，除基本办公经费外，虽列支临时修志费 10 万元、初稿印刷费和图书费各 0.5 万元，较之前已有大幅度提升，但在战后社会经济局势尚未稳定、通货膨胀压力持续增大的背景下，货币迅速贬值，这些经费逐渐显得微不足道。至于馆刊经费，除编辑费、稿费等外，主要开销是"印刷工料费"，此项经费"经浙江印刷厂估计，年需一百万元"。通志馆将经费预算上报省政府后，虽然得到主席沈鸿烈的"批示"，决定"由财政厅于省库余款内拨八十万元"予以支持，但此时浙江省政府财政早已出现赤字，已然无力支持通志馆馆刊所需经费。②

愈发严峻的经费问题随之影响到采访工作。战时各县采访人员经费有地方财政作保障，每月各该县采访人员经费为 1 万元，战后随着通货膨胀压力的持续增大，"生活奇高，邮费、纸张、川旅实嫌过少"，各县财政也更为拮据，纷纷提出"此款应由省款开支"的要求。为此通志馆被迫再次向省政府求援，申请在经费概算书中"增列采访员公费，每县二人，月支二万元"，而考虑到当时财政问题日益严重的情况，遂决定"暂设一员，员额既暂不足额，所有办公等费，原追加概算亦可减去三分之二，在省库增支有限，本馆业务得以促进"。③

尽管上述申请已最大限度压缩经费，但根据《浙江省通志馆各县采访员调整情况表》，各县采访员每月经费预算总额至少 63 万元。关于这笔数额较大的财政开支，当时无论是县财政还是省财政，显然难以负担。另

---

① 《余绍宋致浙江省政府函》，浙江省档案馆藏，档案号：L029 - 004 - 0015。
② 《浙江省财政厅快邮代电》，浙江省档案馆藏，档案号：L029 - 004 - 0012。
③ 《浙江省财政厅快邮代电》，浙江省档案馆藏，档案号：L029 - 004 - 0012。

据统计，到 1946 年下半年，省财政预算缺口达 60 亿元。是年 10 月，由于全省田赋减成征收与生活补助费支出增加，"浙江省不但省级财政陷入窘境，县级财政也都不敷。据双十节前的政府报道，省级收支不敷计 1464642.2 万元，县市级不敷计 2705826.1 万元，两共 4170468.3 万元"。① 全省财政问题愈发严重，包括馆刊在内的文化事业经费难以筹措，在此情形下《浙江省通志馆馆刊》1945 年度虽出齐预定 4 期，但到 1946 年，原定 2 月刊行的第一期，迟至 3 月才得以印行，自此之后，馆刊工作即告终止，馆内其他业务也在经费支绌中艰难运作。

对于上述情形，《图书季刊》评论道：《浙江省通志馆馆刊》的停刊，并非偶然，其中折射出通志编纂"其事之难，更倍于往昔"。② 显然，《图书季刊》评论所指，有政局混乱、资料征集不易、人才匮乏等因素，而经费"支绌"造成"修志事业"的艰难局面，实是困扰民国修志的一大关键。

事实上，从现有档案文献来看，自 1947 年 1 月 1 日起，至 1949 年 3 月通志馆结束，其间绝大部分来往函电内容有关经费问题，这反映了社会局势动荡背景下，文化事业发展所遭受的重重阻力与障碍，而通志馆与国民政府命运的悉数终止，或隐或显地预示了政治与文化的内在联系。就此而言，考察通志馆由经费问题而陷入的发展困境，不仅是馆史或文化史的探索，与社会政治和经济情形也不无牵连。

如上所述，1947 年通志馆的工作始于索拨经费。尽管距离省志初稿撰成之日为时尚早，但通志馆未雨绸缪，早在 1946 年馆长余绍宋即制定 20 万元的"临时修志费"预算，并多方筹措"印刷初稿及购运图书"的经费。1 月 13 日，余氏在致省财政厅的函电中，强调通志馆目前工作重在编纂志稿，而"编辑工作进行全凭书籍之参考，故是项费用与本馆业务前途颇有关系"。值得注意的是，余绍宋显然对省财政厅面临的经费问题知之甚悉，故在函电中只提出"签拨十万元"的请求，以便省财政厅及时受理，而财政厅随即"将该款照数"拨发，由此解决了通志馆经费紧缺的燃眉之急。③

---

① 潘国旗：《民国浙江财政研究》，中国社会科学出版社 2007 年版，第 218 页。

② 《学术消息：浙江省通志馆概况》，《图书季刊》1946 年第 3、4 期合刊。

③ 《浙江省财政厅代电》，浙江省档案馆藏，档案号：L050－000－073。

鉴于通货膨胀压力倍增、物价仍然高企的现状，通志馆在做 1947 年度"临时修志费"预算时更是将额度提高到 240 万元，是 1946 年度临时修志费的 12 倍。平心而论，省财政厅对通志馆工作的经费支持力度不可谓不大。一方面，临时修志费预算报送省财政厅核算后通过，这为通志馆印刷志稿和购运图书资料工作提供了经费保障；另一方面，通志馆人员配齐后，仅勤工就达 12 名，每月勤工生活补助费 716400 元。而据 1947 年 1 月馆内 38 名职员的生活补助费发放表，总补助经费达 5367000 元。（参见表 4 - 1）

表 4 - 1　浙江省通志馆职员生活补助费发放一览（1947 年 1 月）

单位：元

职别	姓名	金额	职别	姓名	金额
馆　长	余绍宋	328800	课　员	劳泰来	132000
副馆长	凌士钧	279600	课　员	方毓麟	132000
总　纂	孙延钊	279600	课　员	华茂椿	115600
编　纂	项士元	214000	课　员	唐子兴	115600
编　纂	宋慈抱	214000	事务员	吕仲芳	99200
编　纂	陈季侃	205800	事务员	余　乾	99200
编　纂	钟毓龙	205800	事务员	黄　煦	91000
编　纂	柳景元	205800	事务员	游章辉	91000
课　长	谢邦藩	197600	事务员	宋荐礼	91000
课　长	张天放	181200	事务员	叶振采	91000
分　纂	陈锡钧	164800	事务员	孔昭霖	91000
分　纂	方　立	164800	雇　员	钟子常	78700
分　纂	祝鸿逵	164800	雇　员	孙先浩	78700
分　纂	钱南扬	164800	雇　员	龚生遂	74600
分　纂	洪焕椿	164800	雇　员	吴允昌	74600
分　纂	吴秉征	156600	雇　员	黄彦圣	74600
分　纂	陈树基	156600	会计员	江福良	132000
分　纂	周岐隐	156600	办事员	康德馨	99200

资料来源：《浙江省通志馆 1947 年 1 月份生活补助费核发表》，浙江省档案馆藏，档案号：L050 - 000 - 034。

从上述关于通志馆职员生活补助费发放情况可以看出，馆内同人因职务不同工资差别明显，如馆长每月所领生活补助费比副馆长多近 5 万元，这种因职务不同补助费有所差异的情况，反映了通志馆职员待遇悬殊的整体状况。

而将通志馆职员薪资与 1946 年全国高等教育机关教职员薪资做横向对比，可以发现馆长余绍宋每月 328800 元的薪资比大学教授 334097 元要低，而副馆长凌士钧、总纂孙延钊每月 279600 元的薪资高于大学副教授的 252557 元，编纂人员薪资虽有 214000 元和 205800 元之分，但均比大学讲师 189137 元要高，显示了通志馆职员工资较为优厚的历史状况。[1]

尽管通志馆职员每月二三十万元的薪资相对于国民政府省级文职员役平均 48.9 万元[2]的月收入偏少，但 1947 年 1 月通志馆另一次发放的生活补助费额度更高，达 7938000 元，而加上勤工发放的 3 次生活补助费 716400 元，该月馆内同人生活补助费总额高达 1400 多万元。与此同时，全省公务员生活费经常处于调整变动状态，如 2 月浙江省"调整为杭州基本数 14 万元，加倍数 950 倍，其他各地基本数 11 万元，加倍数 150 倍"。[3] 生活费动辄数以百倍计，这要归因于恶性通货膨胀背景下法币的严重贬值，折射出包括通志馆同人在内的国民政府公职人员经济竭蹶之状。

由于持续通货膨胀造成货币严重贬值，物价一再被抬高，全省各县政府财政压力不断增大。在此情形下，为了维持政府职员的正常生活，确保政府工作的基本稳定，自 1946 年起，各县政府不得不调整各项事业经费的支出比重，其中 1946 年度生活补助费支出达 12924851580 元，占该年度岁出经费的 68.3%，相对而言，一些基础性的事业经费被大大压缩，如教育文化支出仅占 5.37%，卫生、社会及救济支出的比例更低，分别为 0.67% 和 0.68%，而 1947 年"浙江省各县财政收支的差额，又超过 1946 年许多"。[4] 经费支出向生活补助费严重倾斜的状况表明，包括各县在内的浙江全省财政面临着极度窘迫的局面，并直接影响到包括教育、文化、基础设施建设等在内的各项事业的正常开展。

难能可贵的是，通志馆同人仍然在通胀严重、经费支绌的极度窘迫状

①　《国民政府主计处统计局编：国民所得估计方案及其说明（1946 年）》，中国第二历史档案馆藏，档案号：6－4639－52。

②　《国民所得估计方案（1947 年）》，中国第二历史档案馆藏，档案号：6－4639。

③　《浙江省政府代电》，浙江省档案馆藏，档案号：L050－000－034。

④　潘国旗：《民国浙江财政研究》，中国社会科学出版社 2007 年版，第 227 页。

况下坚持工作。自迁杭后，同人每月召开编纂工作会议，研究解决志稿编纂中的问题与困难，商讨制订编纂工作方案，并根据志稿编纂进度，动态调整门类、篇目与内容等。经过持续艰苦的编修工作，至 1947 年年初，同人"已拟成部分初稿"，可谓取得了初步的修志成果。按照通志馆拟定的志稿提前付印办法，每修完若干篇目或部分志稿即先期印刷，但在省财政严重困难的压力下，通志馆显然无法如期取得预算的财政经费，由此产生志稿印刷"经费支绌"的局面，使得已修成的志稿"无从付印"，通志馆拟实施的提前付印办法也难以开展。①

为破解志稿印刷经费支绌难题，打开制约修志整体进程的瓶颈，余绍宋召集通志馆上下，与阮毅成、徐伯园等关心修志工作的"热心人士洽商后，决以劝募办法，筹集该馆印刷基金"，遂由余、阮、徐等具有社会影响力的人士，访寻志书印刷经费的募捐者。经众商议，同人将劝募对象确定为浙江籍的外出务工者，通过向他们介绍宣传志书保存乡土文献、弘扬乡土文化的特殊作用，唤起其爱乡热情，达到被劝募者积极捐款的效果。而当时在外务工浙江籍人士最为集中的上海，无疑是通志馆劝募的重点地区。为此，余、阮、徐等人亲赴上海，以急需浙江省志及各种文献印刷经费为由，"邀请旅沪浙籍各界人士筹商劝募"。②

1947 年 2 月 20 日，余氏等三人在上海南京路国际饭店设宴，邀请"上海银行钱庄两业的浙江同乡，为省通志馆筹募经费"。宴席上，阮毅成首先"说明修志的重要性及募款的缘由"，随后余绍宋向来宾"陈述其工作近况及募款所得的用途"。从当时的劝募效果来看，"同乡纷纷发言响应"，大家争先恐后，慷慨解囊，支持省志编修事业，"当场即募得两亿元"。③ 需要强调的是，余绍宋等人远赴上海的劝募行动还被《宁绍新报》④ 等报纸媒体广为宣传，从而为扩大劝募的社会影响，早日筹集志稿

---

① 《沪讯：浙通志馆来沪募款》，《宁绍新报》创刊号，1947 年 3 月。

② 《沪讯：浙通志馆来沪募款》，《宁绍新报》创刊号，1947 年 3 月。

③ 阮毅成：《彼岸》，（台北）传记文学出版社 1972 年版，第 111、112 页。

④ 该报于 1947 年 3 月由旅沪宁波同乡会和绍兴同乡会人士共同创办，其创刊辞称："本报在此一方面，负有沟通乡沪间文化之责任，并督察家乡地方政治之设施与改进，一面用以发扬固有之精神，加强同乡间相互之联系，以促进团体的及个人的事业之开展。总之，本报之立场，以同乡为本位，本报之旨趣，以服务为目的，凡此数端，值兹创刊，自应为我同乡告。"（《创刊辞》，《宁绍新报》创刊号，1947 年 3 月。）显然，该报创办宗旨与通志馆劝募口号颇为相似，故同人劝募工作得到该报的宣传与重视。

印刷经费以及确保修志工作顺利开展起到重要作用。

诚然，官方主持的民国浙江省志编修事业，迫于政治局势与社会经济压力，而不得不采取倚靠个人影响向民众劝募的办法，这实属无奈之举，但毋庸讳言，通志馆主要财政来源仍依靠省财政。涉及经费不仅包括馆内职员每月的生活补助费，还有资料征集与整理、志稿编纂与印刷等费用。① 而综览 1947 年通志馆档案可以发现，通志馆与省财政厅来往公文，均围绕经费问题展开，并以职员生活补助费为重点，其中涉及志稿编纂与印刷等工作关键环节的经费，则因所拨经费"仅有预算列数之十分之七强，故每月均感不敷甚巨"。由于省财政每月经费"拨给数与实需数不符，势必欠饷"，严重影响修志工作的正常开展。对此，通志馆同人立即向省财政厅致电，申请将 1947 年度预算列支的 240 万"临时修志费"尽快拨付，并强调目前部分志稿初步拟就，"是项经费系为印刷初稿及购运图书之需，急待动支"，以期获得省财政的经费支持。②

时至 1948 年初，通志馆经费预算被纳入《浙江省地方岁入岁出总预算书》，根据浙江省预算，1948 年上半年度所拟通志馆临时费增至 4000 万元，较 1947 年上半年度的 120 万元增加了 32 倍以上。③ 修志经费的大幅度增长，理应化解修志经费困难局面，事实却并非如此。以 1948 年度资料征集费为例，通志馆同人积极开展志稿编纂工作之时，志料采访工作也在持续进行。根据 1948 年浙江省各县编制的《采访员工资预算数额表》，全省 73 个县市采访员经费总预算高达 19413 万元。随着通胀压力的不断增加，各县采访员工资虽然由县财政列支，但其实际支出数目存在较大差距，其中嘉善、富阳两县最高，每月采访员经费预算均为 75 万元，全年总预算均高达 900 万元，磐安县最低，每月预算经费 5 万元，全年 60 万元。④ 对于财政极度窘迫的各县财政来说，每年几百万的采访经费可谓

① 值得一提的是，1947 年南京国民政府教育部曾发起全国学术机关概况的调查，其中四川省通志馆、湖北省通志馆等，与国立中央研究院、国立北平研究院、国立编译馆等机构在列，显示了修志机构的官方色彩，以及时人对修志的学术认同。参见《教育部编全国学术机关概况表》（1947年），中国第二历史档案馆编：《中华民国史档案资料汇编》第 5 辑第 3 编《文化》，江苏古籍出版社 1999 年版，第 767—769 页。
② 《通志馆致浙江省财政厅电》，浙江省档案馆藏，档案号：L050 - 000 - 034。
③ 浙江省政府会计处编印：《浙江省三十七年度上半年度地方岁入岁出总预算书》，第 33 页，藏于中国社会科学院近代史研究所资料室。
④ 《1948 年度各县采访员工资预算数额表》，浙江省档案馆藏，档案号：L050 - 000 - 31。

数目不菲，其财政压力之大，不言而喻。

然而，事实上，在物价高企、法币严重贬值的当时，上述经费仍难以维持采访工作的正常开展。以嵊县为例，该县 1948 年采访员预支经费每月 30 万元，而在该县采访员黄干看来，这些经费显然难以"敷笔墨纸邮费用"，加之县财政虽有预算，但迟迟不予拨付，在通货急剧膨胀、法币严重贬值的情形下，采访经费"积欠至领，已等废纸"，为此他无奈提出"通令各县按月发给食米"的请求。黄氏所述虽为嵊县情况，但"各县情形"，大体如此。① 由此可见，财政问题确是制约志料征访工作乃至整个修志工作的重大瓶颈，通志馆在社会局势动荡背景下艰难运作的历史样态，由此呈现无遗。

总之，社会局势动荡背景下浙江省通志馆的经费短缺问题，在在困扰着修志工作的正常开展，而浙江省通志馆经费短缺问题并非个案，由此产生的人事变动、业务中断问题，更是揭示了民国乱世修志的艰辛与不易。

二、国民政府派系斗争背景下通志馆的人事纠葛：以四川省通志馆为例

民国修志的乱象之一，是通志馆易长往往牵扯各种政治势力明争暗斗的矛盾纠葛，因而牵一发而动全身，不时引起轩然大波。在此过程中，为了争夺或是维护权力，各派反复较量厮杀，台面台下的斗争进一步加剧。就此而论，通志馆馆长的更换，影响早已超越馆史的范围，成为政局波澜起伏的折射与反映。围绕四川省通志馆馆长李肇甫的去留而展开的政治角逐，背后不仅涉及川省政局的权力斗争，而且反映了战后恶劣政治生态下修志的艰难和不易。

关于李肇甫的去职，陶元甘在回忆中简略提及，称 1947 年"李肇甫未再担任秘书长"后，虽然还担任通志馆馆长，但"经常不来馆，后又辞职他去"。② 此说不错，但背后的情形远比此复杂，所牵涉的不仅是通志馆内部的纠葛，还有川省政府乃至国民政府的派系纷争。

---

① 《嵊县采访员黄干致通志馆函》，浙江省档案馆藏，档案号：L050-000-31。
② 陶元甘：《记四川通志局及四川省通志馆》，中国人民政治协商会议四川省委员会文史资料研究委员会编：《四川文史资料选辑》第 32 辑，四川人民出版社 1984 年版，第 174 页。

　　李肇甫萌生退意，由通志馆的机构变革与人事问题肇其端。1946 年底，通志馆面临着一次行政化变革，即将临时性的修志机构转变为常设的政府机关。是年 11 月 19 日，馆长李肇甫函告省府人事室，称通志馆乃"遵照省务会议决案成立"，曾"以省馆字第三七三号公函说明"，并且有国民政府内政部《修志事例概要》为依据，系"依法成立"，所有馆内人事、经费事宜均经省府主席同意，故全体职员"应视同普通公务人员"。①

　　次日，李肇甫考虑到机构变革"事关确定资格"，涉及全体馆员的身份认同以及修志机构的长期性。为稳妥起见，李氏再次致函人事室，告以通志馆筹设情形曾"经内政部备案"，为此"特将内政部先后来函与附件及本馆复函，各抄录一份，一并随函送上"，申请将全体职员"依一般公务员例，一律参加铨叙"。②

　　需要说明的是，三年前（1943 年 1 月 19 日）国民政府内政部要求各省市成立通志馆的一则函电，本未引起太多重视，通志馆也仅仅将不肯就职的庞石帚，以"总编纂"名义函请国民政府内政部备案。但就是这样一个不经意的举措，或能在机构变革一事上增添几分把握。

　　果然，25 日省府人事室即复函。不过，函电仅仅以通志馆职员系"聘派人员"，只需按国务院颁布的"修正聘派人员管理条例实施办法"，填写"聘用、派用人员遴用资格审查表"。③ 至于通志馆是否改为行政机关，馆内职员是否转为公务员，却只字未提。显然，省府人事室的复函内容是敷衍之辞，直到李氏辞职之前，通志馆行政化变革的初衷仍未实现，所有通志馆职员仍然被视为聘用或派用人员。

　　通志馆行政变革之事未平，馆内人事纷扰又起。1947 年初即上演了馆长李肇甫"先斩后奏"式地聘用戴永华为办事员，却被省政府人事室接二连三地予以否决之事。

　　1947 年 1 月 27 日，通志馆函告省政府人事室，称会计员戴家凤因即将分娩而休假，届时通志馆"会计工作无人办理"，为此申请在"本馆额定人员内增设助理员一人"，考虑到"此项业务迹近专门觅人，襄办实较困难"，为此经戴家凤推荐，通志馆审核后，拟聘曾任"中央工程司会计

---

① 《四川省通志馆致人事室的函》，四川省档案馆藏，档案号：民 042 - 02 - 2781。
② 《四川省通志馆致人事室的函》，四川省档案馆藏，档案号：民 042 - 02 - 2781。
③ 《人事室复四川省通志馆的函》，四川省档案馆藏，档案号：民 042 - 02 - 2781。

员"的戴永华为办事员。值得注意的是，函电称李肇甫以"利馆务"为由，让所聘之人"先行到职"，这种"先斩后奏"的做法显然引起了省政府人事室的不满，由此引发一系列的矛盾和冲突。①

2月14日，省政府人事室复函通志馆，以所请"于法不合"为由予以明确否决，并函称：根据省政府请假规则，"假期在三日以上者，应委托同僚代办其日常经办事务，七日以上者应呈明长官派人兼代"，戴家凤因分娩请假，而非辞职，只可照此规则办理，而无须额外聘请人员。②

省政府人事室的否决函可谓有理有据，对此李肇甫无词可辩，在回函中仅表明通志馆自"增设人事机构后，事务增繁，亦系实情"，"戴永华系成县女中肄业，能力尚优"。李氏回函还一改之前的高调姿态，诉以自2月1日起，"该员先行到职"，形成木已成舟、骑虎难下之势，希冀"照准"。③

然而，省府人事室仍然不依不饶，再次提出新的否决理由，即四川省政府委员会第788次省务会议决议案。根据决议案，省级各机关自1946年11月1日起"出缺不补"，即辞职后的职位空缺不再增补人员，因此通志馆"所请添委办事员一员自属不合"。值得一提的是，人事室将上述函件送达通志馆的同时，还呈报代理主席邓锡侯，建议此事"遵照本府决议案办理"。④

对于上述否决理由，李肇甫显然不表同意，认为第788次和第809次省务会议决议案虽然要求裁员十分之一，但依照《四川省通志馆组织规则》，总编制数为19人，而"本馆为顾念省级财政支绌，预算不敷，曾先后自动裁减组员一人、办事员六人、助理员一人，共已裁员八人"，"早已超过"上述决议案要求裁员之数。因此，就编制数目而言，所请要求"与议案原旨并不冲突"。有意思的是，李氏函电也一并呈报代理主席邓锡侯，称"增设办事员戴永华一人，确因情形特殊，事实需要"，请其"准予委任，以利馆务"。⑤

平心而论，李氏所述不无妥当之处，尤其是从通志馆修志工作需要出

---

① 《四川省通志馆致人事室的函》，四川省档案馆藏，档案号：民042-02-2781。
② 《人事室复四川省通志馆的函》，四川省档案馆藏，档案号：民042-02-2781。
③ 《四川省通志馆致人事室的函》，四川省档案馆藏，档案号：民042-02-2781。
④ 《人事室复四川省通志馆的函》，四川省档案馆藏，档案号：民042-02-2781。
⑤ 《四川省通志馆致人事室的函》，四川省档案馆藏，档案号：民042-02-2781。

发，反复回函，动之以情、晓之以理，有针对性地反驳了省府人事室提出的否决理由，并且绕过省府人事室，直接向代理主席邓锡侯呈报，从而收到了良好的效果。4月18日，人事室一改之前措辞严厉态度，认为李肇甫来函所述"不无理由"，为此向邓锡侯呈报，建议"拟请准予委派，以顾事实"。邓氏亦毫不含糊，签署"准委任"的命令。自此，关于委任办事员戴永华案告一段落。①

应当指出的是，围绕是否委任戴永华而产生的系列冲突，表面上看是人事上的具体问题，其实际则是川省政府对馆长李肇甫"先斩后奏"式做法的强硬回应。而查戴永华履历，其学历仅为成都市士林实习学校会计科毕业，并无过优之处，之所以李氏不厌其烦地为她请命，或许从她曾在"中央工程司"任职经历中可找到些许端倪。需要补充的是，李肇甫函电中所述戴永华"先行到职"之事确凿。事实上，在李氏授意下，早在1947年2月1日戴永华就来通志馆任办事员职。而在收到代理主席邓锡侯委任书后，通志馆还造具表册，为戴永华"补领二、三、四、五月份生活补助费578400元"。② 函电的针锋相对、人事关系上的错综复杂，在某种意义上表明通志馆上下乃至整个国民政府行政体系的复杂性。

业务工作难以开展，经费问题愈演愈烈，使得馆长李肇甫一度萌生退意。从现有档案资料来看，1947年后通志馆业务工作几乎陷于停顿，尤其是总编纂庞俊的不予到职，以及采访组长陶元甘的去职，使省志编纂事宜更是无从谈起。

1948年底，四川省通志馆试图借代国史馆征集资料之机，扭转通志馆内人事纠葛的不良趋势。是年11月，馆长李肇甫拟定《征集资料计划书》和《征集资料概算书》，并于11月6日呈送省政府主席王陵基。③ 从《征集资料计划书》所列项目来看，馆长李肇甫准备借此次代国史馆征集资料的机会，摸清通志馆内资料情况，同时进一步加强各类资料的征集、抄录和调查工作，如果经费充足，还可以购置其他有价值的资料。在编制《征集资料概算书》时，考虑到编制通志馆内部资料目录所需人力与物力较少，短期内相对容易完成，故仅在装订、文具等方面做了90元（预算

① 《人事室复四川省通志馆的函》，四川省档案馆藏，档案号：民042－02－2781。
② 《四川省通志馆三十六年度新委及升级人员请补领二、三、四、五月份生活补助费名册》，四川省档案馆藏，档案号：民042－02－2781。
③ 《四川省通志馆给主席王陵基的呈》，四川省档案馆藏，档案号：民044－011－1132。

以银元为准，下同）的经费预算。而鉴于通志馆前期征集资料工作收效甚微，此番则加大征集力度，开列 240 元的资料采集费。同时还做了 240 元的图书购置费预算。而抄录各类公私著述和调查工作则需要组织人员外出走访，为此专门列出缮写费 150 元、交通费 140 元。①

通志馆资料征集计划实施的前提是经费的充分保障。而与通志馆的殷切期待相比，四川省政府则因国民政府发动内战而财政支绌，仅同意从 1948 年 "下半年度第二预备金项下动支" 430 元作为经费，比通志馆预算经费足足少了一半。② 即便如此，当省财政厅长任师尚于 12 月 1 日提请将上述预算提交第 975 次省务会议表决后，相应款项也因故未予拨付。

需要强调的是，通志馆机构变革、人事变迁与经费问题的日趋严重，不仅反映了通志馆与川省政府的矛盾冲突，而且折射出国民政府政治生态的逐渐恶化，这些均是促成李氏去职的重要原因。

从国民政府派系情况来看，李肇甫显然是张群派人物。张群担任川省政府主席后不久，即将李氏调任川省政府秘书长，而自李肇甫兼任通志馆馆长后，利用其与川省政府的特殊关系，使通志馆在创办初期的经费、人员与机构等方面得到了较好的保障。然而自 1946 年以后，随着张群的去职，蒋介石与川中各派势力的矛盾冲突日益激烈。1946 年 9 月 13 日，蒋介石致电邓锡侯，以 "川政重要" 为由，命其 "兼代" 四川省政府主席。③ 邓锡侯出任代理主席后，李肇甫即卸任省府秘书长。表面上 "邓仍留他当通志馆长"，这背后难免有李系张群派人物的考虑。据邓锡侯自称，张群来川任省政府主席，"试图拉拢我们（按：邓锡侯、刘文辉等人）。我们在地方上支持了他，他在蒋介石面前也支持了我们"。显然，在政局动荡与川派势力争斗不已的背景下，这种所谓 "共进退" 的关系只是互相利用的权宜之计。④

1948 年，国民党政权在内战节节失利中逐渐动摇。在此情势下，蒋介石试图以西南为基地、以四川为主要据点，来对抗中国人民解放军，为

---

① 《代国史馆征集资料概算书》，四川省档案馆藏，档案号：民 044 - 011 - 1132。

② 《四川省通志馆致财政厅的函》，四川省档案馆藏，档案号：民 044 - 011 - 1132。

③ 《蒋中正电邓锡侯兼代川政并随时详报》（1946 年 9 月 13 日），台北 "国史馆" 藏，档案号：002 - 010400 - 00003 - 053。

④ 邓锡侯：《我在川西起义的经过》，全国政协文史资料研究委员会编：《文史资料选辑》第 17 辑，中华书局 1961 年版，第 20 页。

此决定"另选有气魄、有担当的人员来做主席"。① 是年 3 月 31 日，蒋发布电要求"川省政府急需改组"，以王陵基为省政府主席，撤销邓锡侯代理川省政府主席职务。② 此举无疑进一步激化了川派势力之间的矛盾。一方面，王陵基的上任加深了其与邓氏的矛盾；另一方面，邓氏去职后，"利用张群的关系"，抵制继任川省主席的王陵基。③ 此外邓氏还联合刘文辉、潘文华等人，与王陵基直接对抗。可以说，川中派系之间的相互倾轧，加速了国民党政权的分崩离析。而影响所及，省政府内部行政机构无法正常工作，"通志馆工作几类停顿状态"。④ 这或许可以为 1946 年前后通志馆与川省政府之间函电交锋之下、馆内人事变迁不已、机构变革无果、经费问题日益严峻做一注解，而这一系列问题最终促使李肇甫的去职。因此，从某种意义上来说，通志馆易长的直接原因是川中各派势力的相互争斗，所折射出的是国民政府政治生态的恶化以及内部离心力渐强的趋势。

李肇甫去职后不久，在省府主席王陵基的运作下，邀请陈廷杰来川继任馆长。1949 年 4 月 1 日，陈氏正式到职。应当指出的是，陈廷杰以编修通志"事关文献"为职守，在通志馆的运作方面可谓尽心尽力，而他所经办的第一件事即是重新选定馆舍。⑤ 5 月 14 日，陈氏亲自致函王陵基，告以"通志馆地址原拟求拨公房"，后又改为租用，因房主要求涨价"以其婪索无已，遂与废约"，几经周折之后，决定另租"钱氏之宅十八间，议定全年租金银币一千元"，省政府虽然解决了七百余元，但资金缺口仍然不小，为此"请求饬财厅暂假三百元作为通志局事业经费"。需要说明的是，陈氏在信函中诉以"到蓉月余"却无处安身，暂借亲戚家里，深感不便，借此促成拨款之事，足见其与王陵基关系非同一般。⑥

---

① 邓汉祥：《蒋介石派张群图川的经过》，中国人民政治协商会议全国委员会文史资料研究委员会编：《文史资料选辑》第 5 辑，中华书局 1980 年版，第 82 页。

② 《蒋中正电孙震中原剿务重要留郑镇守及川省府急需改组调王陵基主川》（1948 年 3 月 31 日），台北"国史馆"藏，档案号：002 - 010400 - 00008 - 064。

③ 邓汉祥：《蒋介石派张群图川的经过》，中国人民政治协商会议全国委员会文史资料研究委员会编：《文史资料选辑》第 5 辑，中华书局 1980 年版，第 83 页。

④ 陶元甘：《记四川通志局及四川省通志馆》，中国人民政治协商会议四川省委员会文史资料研究委员会编：《四川文史资料选辑》第 32 辑，四川人民出版社 1984 年版，第 174 页。

⑤ 《四川省通志馆公函》，四川省档案馆藏，档案号：民 59 - 2153。

⑥ 《陈廷杰致王陵基的函》，四川省档案馆藏，档案号：民 59 - 2153。

陈廷杰的亲笔函很快有了结果。次日，王陵基即指示"照办"。省财政厅长任师尚虽因通志馆所借之款"系属银元，目前省库支绌，无法筹垫"，但仍承王陵基之命"续增拨中熟米二百市石"，从而填补了租房资金的空缺。①

通志馆租房已定，接下来便是搬迁工作，这不仅涉及通志馆图书、设备的搬迁，同时还需要维修和添置一批设施，而这需要一笔不菲的经费。对此，陈廷杰拟定《通志馆搬迁及设备预算书》，详细说明经费用途，并且连同拨款申请，再度致函省财政厅。其中搬迁费14元，设备费155元，运费10元，电灯装置费100元，电话机55元，修理购置费11元，器具修理5元，购置费6元，杂费4元。从所列预算开支来看，搬迁费不及总预算的7%，而以设备购置和修理为主，占经费总额的92%。考虑到当时物价波动因素，上述预算"未以金圆计费，为期保持原有购买力，计暂以银元为准"。②

对于所需款项，省财政厅会计处起初以"值此省财政枯窘之际，所请购置费、建修费一律不准"为由予以拒绝，但随即又表示，通志馆搬迁经费"虽属需要，惟款额过巨"，为"兼顾该馆实际需要起见"，决定先向通志馆拨款银元50元，经提交省府会议讨论通过后，拟批准将这笔款项"折合金元券四十亿圆发给"。③

显然，会计处核发的经费与预算所需差距甚大。对此，陈廷杰于5月25日亲自函告会计长余成源，称"通志馆租房已定"，目前亟须搬迁，所拟《通志馆搬迁及设备预算书》，确属实情，希望会计处能于次日向主席王陵基签署同意，以便"提会决定"。④ 然而，余氏收到函电后并未回复。

如果说陈廷杰给会计处的信函内容还算客气，那么到6月30日，由于经费迟迟不予拨付，陈氏函告省财政厅厅长任师尚时，则毫不留情地称，"通志馆以修志为务，且限于时间性，决不能如其他机关可以永久存在"，而此次"承主席及省府诸公厚意，以馆务相属，并议决新组织，其企盼完成志书之意，已昭然若揭。若是则延聘编纂、充实内部及事业费，实为当前急需，自未可疑为违碍"，遂要求省财政厅务必按通志馆搬迁预

① 《四川省财政厅公函》，四川省档案馆藏，档案号：民59－2153。
② 《四川省通志馆搬迁及设备预算书》，四川省档案馆藏，档案号：民59－2153。
③ 《财政厅致省府会计处的函》，四川省档案馆藏，档案号：民59－2153。
④ 《陈廷杰致余成源的函》，四川省档案馆藏，档案号：民59－2153。

算经费拨付款项。需要强调的是，陈氏在信函最后还毫不客气地表示，要"将是函呈主席一阅"，由此对其造成一种高压态势。① 果然，任氏收到信函后不敢怠慢，将通志馆所申请的预算资金悉数拨付，从而使通志馆搬迁与设备维护事宜在经费上有了可靠保障。

通志馆搬迁工作甫一完成，陈廷杰即着手组织人员，准备开展省志编纂工作。而凭借与四川省政府的特殊关系，陈廷杰谋划通志馆的长效化运作机制，即酝酿通志馆机构的行政化改革，力图将通志馆职员纳入政府"公务员"的行列。为此，一方面，他将"原有的采访、总务两组，改名为科"，以与省政府各机关行政规格相符。② 另一方面，为妥善安排相关行政人员，陈氏还向省政府人事处申请，于 1949 年 7 月分别委任贺绳武为总务科科长，周丹忱、李克济、印襄等为科员，游汉章等人为办事员。③ 此外，他还通过修改《四川省通志馆组织规程》，明确人员编制为"采访、总务两科各置科长一人，荐任科员二至五人，办事员二至六人，均委任递承主管人员之命，办理两科事务"。④ 是年 8 月，陈廷杰将上述事宜报省府秘书处法制室备案后，还形成专门议案，报请省府委员会第8030 次会议审议通过，从而正式确立了通志馆的行政化运作体制。

然而，正当通志馆逐渐恢复发展之时，国民党政权却因内战节节失利而风雨飘摇。在成都，"由于抗战以后内战爆发，国民政府为了筹集军费，实行竭泽而渔的财政和金融政策，最终造成恶性通货膨胀，成都城市经济全面崩溃"。⑤ 内战不仅造成了时局的动荡，使修志工作无法正常开展，还造成财政上的巨大消耗，再也无力支撑文化事业的发展。由于经费严重短缺，是年 10 月，陈廷杰再度函告省府主席王陵基，称"本馆各编纂现正着手起草初稿、正稿，需纸甚多，刻际深秋，所有窗户均属空洞，急应安装玻璃，用备风袭"，为此请其速拨该项"事业费"。⑥ 这是所见档案中陈氏给省府的最后一封信函，其中通志馆难以维持的竭蹶之状跃然纸上。

---

① 《陈廷杰致任师尚的函》，四川省档案馆藏，档案号：民 59 - 2153。
② 陶元甘：《记四川通志局及四川省通志馆》，中国人民政治协商会议四川省委员会文史资料研究委员会编：《四川文史资料选辑》第 32 辑，四川人民出版社 1984 年版，第 174 页。
③ 《四川省政府人事处复通志馆的函》，四川省档案馆藏，档案号：民 59 - 2153。
④ 《关于修正四川省通志馆组织规程第八条释文的函件》，四川省档案馆藏，档案号：民 59 - 2153。
⑤ 曾绍东、周源孙：《成都市志·总志》，成都传媒集团·成都时代出版社 2009 年版，第 428 页。
⑥ 《陈廷杰致省府主席王陵基的函》，四川省档案馆藏，档案号：民 59 - 604。

　　反观国民政府及川中各派势力，正因各自利益斗得难解难分。一方面，蒋介石为稳固四川这"最后一块阵地"，任命张群为西南军政长官，位在川省主席王陵基之上，由此遭到王陵基等的抵制。另一方面，邓锡侯、刘文辉等人"想利用张群的关系推倒王陵基，夺取省政"。①

　　与此同时，中共方面也派人策动邓、刘等人"及时准备，争取作到光荣起义"。② 12 月 5 日，周恩来致电负责与邓、刘等人接头的王少春，请其转告刘文辉，目前起义"时机已至"，"应联合邓（锡侯）、孙（震）及贺国光诸先生有所行动"，响应刘（伯承）邓（小平）大军的作战计划。③ 在中共的策动下，刘文辉、邓锡侯、潘文华等四川地方实力派，联合熊克武、邓汉祥等人，形成了反蒋起义的联合体。④

　　1949 年 6 月 30 日，陈廷杰因财政问题致函川省政府，质问省财政厅长任师尚和主席王陵基道：如果通志馆最终无法完成省志编修，则"固属可耻而群起责难，咎将谁负？"⑤ 诚然，对于国民党政权而言，省志编修本是一件展示功绩、安抚人心的文化工程，不幸的是，这样一件时人寄予厚望而耗资巨大的文化工程就此轰然倒塌，历时八年多的通志馆也无疾而终，导致时人（尤其是文化人士）大失所望。毋庸置疑，四川省通志馆的曲折运作，不仅反映了乱世修志的艰难和不易，还折射出蒋介石国民政府的政治生态和政治走向。从这个意义上来说，国民党政权失去民心或许比其军队败退产生的影响要更直接，也更为深远。

① 邓汉祥：《蒋介石派张群图川的经过》，中国人民政治协商会议全国委员会文史资料研究委员会编：《文史资料选辑》第 5 辑，中华书局 1980 年版，第 83 页。
② 邓锡侯：《我在川西起义的经过》，全国政协文史资料研究委员会编：《文史资料选辑》第 17 辑，中华书局 1961 年版，第 20 页。
③ 《关于策动刘文辉起义等问题的电报》（1949 年 12 月 5 日），中共中央文献研究室、中央档案馆编：《建国以来周恩来文稿》第 1 册，中央文献出版社 2008 年版，第 627 页。
④ 何一民：《成都通史》卷 7，四川出版集团、四川人民出版社 2011 年版，第 64 页。
⑤ 《陈廷杰致任师尚的函》，四川省档案馆藏，档案号：民 59 - 2153。

结　语

　　近代方志转型研究的一个重要前提，是梳理历代方志编修的历史概况，借以总结不同时期方志编纂的特点与志书的主要特征，从总体上把握历代方志发展与演变的历史脉络，厘清近代方志变动的历史趋势，进而揭示传统方志与近代方志的异同及承续关系。

　　地方志自先秦开始萌芽，图、经、地理书等是其主要表现形式，经过汉魏隋唐方志编修实践，至宋代其体例基本定型，传统方志由此结束名称与体例形式多种多样的时代。元明清时期，大一统志的编纂不仅带动了全国各地方志的编修，还诠释和演绎了官方主持修志的历史格局，由此推动了各地志书体例的规范与统一，促使地方志"资治、存史、教化"功能的逐步形成。[①] 与此同时，政府官方主导修志也产生了积极的社会效应，一大批朝廷官员、文人墨客、士绅乡贤加入修志工作当中，他们本着地方志"资治、存史、教化"的功能，既推动了全国方志编纂兴盛的局面，又对方志体例、编纂方法与主要内容产生了重要影响。

　　志书体例渐趋统一的同时，其种类却日益丰富，这反映了社会时代发展变化带来的修志实践的不断演进。尤其是明清以来，除朝廷诏令编修全国性总志外，各地还广泛编修通志、府志、州县志等，而乡镇志、乡土志、边关志、卫所志等则是明清以来新兴的志书种类。方志种类的日渐丰

[①]　从方志发展史来看，地方志"资治、存史、教化"功能的形成，经历了一个长期的演变过程，在此过程中各功能所承载的作用亦有所侧重。黄苇在《方志学》中提出，"历代都注重方志资政、教化、存史三个作用，只是间或有所侧重罢了"。（黄苇等：《方志学》，复旦大学出版社1993年版，第378页。）陈泽泓认为，地方志的功能衍化有规律可循，即"始为资政，至兼重教化，至逐步强调存史"，由此形成地方志"应资治之需而生，兼教化之职而具活力，以存史之优势而光大延续"的发展脉络。（陈泽泓：《地方志功能析论》，《中国地方志》2014年第4期。）

富，既表明方志编修实践推动下志书体例、内容与编纂方法的明显进步，又为地方志这一中国传统文化载体赋予了鲜明的时代特征与地域特色。

方志理论与修志实践犹如车之两轮、鸟之双翼，相互促进，缺一不可。清代以前的方志理论表现出零散、单一的特点，主要是主持或参与修志者对方志起源、性质、内容、体例、作用等问题的初步探讨，志书序跋是相关理论问题阐发的主要形式。作为清代方志理论的典型代表，戴震与章学诚虽然分属地理和历史两派，但两者均对方志性质、体例、内容、作用等，从理论高度做了较为完整、系统的阐述。尤其是章学诚，主张"方志乃一方全史"，并通过对修志实践的深入总结，将方志从传统地理书中解脱出来，扩大了方志的内容，提升了方志的地位，从而引申与形成了一系列的方志理论，对后世乃至今天修志的影响仍十分深远。[1]

方志学概念的出现，是近代方志理论发展的重要成果之一，而考察其历史背景与渊源脉络，可以从理论变动中把握近代方志转型的历史面相，揭示近代方志转型发端的历史动因。特别是近代西方科学技术输入中国，主持或参与修志者在接受西方科技的同时，将其应用于修志实践，这具体表现在西方社会学思想、分科治学理念对传统修志的指导，以及近代科技手段、科学方法在近代修志中的应用等，由此驱动了传统方志向近代的转型。

而在历代方志编修基础上发展形成的方志理论，随着志书体例、内容等的变化以及社会时代的变迁，逐渐由零散的、单一的方志理论发展成自成体系并且对方志编修具有一定指导意义和推动价值的理论体系。在此基础上，随着近代西方"科学"理念逐渐引入国内，尤其是一些主持或参与修志者受"分科治学"观念的影响，有关方志理念的研究不断深化。1924 年梁启超在《东方杂志》发表《清代学者整理旧学之总成绩——方志学》，近代方志学概念由此被正式提出，而在传统方志发展演变的驱动下，近代方志转型也由此正式开启。

应当指出的是，梁启超关于方志学概念的正式提出，从理论上提示了方志转型的开端，而随着民国修志实践的不断演进，包括方志学概念在内的诸多修志理论的基本内涵，都发生了根本性转变，这恰好印证了近代方

---

[1] 章学诚著，叶瑛校注：《记与戴东原论修志》，《文史通义校注》卷 8《外篇三》，中华书局 2000 年版，第 869 页。

志转型这个重大时代背景，凸显近代中国知识制度变革背景下的社会历史的巨大变迁。

民国通志馆的大规模创办，缘于南京国民政府内政部《修志事例概要》的行政推动。而通过对奉天、山东、安徽、云南、河南、绥远、陕西、河北、甘肃、热河、上海、广东、新疆、察哈尔、湖北等省市通志馆创办的历史背景、经过与运作样态的考察，系统勾勒民国通志馆兴办的历史概况，探索政府主导、学者主持、社会参与修志格局的形成及其影响，进而揭示各省市通志馆同人创新编修模式、形成方志学理论与革新志书体例的历史面相，可为窥探民国通志馆大规模创办背景下近代方志转型发展的历史提供重要支撑。

南京国民政府形式上统一全国的局面，为民国通志馆的大规模创办提供了客观条件，内政部《修志事例概要》的颁布，则为各省市通志馆的创办提供了政策依据与体制保障，而对这一时期成立的15家通志馆筹备、成立与运作过程的历史考察，既为探讨通志馆兴办时期方志的转型发展提供依据，还有利于厘清各方记载的矛盾、不实甚至舛误之处，尤其是针对一些学界尚未涉及的通志馆，对其概况进行史实梳理，在一定程度上弥补了研究空白。需要说明的是，由于资料文献的缺乏，以及诸如新疆、热河等通志馆创办与运作的实际过程非常短暂，当前研究仍然不够充分，有待今后进一步挖掘史料加以探讨。

从这一时期各省市通志馆创办与运作的过程可以看出，基本上形成了政府主导、学者主持、社会人士广泛参与的格局。而与传统修志不同的是，南京国民政府及各省市修志法规的制定与实施，开启了民国修志制度化建设的历史格局；各省市政府为通志馆提供了馆舍、人才、运作经费等的支持与保障；各地通志馆借助政府行政命令推动修志资料文献的采访与征集；一些地方行政长官直接在通志馆任职，则进一步强化了通志馆的有效运作；而民国政局的频繁变动也给修志工作带来种种负面影响，由此影响到修志资料的采访与征集、方志编修的模式与方法、志书体例的调整与变更、通志馆运作的样态与效果等，从而使民国通志馆运作背景下的方志转型发展显得十分复杂。

上述修志格局的形成无疑深刻地影响着各省市通志的编修，且各地修志因种种主客观因素，在编修模式的选取、修志理念的形成与志书体例的制定方面，存在较大差异。概言之，一是在传统修志模式的基础上，逐步探索形成了"合县为省"的编修模式、方志编修与学术研究互动模式，以及构建修志机构长效机制背景下的多业并举模式。二是以通志编纂为中心的方志理论的研讨与互动，以通志馆为中心的学术传承与理论创新，以及各省市通志大规模编纂背景下方志学理论的发展与转变，三者共同推动了方志学理论的创新与发展。三是从当时的方志编修过程与修志成果来看，主持修志者的修志宗旨、思想与理念的差异往往影响到方志体例、类目、内容与修志原则及方法，由此使得近代方志转型的历史过程与影响因子更趋多元，折射出近代方志转型的复杂历史场景。

可以说，研究和考察通志馆兴办与各省市通志大规模编修的历史，有助于揭示近代方志转型发展的复杂历史面相。需要指出的是，由于这段历史属于南京国民政府成立后、侵华日军到来前的相对稳定时期，故堪称民国修志的黄金时期，也无疑是近代方志转型发展的关键时期，而循着民国通志馆兴办与方志编修开展的历史脉络，探索修志格局形成、编修模式选取、方志理论演化以及志书体例因革的历史样态，无疑是揭示近代方志转型发展内在理路的重要环节。

民国通志馆大规模创办以及各省市通志兴修的局面，因侵华日军的到来而被打破，导致民国通志馆发展进程的中辍。随着九一八事变的爆发，在日军侵华政策的演进下，奉天、热河、河北、察哈尔、安徽、上海、广东、湖北等省市相继沦陷，其通志馆业务也被迫中断，而绥远、甘肃、河南等省志稿编竣后，也因战火侵袭未能印行。可以说，日军侵华造成的社会动荡局势给民国通志馆的运作带来严重干扰和打击，使得近代方志转型的进程历经曲折，民国修志被打上"乱世修志"沉重烙印的同时，近代方志转型的历程也更趋复杂化，由此表现出以下特点。

一是日军侵华政策的演进与民国通志馆运作的动态调整。民国各省市通志馆运作的历史逻辑并非严格按照某一具体时间脉络界定，而是随着日军侵华的演进与中国人民抗日战争的展开，呈现出动态调整修志业务的历史面相。具体而言，1931年九一八事变爆发后辽宁通志馆随着沈阳沦陷而被迫闭馆；1933年1月承德失陷后热河通志馆业务中断；1935年河北事变爆发后，河北通志馆已经处于停顿状态，加之馆内人事变动，时断时续与动态调整成为该馆修志常态，而该馆同人苦苦支撑到1937年前后，终因抗战全面爆发而闭馆；1936年6月《秦土协定》的签订与察哈尔省政府主席宋哲元的撤职，直接导致察哈尔通志馆的仓促收场；1937 年 9 月 11 日，广东通志馆因侵华日军的飞机轰炸与主持修志业务的国立中山大学财政危机而宣布停办；10 月归绥沦陷后，绥远通志馆亦宣告终结；1938 年 6 月开封沦陷后，河南通志馆同人未及将编竣的志稿排印即被迫中止所有业务；同月安庆失陷后安徽通志馆亦被迫闭馆；1938 年 8 月 13 日，上海八一三事变爆发后上海市通志馆工作全面停顿；10 月底武汉沦陷后，湖北通志馆人员四散，所有工作亦陷于停顿。

二是伪政权下奉天通志馆的曲折发展。日军侵华对各省市通志馆造成了严重打击，而出于日本帝国主义的侵略要求，以及随着日本殖民政策的逐步实施，以金毓黻为代表的奉天通志馆同人，从保存中国文化的角度出发，面对日本帝国主义和伪政权的双重压力，坚拒伪政府所有职务的同时，毅然承担起通志编修重任，形成了一段伪政权控制下通志馆曲折发展的历史。以金毓黻为代表的奉天通志馆同人，克服伪政权在财政经费、馆务运作以及修志时限上的重重束缚，一度"宿于志馆"，持之以恒，加以撰稿，共同推动志书的编印刊行，生动地诠释和演绎了民国通志馆在伪政权控制下曲折发展的历史。

三是文化抗争背景下方志体例的"似因实创"。日本帝国主义对沦陷区采取扶植伪政权的政策，并且企图通过控制或恢复通志馆机构来推行其文化殖民策略，奉天、上海等省市通志馆的恢复重建即是其中典范，而在上海市通志馆无疾而终后，在侵华日军控制最为严密的东北地区，奉天通志馆同人面对方志近代化的大势所趋与侵华日军实施文化殖民政策的冲突，不得不采取"似因实创"的体例创变模式。

需要强调的是，"似因实创"变革方志体例的要求与行动，不仅反映了伪政权关于修志为日本帝国主义侵略服务的根本宗旨与近代方志转型的内在理路之间的矛盾，而且是抗战时期爱国知识人士基于保存中华文化的考量，所发起的一场隐而不显的文化斗争，而日军侵略与伪政权管控双重压力下方志转型的曲折经历，无疑为近代方志转型的复杂历史面相做了一个很好的注解。

四是"抗战建国"背景下"方志文化"理念的提出与阐扬。日军侵华导致中国文化资源遭受毁灭性打击，抗战相持阶段到来后，国内教育知识界人士保存中华文化的要求日益高涨。在此背景下，"抗战建国"逐渐成为社会民众的共识，由此催生了"方志文化"理念，有力推动了抗战中后期江西、四川、广西、云南、浙江、宁夏通志馆的创办与恢复，促使以设馆修志的方式保存中华文化局面的形成，"方志文化"的价值与重要意义亦随着各通志馆业务的开展而日益彰显。

近代方志转型的延续，是伴随着民国通志馆的恢复与重建而出现的。1941年成立的江西通志馆，1942年成立的四川省通志馆，1943年先后恢复成立的广西、云南、浙江、宁夏通志馆，以及1945年恢复成立的上海市通志馆，1946年成立的南京通志馆，1948年成立的台湾通志馆，均恢复或成立于中国抗日战争和解放战争时期，战时修志是其主要的特点，而民国通志馆恢复重建的历史逻辑与后人关于抗战历史的界定并不一致，其背后所体现的不仅是通志馆同人赓续修志这一中华传统文化的执着追求，还有时人对"方志文化"价值与重要意义的深刻思考。

在学界交流与探讨的良好氛围下，各省市通志馆恢复重建时，纷纷通过章程条文的制定、调查采访的实施与搜集整理等方式，对与修志有关的地方文献进行较为全面、系统化与规范化的管理。以江西、四川、浙江通志馆为代表的广大修志者，还通过方志编修实践，将文献资料搜集、人物掌故采访、历史遗迹调查等纳入"方志文献"的工作范畴，期以保存地方文献资料，并为编修方志奠定重要的文献资料基础。而基于对"方志文献"重要价值与意义的认识，任职于各省市通志馆的编纂，通过对包括旧志在内的各类文献的细致考证、社会实情的深入考查，以及专业技术的广泛借鉴等，力图革新传统方志的体例、篇目、内容与编纂方法、技术等，使得这一时期编修的《上海通志稿》《江西通志稿》《重修浙江通志稿》等均呈现出显著的文献色彩，这既与旧志体例不同，也与后来的新志也有较大出入，表现了方志文献视域下传统修志理念的近代转型。

"科学方法"应用于修志实践，是恢复重建阶段各省市通志馆运作的一大特色。与通志馆大规模创办时期方志界注重"方志学"与"科学方法"的理论探讨不同，这一时期通志馆同人更多是从修志实践中探索"科学方法"的应用之道，尤其是以浙江省通志馆为代表的修志者，秉持"使人所不甚重视之方志学，得以配合科学之整理方法而发扬光大之"的理念，对旧志的体例、篇目、内容及编纂技术与方法等进行了调适与扬弃，大大凸显了方志的科学性和时代特征，这既是方志理论经过充分研讨后不断沉淀和升华的结果，亦是民国通志馆恢复重建背景下修志实践与理论指导相结合的必然要求。①

　　恢复重建阶段的特殊历史背景，使得这一时期通志馆的运作受到时局动荡与政治更迭的严重影响。一方面，日军侵华的战争威胁在在影响着修志业务工作的开展，甚至通志馆同人经常冒着生命危险，在沦陷区开展文献资料的采访、征集与调查工作，而战时社会经济的迅速衰退使得各省市通志馆的运作日益艰难，职员生活紧张、通志馆经费短缺等问题越来越严峻，由此导致通志馆内人事频繁变动、业务不时中断等问题。

　　另一方面，通志馆的官方运作背景，决定了其难以避免政局更迭带来的负面影响，尤其是随着战后国民政府派系斗争的加剧，通志馆易长往往牵扯各种政治势力明争暗斗的矛盾纠葛，因而牵一发而动全身，不时引起轩然大波。在此过程中，为了争夺或是维护权力，各派反复较量厮杀，台面台下的斗争愈演愈烈，导致通志馆人事纠葛的日趋复杂化。而国民政府派系斗争背景下通志馆的人事纠葛，不仅反映了乱世修志的艰难和不易，还折射出战后国民政府的政治生态和政治走向。

　　总之，创建于南京国民政府成立之初的民国通志馆，经历了抗战前的兴盛、日军侵华后的中缀和抗战中后期的恢复重建三个阶段，形成了政府主持创办、学者参与纂修、社会多方互动的修志格局。就通志馆数量而言，前后共成立了22个，包括20个省级通志馆，2个市级通志馆；其中抗战爆发前成立15个，抗战期间成立5个，战后2个，而奉天通志馆因省名变更，一度改名为"辽宁通志馆"；就地域范围而言，东北地区3个，华北地区2个，华东地区5个，华南地区2个，华中地区3个，西南地区2个，西北地区4个，台湾1个；就时间而言，最早的是1928年成立的奉天通志馆，最晚的是1948年成立的台湾通志馆，而开馆时间最长的是云南通志馆，前后维持了长达十八年，最短的是台湾通志馆，成立仅一年时间便被改撤。以民国通志馆为切入点，探索近代方志转型的历史动因及发展脉络，总结创办修志机构、改进修志方法、创新修志理论等的经验教训，对于当前中国新方志编修、地方志系统机制体制建设等，具有重要的借鉴价值和指导意义。与此同时，加强近代方志转型及其相关问题的探讨，既是近代文化史研究的深化，也将为中国文化体制改革与社会主义文化强国建设提供重要的历史借鉴和理论支撑。

————————

① 余绍宋：《本刊第二卷引言》，《浙江省通志馆馆刊》第2卷第1期，1946年3月1日。

参考文献

一、档案文献

[1] 《奉天通志馆全宗档》，辽宁省档案馆藏。

[2] 广东省档案馆编：《民国时期广东省政府档案史料选编》（2），1987 年。

[3] 广东省档案馆编：《民国时期广东省政府档案史料选编》（3），1987 年。

[4] 广东省档案馆藏：《国立中山大学广东通志馆全宗档》。

[5] 《广西通志馆全宗档》，广西壮族自治区档案馆藏。

[6] 《国民所得估计方案（1947 年）》，中国第二历史档案馆藏。

[7] 《国民政府主计处统计局编：国民所得估计方案及其说明（1946 年）》，中国第二历史档案馆藏。

[8] 《湖北通志馆全宗档》，湖北省档案馆藏。

[9] 《江西通志馆全宗档》，江西省档案馆藏。

[10] 《蒋中正电邓锡侯兼代川政并随时详报》（1946 年 9 月 13 日），台北"国史馆"藏。

[11] 《蒋中正电孙震中原剿务重要留郑镇守及川省府急需改组调王陵基主川》（1948 年 3 月 31 日），台北"国史馆"藏。

[12] 日本防衛省防衛研究所，中支那に於ける「教育、思想、宗教、宣伝、外国勢力」に関する報告書（第 1 篇 教育）：Ref. C11111946000。

[13] 日本外務省外交史料館所藏記録、アジア歴史資料センター復製：Reel No. A‒0218。

[14] 《上海市通志馆全宗档》，上海市档案馆藏。

[15] 《四川省通志馆全宗档》，四川省档案馆藏

[16] 《浙江省通志馆全宗档》，浙江省档案馆藏。

［17］中国第二历史档案馆编：《中华民国史档案资料汇编》（第 5 辑第 1 编，政治），江苏古籍出版社 1994 年版。

［18］中国第二历史档案馆编：《中华民国史档案资料汇编》（第 5 辑第 3 编，文化），江苏古籍出版社 1999 年版。

［19］中央档案馆、中国第二历史档案馆、吉林省社会科学院合编：《日本帝国主义侵华档案资料选编：九一八事变》，中华书局 1988 年版。

［20］中央党史研究室第一研究部、中国第二历史档案馆编：《国民政府档案中有关抗日战争时期人口伤亡和财产损失资料选编》第 3 册，中共党史出版社 2014 年版。

二、近代报刊

《安徽财政公报》、《安徽财政月刊》、《安雅》、《察哈尔省政府公报日刊》、《出版周刊》、《大公报》、《大晚报》、《地学杂志》、《东方杂志》、《法规》、《福建省政府公报》、《广东省政府公报》、《广西通志馆馆刊》、《国立奉天图书馆季刊》、《国立广东大学周刊》、《国立中山大学日报》、《国立中山大学文史学研究所月刊》、《国民政府公报》、《国史馆馆刊》、《海军公报》、《河北》、《河北省政府公报》、《河北月刊》、《河南大学校刊》、《湖北省公报》、《济南市市政月刊》、《江苏文献》、《江西地方教育》、《江西文物》、《教育通讯》（汉口）、《教育通讯月刊》、《经世》、《考文学会杂报》、《岭南学报》、《民报》、《民国日报》（广州）、《民国日报》（上海）、《内政公报》、《宁绍新报》、《清真铎报》、《热河民政汇刊》、《人文月刊》、《厦门大学学报》、《山东省立图书馆季刊》、《上海市通志馆期刊》、《上海市政府公报》、《社会问题》、《申报》、《时事新报》、《四川省政府公报》、《台湾省通志馆馆刊》、《台湾省政府公报》、《图书季刊》、《图书展望》、《文化建设》、《文明之路》、《文史教学》、《香港工商日报》、《香港华字日报》、《新河月刊》、《新陕西》、《新西北》、《学风》、《逸经》、《益世报》（天津）、《禹贡》、《越风》、《云南省政府公报》、《浙江民政月刊》、《浙江图书馆馆刊》、《中国公论》、《中华图书馆协会会报》、《中山学报》、《中央日报》

三、年谱、日记、回忆录、文集

［1］陈浼：《论史求是：陈浼文集》，社会科学文献出版社 2012 年版。

［2］陈文和主编：《潜研堂文集》，江苏古籍出版社 1997 年版。

［3］戴震：《戴震全集》，清华大学出版社 1991 年版。

［4］樊昕编：《南京图书馆藏朱希祖文稿》，凤凰出版社 2010 年版。

［5］方树梅著，余嘉华点校：《北游搜访滇南文献日记》，《笔记二种》，云
    南人民出版社 2010 年版。

［6］冯双：《邹鲁年谱》，中山大学出版社 2010 年版。

［7］傅斯年：《傅斯年集》，花城出版社 2010 年版。

［8］傅瑛、雷近芳点校：《许有壬集》，中州古籍出版社 1998 年版。

［9］傅振伦：《傅振伦方志文存》，黄山书社 1988 年版。

［10］高平叔编：《蔡元培全集》，中华书局 1984 年版。

［11］顾潮编著：《顾颉刚年谱》，中国社会科学出版社 1993 年版。

［12］顾颉刚：《顾颉刚日记》，（台北）联经出版事业公司 2007 年版。

［13］广东省立中山图书馆、香港大学冯平山图书馆编：《罗香林论学书札》，
    广东人民出版社 2009 年版。

［14］胡道静著，虞信棠、金良年编：《胡道静文集　序跋题记　学事杂忆》，
    上海人民出版社 2011 年版。

［15］胡适：《胡适文存》，首都经济贸易大学出版社 2013 年版。

［16］黄炳炎、赖适观主编：《冼玉清文集》，中山大学出版社 1995 年版。

［17］黄国平、余晓主编：《余绍宋日记》，中华书局 2012 年版。

［18］黄绍竑：《五十回忆》，岳麓书社 1999 年版。

［19］贾自新编：《杨虎城年谱》，中国文史出版社 2013 年版。

［20］金毓黻：《静晤室日记》第 5 册，辽沈书社 1993 年版。

［21］李明勋、尤世玮主编：《张謇全集》第 1 册，上海辞书出版社 2012 年版。

［22］梁启超：《梁启超全集》，北京出版社 1999 年版。

［23］柳无忌编：《柳亚子年谱》，中国社会科学出版社 1983 年版。

［24］柳亚子：《柳亚子自述》，群言出版社 2014 年版。

［25］罗敬之编：《罗香林先生年谱》，（台北）"国立编译馆" 1995 年版。

［26］饶宗颐：《饶宗颐二十世纪学术文集》，中国人民大学出版社 2009 年版。

［27］田吉：《瞿宣颖年谱》，复旦大学博士学位论文，2012 年。

［28］王树枬撰：《陶庐老人随年录》，中华书局 2007 年版。

［29］夏晓虹辑：《〈饮冰室合集〉集外文》，北京大学出版社 2005 年版。

［30］许全胜撰：《沈曾植年谱长编》，中华书局 2007 年版。

［31］张国淦著，杜春和编：《张国淦文集》，北京燕山出版社 2000 年版。

［32］张明观、黄振业：《柳亚子集外诗文辑存》，上海人民出版社 2011 年版。

［33］张树棻纂辑，朱士嘉校订：《章实斋方志论文集》，瑞安仿古印书局 1934 年版。

［34］张亚平主编：《周钟岳研究文集》，云南民族出版社 2007 年版。

［35］郑兴裔：《郑忠肃奏议遗集》卷下，清文渊阁四库全书本。

［36］中共中央文献研究室、中央档案馆编：《建国以来周恩来文稿》，中央文献出版社 2008 年版。

［37］中国革命博物馆编：《磨剑室文录》，上海人民出版社 1993 年版。

［38］朱希祖：《朱希祖日记》，中华书局 2012 年版。

［39］朱希祖著，周文玖选编：《朱希祖文存》，上海古籍出版社 2006 年版。

［40］朱希祖：《朱希祖书信集（郦亭诗稿）》，中华书局 2012 年版。

［41］朱仰东：《朱有燉年谱长编》，兰州大学出版社 2014 年版。

［42］朱元曙、朱乐川撰：《朱希祖先生年谱长编》，中华书局 2013 年版。

［43］珠海文史研究所学会编著：《罗香林教授纪念论文集》，（台北）新文丰出版股份有限公司 1992 年版。

［44］竺可桢：《竺可桢全集》，上海科技教育出版社 2006 年版。

［45］邹鲁：《回顾录》，岳麓书社 2000 年版。

［46］邹鲁：《邹鲁回忆录》，东方出版社 2010 年版。

四、地方志书（稿）

［1］安徽省地方志编纂委员会编：《安徽省志·附录》，方志出版社 1998 年版。

［2］安徽通志馆编纂：《安徽通志稿·大事记》，民国二十三年铅印本。

［3］陈思修，缪荃孙纂：《江阴县续志》，民国十年刻本。

［4］杜元载主编：《革命人物志》，（台北）中央文物供应社 1972 年版。

［5］方鸿铠、陆炳麟修，黄炎培纂：《民国川沙县志》，《中国地方志集成》第 7 册，上海书店出版社 1991 年版。

［6］甘肃省地方史志编纂委员会编纂：《甘肃省志·概述》第 1 卷，甘肃人民出版社 1989 年版。

［7］广东省地方志编纂委员会编：《广东省志·人物志》（下），广东人民出版社 2002 年版。

［8］ 河北省地方志办公室整理点校：《民国河北通志稿》，北京燕山出版社
　　　1993 年版。

［9］ 河北省地方志编纂委员会编：《河北省志·出版志》，河北人民出版社
　　　1996 年版。

［10］ 河南省地方史志编纂委员会编纂：《河南省志·附录》，河南人民出版
　　　社 1997 年版。

［11］ 河南通志馆编纂：《河南通志稿·舆地志稿》，民国三十一年铅印本。

［12］ 胡朴安编：《中华风俗志》，（台北）文海出版社 1985 年版。

［13］ 湖北省地方志编纂委员会编：《湖北省志人物志稿》第 3 卷，光明日报
　　　出版社 1989 年版。

［14］ 怀德县志编纂委员会编著：《怀德县志》，吉林文史出版社 1996 年版。

［15］ 黄纯青、林熊祥主修：《台湾省通志稿》第 1 册，《中国方志丛书》第
　　　64 号，（台北）成文出版社有限公司 1983 年版。

［16］ 贾廷琳等编：《固安文献志》，民国十七年铅印本。

［17］ 《江西省方志编纂志》编纂委员会编：《江西省方志编纂志》，方志出
　　　版社 2001 年版。

［18］ 金毓黻撰：《辽东文献征略》第 1 册，民国十六年铅印本。

［19］ 李春龙、牛鸿斌点校：《新纂云南通志》，云南人民出版社 2007 年版。

［20］ 刘郁芬修，杨思、张维、慕寿祺纂：《甘肃通志稿》，民国二十五年钞
　　　本。

［21］ 《民勤县志》编纂委员会：《民勤县志》，兰州大学出版社 1994 年版。

［22］ 潘文凤、林豪纂：《澎湖厅志稿》，《中国方志丛书》，（台北）成文出
　　　版社有限公司 1984 年版。

［23］ 全国公共图书馆古籍文献编委员会编：《广东通志稿》，中华全国图书
　　　馆文献缩微复制中心 2001 年版。

［24］ 全树仁等编：《辽宁省志·大事记》，辽海出版社 2006 年版。

［25］ 山西省地方志办公室编：《民国山西实业志》，山西出版传媒集团·山
　　　西人民出版社 2012 年版。

［26］ 上海市地方志办公室、上海市历史博物馆编：《民国上海市通志稿》第
　　　1 册，上海古籍出版社 2013 年版。

［27］ 四川省地方志编纂委员会编：《四川省志·附录》，四川科学技术出版
　　　社 2003 年版。

［28］ 四川省通志馆编：《四川省方志简编》，中华书局 2008 年版。

［29］ 宋哲元修，梁建章纂：《察哈尔省通志》，民国二十五年铅印本。

［30］ 绥远通志馆编：《绥远通志稿》，内蒙古人民出版社 2007 年版。

［31］ 王鏊：（弘治）《上海县志》，《天一阁藏明代方志选刊续编》（7），上海书店出版社 1990 年版。

［32］ 王树楠、吴廷燮、金毓黻等纂：《奉天通志》，东北文史丛书编辑委员会 1983 年版。

［33］ 魏桥主编：《浙江省人物志》，浙江人民出版社 2005 年版。

［34］ 吴宗慈总纂：《江西通志稿》，江西省博物馆、民国《江西通志稿》整理组 1985 年影印本。

［35］ 谢军：《江西省方志编纂志》，方志出版社 2001 年版。

［36］ 邢野等编：《绥远通志》，内蒙古人民出版社 2005 年版。

［37］ 杨保森：《西北军人物志》，中国文史出版社 2014 年版。

［38］ 杨虎城、邵力子修，宋伯鲁、吴廷锡纂：《续修陕西通志稿》，陕西通志馆民国二十三年铅印本。

［39］ 杨思、张维纂：《甘肃通志凡例及目录》，兰州俊华印书馆 1934 年铅印本。

［40］ 袁大化修，王树楠等纂：《新疆图志》，民国十二年铅印本。

［41］ 曾绍东、周源孙编：《成都市志·总志》，成都传媒集团·成都时代出版社 2009 年版。

［42］ 章启槐修，赵家干、王毓琪纂：《开原县志》，民国六年铅印本。

［43］ 浙江省地方志编纂委员会整理：《重修浙江通志稿》，方志出版社 2010 年版。

［44］ 浙江省人物志编纂委员会编：《浙江省人物志》，浙江人民出版社 2005 年版。

［45］ 中华书局编：《宋元方志丛刊》第 2 册，中华书局 1990 年版。

五、资料

［1］ 巴县县志编纂委员会编：《巴县历史人物》第 1 辑，巴县县志编纂委员会 1988 年版。

［2］ 福建省政协文史资料委员会编：《文史资料选编》第 3 卷《文化编》，福

建人民出版社 2001 年版。

[3] 广东省政协文化和文史资料委员会编：《广东文史资料精编》下编第 5 卷《广东人物篇》，中国文史出版社 2008 年版。

[4] 广东修志馆编：《广东修志馆组织大纲》，民国十八年油印本，广州中山文献馆藏。

[5] 广西大百科全书委员会编：《广西大百科全书》，中国大百科全书出版社 2008 年版。

[6] 广西壮族自治区委党史研究室编：《广西抗日战争时期人口伤亡和财产损失》，中共党史出版社 2014 年版。

[7] 桂林市政协文史资料委员会编：《桂林文史资料》第 26 辑，漓江出版社 1994 年版。

[8] 国立中山大学秘书处编辑：《国立中山大学现状》，国立中山大学出版部 1934 年版。

[9] 国立中山大学秘书处编辑：《国立中山大学现状》，国立中山大学出版部 1935 年版。

[10] 国立中山大学秘书处编辑：《国立中山大学现状》，国立中山大学出版部 1937 年版。

[11] 国立中山大学文学院编：《国立中山大学文学院二十三年度上学期课程表》，国立中山大学出版部 1934 年版。

[12] 国立中山大学文学院编：《国立中山大学文学院课程总目》，国立中山大学出版部 1932 年版。

[13] 何扬鸣主编：《浙江文史资料》第 61 辑，浙江人民出版社 1997 年版。

[14] 河南省政府秘书处编：《现行法规汇编》第 1 集下，民国二十年铅印本。

[15] 湖北通志馆编：《湖北通志馆采访细目及表式》，藏于国家图书馆特藏库。

[16] 湖北省委党史研究室编：《湖北省抗日战争时期人口伤亡和财产损失》，中共党史出版社 2014 年版。

[17] 江西省委党史研究室编：《江西省抗日战争时期人口伤亡和财产损失》，中共党史出版社 2014 年版。

[18] 金恩辉等编：《中国地方志总目提要》，（台北）汉美图书公司 1996 年版。

[19] 李景新编著：《广东研究参考资料叙录·史地篇初编》，（台北）学生书局 1970 年版。

[20] 刘衍文口述，李新平记录：《刘衍文先生口述资料》，2011 年 6 月 23

日，未刊。

[21] 马齐彬等编：《中国国民党历史事件人物资料辑录》，解放军出版社
1988 年版。

[22] 民国时期文献保护中心、中国社会科学院近代史研究所主编：《民国文
献类编》卷 941，国家图书馆出版社 2015 年版。

[23] 南京市秦淮区地方史志编纂委员会、政协南京市秦淮区文史资料研究
委员会编：《秦淮夜谈》第 16 辑，2001 年版。

[24] 全国政协文史资料研究委员会编：《中华文史资料文库》卷 14，中国
文史出版社 1996 年版。

[25] 全国政协文史资料研究委员会编：《文史资料选辑》第 17 辑，中华书
局 1961 年版。

[26] 山东省政府秘书处：《山东省政府行政报告》（1930 年 5 月），山东省
政府委员会 1930 年版。

[27] 上海市通志馆编：《上海市年鉴 1936》，中华书局 1936 年版。

[28] 上海市通志馆编：《上海市通志馆收藏图书目录》（第 1 号，征信录目
录），上海市通志馆 1936 年版。

[29] 上海市通志馆年鉴委员会编：《民国三十五年上海市年鉴》，中华书局
1946 年版。

[30] 上海市文史馆、上海市人民政府参事室文史资料工作委员会编：《上海
地方史资料（五）》，上海社会科学院出版社 1986 年版。

[31] 上海市文献委员会编：《民国三十六年上海市年鉴》，（上海）源源
（仁记）印刷所 1947 年版。

[32] 上海市文献委员会编：《民国三十七年上海市年鉴》，（上海）源源
（仁记）印刷所 1948 年版。

[33] 上海通社编：《上海研究资料》，上海书店出版社 1984 年版。

[34] 上海通社辑：《上海掌故丛书》，《中国方志丛书》华中地方（第 404
号，江苏省），（台北）成文出版社 1983 年版。

[35] 沈云龙主编：《近代中国史料丛刊》第 29 辑，（台北）文海出版社
1968 年版。

[36] 云南省课题组编著：《云南省抗战时期人口伤亡和财产损失调研成果选
辑》，中共党史出版社 2010 年版。

[37] 张百熙等：《奏定学堂章程》第 1 册，山东官书局光绪二九年刊本。

［38］ 浙江省委党史研究室编：《浙江省抗日战争时期人口伤亡和财产损失》，中共党史出版社 2014 年版。

［39］ 浙江省政府会计处编印：《浙江省三十七年度上半年度地方岁入岁出总预算书》，藏于中国社会科学院近代史研究所资料室。

［40］ 政协河南省委员会文史资料研究委员会：《河南文史资料》第 12 辑，河南第二新华印刷厂 1984 年版。

［41］ 政协陆川县文史资料编辑委员会：《陆川文史资料》第 2 辑，中国人民政治协商会议陆川县委员会文史资料编辑委员会 1986 年版。

［42］ 政协沈阳市委员会文史资料研究委员会编：《沈阳文史资料》第 17 辑（满族史料专辑），1990 年。

［43］ 中共呼和浩特市委党史资料征集办公室编：《呼和浩特史料》第 4 集，内蒙古青山印刷厂 1984 年版。

［44］ 中国国民党中央委员会党史委员会编：《革命文献》第 68 辑，（台北）中国国民党中央委员会党史委员会 1975 年版。

［45］ 中国人民政治协商会议大城县委员会编：《大城文史资料》第 4 辑，青县印刷厂 1995 年版。

［46］ 中国人民政治协商会议河南省委员会文史资料研究委员会编：《河南文史资料》第 12 辑，河南第二新华印刷厂 1984 年版。

［47］ 中国人民政治协商会议全国委员会文史资料研究委员会编：《文史资料选辑》第 2 卷，中国文史出版社 2011 年版。

［48］ 中国人民政治协商会议全国委员会文史资料研究委员会编：《文史资料选辑》第 5 辑，中华书局 1980 年版。

［49］ 中国人民政治协商会议上海市委员会文史资料工作委员会编：《上海文史资料选辑》第 57 辑，上海人民出版社 1987 年版。

［50］ 中国人民政治协商会议社旗县委员会文史资料研究委员会：《社旗文史资料》第 3 辑，1989 年。

［51］ 中国人民政治协商会议四川省委员会文史资料研究委员会编：《四川文史资料选辑》第 32 辑，四川人民出版社 1984 年版。

［52］ 中国人民政治协商会议新疆维吾尔自治区文史资料研究委员会：《新疆文史资料》第 23 辑，新疆人民出版社 1991 年版。

［53］ 重庆市九龙坡区政协学习文史委员会编：《九龙文史》第 11 辑，2003 年。

六、著作

［1］巴兆祥：《方志学新论》，学林出版社 2004 年版。

［2］曾星翔：《傅振伦方志思想研究》，中央文献出版社 2007 年版。

［3］陈加等编：《辽宁地方志论略》，吉林省地方志编纂委员会、吉林省图书馆学会 1986 年版。

［4］陈戍国点校：《周礼·仪礼·礼记》，岳麓书社 2006 年版。

［5］邓晓泉：《郴州史略》，银河出版社 2011 年版。

［6］地方史志研究组编：《中国地方志分论》，中国地方史志协会、吉林省图书馆学会 1981 年版。

［7］方福祺：《方国瑜传》，云南大学出版社 2001 年版。

［8］傅振伦：《中国方志学通论》，商务印书馆 1935 年版。

［9］高峰：《陕西方志考》，吉林省地方志编纂委员会、吉林省图书馆学会 1985 年版。

［10］高树榆等：《宁夏方志述略》，吉林省地方志编纂委员会、吉林省图书馆学会 1985 年版。

［11］宫为之：《皖志史稿》，安徽人民出版社 1997 年版。

［12］关晓红：《科举停废与近代中国社会》，社会科学文献出版社 2013 年版。

［13］海盐县政协文史委编：《文史大家朱希祖》，学林出版社 2002 年版。

［14］郝玉屏：《甘肃方志通览》，兰州大学出版社 2007 年版。

［15］何一民：《成都通史》卷 7，四川出版集团、四川人民出版社 2011 年版。

［16］何金文：《四川方志考》，吉林省地方志编纂委员会、吉林省图书馆学会 1985 年版。

［17］河南省地方史志协会编：《河南史志论丛》第 1 辑，河南人民出版社 1987 年版。

［18］华林甫主编：《清儒地理考据研究》，齐鲁书社 2015 年版。

［19］黄德馨等主编：《中国方志学家研究》，武汉出版社 1989 年版。

［20］吉林省社会科学院编：《学术研究丛刊》（1987 年增刊），吉林省社会科学院印刷厂 1985 年版。

［21］贾大泉、陈世松主编：《四川通史》卷 7《民国》，四川人民出版社 2010 年版。

［22］金毓黻：《中国史学史》，商务印书馆 2007 年版。

［23］赖谋新等编：《余绍宋》，团结出版社 1989 年版。

［24］雷敢选注：《中国历史要籍序论文选注》，岳麓书社 1982 年版。

［25］黎锦熙、甘鹏云：《方志学两种》，岳麓书社 1984 年版。

［26］李秉乾：《台湾省方志论》，吉林省地方志编纂委员会、吉林省图书馆学会 1988 年版。

［27］李景煜：《志说》，云南民族出版社 1995 年版。

［28］李默：《广东方志考略》，吉林省地方志编纂委员会、吉林省图书馆学会 1988 年版。

［29］李硕：《云南地方志考》，吉林省地方志编纂委员会、吉林省图书馆学会 1988 年版。

［30］李泰棻：《方志学》，河北人民出版社 1990 年版。

［31］李泰棻：《方志学》，商务印书馆 1935 年版。

［32］李孝聪、白鸿叶：《康熙朝〈皇舆全览图〉》，国家图书馆出版社 2014 年版。

［33］李新福：《李书城传》，中国文史出版社 1990 年版。

［34］李毓澍主编：《中国边疆丛书》第 1 辑，（台北）文海出版社 1965 年版。

［35］梁启超：《中国近三百年学术史》，中国社会科学出版社 2008 年版。

［36］梁山等编：《中山大学校史 1924—1949》，上海教育出版社 1983 年版。

［37］廖盖隆等主编：《现代中国政界要人传略大全》，中国广播电视出版社 1993 年版。

［38］林超民主编：《西南古籍研究》，云南大学出版社 2002 年版。

［39］刘刚、焦洁编著：《临时政府职官传略》，广东人民出版社 2003 年版。

［40］刘芹：《王树楠史学研究》，天津人民出版社 2012 年版。

［41］刘尚恒：《安徽方志考略》，吉林省地方志编纂委员会、吉林省图书馆学会 1985 年版。

［42］刘绍唐主编：《民国人物小传》第 6 册，上海三联书店 2015 年版。

［43］刘纬毅：《中国方志史》，三晋出版社 2010 年版。

［44］刘永之等编：《河南地方志提要》，河南大学出版社 1990 年版。

［45］刘知几撰，张三久、李程注评：《史通》，凤凰出版社 2013 年版。

［46］柳成栋等编：《东北方志序跋辑录》，哈尔滨工业大学出版社 1993 年版。

［47］柳无忌编：《南社纪略》，上海人民出版社 1983 年版。

［48］柳亚子：《磨剑室文录》，上海人民出版社 1993 年版。

［49］龙游县政协文史资料研究委员会、龙游县余绍宋研究学会理事会编：《余绍宋》，团结出版社 1989 年版。

［50］楼子芳：《浙江抗日战争史》，杭州大学出版社 1995 年版。

［51］骆兆平编著：《天一阁藏明代地方志考录》，书目文献出版社 1982 年版。

［52］吕志毅：《方志学史》，河北大学出版社 1993 年版。

［53］潘国旗：《民国浙江财政研究》，中国社会科学出版社 2007 年版。

［54］庞菊爱：《跨文化广告与市民文化的变迁——1920—1930 年〈申报〉跨文化广告研究》，上海交通大学出版社 2011 年版。

［55］饶宗颐述，胡晓明、李瑞明编：《饶宗颐学述》，浙江人民出版社 2000 年版。

［56］日本法政大学大学史资料委员会编：《清国留学生法政速成科纪事》，裴敬伟译，广西师范大学出版社 2015 年版。

［57］阮毅成：《彼岸》，（台北）传记文学出版社 1972 年版。

［58］中国人民政治协商会议全国委员会文史资料研究委员会办公室编：《和平老人邵力子》，文史资料出版社 1985 年版。

［59］上海通社撰：《上海通》，上海透视出版社 1948 年版。

［60］上海图书馆编：《近代中文第一报〈申报〉》，上海科学技术文献出版社 2013 年版。

［61］邵国秀编：《中国西北稀见方志丛刊》第 1 册，中华全国图书馆文献缩微复制中心 1997 年版。

［62］申畅：《河南方志研究》，中州古籍出版社 1991 年版。

［63］沈松平：《方志发展史》，浙江大学出版社 2013 年版。

［64］盛巽昌等著：《话说上海》，学林出版社 2010 年版。

［65］唐家仁口述，陶慧明记录：《回忆抗战时期的省通志馆》，2011 年 6 月 25 日，未刊。

［66］汪朝光：《中华民国史》第 11 卷，中华书局 2011 年版。

［67］王葆心：《方志学发微（注析本）》，湖北省地方志编纂委员会办公室 1984 年版。

［68］王飞等主编：《中国近现代史及史料征集研究》，新疆教育出版社 2002 年版。

［69］王广：《颜师古学术思想研究》，山东人民出版社 2013 年版。

[70] 王启宇、罗支松等:《上海地方志概述》,吉林省地方志编纂委员会、吉林省图书馆学会 1985 年版。

[71] 王儒年:《欲望的想像——1920—1930 年代〈申报〉广告的文化史研究》,上海人民出版社 2007 年版。

[72] 王树枏撰:《奉天萃升书院讲义》,民国十七年铅印本。

[73] 王晓岩编:《分类选注历代名人论方志》,辽宁大学出版社 1986 年版。

[74] 王兴亮:《清末民初乡土教育研究》,四川大学出版社 2013 年版。

[75] 吴定宇主编:《中山大学校史 1924—2004》,中山大学出版社 2006 年版。

[76] 吴宗慈:《修志丛论》,1946 年铅印本。

[77] 冼玉清著,陈莉、谢光辉整理:《广东印谱考》(校订本),文物出版社 2010 年版。

[78] 冼玉清:《广东女子艺文考》,商务印书馆 1941 年版。

[79] 肖文评主编:《罗香林研究》,华南理工大学出版社 2008 年版。

[80] 萧乾主编:《穿庐谭故》,中华书局 2005 年版。

[81] 熊月之主编:《上海通史》第 1 卷,上海人民出版社 1999 年版。

[82] 熊治祁主编:《中国近现代名人图鉴》,湖南人民出版社 2002 年版。

[83] 许卫平:《中国近代方志学》,江苏古籍出版社 2002 年版。

[84] 薛岳、岳星明:《闽浙赣抗战》,中国文史出版社 2015 年版。

[85] 杨剑宏:《广西方志述评》,吉林省地方志编纂委员会、吉林省图书馆学会 1998 年版。

[86] 杨荫溥:《民国财政史》,中国财政经济出版社 1985 年版。

[87] 叶贤恩:《王葆心传》,崇文书局 2009 年版。

[88] 余昊:《学者书画家余绍宋》,海峡文艺出版社 2003 年版。

[89] 余子安:《亭亭寒柯:余绍宋传》,浙江人民出版社 2006 年版。

[90] 袁成毅:《浙江通史·民国卷》(下),浙江人民出版社 2005 年版。

[91] 云和县史志研究室:《浙江省通志馆在云和(1943—1945)》,内部印刷 2013 年。

[92] 张国淦:《中国古方志考》,中华书局 1963 年版。

[93] 张国华主编:《文史大家朱希祖》,学林出版社 2002 年版。

[94] 张明观等:《柳亚子传》,社会科学文献出版社 1997 年版。

[95] 张明观:《柳亚子史料札记》,上海人民出版社 2008 年版。

[96] 张守富主编:《齐鲁新志春秋》卷 4,济南出版社 1996 年版。

[97] 张守和主编：《内蒙古方志概考》，吉林省地方志编纂委员会、吉林省图书馆学会 1985 年版。

[98] 张万钧：《河南地方志论丛》，吉林省地方志编纂委员会、吉林省图书馆学会 1985 年版。

[99] 章学诚著，仓修良编：《文史通义新编》，上海古籍出版社 1993 年版。

[100] 章学诚著，叶瑛校注：《文史通义校注》卷 8《外篇三》，中华书局 2000 年版。

[101] 赵庚奇编：《修志文献选辑》，北京燕山出版社 1990 年版。

[102] 郑逸梅编著：《南社丛谈：历史与人物》，中华书局 2006 年版。

[103] 周丕显等：《甘肃方志述略》，吉林省地方志编纂委员会、吉林省图书馆学会 1988 年版。

[104] 朱汇森主编：《中华民国史事纪要》（1947 年 1—3 月份卷），（台北）"国史馆" 1996 年版。

[105] 朱敏彦主编：《上海历史上的今天》，上海画报出版社 2007 年版。

[106] 朱希祖：《中国史学通论；史馆论议》，中华书局 2012 年版。

七、论文

[1] 蔡政纯：《〈台湾省通志稿〉与〈重修台湾省通志〉〈宗教篇·佛教章〉编纂之比较》，《台湾文献》第 61 卷第 4 期，2010 年 12 月 31 日。

[2] 钞晓鸿：《〈续修陕西通志稿〉所辑户口资料稽误》，《中国社会经济史研究》2000 年第 2 期。

[3] 陈柏泉：《吴宗慈与〈江西通志稿〉》，《江西文物》1990 年第 3 期。

[4] 陈斌：《河南通志稿·农具卷析》，《安阳师范学院学报》2003 年第 1 期。

[5] 陈汉光：《台湾地方志纂修略史》，《方志通讯》第 2 卷第 2 期，1953 年。

[6] 陈昊：《王葆心的学术成就与学术思想研究》，华中师范大学硕士学位论文，2012 年。

[7] 陈鸿：《乱世修志——上海市通志馆研究》，华东师范大学硕士学位论文，2009 年。

[8] 陈鸿、孙梦蕾、邱增勇：《上海市通志馆的筹备与成立》，《南方论刊》2011 年第 6 期。

[9] 陈圣：《论吴宗慈的方志理论》，《史志文萃》1987 年第 4 期。

［10］陈浼：《〈奉天通志〉述略》，《沈阳师范学院学报》（哲学社会科学版）
1982 年第 1 期。

［11］陈彰瑜：《忆父亲陈逵九》，《红安文史资料》第 1 辑，湖北省教育学院
印刷厂 1988 年版。

［12］程美宝：《罗香林早年人种学与民族学的理念与实践》，《中山大学学
报》（社会科学版）2008 年第 6 期。

［13］戴良佐：《近代方志名家王树楠》，《新疆地方志》2001 年第 1 期。

［14］戴良佐：《王树楠与〈新疆图志〉》，《中国地方志》2002 年第 3 期。

［15］董惠云：《奉天通志馆与〈奉天通志〉的编纂》，《辽宁地方志通讯》
1983 年第 1 期。

［16］杜娟：《伪满时期方志的编纂》，复旦大学硕士学位论文，2010 年。

［17］高健：《新疆方志文献研究》，南京师范大学博士学位论文，2014 年。

［18］郭君：《东北文献学家金毓黻》，《文献》1987 年第 1 期。

［19］侯德仁：《清代西北边疆史地学研究》，南开大学博士学位论文，2004 年。

［20］胡道静口述，袁燮铭整理注释：《关于上海市通志馆的回忆》，《史林》
2001 年第 4 期。

［21］胡孝忠：《饶宗颐与顾颉刚交谊考述》，《四川师范大学学报》（社会科
学版）2014 年第 1 期。

［22］黄义祥：《客家研究专家罗香林教授》，《岭南文史》2006 年第 3 期。

［23］黄增章：《建国前中山大学文科刊物述要》，《中山大学学报》（社会科
学版）1989 年第 4 期。

［24］吉正芬：《四川地方志纂修源流述略》，《中国地方志》2011 年第 10 期。

［25］江贻隆：《漫谈民国时期的安徽通志馆》，《黑龙江史志》2013 年第 15 期。

［26］蒋志华：《罗香林与广东地方文献》，《学术研究》2005 年第 5 期。

［27］金建陵、张末梅：《南社与民国方志建设》，《中国地方志》2004 年第 7 期。

［28］雷坚：《余绍宋方志思想浅识》，《广西地方志通讯》1987 年第 5 期。

［29］李弘毅：《论〈安徽通志金石古物考稿〉在教育史研究中的价值》，
《西南大学学报》（社会科学版）2010 年第 3 期。

［30］李默：《广东方志发展史略》，《广东社会科学》1986 年第 1 期。

［31］李泉新：《江西通志源流试探》，《赣图通讯》1986 年第 1 期。

［32］李硕：《民国时期云南编修方志考略》，《云南师范大学学报》（哲学社
会科学版）1983 年第 4 期。

［33］梁启超：《清代学者整理旧学之总成绩——方志学》，《东方杂志》第
21 卷第 18 号，1924 年 9 月 25 日。

［34］廖晓晴：《民国时期方志学理论述评》，《辽宁大学学报》（哲学社会科
学版）2004 年第 1 期。

［35］林超民：《新纂云南通志点校本弁言》，《大理文化》2007 年第 6 期。

［36］林子雄：《广东通志馆与民国〈广东通志〉之编纂》，《广东史志》
2001 年第 4 期。

［37］刘平平：《馆藏浙江通志述略》，《中国地方志》2005 年第 5 期。

［38］刘芹：《论王树楠对整理编纂乡邦文献和地方志的贡献》，《山东理工大
学学报》（社会科学版）2009 年第 1 期。

［39］刘松福：《河南通志馆沿革》，《河南史志通讯》1984 年第 6 期。

［40］刘艳华：《甘鹏云学术成就与学术思想考述》，华中师范大学硕士学位
论文，2011 年。

［41］罗志田：《〈古史辨〉的学术和思想背景——述罗香林少为人知的一篇
旧文》，《社会科学战线》2008 年第 2 期。

［42］牟实库、赵世英：《甘肃省通志考略》（下），《图书馆理论与实践》
1986 年第 2 期。

［43］牟实库：《一部研究西北问题的重要参考书——甘肃通志稿》，《图书与
情报》1991 年第 1 期。

［44］牛润珍：《傅振伦先生的方志研究与成就》，《河北地方志》1990 年第 7 期。

［45］秦进才、王宪政：《略论民国河北通志稿》，《中国地方志》2000 年第 6 期。

［46］秦进才：《〈河北通志稿〉编撰始末》，《文史精华》1993 年第 1 期。

［47］秦进才：《河北通志稿·艺文志校读举要》，《河北师院学报》1991 年
第 4 期。

［48］秦邕江：《广西通志馆沿革述略》，《广西地方志》1992 年第 6 期。

［49］邱新立：《中国近代转型时期的方志研究》，北京大学博士学位论文，
2003 年。

［50］《上海市通志馆等关于上海内地自来水公司概况的一组函件》，《档案与
史学》2002 年第 3 期。

［51］申畅：《民国中州方志学浅识》，《地域研究与开发》1990 年第 2 期。

［52］沈松平：《从余绍宋看民国志家对传统方志学理论的扬弃》，《宁波大学
学报》（人文科学版）2003 年第 4 期。

［53］沈松平：《略论民国重修浙江通志稿》，《浙江方志》2002 年第 4 期。

［54］沈松平：《试论民国方志诸家对传统方志学理论的扬弃》，《黑龙江史志》2006 年第 8 期。

［55］石磊：《傅振伦方志理论研究》，宁波大学硕士学位论文，2010 年。

［56］忕莫勒：《〈绥远通志〉版本考述》，《内蒙古地方志》1990 年第 1 期。

［57］汪凤娟：《李泰棻学术思想研究》，宁波大学硕士学位论文，2010 年。

［58］汪璞：《民国省志纂修研究》，中国人民大学硕士学位论文，2012 年。

［59］王芳：《抗日战争时期我国地方志编修概况》，《中国地方志》2005 年第 10 期。

［60］王会安：《王树枏传略》，《新疆地方志》1983 年第 2 期。

［61］王会庵：《河北通志馆杂忆》，《河北地方志》1993 年第 11 期。

［62］王美怡：《冼玉清与广东文献整理研究》，《开放时代》2011 年第 12 期。

［63］王晟：《河南通志编纂述评》，《河南师大学报》（社会科学版）1982 年第 1 期。

［64］王星光：《〈河南通志稿·农具〉卷浅析》，《档案管理》1994 年第 6 期。

［65］王云庆：《台湾省文献会》，《浙江档案》1991 年第 1 期。

［66］魏桥：《方志学家余绍宋》，《中国地方史志》1982 年第 3 期。

［67］吴祥瑞：《江西通志稿和江西通志稿中的水利章篇简介》，《江西水利科技》1984 年第 4 期。

［68］邢汉三：《民国年间的河南通志馆与编志工作》，《河南地方志征文资料选》1983 年第 1 期。

［69］徐伯凤：《方志学家余绍宋》，《浙江档案》2006 年第 2 期。

［70］许力：《民国时期新疆两次修志均成泡影》，《新疆地方志》1995 年第 3 期。

［71］许彤：《诗文书法　举国著名——忆杨沧白先生及其捐献珍贵古籍》，《理论界》2010 年第 3 期。

［72］许卫平：《论民国时期方志编修观的变革》，《扬州大学学报》（人文社会科学版）2002 年第 6 期。

［73］许卫平：《略论民国时期方志记述内容的变革与创新》，《江苏地方志》2002 年第 6 期。

［74］许卫平：《略论民国时期方志体例门类的变革创新》，《中国地方志》2002 年第 6 期。

［75］杨泽本：《杨沧白及其抗战诗歌》，《四川文物》1987 年第 2 期。

［76］于省吾：《于省吾自传》，《晋阳学刊》1982 年第 4 期。

［77］余子安：《余绍宋与方志学》，《浙江学刊》1983 年第 3 期。

［78］袁燮铭：《上海市通志馆筹备始末》，《档案与史学》2002 年第 6 期。

［79］岳庆艳：《甘肃通志稿的历史地位及史料价值》，《北京图书馆馆刊》1998 年第 4 期。

［80］张鹏：《民国时期方志类目变革研究》，华东师范大学硕士学位论文，2010 年。

［81］周安庆：《鲜为人知的南京通志馆》，《江苏地方志》2011 年第 3 期。

［82］周少川：《治史论学六十年——饶宗颐教授访谈录》，《史学史研究》1995 年第 1 期。

［83］周文玖：《朱希祖史学略论》，《史学史研究》2004 年第 4 期。

索 引

B

编修模式　52，53，119—121，123，124，
　134，135，145，287，288

C

蔡元培　38，41—43，141
陈思　52，53，111，121，180，188
陈廷杰　221，233，234，281—284

D

戴震　23，36，37，286
地方意识　3
地方志　1—4，6—10，12，14，15，18，
　20—29，31，32，35，38—40，43，44，
　49—55，59，63，67，72，75，78—83，
　88，93，94，97，102，107，112，114，
　116，118，120—126，128，130，132—
　135，143，149，151—153，155，156，
　167，168，173，176，178，180—185，
　187—189，194，195，199，203，206—
　208，211，213—215，223，229，237，

239，242，244，245，250，253—256，
259，261—263，285，286，291

F

方国瑜　59，61，62，107，111，178，202
方树梅　18，58—62，71，72，107，111，
　202
方志　1—29，31—56，59，60，63，65，
　67，68，72，74—83，88，93，94，96，
　97，100—103，106—108，110—114，
　116，118—130，132—136，138，141，
　143，145—160，163，164，167，168，
　170，171，173，176，178，180—185，
　187—189，191，194，195，199，203，
　206—211，213—232，236—239，242—
　245，250—263，265，266，269，285—
　291
方志理论　2，11，13，14，21，31—39，
　43，44，46，119，145，146，148，
　150，153，256，286，288，290
方志文化　21，170，171，215—219，221—
　230，266，289，290
方志学　1—3，6，10—17，20，24，33，
　38—40，42—47，68，74，100，111，

120, 135, 145—147, 150—155, 194, 216—218, 236, 255, 256, 258, 285—288, 290

封祝祁 199, 200, 234—237

傅增湘 68, 69, 108, 111, 173

傅振伦 2, 4, 11, 14, 75, 147, 148, 151—154, 254

G

甘鹏云 2, 11, 15, 97, 98, 111, 154, 217

顾颉刚 3, 18, 44, 88, 128, 129, 152, 155, 254

国家意志 3

国民政府 1, 3, 4, 6, 7, 17, 31, 48, 54, 63, 67, 70, 73, 78—81, 83, 87, 88, 93, 97, 98, 100—105, 109, 116, 122, 156, 171, 172, 174, 175, 186, 195, 196, 199, 202, 204, 211, 213, 219, 220, 229—233, 240, 242, 246, 247, 249—253, 265—268, 271, 273, 275—277, 279—281, 283, 284, 287, 288, 291

国史馆 17, 51, 121, 130, 182, 251, 252, 279—281

H

韩运章 63—65, 111

胡道静 4, 5, 14, 85, 86, 109, 110, 118, 119, 137, 139—143, 167, 243, 244

胡怀琛 86, 112, 137, 139, 141, 145

胡朴安 4, 56, 85, 111, 119, 141, 145, 243, 244

胡石青 65, 113, 174

胡适 18, 56, 111, 256

黄炎培 40, 141

J

价值系统 3

江彤侯 56—58, 111, 146, 147

蒋藩 13, 14, 25, 63, 65, 111, 150

金梁 50—53, 110, 148, 180, 181, 188

金毓黻 2, 17, 27, 49, 52—54, 111, 121, 148, 149, 151, 179—182, 187—189, 208—212, 214, 215, 289

K

抗日战争 2, 8, 18, 93, 102, 145, 170, 174, 190, 201, 202, 216, 238, 267, 268, 288, 290

科学 2, 3, 7, 8, 10, 12—16, 20, 39, 41, 42, 44—46, 51, 61, 71, 72, 75, 85, 87, 92, 117, 127, 129, 131, 132, 134, 135, 138, 140—144, 146—148, 150—152, 154—156, 164, 166, 168, 169, 171, 182, 188, 192, 195, 203, 212—214, 224, 227, 228, 231, 238, 240, 249, 250, 253—263, 265, 268, 271, 273, 275, 286, 290

科学方法 3, 10, 46, 61, 138, 141—144, 146, 147, 150, 154, 168, 213, 228, 231, 250, 254—257, 259, 260, 265, 286, 290

L

黎锦熙 135, 217, 254, 255

李泰棻　2，11，14，15，17，67，68，111，
　　151，153，236

李肇甫　194—198，219—221，233，252，
　　276—281

梁启超　2，18，20，24，38，39，42，
　　44—47，153，154，158，258，286

林献堂　247—249

柳亚子　11，14，18，85—87，109，110，
　　112，116—118，135—142，166，167，
　　175

卢前　244—246

罗香林　18，124，126，131—134，155，
　　157，158，162，163，169

M

民族主义　3

Q

瞿宣颖　2，4，18，70，74—76，85，105，
　　109，111，137，147，150—153，155，
　　173，254

R

饶宗颐　2，124，127—129，149，150，
　　176

S

沈曾植　18，24，225，226

宋伯鲁　17，25，70—72，111，165

T

体例　2—4，7—13，15，16，20—44，
　　46，47，50，52—57，60—62，67，
　　70—77，79，91，96，100，101，103，
　　105，108，112，113，119，120，127，
　　132，138，145—153，155—160，162—
　　166，172，192，196，201，206，208—
　　210，212—215，224，228，231，237—
　　239，248—250，253，254，258，259，
　　261—265，285—290

通志馆　1—20，24，26，48—125，127—
　　152，154—158，160—209，211—215，
　　217—223，225—261，263—284，287—
　　291

W

王葆心　2，11，15，97，98，100—102，
　　111，151，154，177，178

王树楠　11—13，17，50—53，75，77，
　　110—112，121，123，172，180，181，
　　209—212，214

王献唐　55，111

王重民　4，75，111，147，148，152，254

温廷敬　17，88，90—92，126，127，149，
　　150，161—163，176，177

吴廷燮　2，50—53，70，110—112，121，
　　123，148，173，179—183，185，187—
　　189，209—212，214

吴宗慈　2，11，13，18，190—194，216，
　　218，232，253，255

X

夏仁虎 70，111，173，244，245

冼玉清 18，92，124，128—131

乡土观念 3

谢国桢 70，111，113，173

修志 1—8，10—20，22—44，46，48—
54，56—71，73—84，86—94，96—
114，116，118—124，127，135，136，
138，139，142，143，145—157，159—
164，166—179，182—185，187—189，
191—194，196，198—201，203，204，
206，207，209，211—218，221，223—
231，233—240，246—250，254—261，
263—268，270—272，274—278，282—
291

修志格局 3，48，266，287，288，291

修志事例概要 1，7，48，54，57，63，
66，67，70，73，78，81—83，88，93，
100，101，103—105，199，206，213，
223，225，229，247，261，277，287

许崇清 88，161

Y

余绍宋 10—12，18，39，203—207，221—
223，225，226，229，239—242，256—
263，265—267，269—274，290

Z

张国淦 17，18，34，70，75，77，111，

149，172，173，182

章学诚 12—14，23，24，36—39，42，
45，46，61，71，98，101，133，150，
153，209，214，236，255，258，261，
286

志稿 4，5，7—15，17，18，28，42，
50，51，53，57—59，61—65，67—73，
75—80，85—87，90—92，94，97，
102，108，110，111，115，116，120，
123，124，127，134，136，137，139，
143，144，164—166，172—174，178，
180—185，187—194，196，199，200，
202—208，219，220，223，225，226，
232，234—243，246，248—253，256，
259，261—265，271，272，274，275，
288—290

中山大学 7，17，18，24，87—93，103—
105，113—116，124—135，149，155—
163，175—177，289

周钟岳 18，58—61，63，107，108，
111，202，237，238

朱家骅 88

朱希祖 18，90，91，105，113—115，
124—126，131—133，155—163，169

竺可桢 18，260

邹鲁 17，18，88—92，105，113，116，
127，131，134，135，156—159，161，
163，175，177

后　记

　　本研究的起点，可以追溯到 2011 年我从中山大学历史系博士毕业之际。是年 5 月，我于博士论文答辩结束之时，即已接到中国社会科学院地方志（中国地方志指导小组办公室）任职通知。离校之际，再次就今后的研究方向问题，向业师桑兵先生求教。经先生提示，带着"民国时期是否存在全国性地方志机构"这一问题，踏上了北上的旅程。

　　初到北京，即深切感受到京城浓郁的人文气息和深厚的学术底蕴。工作甫一展开，就开始了对民国修志机构问题的探索。借助于良好的学术平台与中国社会科学院丰富的馆藏资源，我逐渐积累了大量有关民国通志馆的档案文献，撰写发表一系列有关民国修志机构的论文，并于 2013 年获得国家社科基金青年项目的立项。

　　北京的日常工作，紧张而有序。在课题研究过程中，我利用筹备全国性的方志理论研讨会、起草《方志学学科建设三年规划（2014—2016）》、制定《全国地方志事业发展规划纲要（2015—2020）》等机会，先后赴吉林、辽宁、天津、河北、山西、山东、上海、安徽、江苏、浙江、福建、江西、湖北、湖南、广东、广西、重庆、四川、青海等地调研，走访了方志馆、图书馆、档案馆等机构 100 余家，系统搜集了民国通志馆文献资料数千万字。利用这些宝贵的文献资料，我初步勾勒了民国通志馆创办与运作的历史脉络，整体考察了通志馆上下及内外的业务来往与矛盾冲突，并且详细梳理了近代修志人物或群体之间的学术传承与利益纠葛。

　　昔人有言：京城居，大不易！由于住处离单位路途遥远，每天上下班途中需要耗费大量时间，为此不得不将一部分研究工作，带到拥挤不堪的公交地铁上进行，自我陶醉于学术探索、专注于学术研究之时，也曾经招致一些异样的目光，但最大的问题并不在此，而是这种不时换乘和躲避拥挤的"地铁式学问",将研究时间分割得支离破碎，时间的碎片化终于导致研究整体性的丧失，使课题研究遭遇前所未有的挑战。

为了改变研究现状、深化研究基础，我带着相关研究论文，参加在北京、上海、广州、重庆、杭州、成都、太原、济南、长沙、武汉等地召开的方志学理论研讨会，借机向国内外专家学者广泛征求意见，并且于2013年10月进入中共中央党校博士后流动站，开展更为专深的学术研究。

经过持续不懈的努力，研究成果终于得到有效提升，相关文章陆续在《中国地方志》《沧桑》《广东史志》《黑龙江史志》《上海地方志》《湖南地方志》《广西地方志》《巴蜀史志》等方志专业刊物上发表，并在 *Canadian Social Science*、《中国宗教》、《中国社会科学报》等国内外报刊发表相关学术论文多篇。而继2013年国家社科基金项目"民国通志馆与近代方志转型研究"（13CZS042）立项之后，又先后主持完成了中国博士后科学基金面上资助项目（2014M550775）、中国博士后科学基金特别资助项目（2015T80110），以及各类人才课题多项，由此夯实了研究基础，深化了研究内容，提升了研究水平。课题顺利结项后，我于2018年申报《第七批中国社会科学博士后文库》并成功入选，从而使多年的辛勤研究有了结果。

时常感叹，每一项微不足道学术成就的背后，凝聚了太多人的关爱和汗水，由此后记中需要感谢的人很多。感谢三位业师：华南师范大学左双文先生、中山大学桑兵先生、中共中央党校王海光先生，是他们引领我走进学术研究的殿堂。感谢中国社会科学院近代史研究所王建朗所长、于化民研究员、侯中军研究员，中共中央党校张太原教授，中国地方志指导小组办公室田嘉书记、李富强主任、冀祥德秘书长、刘玉宏副主任、邱新立副主任，以及于伟平、张英聘、王会世、陈旭、程方勇、和卫国、周勇进、谷春侠、梅家龙等诸位领导和同事，他们提供了许多支持与帮助。感谢浙江省地方志办公室潘捷军主任、颜越虎老师，上海市地方志办公室梅森老师，秦皇岛市地方志办公室齐家璐老师，山西省地方志办公室任根珠老师，江西省方志馆张满满馆长，国家图书馆出版社殷梦霞副社长，他们或提供资料，或进行指导，或提供各种便利。感谢广东外语外贸大学领导、老师和同事，以及陈恩维、刘志强、林辉锋、赵建国、李翔、樊学庆、沈成飞、何树远、葛亮、安东强、陈明等师友，他们令我的人生与心灵更加丰富。感谢我的父母家人，他们对我始终如一关爱。感谢社会科学文献出版社徐思彦老师、宋荣欣老师、李期耀老师，他们为成果的出版付出了大量心血。

"人生如逆旅　我亦是行人。"从这项研究的酝酿产生，到立项实施，再到艰难完成，其间经历了人生的波折起伏、离合悲欢。如今，我已从京城返回美丽的花城，成果出版之时，与爱人也已有了结晶，人生的尘埃仿佛落定，唯有学术苦旅仍须乘风破浪，奋勇前行。

第七批《中国社会科学博士后文库》专家推荐表 1

推荐专家姓名	王海光	行政职务	无
研究专长	历史学	电　话	13693178111
工作单位	中共中央党校	邮　编	100091
推荐成果名称	民国通志馆与近代方志转型		
成果作者姓名	曾　荣		

　　（对书稿的学术创新、理论价值、现实意义、政治理论倾向及是否达到出版水平等方面做出全面评价，并指出其缺点或不足）

　　编修地方志是中华民族的优秀文化传统。该研究利用从全国几十家档案机构搜集的有关民国各省市通志馆档案资料，将其与各方文集、日记、年谱、报刊等文献进行比刊，注重研究内容与方法的创新。一方面，该研究对民国通志馆机构、人事、经费和修志实践等方面作了深入考察，厘清了通志馆上下的学术传承与知识鼎革、通志馆内外的矛盾纠葛和利益冲突，进而勾勒了近代中国社会剧烈变动背景下的国家意志与地方意识、民族主义与乡土观念、旧的价值系统与新的知识形态、传统修志观念与近代科学方法等，各种复杂关系交相互动的历史场景，并借以揭示近代中国社会文化的历史变迁。另一方面，该研究注意借鉴和吸收其他学科的理论方法，在研究方法上有所突破，其中主要是与研究内容关系较为密切的比较社会学与比较政治学；通过大量的、反复的比较，阐释各省市通志馆的"异同"和"联系"，彰显了研究成果既严谨扎实又富有新意的方面。

　　书稿的相关研究成果在《中国社会科学报》《中国地方志》《历史档案》《抗战文化研究》等报刊发表，并且被中国社会科学网、《求是》杂志官网、《历史与社会文摘》等广泛转载，文章提出的一些理念与观点也被学术界大量引用，取得了较好的学术影响。书稿内容翔实、论述精当、有所创见，政治理论正确，且达到出版水平。有关方志学的渊源流变问题，可作进一步拓展和深化。

签字：王海光

2017 年 12 月 5 日

说明：该推荐表由具有正高职称的同行专家填写。一旦推荐书稿入选《博士后文库》，推荐专家姓名及推荐意见将印入著作。

第七批《中国社会科学博士后文库》专家推荐表2

推荐专家姓名	张太原	行政职务	无
研究专长	历史学	电　话	13683699687
工作单位	中共中央党校	邮　编	100091
推荐成果名称	民国通志馆与近代方志转型		
成果作者姓名	曾　荣		

（对书稿的学术创新、理论价值、现实意义、政治理论倾向及是否达到出版水平等方面做出全面评价，并指出其缺点或不足）

该研究在研究角度、内容与资料上取得了学术创新：一是基于学界关于近代方志转型的研究，往往倾向于宏大叙述，缺少实证性的具体分析和研究的现状，以民国通志馆的全新视角，探索近代修志理念与修志方法的鼎旧革新，为厘清近代方志转型渊源脉络奠定基础；二是利用广泛收集的档案文献资料，从近代科学方法的应用与传统修志理念的革新、学术的传承与方志学理论的构建、乱世修志背景下的矛盾交织与利益纠葛等内容入手，系统勾勒了民国通志馆的历史图像，为窥探近代方志转型发展的历史渊源与基本脉络奠定了基础；三是以系统收集的通志馆档案为基本史料，在具体研究中将通志馆档案文献与报刊、文集、日记、回忆录等资料进行排比、参证，在充分掌握和挖掘史料的基础上，把握和贯通近代方志转型的渊源脉络和演变轨迹。

书稿系统勾勒了民国通志馆的历史图像，梳理了近代方志转型的渊源与脉络，一定程度上深化了方志发展史研究。同时，该研究考察民国通志馆的历史，总结了创办修志机构、管理修志队伍、创新修志方法等的经验教训，这对于当前我国修志的体制和机制建设，具有一定的借鉴价值。整部书稿主题突出、逻辑清晰、史料翔实，坚持正确的政治理论，达到出版水平和要求。关于安徽、河北、宁夏等省市通志馆的研究，受档案未开放所限，尚有进一步研究的空间。

签字：张太原

2017 年 12 月 20 日

说明：该推荐表由具有正高职称的同行专家填写。一旦推荐书稿入选《博士后文库》，推荐专家姓名及推荐意见将印入著作。